科学出版社“十三五”普通高等教育本科规划教材

基于创新思维培养的中学生物学实验教学指导

吴能表　杨红丽　主　编

教学思想指导

教学案例示范

教学评价启发

科学出版社
北　京

内 容 简 介

本书力图为广大中学生物学教师培养学生的思考力和创新思维提供理论引领和实践示范，以满足当前课程理念下的生物学教师专业发展之需。本书具有以下四大特色：①将实验室硬件建设与软件管理融为一体。既有中学生物学实验室场地的设计布置、常用仪器和药品的配备、常用仪器的操作技术及保养方法，又有实验室的具体管理办法。为中学生物学实验室的建设与管理提供了直接的参考。②将初中和高中生物学实验重新归类。按照“涉及的科学问题特点及解决问题的逻辑路线”进行归类，并对各类实验进行“共性分析”。③每类实验选取3个典型案例进行示范。具体讨论“如何基于实验要解决的问题进行实验设计与构思”“如何基于实验的逻辑构思，以解决问题的思路为中心构建实验教学的主线”，并附上详细的实验教学设计。④体例和呈现形式上简洁直观、吸引读者。每个实验案例包括实验方案、本实验相关知识结构图、实验设计与构思、教学建议、教学设计示范5个模块，图文并茂，用流程图和思维导图直观地表现实验设计的逻辑思维，容易引起读者的兴趣、思考和共鸣。本书最后一部分附上不同类别实验高考真题解析，为读者实战训练提供帮助。

本书的使用对象为生物学教育、科学教育等专业的学生，以及刚走上工作岗位的青年教师，本书也可作为在职生物学教师的培训教材和参考用书。

图书在版编目（CIP）数据

基于创新思维培养的中学生物学实验教学指导／吴能表，杨红丽主编．—北京：科学出版社，2017.12

科学出版社“十三五”普通高等教育本科规划教材

ISBN 978-7-03-054467-4

Ⅰ．①基…　Ⅱ．①吴…　②杨…　Ⅲ．①生物课－实验－中学－教学参考资料　Ⅳ．①G634.913

中国版本图书馆CIP数据核字（2017）第222534号

责任编辑：席　慧　韩书云／责任校对：彭　涛
责任印制：张　伟／封面设计：迷底书装

科学出版社出版
北京东黄城根北街16号
邮政编码：100717
http://www.sciencep.com

北京科印技术咨询服务有限公司数码印刷分部印刷
科学出版社发行　各地新华书店经销

*

2017年12月第　一　版　开本：787×1092　1/16
2025年　1　月第九次印刷　印张：16 3/4
字数：428 000

定价：65.00 元

（如有印装质量问题，我社负责调换）

《基于创新思维培养的中学生物学实验教学指导》编委会名单

主　编　吴能表（西南大学）

杨红丽（西南大学）

成　员（按姓氏汉语拼音排序）

何　凤（西南大学附属中学）

洪　鸿（广东省中山市实验中学）

蒋　艳（四川省成都市铁路中学）

郎红梅（重庆市铜梁中学）

刘田田（四川省自贡市蜀光中学）

马　颖（西南大学附属中学）

蒙　静（西南大学附属中学）

任　爽（广东省深圳市梅林中学）

前　言

作为自然科学的一门基础学科，生物学具有其独特的知识体系、思维方式、研究方法，并考虑到其与技术、社会之间的相互作用。中学生物学课程应充分发挥其学科特点，提高学生的生物学科核心素养，而这些特点在实验课程中尤为突出。因此，实验教学对提高学生的科学探究能力和养成理性思维的习惯起着至关重要的作用，从而推动学生在解决问题的过程中进行有效的思维创新。而一本优秀的中学生物学实验教学指导方面的教材又是提升生物学教师实验教学能力，培养其创新思维和意识的重要载体。本书在大量调研和长期教学实践的基础上，由高校相关研究人员和中学一线教师组成编委会，力图为广大生物学教师培养中学生的思考力和创新思维提供理论引领和实践示范，以满足当前课程理念下的生物学教师专业发展之需。

本书试图在以下几个方面有所突破。

1）*教学思想与教学实践并行*　将初中和高中生物学实验按照“涉及的科学问题特点及解决问题的逻辑路线”进行重新归类，从问题本质特点出发，依据相关的研究理论和研究方法，对该类实验进行“共性分析”，找到解决此类问题的逻辑技术路线。每类实验选取3个典型案例进行详细的分析，具体讨论“如何基于实验要解决的问题进行实验设计与构思”“如何基于实验的逻辑构思，以解决问题的思路为中心构建实验教学的主线”，并附上详细的实验教学设计。

2）*教学思维与实验思维结合*　如上所述，根据实验要解决的问题及其技术路线进行分类，将教学设计与实验本身的思维特点有机结合，启发读者思考如何做实验并不是主要目的，更重要的是鼓励读者尝试分析实验的科学问题并构建实验的逻辑路线，启发读者通过有思维主线的实验教学引导学生提出问题、分析问题、大胆创新，培养学生科学的思维方式和创新能力。

3）*从理念、方法到实践、反思，系统指导*　本书不仅包括中学生物学实验教学的基本理念、中学生物学实验教学设计、中学生物学实验教学策略等理念、方法上的指导，为了提高可借鉴性，还提供了不同类别实验教学分析与设计示例，包括每类实验的“实验共性分析”，以及每个实验案例的实验方案、本实验相关知识结构图、实验设计与构思、教学建议、教学设计示范5个模块，图文并茂，特别是流程图和思维导图的使用，直观地表现了实验设计的逻辑思维，容易引起读者的阅读兴趣、思考和共鸣，真正地实现了系统指导。

4）*硬件建设与软件管理融为一体*　中学生物学实验室的硬件建设是基础，实验室的软件管理是核心。本书不仅图文并茂地介绍了中学生物学实验室场地的设计布置、常用仪器和药品的配备、常用仪器的操作技术及保养方法，还列表详细介绍了实验室的具体管理办法。为中学生物学实验室的建设与管理提供了直接的参考。

本书编委会群策群力，多次讨论，反复推敲，通力协作，以可示范性和可操作性为目的，历时两年，完成了本书的编写，具体编写分工如下。

第一部分（第1～3章）：吴能表、刘田田。第二部分（第4、5章）：第4章，任爽；第5章，洪鸿。第三部分（第6～10章）：总论，杨红丽；第6章，蒋艳；第7章，郎红梅；第8

章，何凤；第 9 章，杨红丽；第 10 章，马颖。第四部分（第 11～13 章）：蒙静。

无论中学生物学课程改革如何发展，实验教学永远都是生物学教学的重要内容，是提高学生生物学科素养必不可少的环节，编者由衷地希望本书能得到广大教育科学领域理论研究者和实践者的关注和指教。由于编者的水平有限，不足之处在所难免，敬请各位专家、同行批评指正。

编　者

2017 年 8 月于重庆北碚

目　　录

第一部分　中学生物学实验教学的理念和策略

第三部分 不同类别实验教学分析与设计示例

附 录

第一部分

中学生物学实验教学的理念和策略

第1章　中学生物学实验教学的基本理念

1.1　基础教育课程改革纲要的理念创新

2001年6月，教育部颁布的《基础教育课程改革纲要（试行）》中指出，本次基础教育课程改革的总体目标是：

新课程以“教育要面向现代化、面向世界、面向未来”和“三个代表”为指导思想，全面贯彻国家教育方针，以提高国民素质为宗旨，以培养创新精神和实践能力为重点，强调课程要促进每个学生身心健康发展，培养良好品德，强调基础教育要满足每个学生终身发展的需要，培养学生终身学习的愿望和能力。

此次课程改革是从课程结构、课程标准、教学过程、教材开发、课程管理、课程评价、组织实施等多方面进行的全方位的改革。而生物学作为一门实验性学科，实验教学的改革尤为重要。要达到一种全方面的改革，就要求教育工作者能够形成教育创新理念，认识到基础教育的未来性、生命性和社会性，认识到实验教学的重要性，具备新的课程观、学生观、教师观、教材观和教学观。提高教师专业水平，促进教育的发展。

1.1.1　课程观

基础教育新课程中倡导的课程观包括的范围更加广泛，课程是师生共同体验到的课程，是“学习的经验”。在实验教学中，课程不仅是一门功课或只作为一部分知识传授的载体，而是师生共同探求新知的历程，即改变传统仅限于以教师为中心，学生被动学习，预设性较强的课程观；以教学相长为主，在教学过程中，学生通过与实验室环境的交互作用，在与教师、同伴的互动过程中，逐渐形成和建构学习经验和体验等，倡导生成性或创造性较强的课程观。

1.1.2　学生观

新课程的培养目标中明确指出，基础教育所培养出来的学生应该具备以下条件：

具有初步的创新精神、实践能力、科学和人文素养以及环境意识；具有适应终身学习的基础知识、基本技能和方法；具有健壮的体魄和良好的心理素质，养成健康的审美情趣和生活方式，成为有理想、有道德、有文化、有纪律的一代新人。

在以此为基本要求培养学生的过程中，《国家中长期教育改革和发展规划纲要（2010—2020）》还明确指出：“以人为本，全面实施素质教育是教育不变的主题。”许多教师已经意识到教学中以学生为本，但学生观却没有根本的变化。学生观，从深层次而言，即教师对学生的认知。教师不仅要把学生当作“社会人”，更要把学生当作“生态人”，意识到学生虽然是被教育者，但也是主动学习者，需要追求自身的不断完善；还应意识到学生身心发展的规律和特点，因材施教。在实验教学中，学生不仅是知识、原理的接受者，还是实验的操作者、创造者。

1.1.3　教师观

在教学过程中，既要突出学生的主体地位，也要体现教师的主导地位。我国有句古话：

"授人以鱼不如授人以渔。"教师是教学活动中的教育者，只有教育者自觉地、有意识地促进受教育者的身心朝着一定的方向和水平发展，才能保障教育活动的有效进行，实现预期的教育目的。

在实验教学中，教育者应鼓励学生主动探究、自主学习，在学生出现学习困难时予以指导。例如，"探究植物细胞的吸水和失水"的实验目的不仅是让学生观察到实验现象，还应在适当时机提出问题：植物细胞吸收水分的方式是什么？（为使学生明确渗透作用源于细胞内外的浓度差。）原生质层是否是一层半透膜？（若不是半透膜，则观察不到预期的实验现象。）帮助学生建构知识体系，学会运用科学思维解决问题。

1.1.4　教材观

《基础教育课程改革纲要（试行）》具体目标中，对课程提出的要求是：

改变课程内容"难、繁、偏、旧"和过于注重书本知识的现状，加强课程内容与学生生活以及现代社会和科技发展的联系，关注学生的学习兴趣和经验，精选终身学习必备的基础知识和技能。

教材是课程内容的工具、载体、媒介，但不是学生学习的唯一对象和内容。中学生物学实验探究性较大，教师在对教材的处理和重组上，应力求"走进教材、理解教材、跳出教材"。尽可能选择与教材一致的材料，否则学生会感觉缺少知识上的依据，同时也要结合学校实验条件和当地实际情况。例如，"观察洋葱根尖细胞有丝分裂"，若洋葱取材有限时，可选用葱、蚕豆、玉米、小麦、大蒜等代替洋葱，使教材更校本化、当地化。在对教材的深层利用和开发上，力求"融入生活、融入时代、不断创新"。例如，在进行"绿叶在光下制造有机物"这一实验时，教师可以提供一株或几株植物，让每个学生负责一片绿叶，通过相应处理之后，观察不同学生负责叶片的显色情况；"观察叶片的结构"实验中，鼓励学生选择教材中没有提到的叶片进行观察；"探究蚂蚁的行为"实验中，在实验室无法统一设计观察实验时，可鼓励学生在室外观察，教师提出观察的要点，制作自主学习单，即对教材进行再创造，使教材更生活化。

1.1.5　教学观

《基础教育课程改革纲要（试行）》具体目标中，对教学提出如下要求：

改变课程过于注重知识传授的倾向，强调形成积极主动的学习态度，使获得基础知识与基本技能的过程同时成为学会学习和形成正确价值观的过程。

改变课程实施过于强调接受学习、死记硬背、机械训练的现状，倡导学生主动参与、乐于探究、勤于动手，培养学生搜集和处理信息的能力、获取新知识的能力、分析和解决问题的能力以及交流与合作的能力。

中学生物学实验是指引导学生利用一定的工具、仪器和设备（或药品的处理）对生物体的形态结构和生理功能进行有目的、有重点的观察和演习的授课过程。它强调学生的个体感受，强调学生在学习过程中的自主体验。例如，在"检测生物组织中的糖类、脂肪和蛋白质"实验中，学生不容易区分各个物质与化学试剂所产生的颜色反应，若无实际操作，学生只能死记硬背。同时，学生对于斐林试剂和双缩脲试剂的使用还不明确（斐林试剂需要甲液、乙液混合均匀后再注入，双缩脲试剂则先添加 A 液，后添加 B 液），无实际操作，学生头脑中无法形成相应图示，没有达到自主学习、体验的目的。因此，新的教学观倡导学生主动参与，强调教学过程是由教师和学生共同追寻自身主体性的过程，是充分交流、探讨、合作、感受知识的建构过程。

1.2 中学生物学实验的理念指导

在我国基础教育新课程的理念指导下，为了让每一位学生的发展适应时代的发展，《全日制义务教育生物学课程标准（实验稿）》（以下简称《初中课标》）和《普通高中生物课程标准（实验稿）》（以下简称《高中课标》）应运而生。在继承我国已有的生物教学优势的基础上，两课标均强调：要更加注重学生的发展和社会的需求，反映生物科学技术的最新进展，关注学生已有的生活经验，增加实践环节，提高学生主动学习的能力，以期学生能够在探究能力、学习能力和解决问题能力方面有更好的发展，能够在责任感、合作精神和创新意识等方面得到提高。实验作为中学生物学教学中不可缺少的重要部分，其开展的过程也离不开相关理念的指导。

1.2.1 面向全体学生

《初中课标》和《高中课标》中提出的“面向全体学生”强调：“课程的目标是着眼于学生全面发展和终身发展的需要，提出全体学生通过努力都应达到的基本要求；同时，课程目标也有较大的灵活性，以适应不同学校的条件和不同学生的学习需求，真正实现因材施教，既促进每个学生的充分发展，也促进学生有个性的发展。”“面向全体学生”要求教师全方面多角度地从学生的立场考虑。

首先，“面向全体学生”要求教师公平地对待学生。无论学生的年龄、性别、家庭背景如何，教师都应赋予他们同等学习生物科学的机会，提供同样的实验环境。不因器材的数量限制、学生的日常行为表现和成绩优劣剥夺其在实验课中操作的机会。例如，在“观察根尖分生组织细胞的有丝分裂”实验中，若可供使用的显微镜和永久装片数量较少，教师应采取分组的方式均分，使每一位学生都能有机会操作、观察。

其次，“面向全体学生”要求教师因材施教。教学要面向每一位学生，接受学生的差异性，尽可能地满足每一位学生的需求。每一位学生的先天素质和后天影响在客观上存在着一定的差别，这种差别表现在学习兴趣和动机、学习气质和能力、学习方法和习惯等方面。此时，教师应该使教学内容和进度适合大多数学生的知识水平和接受能力，并在面向多数的集体教学中兼顾边缘学生，尤其应关注后进生。在实验教学中，应及时了解不同发展水平的学生运用知识的情况，有计划地设计一些后进生能回答的问题，保护他们的自尊心；关注他们在实验中的兴趣点，予以指导，激发他们的求知欲和学习热情。例如，在学习使用显微镜时，允许学生观察感兴趣的内容，如自己的毛发、皮屑，在能够掌握显微镜的使用步骤后，再要求观察规定的实验材料。此外，教师还应注重保障学生心理上的安全和进行精神上的鼓舞，使他们的思维在相对轻松的环境下更加活跃，探索热情更加高涨，帮助他们克服学习上的困难，增强学习信心，达到教学的基本要求。

最后，“面向全体学生”要求教师客观评价学生。要做到客观、全面地评价每一位学生，就不能只采用以分数作为唯一标准的传统评价体系。教师可采用多种评价方式对学生的生物学习成果进行评价，如运用档案袋评价、模型制作评比等。客观公正的评价，有利于学生了解自身学习状况和存在的不足，从而有目的、有针对性地改善学习方法，形成适合自己的学习方式。在实验教学中，教师可以采取多种方式考察学生对实验的掌握情况：让学生根据观察到的相对动态的实验现象撰写科学记录，如“植物细胞吸水和失水的过程”实验；对相对静态的实验现象进行绘图，如“观察根尖分生组织细胞的有丝分裂”实验；利用生活中的资源自行设计实验，如“影响酶活性条件”实验。

1.2.2 提高生物科学素养

《高中课标》中指出：“生物科学素养是公民科学素养构成中重要的组成部分。生物科学素养是指公民参加社会生活、经济活动、生产实践和个人决策所需的生物科学知识、探究能力及相关的情感态度与价值观，它反映了一个人对生物科学领域中核心基础内容的掌握和应用水平，以及在已有基础上不断提高自身科学素养的能力。提高每位高中学生的生物科学素养是本课程标准实施中的核心任务。”

提高生物科学素养，其最终目的是要提高学生的“核心素养”。在 2014 年 4 月教育部印发的《关于全面深化课程改革落实立德树人根本任务的意见》中，首次提出了“核心素养”的概念：学生应具备的适应终身发展和社会发展需要的必备品格和关键能力，突出强调个人修养、社会关爱、家国情怀，更加注重自主发展、合作参与、创新实践。具体到生物学科的核心素养，主要包括“生命观念，理性思维，科学探究，社会责任”4 个方面。生物科学素养与生物核心素养的关系是局部与整体、特性与共性、具体与抽象的关系，因此，要提升学生的生物核心素养，应从生物科学素养入手，以小见大，逐步提升。生物实验正是生物科学素养实践的载体。生物实验使学生直接接触生物实体，培养学生对实验原理的理解能力、科学的思维能力、对实验结果进行分析和归纳的能力。开展实验教学的过程就是进行生物科学素养培养的过程，通过实验可多方面培养学生的科学品质和科学能力。实验中观察、动手操作、记录分析、实验方案的设计、评价等环节，都会潜移默化地使学生的生物科学素养得到提高。以观察为例：在实验中进行观察能使学生掌握观察的方法，学生的观察能力会相应得到提高，促使学生集中注意力，有利于发现问题、提出问题，加强了思维能力的锻炼。

除此以外，生物实验教学对培养一些非智力因素也起着重要作用。鼓励学生积极解决实验中遇到的问题，有助于培养学生的科学精神和科学态度。生物实验对使学生养成实事求是的科学态度、树立自觉的科学意识及建立积极的科学情感等方面都有帮助。

1.2.3 倡导探究性学习

《高中课标》中又指出：“生物科学作为由众多生物学事实和理论组成的知识体系，是在人们不断探究的过程中逐步发展起来的。探究也是学生认识生命世界、学习生物课程的有效方法之一。倡导探究性学习，力图促进学生学习方式的变革，引导学生主动参与探究过程、勤于动手和动脑，逐步培养学生搜集和处理科学信息的能力、获取新知识的能力、批判性思维的能力、分析和解决问题的能力及交流与合作的能力等，重在培养创新精神和实践能力。”

杜威曾说过：“科学教育不仅要让学生学习大量的知识，更重要的是要学习科学研究的过程或方法。”科学探究是中学生学习生物科学的基本内容和方法，探究性学习可促使学生获得创新能力、形成科学思维。但对于如何在生物实验中开展探究性学习，许多教师无从下手。面对这种情况，教师可将已有的探究性方法作为指导。

1. 萨奇曼探究教学模式

萨奇曼探究教学模式是建立在布鲁纳发现学习理论和皮亚杰建构主义基础上的，他认为应该教给学生科学家用来解决问题、探索未知的方法和过程。开展探究教学，就是要通过模拟科学家调查、解释某种现象的过程，使学生学会如何在生活中发现问题、解决问题，同时在探究的过程中激发学生的内在动力。

其主要包括以下 5 个方面。

（1）发现问题，创造情境。发现问题比解决问题更重要。首先提供一个能集中学生注意力的焦点，如介绍或演示一个能引起学生注意的事件或现象，给予学生一定的自由空间开展探索，使学生发现其中的问题所在。

（2）假设和搜集资料。发现问题后引导学生提出假设，自行搜集并整理资料。

（3）制订并实施探究方案。

（4）分析结果，得出结论。

（5）反思总结，强化应用。萨奇曼强调，在探究教学中，必须重视“探究方法的训练”，按照“问题、假设、验证、结论和反思”的程序对学生进行探究教学训练，从而培养学生的探究能力。这种训练模式再现了科学家进行探索的过程，是一种由事实到理论的训练模式，促进了学生创造性思维能力和推理能力的提高。

在应用此教学方法的过程中，要注意精选实验内容，选择有利于学生进行探究的实验，并可以反复练习。例如，“性状分离比的模拟”实验中，让学生在实验中不断练习，学习“假说—演绎”这种科学方法。

2. 问题导向式教学法

若师生设计一个完整的探究性实验较为困难，则教师在验证性实验或模拟实验中，可运用问题导向式教学法（PBL）。

探究性学习的载体与核心是问题，学习活动是围绕问题展开的。PBL 强调以学生的主动学习为主，教师在实验教学过程中可针对实验中出现的个别问题进行引导，使学生投入于问题的解决中，通过学生的自主探究和合作来解决问题，从而学习隐含在问题背后的科学知识，形成解决问题的技能和自主学习的能力。例如，学习“基因突变”时，让学生动手替换、增添、缺失碱基对，体验碱基对的改变对性状的影响和对人类造成的危害。通过教师不断地激发学生提出问题，学生根据问题提出假设、查阅资料、与教师和同伴的交流、对假设作出解释等活动，逐步解决问题。

1.2.4 注重与现实生活的联系

陶行知强调的生活教育理论包含“生活即教育、社会即学校、教学做合一”三个方面。他认为教育的根本意义在于适应生活的变化。生活无时不变，即生活无时不含有教育的意义。他主张教育同实际生活相联系，反对死读书，注重培养学生的创造性和独立工作能力，教育不能脱离生活孤立存在。

基于生活教育的理念，人民教育出版社出版的高中生物 2007 版教材中，增设了“与生活的联系”一栏，且实验所取材料以与生活息息相关的材料为主。例如，在“观察 DNA 和 RNA 在细胞中的分布”实验中，所选用的材料是人的口腔上皮细胞，既方便可取，学生对于观察自己的细胞又充满兴趣；在“土壤中小动物类群丰富度的研究”实验中，可以随处可见的土壤为研究对象。实验贴近生活，倡导学生在解决实验问题的过程中深入理解生物学的核心概念，并能运用生物学的原理和方法参与实际问题的讨论。

1.3 我国中学生物学实验教学的发展趋势

1.3.1 重视实验

第一，数量增多。全日制普通高级中学生物教科书（人民教育出版社出版的 2002 版）中只有共计15个实验，且并未区分实验类型。现行普通高中课程标准实验生物教科书（人民教育出版社出版的2007版）必修中，“探究”10个，“实验”11个，“模型建构”3个，共计24个，“思考与讨论”若干。现行九年义务教育生物学教科书（人民教育出版社出版的2013版）中，“探究”11个，“实验”12个，“演示实验”4个，“观察与思考”12个，共计39个。探究性实验明显增多，体现了新课程改革教育任务的根本改变，说明生物学科的“科学性”日益浓厚，使学生通过实验习得知识，探索并检验生物学知识。

第二，形式多样。新课程中的实验不再是过去单一的“演示实验”和“分组实验”，而是设置了“观察与思考”“探究”“实验”“演示实验”“设计”“模型制作”“课外实践”“调查”“模拟实验”（即采用研究对象的模型，模拟生命现象和环境进行的实验，如“性状分离比的模拟实验”）。实验形式的多样化对学生有了更高的要求，体验实验的全过程，新增自主探究活动，培养学生综合运用生物学知识和合作交流的能力。

1.3.2 重视科研能力与科学精神

实验作为掌握生物知识的载体，关注学生运用知识的能力，新课程在教学实施建议中强调科学探究在生物教学中不可替代的作用，《高中课标》中明确提出了具体要求：

（1）客观地观察和描述生物现象。

（2）通过观察或从现实生活中提出与生物学相关的、可以探究的问题。

（3）分析问题，阐明与研究该问题相关的知识。

（4）确认变量。

（5）作出假设和预期。

（6）设计可行的实验方案。

（7）实施实验方案，收集证据。

（8）利用数学方法处理、解释数据。

（9）根据证据作出合理判断。

（10）用准确的术语、图表介绍研究方法和结果，阐明观点。

（11）听取他人的意见，利用证据和逻辑对自己的结论进行辩护以及作必要的反思和修改。

与传统的基本技能的要求相比，科学探究不仅要求学生掌握实验原理和实验步骤，还要求强化学生发现问题、提出假设、搜集资料、获取新知识并加以运用解决实际问题的能力。

生物学实验多在前人研究的基础上取其中一部分作为实验教学内容。教师在进行实验前，可利用生物科学史作为案例，引起学生的兴趣，使学生在实验过程中感受科学家进行研究时的思维与方法，体验科学家探索未知的精神。例如，在进行“性状分离比的模拟”实验前，讲解孟德尔豌豆杂交实验过程，使学生在实验过程中体验“假说—演绎”的科学方法；通过摩尔根研究果蝇的实验，体验“类比推理”的思维。

1.3.3 贴近生活

新课程改革强调实验贴近生活，明确提出“热爱大自然，珍爱生命，理解人与自然和谐发展的意义，提高环境保护意识”的要求。在实验过程中，强调学生情感、态度和价值观的培养，生物实验应体现：要求学生懂得爱护生物，保护动植物及其生存环境，不伤害动植物，不破坏生物的生活环境；取消伤害动植物和破坏生态环境的实验，如动物解剖实验；将实验后的生物放归大自然。强调人与自然的和谐相处，还需注意实验过程中产生的“三废”①，需经一定的处理才能排弃或利用，不能危害自然环境。

为了让生物实验更贴近生活，更有利于提高学生对生物实验的兴趣，可使用学生熟悉的实验材料。例如，在“叶绿素的提取和分离”实验中所采用的叶片可允许学生自行准备，不必全部由教师统一提供（但教师需提前准备好可用材料，避免学生自备材料无法进行完整的实验），通过最终的提取结果分析不同叶片对叶绿素的提取和分离的影响。

1.3.4 评价方式多元化

《基础教育课程改革纲要（试行）》中指出：“改变课程评价过分强调甄别与选拔的功能，发挥评价促进学生发展、教师提高和改进教学实践的功能。”

针对传统实验评价只注重结果、忽视过程评价的弊端，实验评价应多元化，将过程性评价和终结性评价相结合、定性评价与定量评价相结合，根据不同的实验采取不同的评价方式。终结性评价往往适用于结果较明显、过程较简单的实验。例如，在“比较过氧化氢在不同条件下的分解”实验中，学生操作后检查4支试管中产生的气泡量；在“探究酵母菌细胞呼吸的方式”实验中可检查澄清石灰水的变化。过程性评价一般针对操作过程较复杂的实验，制作相应的过程评分表，对学生在实验过程中的动手能力、设计思路进行评分，如“使用高倍显微镜观察几种细胞”“观察根尖分生组织细胞的有丝分裂”等实验。许多实验的评价可以将二者有效结合，如“检测生物组织中的糖类、脂肪和蛋白质”实验。

此外，教师可采取“档案袋”的方式记录学生的发展，将以科学观察记录、实验设计表格、三维目标为标准的基础知识评价表，过程与方法的评价检核表，情感态度与价值观评价问卷表放入档案袋，让教师和学生按照实验的实际情况如实填写，从而更好地对探究性实验进行评价。

1.3.5 强调生成性实验教学

余文森教授说过：“预设与生成既有对立性，也有统一性，课堂教学既需要预设，也需要生成。”传统课堂只强调课堂的预设，却忽略了教学过程是一个创造性生成的过程，尤其是实验教学。随着课堂实验教学活动的不断展开，学生的认识和体验有所加深，思维不断拓展，学生有可能会提出与教师预设不同的问题。这类问题就是教学过程中的“生成部分”。有效地利用学生提出的问题，及时把握学生的热情，合理引导与利用学生思维的闪光点，能有效提高学生的学习成效。教师可以引导学生对其提出的问题进行探究，便于他们从“接受学习”模式转换为“发现学习”模式。

同时，验证性实验中也可以融入“探究”的成分，增强验证性实验的探究性，这也属于实验教学中的生成部分，如是否可以用其他的实验方法，是否可以换用其他的药品。可以给出方法建议，学生遵循“提出问题→作出假设→制订计划→实施步骤→得出结论→表达和交流”进行科学探究，寻求正确结果。虽然要求实验中每个步骤都呈现出探究性是有一定难度的，但是探究性可以体现在实验的某一过程中，如探究实验方案、探究实验结果、探究实验假设等，这些都可以引导学生学会探究，达到实验教学中有生成性的目的。

① “三废”是指废液、废气、废渣

1.3.6　加强实验的自由度

单一的实验材料很难激起学生的探究兴趣，也难以培养学生的创造性思维。在要求学生富有创造力的当下，要解决这种状况，可以让学生根据相关实验的要求，利用自己生活中易得的廉价而丰富的物品设计相关实验，实验室为他们提供所需要的器材、药品。在实验教学过程中，全体师生相互交流，提出优点及不足，加以改进。同时，有的实验不一定要在实验室才可以做，应鼓励学生利用身边的材料，如饮料瓶、小纸盒、胶带、棉花、橡皮泥等，制备实验器材，锻炼自己的动手能力。例如，学生可以根据“DNA 双螺旋分子结构”“建立减数分裂中染色体变化的模型”自行用橡皮泥等工具制作模型。

1.3.7　现代教育技术的运用

随着现代教育技术的发展，翻转课堂、微课等新教学形式正在逐步发展。实验中的操作技术、实验原理、实验流程等对学生都有一定的高要求。因此，教师可以要求学生在课前利用网络资源先进行预习，了解实验过程，提前构建实验框架，在实际操作过程中就会相对轻松。此外，一些实验无法在课堂上或实验室内由学生集体完成，如“尿液的含量测定”，教师可以自制微课，在课堂上通过视频将实验过程呈现出来，使学生有较为直观的感受，不因操作困难而放弃实验。

第 2 章　中学生物学实验教学设计

教学设计是运用现代学习与教学心理学、教学媒体论等相关的理论与技术，来分析实验教学中的问题和需要、设计解决方法、试行解决方法、评价试行结果，创设有效的教与学的过程。它既具有设计的一般性质，又要遵循教学的基本规律。

2.1　教学设计与教案的区别

自教学设计问世以来，由于其内容与教案相差较小，常有教师将二者混淆。教学设计和教案均包括教学目标、教学内容、教学方法、教学评价等因素。其不同之处在于：教学设计包含“学生需求分析”这一因素，换言之，教学设计更倾向于从学生的角度出发，教师根据学生的喜好和需求进行授课；教案则多以教师为中心，根据自己的喜好和经验进行授课。实验教学设计更多的是研究学生“如何做实验”；而教案考虑的是教师“如何教实验”。

2.2　教学设计的原则

教学设计需要教师对整堂课进行统筹规划，然而在进行教学设计时，许多教师依然不能很好地从学生的角度出发，无法将知识点的讲解和学生的特点相结合，不能运用恰当的方法。要想快速又准确地在心中搭建好实验教学设计的框架，教师应在教学设计前进行如下思考。

1. 实验的主体

毋庸置疑，学生必然是实验的主体。可以通过以下几点判断学生是否真正成为了实验的主体。

（1）能否在教学过程中检测到学生已具备了哪些知识。

（2）能否准确判断学生通过学习是否掌握了新概念。

（3）学生是否在本堂课中发展了能力。

2. 本次实验需掌握的知识和技能

思考本次实验的知识点和技能，即对教学内容的分析。教师在课前可对本堂课所有的知识点进行归纳总结，整理成结构图。

3. 本次实验前学生已有的知识和技能

了解学生已有的学习水平，还应掌握哪些知识和技能，这样便可以总结出教学的知识目标和重点、难点。

4. 本次实验中的哪些原理知识和技能是学生可自学的

学生自学可以学会的知识，教师便不需赘述。可以结合实际，为学生提供相应的手段，如书籍、网络资料、视频等，锻炼学生的自学能力和归纳总结能力。

5. 本次实验中哪些原理知识和技能是需要教师帮助学生理解的

学生无法自学的内容，就需要教师予以相应的指导和引导才能学习，这便是常说的学生的“最近发展区”。此部分的实验内容即教学设计中教师需要着重思考和计划应如何讲解的。

思考上述问题之后，教师应该可以在头脑中形成教学设计的框架，再根据实验的具体内容进行补充，丰富教学设计。

2.3　实验教学设计的内容

实验教学设计可分为两类：一类是针对长期教学活动的规划，如学年实验计划、单元实验计划；另一类是对短期的每个实验教学活动的计划。此处主要讨论第二种针对单个实验教学活动的教学设计，以“植物细胞的吸水和失水”为例。

2.3.1　学情分析

学情分析主要包括学生年龄特点分析、学生已有知识分析、学生学习能力和学习风格分析、学生对所学知识的需求分析。因此，教师在开展实验教学之前，应全方位考虑学生的差异，明白学生已掌握的实验技能和方法、在该年龄段对哪类实验更有兴趣，旨在通过实验教学达到实验学习领域的“最近发展区”。

例如，高一年级的学生，已知道细胞结构知识、渗透作用的概念、临时装片的制作和使用显微镜的方法。但无法熟练运用显微镜，发现问题、分析问题、解决问题的探究思维还不成熟。因此，学生希望通过此次实验教学，练习临时装片的制作，巩固显微镜的使用，并对植物活细胞吸水和失水的现象充满兴趣。

2.3.2　教学内容的分析

实验教学内容分析应说明所讲授内容在教材中所处的地位，即联系前后知识，增强知识间的连贯性。同时注意实验作为生物知识的载体，可以使学生有效地通过实践掌握生物学知识，帮助学生理解生物科学的本质，实现理论与实际的联系。此外，高考题中实验部分的考点倾向也可作为实验内容的重点分析部分。在教学前，要整理出实验的知识结构，明确实验教学中的重点、难点。

例如，本次实验属于人民教育出版社出版的高中生物必修 1 中第 4 章“细胞的物质输入和输出”第 1 节的内容，是高中生物必修教材的第一个探究性实验。通过这个探究性实验，学生能够体验“提出问题→作出假设→设计实验→进行实验→分析结果，得出结论→交流讨论”的探究过程，为后续探究性实验奠定基础，并能在实验中巩固对显微镜的使用和临时装片的制作，加深学生对“原生质层相当于一层半透膜”的理解。

2.3.3　教学目标的制订

教学目标应规定学生在教学活动结束后能表现出怎样的行为，限定学生学习过程中三维目标发展的层次、范围、方式及变化效果的量度。对每节课教学目标的准确表述，可以充分发挥教学目标在教学活动中的引导、评估和激励作用。一般采用 ABCD 教学目标法对目标进行描述，实验教学目标的制订也可以此作为参考，主要考虑以下 4 个因素。

1）行为主体（audience，A）　根据新课程的有关理念，在制订教学目标时要体现出“以学生为主体”的思想，行为目标都应写成学生的学习行为而不是教师的教学行为，一般不描述教师的教学程序或活动的安排，如“使学生……”“让学生……”“提高学生……”“培养学生……”等描述，而用“能认出……”“能解释……”“能设计……”“能写出……”“对……作出评价”“根据……对……进行分析”等描述，要清楚地表明达到目标的行为主体是学生。相较于课堂教学，实验教学更为强调学生的主体地位，因此教师在制订实验教学目标时，应多方面考虑学生在实验中能够获得哪些方面的提高。

2）行为动词（behaviour，B） 根据《高中课标》和《初中课标》的要求，教学具体目标应采用可观察、可操作、可检验的行为动词来描述。传统的“了解”“掌握”“熟悉”等仅表示内部心理过程的动词比较笼统、含糊、难以观察、不便测量。实验教学目标主要属于“技能性目标”，在《高中课标》和《初中课标》附录中“技能性目标行为动词”对行为动词有详细的罗列：“认出……”“尝试……”“制作……”“选用……”，这类词的词义明确、易于观察、便于检验。

在实验教学中，教师可对学生提出具体要求，如要求学生对原理进行“说明”、对实验步骤进行“概述”、对实验现象进行“解释”、对实验结果进行“分析”、对实验仪器学会“操作”、对实验模型进行“制作”。

3）行为条件（condition，C） 在实现教学目标时所采用的教学方法和教学手段的展示，有时需要明确表示出学生在什么情况下或什么范围内完成指定的学习活动。例如，“用所给的材料探究……”“通过设计小实验观察……”，学生能够通过目标明确所需要利用的工具和方法。

4）表现程度（degree，D） 是指学生对目标所达到的表现水准，用以测量学生学习结果所达到的程度。例如，对种子结构的要求即“能准确无误地描述……”，对写出观察记录的要求是“详细地……”，对显微镜操作的要求是“能正确操作显微镜，清晰观察到实验现象”。这就是关于表现程度的描述。

教学三维目标的4个要素总结起来为：谁（行为主体）、在什么环境下（行为条件）、做什么（行为动词）、达到什么程度（表现程度）。

例：

1. 知识目标

（1）结合植物细胞的吸水和失水的探究实例，阐述探究的过程，并能清晰说出探究的一般步骤。

（2）通过对植物细胞的吸水和失水的探究，学生能够理解原生质层相当于一层半透膜，并能区分原生质层的范围。

2. 能力目标

（1）进一步巩固低倍镜的使用步骤、原理和制作临时装片的方法。

（2）能在观察的基础上区别出植物细胞的吸水和失水。

3. 情感、态度、价值观方面

（1）体验“提出问题→作出假设→设计实验→进行实验→分析结果，得出结论→交流讨论”的探究活动过程。

（2）培养对生物现象探究的兴趣及实事求是的科学态度，能够完成一份描述准确、过程科学的实验方案。

2.3.4 教学策略的选择

教学策略是教育者在教学设计和促进学习过程中使用的方法和理论。其涉及范围广泛，包括在教学过程中采取的教学措施、教学理念的指导、教学方法的选择等。此处主要以教学方法的选择为主要讨论内容，第 3 章再对教学策略进行详细介绍。

实验教学方法的选择要依据实验教学内容、实验教学目标、学生的需求、实验教学客观条件等，采用多种方法结合的方式，以获得最优化的教学效果。科学、合理地选择教学方法，就必须要求教师能够在现代教学理论的指导下，熟练地把握各类教学方法的特性，综合考虑各种教学方法的优缺点，合理地选择适宜的教学方法并能进行优化组合。

例：

本实验采用的教学方法有以下几种。

（1）探究法：是要将一种探究思想引入课堂中，让学生通过植物细胞吸水和失水的探究过程，锻炼逻辑思维能力，拥有探究的科学精神，从而培养学生科学探究的能力。

（2）讨论法：学生以小组为单位分析讨论实验结果，如比较不同实验材料进行“质壁分离及其复原”的实验结果，教师引导学生在小组内进行原因讨论，然后进行总结、评价。

（3）讲授法：此法是教师向学生传授知识的重要手段，教师借助口头语言呈现实验，阐明知识的联系，促进知识的理解。在进行实验前，教师应对植物细胞原生质层和植物细胞吸水、失水的原理进行讲解，学生才能在实验中根据实验现象推测细胞内外浓度差异。

2.3.5　教学媒体的设计

教学媒体是承载和传播（递）教学信息的载体或工具，包括现代化教学手段、传统教学工具、教学资料和教学传媒等。随着科学技术的进步，教学媒体越来越多。由于分类标准不同，媒体有多种分类方法。根据印刷与否，可分为印刷媒体和非印刷媒体；根据信息传播过程中信息流动的相互性，可分为单向传播媒体［影视、广播、幻灯片（PPT）等］和双向传播媒体（计算机）；根据工具的先进程度，也可分为传统教学媒体（教科书、黑板、粉笔、标本、图表等）和现代教学媒体（幻灯片、投影、录音、录像和计算机多媒体等）。教学媒体不仅能够传递信息，还有助于激发学生的兴趣、情感，使学生形成良好的个性品质，促进学生对知识、技能的理解和掌握。

在实验教学中，为了便于学生的学习，教师往往选择最常用的教学媒体（如幻灯片、视频演示等）辅助教学。选择教学媒体时应符合实验教学目标和教学内容的要求，学生的年龄特征，现有的实验教学资源条件；可以将传统教学媒体和现代教学媒体相结合，激发学生的兴趣，创设良好的实验环境，达到提高实验教学效果的目的。

例：

本实验教学媒体采用传统教学媒体（板书）和现代教学媒体（幻灯片）相结合的方式。

1. 板书展示内容（图 2.1）

植物细胞的失水和吸水

探究性实验的一般过程

提出问题→作出假设→设计实验→进行实验→分析结果，得出结论→交流讨论

图 2.1　板书展示内容

2. PPT 展示内容

教学过程中用 PPT（图 2.2 和图 2.3）展示过程，节约课堂板书时间。

探究性实验的一般过程

- 提出问题：原生质层相当于一层半透膜吗？
- 作出假设：原生质层相当于一层半透膜。
- 设计实验：
- 实验原理：
  外界浓度＞细胞浓度，细胞失水
  外界浓度＜细胞浓度，细胞吸水
- 材料用具：紫色洋葱鳞片叶，清水，质量浓度为0.3g/ml的蔗糖溶液，显微镜，载玻片，盖玻片，吸水纸，刀片，镊子，滴管

图 2.2　PPT（一）

实验步骤：

（1）制作洋葱鳞片叶外表皮的临时装片。（擦→滴→取→展→盖→洗）

（2）在低倍显微镜下观察洋葱鳞片叶外表皮细胞中紫色中央液泡的大小，并记录。

（3）从盖玻片的一侧滴入蔗糖溶液，在盖玻片的另一侧用吸水纸吸引。

（4）在低倍显微镜下观察细胞中央液泡的大小有何变化，并记录。

（5）在盖玻片的一侧滴入清水，在盖玻片的另一侧用吸水纸吸引。

（6）在低倍显微镜下观察中央液泡的大小有何变化，并记录。

（7）根据实验记录现象，分析细胞失水与吸水的现象及发生条件，得出结论。

图 2.3　PPT（二）

扫码见彩图

实验结束后，展示学生在显微镜下观察的现象（图 2.4～图 2.6）。

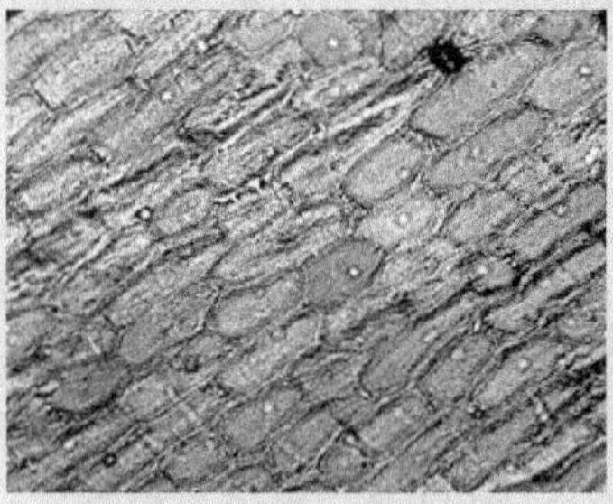

图 2.4　洋葱表皮细胞（10×）

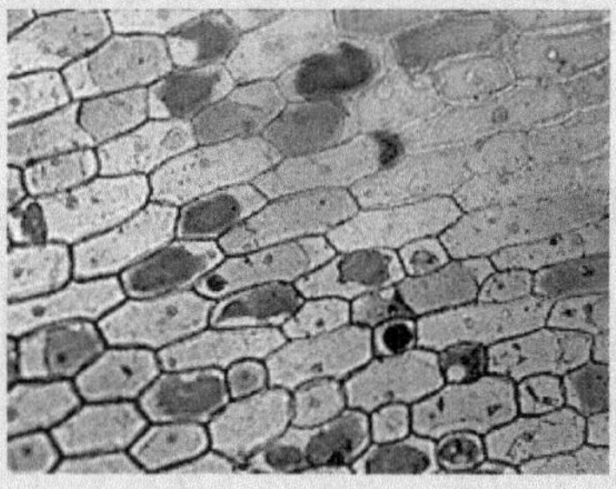

图 2.5　洋葱表皮细胞失水分离（10×）

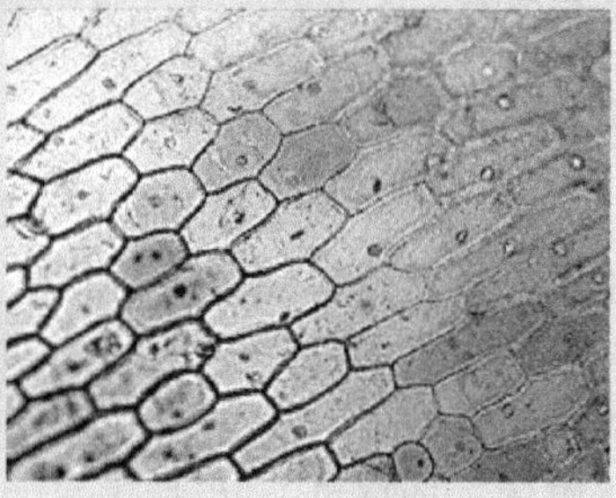

图 2.6　洋葱表皮细胞吸水复原（10×）

3. 视频展示内容

显微镜的操作方法，可扫描右侧二维码，观看视频。

在上述案例中，运用板书、PPT、视频三种教学媒体相互结合以指导教学。以板书展示实验流程，帮助学生厘清实验思路，引导学生了解该实验的过程。以 PPT 展示具体实验步骤，弥补板书书写费时费力的缺点，使师生可以充分利用课堂时间。以视频展示显微镜操作的方法，利用更规范的操作视频弥补部分教师自身操作不当带来的失误；大屏幕的展示可以使实验室各个方位的学生都能接受到信息，避免了教师操作时远离教师的学生无法观看的弊端。当实验过程中产生新的问题或得到新的结论时，教师可以及时在黑板上进行板书，将需要讨论的问题记录下来。实验结束后，教师可用 PPT 展示学生观察到的现象，相互观察比较，分析原因，有利于学生思维能力的培养。充分利用了板书的及时性、PPT 和视频的直观性。

教学媒体是一个不断演变的过程，但并没有任何一种媒体被另一种媒体彻底取代的过程。任何一种媒体都不是“全能媒体”，因此只有具有正确的媒体观念，对多种教学媒体综合运用，发挥各自的优点，弥补各自的局限性，才能达到良好的教学效果。

2.3.6　实验教学过程的设计

实验教学过程的设计就是将分析后的学情、教学内容、制订的教学目标、选择的教学方

法和教学媒体在实验中实施的具体表现。它可以使教学的实施过程一目了然，是教学设计的核心，实验内容和对象的分析是否合理、实验教学目标的设计是否准确，这些都在实验教学过程中得以体现（表 2.1）。

表 2.1　教学过程的设计

教学过程			
程序	教师活动	学生活动	备注
新课导入（创设问题情景，激发探究兴趣）	同学们，炎炎夏日即将来临，用来消暑降温的办法很多，其中凉拌菜成为我们夏日餐桌上的首选，那么大家都说说喜欢什么凉拌菜呢？	学生回答	
	同学们所说的种类多种多样，老师准备了两碗凉拌黄瓜，这是用同一根黄瓜做成的两盘凉拌黄瓜，大家看我左手拿的是未添加任何调料的原味凉拌黄瓜；右手拿的是加了食用盐的凉拌黄瓜，接下来，我就请同学来品尝并观察下这两盘黄瓜。 跟大家讲讲这两盘黄瓜有什么不同？	学生品尝、观察并说出感受（回答提示：没加配料的感觉挺脆的，腌过的黄瓜没那么脆）	
	盘子里出现了水，那大家说说这水是从哪里来的呢？	（回答提示：加入盐后，从黄瓜里出来的）	
	菜农常往蔫了的菜上洒水，加水后有什么变化呢？	（回答提示：往菜上洒水或浸入水里，菜变得坚硬了，看起来更新鲜）	
	腌过的黄瓜变软了，蔬菜、水果洒水后变硬了，大家结合起来想想看，这说明了什么呢？	共同总结：植物细胞既能失水又能吸水	
提出问题，作出假设	植物细胞既能失水又能吸水，那么大家大胆地想想看，植物在什么样的环境中失水和吸水？这与周围溶液浓度有什么关系呢？当外界浓度＞细胞浓度时，细胞会怎样？当外界浓度＜细胞浓度时，细胞又会怎样？ 当外界浓度＞细胞浓度时，细胞失水；当外界浓度＜细胞浓度时，细胞吸水。要验证这个假设对不对，需要通过实验来证明，今天这节课我们就探究植物细胞的失水和吸水。（板书）	（回答提示：植物细胞失水和吸水跟周围溶液浓度有关，当外界浓度＞细胞浓度时，细胞失水；外界浓度＜细胞浓度时，细胞吸水）	
根据实验原理，设计实验方案	接下来请大家分成小组，利用桌上的材料，讨论实验方案，验证提出的假设是否正确。 （讨论后总结方案）先要制作洋葱鳞片叶外表皮的临时装片，并在低倍镜下观察此时细胞的状态；再用 0.3g/ml 蔗糖溶液处理，并在低倍镜下观察细胞状态的变化；最后用清水处理，再在低倍镜下观察细胞的变化。通过前后细胞在不同浓度的溶液中状态变化的比较，旨在得出细胞在什么情况下吸水和失水。（板书）	学生进行分组讨论	
操作实验，证明假设	教师跟学生一起探究实验现象，根据实验步骤完成。 （1）制作洋葱鳞片叶外表皮的临时装片。（擦→滴→取→展→盖→洗） （2）在低倍显微镜下观察洋葱鳞片叶外表皮细胞中紫色中央液泡的大小，并记录。 （3）从盖玻片的一侧滴入蔗糖溶液，在盖玻片的另一侧用吸水纸吸引。 （4）在低倍显微镜下观察细胞中央液泡的大小有何变化，并记录。 （5）在盖玻片的一侧滴入清水，在盖玻片的另一侧用吸水纸吸引。 （6）在低倍显微镜下观察中央液泡的大小有何变化，并记录。 （7）根据实验记录现象，分析细胞失水与吸水的现象及发生条件	学生进行实验，观察和记录实验现象	

续表

教学过程			
程序	教师活动	学生活动	备注
观察现象，得出结论	根据实验，一起来总结一下实验过程中的种种现象。哪个小组能把观察到的现象跟大家分享一下？ 生活状态的洋葱表皮细胞的原生质和细胞壁是紧贴的；当处于0.3g/ml 蔗糖溶液中时，即外界浓度大于细胞浓度时，细胞体积变小，颜色变深，此时细胞失水了；当又加清水时，体积又慢慢增大，恢复原状，此时细胞通过从外界吸水完成质壁复原。（幻灯片展示实验结果）	小组代表发言	
交流讨论		互相交流，共享成果	

2.3.7 评价设计

实验教学设计评价应多元化。

评价标准：教学目标是首要标准，此外还要考虑是否符合《高中课标》对实验的要求，是否符合学生终身学习和全面提高科学素养的要求，是否有利于学生能力的培养。同时，还应该考虑实验设计方案的科学性、完整性、规范性、可操作性、创新性；实验教学是否有效。

评价方式：强调在对结果进行评价时，重视对实验过程性和表现性的评价（表 2.2）。

表 2.2 “植物细胞的吸水和失水”表现性评价评分表

内容	要点	评价指标参考	分值	得分
准备	检查仪器和材料	检查材料、器具是否完好齐备，包括尖头镊子、载玻片、盖玻片、显微镜、解剖刀片、胶头滴管、吸水纸、紫色洋葱鳞茎、蔗糖溶液、清水	5分（步骤完整得全分，不完整得2分，无此步骤得0分）	
制片	清洁	检查载玻片和盖玻片的清洁度	2分	
	取材	用胶头滴管在载玻片中央滴一滴清水	2分	
		用刀片撕取一小片可观察的洋葱外表皮（内表皮细胞的液泡中紫色花青素少，呈无色，不能选用）	8分（酌情给分）	
	放置材料	用镊子将撕下的表皮放在水滴中，使其平展、无气泡	2分	
		用镊子夹起盖玻片，将盖玻片的一边先接触载玻片上的水滴，轻轻放下，避免产生气泡。用吸水纸将盖玻片周围多余的水吸干	6分（酌情给分）	
观察	取显微镜	正确取出显微镜（一手握镜壁，一手托底座），安装目镜和物镜	4分	
	观察洋葱表皮细胞	将低倍物镜对准通光孔，根据光线选择适当的反光镜和光圈，获得明亮适宜的视野	5分（步骤正确但未获得明亮视野可以给3分）	
		将载物台调至最低，把临时装片放在载物台上，用压片夹夹好，并从侧面观察，将镜筒下降到适当位置	6分（操作严重失误不得分，操作不规范酌情给分）	
		调整横纵向移动手轮，使光线聚集在物像上	3分	

续表

内容	要点	评价指标参考	分值	得分
		双眼注视目镜，旋转粗准焦螺旋使镜筒缓慢上升，直至看到物像	5 分	
		再旋转细准焦螺旋进行微调，直至获得清晰的物像	3 分	
		观察正常情况下洋葱外表皮细胞的形态	4 分	
	观察植物细胞失水	将载物台调至最低，取下临时装片，水平放在桌上	4 分	
		用滴管在盖玻片的一端滴加适量的 0.3g/ml 蔗糖溶液，同时用吸水纸在盖玻片另一端将多余的蔗糖溶液吸干	4 分（酌情给分）	
		重复上述操作多次，使洋葱表皮细胞浸润在浓蔗糖溶液中	2 分	
		静置片刻，在显微镜下观察细胞的中央液泡是否逐渐变小，原生质层在什么位置，细胞的大小有无变化（拍照记录观察结果）	6 分（图像有变化但不明显酌情给分）	
	观察植物细胞吸水	取下临时装片，水平放在桌上。用滴管在盖玻片的一端滴加适量的清水，同时用吸水纸在盖玻片另一端吸水	4 分（酌情给分）	
		重复上述操作 3 次，使洋葱表皮细胞浸润在清水中	2 分	
		静置片刻，在显微镜下观察细胞的中央液泡是否逐渐变大，原生质层在什么位置，细胞的大小有无变化（观察并拍照记录结果）	6 分（图像有变化但不明显酌情给分）	
整理		清除废物，实验仪器归位，清洁器具并放回原位	5 分	
实验结果记录		完成实验记录表（表 2.3）	12 分（每空 2 分）	

表 2.3　实验记录表

溶液	现象		
	中央液泡大小	原生质层的位置	细胞大小
蔗糖溶液			
清水			

第3章　中学生物学实验教学策略

教学策略是教育者在教学设计和促进学习过程中使用的方法和理论。它是在一定的教学思想的指导下，为完成特定的实验教学目标和内容而采用的适合学生特点的教学措施。首先，应明确教学策略的指导思想；其次，应思考如何完成实验教学，以及在此过程中可能用到的理论、技术和方法。

3.1　中学生物学实验教学策略常见的类型

在生物学实验的教学内容和教学目标的指导下，中学生物学实验的基本策略主要有如下几点：根据实验与讲解、总结等讲述存在先后进行的关系，可以分为先讲解后实验策略、先实验后总结策略和翻转策略；根据实验与讲解、演示等讲述同时进行的关系，可以分为边讲解边实验策略和边演示边实验策略。

3.1.1　实验与讲述先后进行

3.1.1.1 先讲解后实验策略

任何实验在进行之前，教师都应向学生提出该实验的要求、注意事项。即使是探究性实验，也需要教师在实验开始前对学生提出问题，加以引导，激发学生积极的思维活动和保证实验的安全开展。

采用此策略时，教师应该注意：引导学生正确理解实验目的；引导学生进行定向观察；指示操作环节，要用简明扼要的语言，便于学生快速掌握；实验注意事项要一次性向学生说明，阐述原因。

先讲解后实验策略对于大多数实验通用，但也偏向于下述条件：安全系数较小、难度系数较大的实验，学生的组织纪律较好、容易组织教学、对生物学实验兴趣较大。

适用于“检测生物组织中的糖类、脂肪和蛋白质”“绿叶中色素的提取和分离”“性状分离比的模拟”等实验。

3.1.1.2　先实验后总结策略

先实验后总结策略是指在实验结束之后，师生将实验中获得的实验现象、事实、数据等进行分析、概括归纳，概括出概念、规律、结论的一种重要实验教学策略。

有效地运用先实验后总结策略时，应注意以下两点。

（1）引导学生科学观察、认真分析实验现象，准确记录、整理、比较实验数据，从中得出现象与理论之间的联系与规律。

（2）引导学生观察实验现象要有针对性、目的性，要观察入微；分析实验数据要用一定的教学方法与模型，要进行对比和必要的统计计算。

先实验后总结策略适用的条件是：安全系数较大、难度系数较小的实验，学生组织纪律较好、对生物学实验兴趣较浓、学生自主实验的能力较强。

适用于“探究酵母菌细胞呼吸的方式”“膝跳反射”等实验。

3.1.1.3　翻转策略

翻转策略是指学生在家中或课外观看实验视频，把课堂的时间用于师生、生生间对问题的探讨，有效地将课外自主学习和课内协作学习结合起来。

使用翻转策略时，应注意实验教学视频的选取。应选用画面清晰、操作正确、有示范性意义的视频。教师也可以在实验室亲自操作、录制，制作成微课供学生学习（微课制作及常用软件见附录 1，制作视频见右侧二维码）。

手把手教你做微课

翻转策略适用的条件是：安全系数较小、难度系数较大、实验仪器有限、实验材料危险性大的实验，学生自主实验能力较弱。

适用于“T_2 噬菌体侵染大肠杆菌”“尿液的成分鉴定”“环境因素对光合作用强度的影响”等实验。

3.1.2　实验与讲述同时进行

3.1.2.1　边讲解边实验策略

边讲解边实验策略是指在实验教学过程中，教师讲解一部分，学生实验一部分，如此循环直至实验完成。例如，“认识显微镜的结构，练习使用显微镜”的实验就比较适合采用这种策略进行讲解。显微镜结构对于初学者而言比较复杂繁多，若教师一次性全部讲完再由学生操作，学生不易操作，容易忘记要点。

边讲解边实验策略适用的条件是：安全系数较大的实验，学生年龄较小、自我控制能力较差、组织教学困难。

适用于“植物细胞的吸水和失水”“培养液中酵母菌种群数量的变化”等实验。

3.1.2.2　边演示边实验策略

示范演示在实验教学中起着极其重要的作用。教师或指定学生进行的演示，为学生提供直接视觉形象和模仿的模板，也为学生提供学习中的“前摄影响”，对学生的实验操作规范化有较大的影响。运用时应注意：操作规范，准确无误，快慢适中；操作力求严谨；注意演示实验的可视性，面向全体学生。

边演示边实验策略适用的条件是：安全系数较大、难度系数适中的实验，学生组织纪律较好、比较容易组织教学、对生物学实验兴趣较浓。

适用于“生物体维持 pH 稳定的机制”“种子萌发过程中能量的释放”等实验。

几种实验教学策略适用范围比较见表 3.1。

表 3.1　实验教学策略适用范围比较

策略	安全系数	难度系数	学生纪律	生物实验兴趣	适用实验
先讲解后实验	较小	较大	较好	浓厚	“检测生物组织中的糖类、脂肪和蛋白质”“绿叶中色素的提取和分离”“性状分离比的模拟”
先实验后总结	较大	较小	较好	浓厚	“探究酵母菌细胞呼吸的方式”“膝跳反射”

续表

策略	安全系数	难度系数	学生纪律	生物实验兴趣	适用实验
翻转	较小	较大	—	适中	“T_2噬菌体侵染大肠杆菌”“尿液的成分鉴定”“环境因素对光合作用强度的影响”
边讲解边实验	较大	较小	较差	适中	“植物细胞的吸水和失水”“培养液中酵母菌种群数量的变化”
边演示边实验	较大	适中	较好	浓厚	“生物体维持pH稳定的机制”“种子萌发过程中能量的释放”

3.2 中学生物学实验教学策略的选择

在实验教学过程中，除了要考虑教与学所适用的策略外，还要考虑学生的差异性、教师教学方法差异及实验教学“生态环境”差异对教学产生的影响。

3.2.1 学生的差异性与教学策略的选择

学生发展具有一定的规律性和整体性，也具有一定的差异性，表现在实验能力、年龄差异等各个方面。在实验教学中首先应了解学生的这些差异，才能合理地选择教学策略，从而激发出学生对实验的兴趣。

对于实验能力较好的班级，教师可采用先实验后总结的策略，对于实验能力较差的班级，教师可采用边讲解边实验的策略。

学生的心智发展特点与年龄也有一定的关系。相对而言，初中生有强烈的好奇心和求知欲望，注意力集中时间不长、自控能力差，宜采用边讲解边实验或边演示边实验的策略；而高中生的自控能力较好，自学能力也较强，适宜选择先实验后总结或先讲解后实验策略（具体策略对应实验如表3.1所示）。

在实际教学中，一个班里可能同时存在几种类型的学生，教师需要合理地选用教学策略，因材施教，争取激发每一位学生的学习兴趣。

3.2.2 教师教学方法差异与教学策略的选择

教师教学方法选择的差异，来源于教学风格的差异。教学风格是教师的教学理念、态度、作风、方式、方法、个性等心理和教态行为因素的综合反映，每位教师在实践中都会形成自己独特的教学风格，并运用于教学活动中。教师对教学方法的选择，在一定程度上会受到自己教学风格的影响。若教师日常教学风格比较严谨，可以采用先讲解后实验的策略；若教师在教学风格中更倾向于创造性教学，则可以采用先实验后总结的策略。

3.2.3 实验教学“生态环境”差异与教学策略的选择

“生态环境”是指部分客观因素，如学校设备、实验教学的资源、实验教学环境氛围、师生关系等。不同学校所具有的“生态环境”必然存在差异。此处以学校设备为例，谈谈实验教学“生态环境”差异与教学策略的适配问题。

对于实验条件比较好的学校，在实验课上可以向学生直观地展示实验过程和结果，可以采用边演示边实验和边讲解边实验的策略；实验条件不好的学校则需要学生利用课外资源进行学习，此时宜使用翻转策略。

第二部分

实验室建设与管理及常用器材

第 4 章 实验室建设与管理

4.1 实验室建设

生物学是一门实验科学，生物实验室是进行实验教学的重要场所。完备的生物实验室能够最大程度保证生物实验教学的顺利实施，提高中学生的生物科学素养和实验积极性，培养中学生的生物学兴趣和正确的科学观、世界观、价值观。同时，良好的生物实验室有助于教师提升实验教学能力，更好地开展生物实验教学研究。由此可见，学校应该高度重视生物实验室的标准化建设，使之成为生物学实验教学的重要保障。

4.1.1 实验室建设要求

教育部颁布的《中小学理科实验室装备规范》对实验室建设要求分为两类，即“基本要求”和“规划建议”。“基本要求”是学校实验室装备建设应达到的最低要求，“规划建议”是在达到“基本要求”的基础上，为有较高实验室装备能力的地区和学校推出的要求。各地可以根据实际情况，创建更有利于培养学生创新精神和实践能力的实验室，满足基础教育课程改革对实验教学的要求。

（1）生物实验室建设应该系统有序，参照教育部标准，形成由实验室、实验员室、准备室、仪器室、药品室和生物园地等整合而成的综合中学生物学实验室。而对于目前已有实验室的学校来说，生物实验室应该按照适应未来生物实验教学内容的要求进行适当的改造或调整。有条件的学校还可以新建“培养室”，用于组织培养技术。中学生物学实验室的规划必须方便学生制订实验计划，进行探究性学习，为学科实验活动创造条件。同时，各个功能室的规划应该注重效率与安全并重，既满足了生物实验教学的实施要求，又能体现安全、有序的实验原则。

（2）实验室建设应该尽可能精细化。从地面到门窗，从布线到通风，都应尽量保证实验室在使用过程中安全、便捷、功能完备，能够最大化地满足生物实验教学的正常开展。实验室的设计也应该尽可能创造适宜生物实验的环境。采光应避免室内阳光直射且光线充足；照明灯光明亮但不产生直接眩光；室内设计温度应符合 GB/T 5701—2008 的有关要求，宜为 16～28℃，寒冷和炎热地区应因地制宜地设置采暖和降温设施。实验室的设计还应该满足环保要求。实验室的环境噪声，以及建设中产生并释放的有害气体和放射性污染都应该符合相关标准中的限量值；实验废液应收集并进行稳妥处理，经处理后方可排放，排放应达到国家废水综合排放水质标准。

（3）实验室建设应该适应当前迅猛发展的生物技术，尽量满足仪器自动化和智能化。这样既有利于节省实验时间，大大提高实验的精确程度；又满足了未来中学生物学实验教学的要求，学生在自主探究实验过程中，养成严谨的、实事求是的科学态度，培养独立思考和分工合作的能力，提高对于自然科学的兴趣，为学生的未来发展打下良好基础。

（4）实验室建设应该注重开放性与功能性并重，有利于探究性实验教学的开展。首先，中学生物学实验室应该是面向全体学生开放的，鼓励学生积极主动地参与生物实验，培养学生对于自然科学的浓厚兴趣。其次，中学生物学实验室要注重功能的多样性，不仅要满足生物实验教学，还可以考虑为学生搭建适应理科综合的多功能实验平台，提高实验室的利用率。最后，根据不同学校的实际情况，生物实验室的建设可以有不同的特点，适应本校学生的探究性实验教学，实验室的布置在满足科学性和功能性的前提下，具备自己的特色。

4.1.2　实验室规划建设

实验室规划建设如图 4.1 所示。

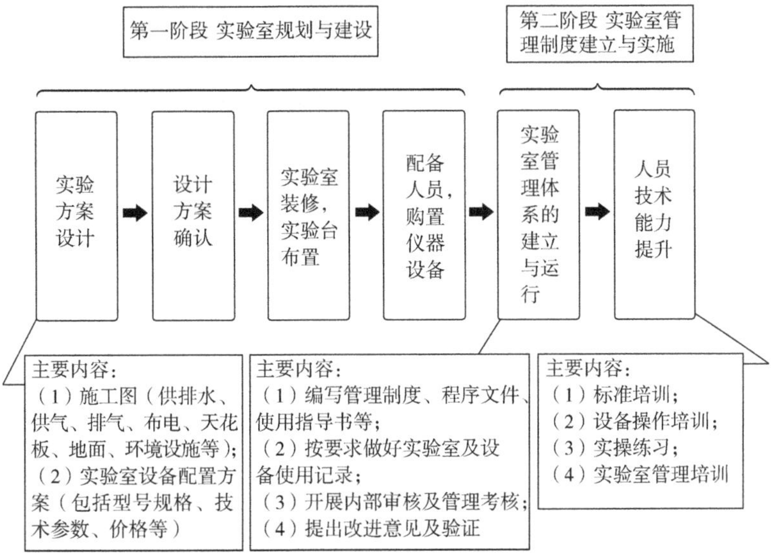

图 4.1　实验室规划建设流程图

4.1.2.1　实验室体系规划

生物实验室是进行生物学科活动与探究的场所，包括实验室、生物技术室及准备室、实验员室、仪器室、培养室、生物园地等附属用房。实验室可根据教学功用进行分类。在具体实施中根据教学需要及学校条件的不同，以上各室可全设或兼用。学校可以根据实际情况，创建更有利于培养学生创新精神和实践能力的实验室，满足基础教育课程改革对实验教学的要求。实验室体系规划建议见表 4.1。

表 4.1　实验室体系规划建议

室别	功能	要求
实验室 / 生物技术室	能够满足实验教学要求，方便学生熟悉并接触各种实验仪器设备，学习掌握基本实验技能	应努力为方便学生查阅相关资料，方便学生制订实验计划和设计实验方案，进行探究性学习和学科实验活动创造条件
实验员室	实验员办公	可与准备室合并使用，不能与药品室合并使用
准备室	实验准备和简单仪器维修	应邻近所属实验室
仪器室	存放实验仪器	根据具体实验仪器说明书设计
药品室	存放实验药品	可与准备室合并使用，应采取防潮、通风等措施
培养室	进行组织培养、细胞培养等	朝阳方向，通风良好
生物园地	进行种植、饲养	南方地区可结合校园绿化在校园空地、楼顶布置，北方地区宜设计在暖房里，也可室内外结合布置

4.1.2.2 实验室面积与间数

面积与间数的指标，以学校的建设规模和班额人数分别为 12～24 个班（4～8 个平行班）、24～36 个班（8～12 个平行班）、36～48 个班（12～16 个平行班），每班 50 人为参考设计的；学校规模大于 48 个班的，以本规范中 48 个班的数据指标为基准，学校规模每增加 12 个班（4 个平行班）时，实验室及其附属用房各增加 1 套（表 4.2 和表 4.3）。

表 4.2 实验室面积 （单位：m^2）

室别	类别	
	基本要求	规划建议
实验室、科学探究室生均使用面积	不小于 1.80	不小于 1.92
实验员室人均使用面积	不小于 6	
准备室使用面积	每间不小于 18	每间不小于 23
仪器室使用面积	每间不小于 23	每间不小于 43
药品室使用面积	每间不小于 23	
培养室使用面积	每间不小于 43	

注：仪器室只设 1 间时面积应不小于 $40m^2$

表 4.3 实验室间数 （单位：间）

室别	4～8 个平行班		8～12 个平行班		12～16 个平行班	
	初中	高中	初中	高中	初中	高中
生物实验室	1	1～2	1～3	2～3	2～3	3～5
实验员室	1	1	1	1	1	1
准备室	1	1	1	1	2	2
仪器室	1	1	1～2	2～3	2	2～3
药品室	1	1	1	1	1	1
培养室	1	1	1	1	1	1
生物园地	1	1	1	1	1	1

注：学校规模小于 12 个班的可参照表中 4～8 个平行班的数据执行

4.1.2.3 实验室建设方案

1）环境要求

（1）面积：参见表 4.2 和表 4.3。

（2）照明：教师演示台及学生实验桌面的平均照度不应低于 200lx，书写板宜设局部照明，其垂直照度的平均值不应低于 200lx，书写板面上的照度均匀度不应低于 0.7。书写板灯对学生和教师均不得产生直接眩光。

（3）遮光：窗户装窗帘。

（4）换气：换气次数不低于 3 次/时，并应采取各种有组织的自然通风措施，使室内二氧化碳浓度低于 1.5‰。

（5）水源：实验室至少有一个水池。

（6）电源：根据要求设计多用安全电源插座。

（7）通信：宜设网络接口。

（8）安全：宜设置沙箱或沙袋等消防装置。

2）设计要求

（1）实验室的窗宜为南向或东南向布置。

（2）若配备的显微镜不带光源，学生实验桌上宜设局部照明。

（3）第一排实验桌的前沿与书写板的水平距离应不小于 2500mm，边座的学生与书写板远端形成的水平视角应不小于 30°。最后一排实验桌的后沿距后墙应不小于 1200mm；与书写板的水平距离应不大于 11 000mm。

（4）两实验桌间的净距离：双人单侧操作时，应不小于 600mm；四人双侧操作时，应不小于 1300mm；超过四人双侧操作时，应不小于 1500mm。

（5）中间纵向走道的净距离：双人单侧操作时，应不小于 600mm；四人双侧操作时，应不小于 900m。

（6）实验台端部与墙面（或突出墙面的内壁柱及设备管道）的净距离应不小于 550mm。

3）设备要求　设备要求见表 4.4 和表 4.5。

表 4.4　教师演示台的设备要求

序号	设备名称	规格要求	单位	数量	备注
1	演示台（$L×D×H$）	≥2400mm×700mm×1050mm，一侧设置给排水系统	张	1	桌面材料的耐酸、碱程度应符合要求
2	座椅	可升降、旋转	张	1	
3	电源	220V 电流不小于 6A，二、三眼插座	个	若干	可置于演示台内
4	水槽及水嘴	盖板暗藏式，排水口要有水封装置	套	1	可与演示台形成一体
5	信息传送中控系统	切换计算机、网络、视频展示台、显微演示装置、投影机、数字影碟/影碟（DVD/VCD）、录像机、音频等设备的信号	套	1	（1）根据需要和条件选择设备配备；（2）技术指标适时选择
6	显示装置	电视、背投或投影屏幕	套	1	

注：表中的多媒体设备，学校可根据实际情况选择配备

表 4.5　学生实验台的设备要求

序号	设备名称	规格要求	单位	备注
1	双人实验桌（$L×D×H$） 四人实验桌（$L×D×H$） 八人双侧实验桌（$L×D×H$）	1200mm×600mm×780mm 或其他规格 2400mm×600mm×780mm 或其他规格 2400mm×1200mm×780mm 或其他规格	张	（1）根据需要选择配置；（2）桌面材料的耐酸、碱程度应符合要求
2	实验凳	可升降，无棱角	张	
3	电源插座	220V 电流不少于 6A，二、三眼插座	个	置于实验桌侧面

续表

序号	设备名称	规格要求	单位	备注
4	水槽及水嘴	排水口要有水封装置	套	
5	陈列柜（架）	在实验室后侧或周围设置	套	（1）开放式，学生可从陈列柜中自取器具和药品；（2）存放器具、标本

4.1.2.4 准备室 / 实验员室建设方案

1）环境要求

（1）面积：参见表 4.2 和表 4.3。

（2）换气：换气次数不低于 3 次/ 时，并应采取各种有组织的自然通风措施，使室内二氧化碳浓度低于 1.5‰。

（3）水源：准备台有水源，室内有控制水源的总开关。

（4）电源：准备台设计多用电源插座，室内有控制实验室电源的总开关、漏电保护器等。

（5）安全：有消防设施。

2）设计要求　宜辟出一块向阳的区域，进行一些动植物的饲培养。

3）设备要求　准备室 / 实验员室的设备要求见表 4.6。

表 4.6　准备室 / 实验员室的设备要求

序号	设备名称	规格要求	单位	数量	备注
1	准备台（$L \times D \times H$）	≥2400mm×1000mm×850mm	张	1	具体规格和数量可根据室内布局调整
2	电源插座	220V 电流≥6A，二、三眼插座	个		
3	药品柜（$L \times D \times H$）	1200mm×700mm×2100mm 或其他规格	个		
4	水槽及水嘴	排水口要有水封装置	套	1	置于准备台侧或室内其他处
5	恒温箱		台	1	
6	电冰箱		台	1	
7	陈列柜（$L \times D \times H$）	1200mm×500mm×1900mm 或其他规格	个		具体规格和数量可根据室内布局调整
8	计算机	能够完成信息查询和实验室管理工作	套	1	可配一台打印机
9	各种饲养设备		套	1	根据教学要求配置

4.1.2.5 仪器室建设方案

1）环境要求

（1）面积：参见表 4.2 和表 4.3。

（2）通风：排风扇。

（3）照明：双管日光灯。

（4）安全：有消防和防盗设施。

2）设备要求　　仪器室的设备要求见表 4.7。

表 4.7　仪器室的设备要求

设备名称	规格要求	单位	数量	备注
仪器柜（$L \times D \times H$）	1200mm×500mm×1900mm 或其他规格	个		具体规格和数量可根据室内布局调整

4.1.2.6　培养室建设方案

1）环境要求

（1）面积：参见表 4.2 和表 4.3。

（2）换气：换气次数不低于 3 次 / 时，并应采取各种有组织的自然通风措施，使室内二氧化碳浓度低于 1.5‰。

（3）水源：准备台有水源。

（4）电源：准备台设计多用电源插座，室内有控制实验室电源的总开关、漏电保护器等。

（5）安全：有消防设施。

2）设计要求

（1）培养室由缓冲间、无菌间和培养间三部分组成。

（2）缓冲间可以根据条件放置衣帽柜，学生在进入无菌间前更衣换鞋，可以减少将杂菌带入无菌间的机会。

（3）培养间面积可根据光照培养架及其他附属设备的尺寸和数量而定，以充分利用空间和节省能源为原则。

（4）各功能室均以塑钢玻璃隔断，必须封顶并加装空调，墙面需改造成为墙漆覆盖，天花板要选择光滑无灰尘的材质。

（5）学校可以因地制宜，将半间或一间实验室改造成为培养室（图 4.2）。

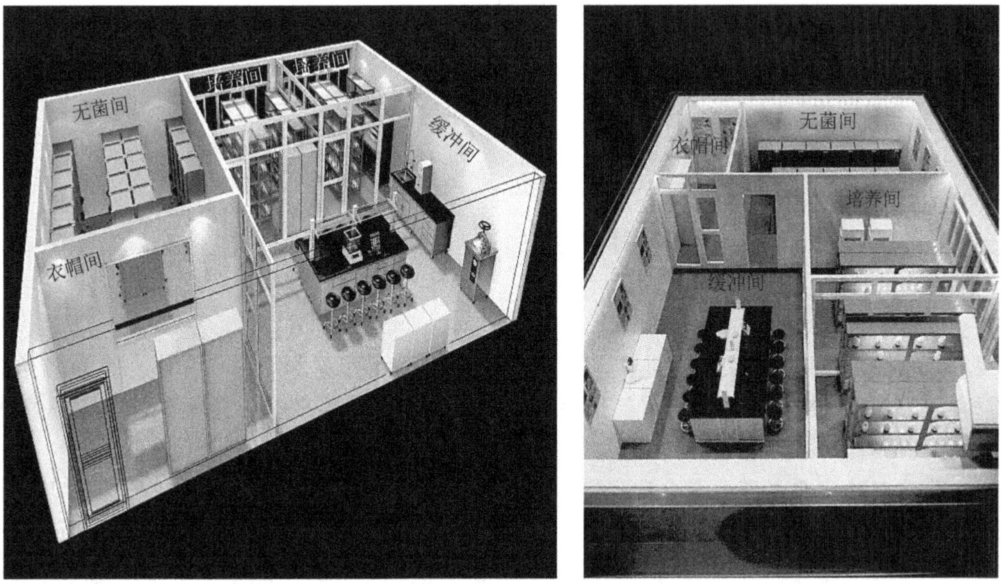

图 4.2　植物组织培养室参考图

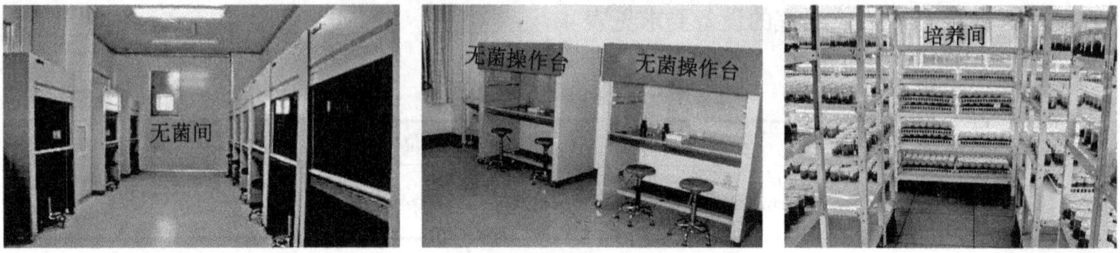

图 4.2 植物组织培养室参考图（续）

扫码见彩图

3）设备要求　　培养室的设备要求见表 4.8。

表 4.8　培养室的设备要求

序号	设备名称	规格要求	单位	数量	备注
1	超净工作台（$L\times D\times H$）	1200mm×500mm×1900mm 或其他规格	个	1	
2	培养架	带光源	个	若干	根据要求设置
3	培养箱	根据教学要求确定	台		
4	高压蒸汽灭菌锅	根据教学要求确定	个		
5	接种环	根据教学要求确定	个		
6	分析天平	根据教学要求确定	台		
7	电炉	根据教学要求确定	个		

4.1.2.7　生物园地建设方案

1）环境要求

（1）地点与面积：根据学校的条件选址，南方地区可设置在校园空地或楼顶；北方地区宜设计暖房。面积可根据学校条件并结合生物园地要涉及的内容确定。

（2）温度：范围应有利于所培养动植物的生长。

（3）湿度：范围应有利于所培养动植物的生长。

（4）光照：日光。

2）设计要求

（1）宜设计一个水塘（水池）。

（2）宜设计一块可耕种的土地。

（3）宜设计一处饲养空间。

3）设备要求　　可根据需要选择配备。

4.1.3　实验室改进设计

新课程标准中生物学实验的地位、类型、教学体系等都发生了深刻变化，成为培养学生严谨科学态度和积极创新精神的重要途径。中学生物学实验室要打破陈旧的格局，重新规划和建设有利于新课程标准实施的实验教学环境。

1）学生实验室重新整合与分配　　以教师为中心的“教室式”或“排排坐”的实验室布局，显然已经不适应新课程标准中生物学实验教学的要求。在保证符合《中小学理科实验室装备规范》规定的前提下，实验室的布局必须作出相应调整，力求满足学生多样化的需求。

首先，要积极营造实验室文化，烘托出科学实验的氛围和生命气息，在潜移默化中渗透科学情感教育。例如，在实验室两边的墙壁张贴生物科学家的图像和名言名句；实验室黑板一侧的墙上可以开辟学生作品展示区，经常更新学生制作的标本、学具、小发明、小创造及问题探讨栏目等；实验室的墙角摆放四季常青的棕竹或者龟背竹，讲台上的玻璃瓶里斜插几枝青翠欲滴的万年青等；利用实验室最后面的空间摆放一些标本、模型，并配合教学进度及时更换；等等。其次，实验室的布局应适合培养学生交流与合作探究的能力，实验内容和教学目标不同，学生分组人数及实验器材的配备也要随之变化，实验桌的组合要有更大的灵活性。因此，实验桌要小型化，电源和水源的接入要与实验桌分开，可以采用一些岛式、组合式、可移动式的实验桌椅，方便学生分组活动和讨论。

新课程标准增加了学生实验的内容及类型，实验教学的灵活性和可选择性也相应提高了。根据教学实际需要，普通学生实验室最好能集学生分组实验、显微镜观察、课堂演示实验于一体，提高学生实验室的利用效率。标本室占据面积较大但利用率较低，可以考虑将部分浸制或干制的标本放置于学生实验室周围，学生可以在课堂间隙观察学习，既节省了单独设置标本室的空间，又能发挥标本的教学价值。仪器摆放可以分公共部分和独立部分。独立部分一般设置在学生的实验桌内，用来放置经常使用的小件器具，如载玻片、盖玻片、镊子、擦镜纸、试管、试管夹、试管刷、量筒、培养皿、小烧杯等。公共部分包括仪器柜、药品柜、通风橱、接种箱、冰箱、恒温箱等。仪器柜用来放置大件或不常用的器材。在进行仪器柜设计时，要考虑所放仪器的大小、形状、质量等。药品柜用来放置常用、无毒、安全的药品。图4.3为实验室布局参考图。

2）*设置教师实验准备室*　　新课程标准中教师需要准备的材料、配制的实验试剂、安装调试的仪器种类和数量都比以往复杂得多。教师要参与实验准备和教学的整个过程，需要单独的实验备课场所，室内要配置固定的实验桌和实验橱，备足常用实验器材、药品、玻璃仪器等，随用随取，方便使用。可以将原来的解剖室改为教师实验准备室，剩余空间放置保存条件比较高的标本。同时实验室应该就近设置，以方便就近设置教师准备室。如设置两间实验室，则可以采取中间设置教师准备室、两边设置实验室的设计方案（图4.4）。

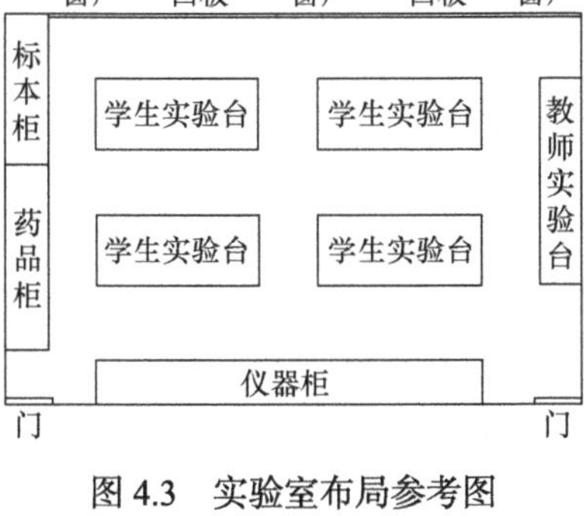

图4.3　实验室布局参考图

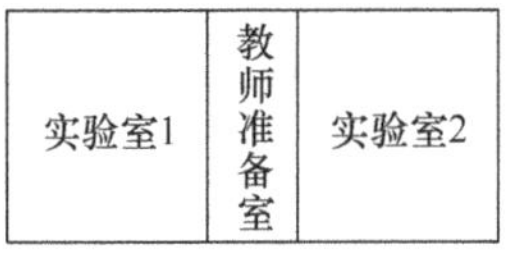

图4.4　教师准备室布局参考图

3）*增设生物培养室*　　条件允许的学校可以建立生物培养室，专门培养实验教学所需的材料，或者提供给学生作为课外兴趣小组的活动基地和进行长期系统观察实验的场所。培养室除了常规设备，如温度计、喷雾器、化学药品和各种玻璃仪器以外，还应该增加一些新的设备，如干热灭菌箱、无菌工作台、光照培养箱等，突出科研和专业实践的特点，为深入开展探究性活动提供基础条件。

4）*增加实验仪器和药品*　　根据新课程标准编写的高中生物必修和选修的教材中新增加了不少实验，相应地也要补充一些仪器和药品试剂。

必修课本中新增了几个实验，有些实验仪器在现在的中学生物学实验室是没有的，归纳起来有以下几个实验仪器：容量瓶、干湿计、注射器、血细胞计数器（2mm×2mm）、标准生态缸框架（100cm×70cm×50cm）、防护手套（耐酸、碱）等。

选修课本中涉及的是6个生物技术专题，即16个生物技术课题。课本中涉及的实验仪器有：离心机、恒温水浴锅、高压蒸汽灭菌锅、干热灭菌箱、无菌工作台、聚合酶链反应仪（PCR仪）、微量移液器、微量离心管、紫外分光光度计、电泳仪、电泳槽、色谱容器、磁力搅拌器、透析袋、刻度移液管、细玻璃管、比色管、涂布器、分液漏斗、圆底烧瓶、冷凝管、牛角管等。

必修课本中新增的药品有：亚甲蓝（即甲基蓝，用于酵母菌染色）、詹纳斯绿B（即Janu's green B，用于线粒体染色）、吡罗红甲基绿粉、乙酸钠、酚酞、溴麝香草酚蓝、洋红、碱性品红、常用的生长素等。

选修课本中新增的药品有：刚果红（CR）、伊红（曙红）、硼酸、氢氧化钾、氢氧化钙、氢氧化铝、重铬酸钾、碳酸钠、碳酸氢钠（小苏打）、磷酸氢二钠、磷酸二氢钾、*N*-1-萘基乙二胺盐酸盐、亚硝酸钠、硝酸钠、硝酸铵、硝酸银、七水合硫酸镁、七水合磷酸氢二钠、氯化钾、氯化汞（升汞）、次氯酸钠（漂白粉）、硫酸亚铁、硫酸锰、硫酸锌、硫酸镁、无水硫酸钠、碘化钾、乙二胺四乙酸二钠、钼酸钠、氯化钴、氯化钙、海藻酸钠、高锰酸钾、羧甲基纤维素钠（CMC-Na）、交联葡萄糖、四氯化碳、葡萄糖、尿素、纤维素粉、甘氨酸、乙酸、乙酸乙酯、丙三醇（甘油）、山梨醇、来苏水（甲酚皂溶液）、对氨基苯磺酸、乳酸、乙醚、盐酸硫胺素（维生素B_1）、盐酸吡哆醇（维生素B_6）、肌醇（环己六醇）、烟酸（尼克酸、维生素B_3）、琼脂、牛肉膏、蛋白胨、酵母膏、水解酪素、新洁尔灭等。

5）*配置计算机信息技术设备* 在生物学实验室中可以配备如电视、投影仪、计算机、视频展示台、显微数码互动系统等教学辅助设施，还可采用局域网的方式创建网上虚拟实验室或仿真实验室，或者利用卫星电视系统和多媒体计算机网络系统进行远程实验教学，使实验教学突破时间和地域的限制。

6）*改进实验室的安全设施* 新课程标准中实验的数量、类型、仪器设备和药品大量增加，实验室的安全规则在原有基础上应该有所改进。首先，要保证生物实验室人均面积达标，尤其是要确保通道、安全出口的畅通，包括教室里座位两侧及中间通道，学生前后排座位的间距要保证安全距离。其次，要进一步加强安全教育，使学生明确实验的正确操作规则，规范地使用药品、操作仪器，尤其是新增加的一些危险性较大的仪器和药品，必须确保随时处于教师的监控之中，最好能为学生配备防护围裙、手套、防火毯等。最后，教师要树立绿色环保的理念，尽量选择无毒或低毒的试剂，减少污染物，确保实验安全。

4.2 实验室管理

新课标背景下的生物实验教学将成为提高学生科学素养，培养实践探究能力的重要手段。在生物实验室中，学生能够通过各种探究性实验的学习促进自己能力的提升。因此，在新课标背景下如何充分发挥中学生物学实验室的作用，合理利用生物实验室的各项资源，如何构建完备、科学、规范的生物实验室管理模式，是急需解决的问题。

4.2.1 实验室管理要求

生物实验室的建设是未来开展生物探究式实验教学的基础，健全、规范的生物实验室管理制度则是实验教学顺利进行的重要保障。

（1）实验室日常管理。其包括制定详细规范、科学合理的实验室规章制度，建立实验室常规档案资料等，并且加强对实验室管理的定期抽查。生物实验室建设过程中要制定好《实验室管理条例》《实验教学工作规程》《实验室开放管理规定》《实验室工作档案管理条例》，明确学校各方对于生物实验室管理的职责分工及应当遵守的条规。各项规章制度的制定有利于实验室管理工作走向规范化、精细化、标准化，使实验室管理的各个方面能够有条不紊，互不干扰。而实验室工作档案的建立需要做到及时、详尽、细化。对于不同类别的档案记录要分门别类，内容翔实且便于查验，有助于提高生物实验室的管理水平。

（2）实验仪器、药品及其他物品管理。生物学实验室的物品包括了各种仪器设备、药品试剂、模型标本等。在实验室管理中，对各种物品资源按照不同性质和不同使用类别分组存放，做到有序、规范、定点。仪器室和药品室内要保持清洁卫生，通道畅通。物品保存必须要有专门记录册统计，定期检查核实。仪器设备，特别是一些精细程度较高的专门仪器，需要定期进行保养和维护，破损的设备要及时报损。化学药品的管理也要注意避光、防潮、通风、恒温等不同的条件，并及时对过期药品进行更换和补充。

（3）实验教学过程管理。学生第一次进入生物实验室时往往是兴奋、无序的，这就容易在实验教学过程中造成仪器损坏、药品浪费及其他一些安全隐患。因此，建立健全的实验教学规范操作制度就非常有必要了。在实验教学开始前，教师需要对学生进行分组，并且安排组长负责小组成员纪律、仪器药品检查等工作，保证实验教学顺畅进行。

（4）实验室管理制度的制定。编制实验室管理制度是一项十分复杂、细致而又严肃的工作，一旦编制好就应保持它的相对稳定，切忌朝令夕改。但是，根据客观形势的变化，每隔一段时间，进行适当的调整、补充也是非常必要的。对已不符合形势发展需要的条款进行修正，把经过实践证明是成熟的、正确的做法用制度的形式“固定”下来，形成新的制度条款，使实验室管理制度与时俱进，逐步完善，始终保持其先进性、权威性，则更有利于制度的贯彻落实，促进实验室的科学管理。

（5）实验室各项管理制度之间要互为补充，避免彼此孤立，杜绝内容重复或互相抵触，组成一个完整的体系。例如，教学仪器的管理，从采购、验收、记账、保管、使用，直到报废、销账都要有相应的规定。实验教学管理应包括实验前、实验中、实验后应怎么做，不应怎么做，使实验人员在每一个环节都有法可依，有章可循。

（6）实验室管理制度的编制还要体现对人的尊重，尽可能照顾实验教师及其他做实验师生的切身利益。增加实验室安全防护方面的内容，有利于学校加大对安全防护设施的投入，保护师生的身体健康。同时，实验室制度编制得通俗易懂、具体明确、易操作，也有利于制度的贯彻落实。编制制度时，要避免用词含糊与自相矛盾，尽量使用简练的语言，具体明确的表述，减少制度的数量，增强可操作性。

4.2.2　实验室管理制度及实验守则

实验室管理制度及实验守则见表4.9～表4.23。

表4.9　生物实验室管理制度

生物实验室管理制度
1．生物实验室要有专人管理。注意防火、防尘、防潮、防霉、防蛀、防碎裂等，对各类仪器设备要经常维护，及时保养，确保始终处于完好备用状态。
2．按配备标准和教学要求，及时申购仪器、设备及材料，保证实验室正常运行。

续表

3. 仪器、设备及时入库，做好登记、编号、分类、存放等事宜，使账物相符，账目清晰。 4. 保持实验室环境整洁，妥善保养设备，及时更新仪器，实验室仪器、模型、标本、药品等要分门别类，定橱定位，橱有编号。 5. 凡需借用仪器设备，必须办理借用手续，按期归还，按照出借制度执行。 6. 学生进入实验室按指定座位就座，保持室内安静。 7. 实验前对照实验要求，认真检查仪器、设备，发现问题及时报告教师。实验过程中，为防止意外事故发生，要求严格遵守操作细则，并保持良好的上课纪律。如实记录实验数据，仔细观察，准确填写报告。 8. 实验完毕，做好清洁工作，保持台面整洁，将实验过程中产生的垃圾丢入垃圾桶，填好《实验使用记录》，爱护公物，如有损坏按赔偿制度处理。

表 4.10 生物实验室安全管理制度

生物实验室安全管理制度
1. 在实验室要保持安静，自觉遵守纪律，按班级有秩序地入座，不经教师允许不得擅自摆弄教学仪器、药品和模型标本等教学设备。 2. 做实验前，要认真检查所有仪器、药品是否完好、齐全，如有缺损应及时向教师报告，予以调整补齐，未经教师宣布开始不得擅自进行实验。 3. 实验药品不得入口，取用有毒药品更要小心，不得接触伤口，实验时所产生的有毒或腐蚀性废物、污水等要妥善排出或集中深埋，严格按环保部门规定处理，严禁随地抛弃。 4. 实验完毕后，要认真清点、整理好教学仪器、药品及其他设备，玻璃仪器要刷洗干净，摆放整齐，并向教师询问仪器、药品禁止使用情况及问题，经教师或实验教师验收并得到允许后，再放好桌凳、关闭门窗，方可离开实验室。 5. 要爱护公共财物，小心使用教学仪器和实验设备，注意节约药品和水电。 6. 实验室内的仪器、药品、模型标本和其他设备未经实验教师许可不准带出实验室。 7. 熟悉灭火器材、沙箱及校医药箱等的放置地点和使用方法，安全用具要妥善保管。

表 4.11 生物实验室危险品使用制度

生物实验室危险品使用制度
为了加强学校危险品的消防安全监督、管理，保障学校财产和师生员工生命安全，根据《危险化学品安全管理条例》，制定本制度如下： 1. 本制度所称的危险化学品，是指用于教学实验的易爆易炸品、易燃液体、易燃固体、自燃物品和遇湿易燃物品、氧化剂和有机过氧化物、有毒品和腐蚀品等。 2. 对危险化学品的保管、使用和废弃处置，必须按照危险化学品安全管理的有关法规执行，危险化学品专用铁皮橱要设置明显标志，设备和安全设施应当定期检测。 3. 储存、使用危险化学品，应当根据危险化学品的种类、特性，在实验室、库房等场所设置相应的监测、通风、防晒、调温、防火、灭火、防爆、泄压、防毒、消毒、中和、防潮、防雷、防静电、防腐、防渗漏、防护围堤或者隔离操作等安全设施、设备，并按照国家标准和国家有关规定进行维护、保养，保证符合安全运行规定。 4. 剧毒化学品的储存、使用单位应当对剧毒化学品的储存量和用途如实记录，并采取必要的安全措施，防止剧毒化学品被盗、丢失或者错发误用。发现剧毒化学品被盗、丢失或者错发误用时，必须立即向学校报告。 5. 剧毒化学品及储存数量构成重大危险源的其他危险化学品实行三人管理制度。 6. 使用危险品时要有借出和归还登记。 7. 对危险品要做定期检查，要求包装完好，标签齐全，标志明显。实验中的废水、废液、废包装及其他残存物，应妥善处理，不要乱扔乱放，以防发生事故。

表 4.12 实验室三废处理办法规定

实验室三废处理办法规定
为了加强实验室管理，保护环境，维护学生健康，保证实验教学顺利进行，特制定教学实验室三废处理办法规定。 1. 加强实验室三废处理的管理，各实验室应配备储存废渣、废液的容器，实验所产生的对环境有污染的废渣和废液应分类倒入指定容器储存，并集中统一处理、清除。 2. 易燃、易爆、剧毒物品使用后的废渣、废液和实验中产生的易燃、易爆、剧毒物品的废渣、废液必须在实验教师和实验技术人员的指导下，及时妥善处理后方能倒入指定的容器内。

续表

3. 严格要求学生按实验指导书所规定的正确方法进行实验。对实验中废气、废液、废渣进行处理排放时，实验教师应加强指导和检查，训练学生的实验技能，培养学生的环保意识。 4. 实验室的管理人员应定期对废渣、废液容器和通风、排风设备进行检查、清理，发现问题及时上报并找有关部门解决，以保证三废处理的实施。 5. 加强实验教学改革和研究，改进实验教学内容，在保证学生实验操作训练的前提下，改进实验方法和技术，提高实验教学水平，尽可能地减少三废的排放。

表 4.13 生物实验室实验教师的岗位职责

生物实验室实验教师的岗位职责 1. 实验教师在主管校长和教务主任直接领导下进行工作。 2. 树立为教学第一线服务的思想，面向教学，面向师生。 3. 熟悉各项实验内容和目的要求、所需器材及实验的方法步骤。按教学进度提前一周准备好课堂演示实验和学生分组实验。 4. 做到四懂：懂所做实验的操作规程；懂仪器性能用途和正确操作方法；懂药品试剂的含量和配制；懂器械设备的维修保养。 5. 具有独立上实验课的能力，协助任课教师指导课外小组活动。 6. 严格执行学校关于实验室各项规章制度。认真编制仪器、药品采购计划，及时送交各项报表和填写实验室日志。 7. 认真钻研业务，不断更新和提高业务技能并要学习推广先进技术，改进实验教学和管理工作。

表 4.14 生物实验室管理人员的岗位职责

生物实验室管理人员的岗位职责 1. 认真学习教育教学理论，钻研课程标准和有关教材，参加实验教学和实验技术研究活动，积极开展自制教具活动，努力提高自身业务素质。 2. 熟悉有关教材，掌握课程标准规定的全部演示和分组实验的内容、原理、目的、要求、操作技能，并能解答学生提出的有关实验问题，协助任课教师组织实验教学和开展课外兴趣小组活动。 3. 负责或配合任课教师贯彻、实施《学生实验守则》，培养学生良好的科学实验态度，提高学生的创新能力、实践能力，确保实验安全。 4. 协助教师做好演示和分组实验前的有关准备，保证实验顺利、安全地进行，努力达到最佳实验效果。 5. 熟悉仪器设备的性能、使用和维修方法，掌握仪器的检验技术。提前上报仪器的申购计划。 6. 熟悉实验室安全规则和处理事故的应急措施。 7. 掌握保管仪器和各种标本的技术要求、陈列原则，做到科学管理。 8. 切实做好仪器室防火、防盗、防潮、防冻、防腐工作。保持实验室和仪器室的清洁卫生。

表 4.15 生物实验员职责

生物实验员职责 1. 忠诚党的教育事业，热爱本职工作，树立全心全意为教学服务的思想。认真学习教学大纲和教材，刻苦钻研业务，积极参加业务进修，不断提高管理水平和实验技能。 2. 积极参加教研组活动，熟悉所管年级的教材和各种实验。开学初主动向任课教师了解本学期的实验计划，每学期把它们按年级、按章节写出实验一览表，做到心中有数，及时准备。 3. 建立健全教学仪器、设备、药品的保管、使用账目，做到进出、缺损、消耗登记，做到账物相符，仪器、设备摆放有条理、科学、美观。努力做到三清：账卡清、数量清、质量清。四懂：懂性能、懂用途、懂操作、懂维修保养。经常检查仪器设备情况及存在的问题，及时汇报和解决。保证仪器、模型、标本等的完好率。 4. 根据教学计划，独立地提前做好学生实验及演示实验的准备工作，保证实验按时完成。课前认真备好教案，积极协助教师辅导学生上好实验课。实验完毕，认真验收仪器、标本等设备。认真填写实验记录。 5. 对易燃、易爆、剧毒等危险品的存放、保管、使用，要按公安部门的规定严格管理，并做好实验室的防火、防盗工作，确保师生的人身安生，保护好国家财产。 6. 协助教师积极开展科技实验、自制教具和仪器维修等活动，培养学生爱科学、学科学、用科学的积极性。 7. 加强责任感，以身作则，严格遵守教学仪器使用、保养的规章制度。坚持原则，对违反规章制度的行为敢于制止。 8. 每学期初，制订实验室工作计划，期末总结实验室工作情况、任课教师实验情况、仪器使用情况及存在的问题，制

续表

订下学期采购计划。 9．搞好室内卫生，加强防火、防盗、防破坏安全措施，确保安全。 10．认真遵守实验员守则，遵守作息制度，加强政治学习，努力提高工作能力及思想水平。

表 4.16　实验准备室管理制度

实验准备室管理制度
实验准备室是组织和实施实验教学、为实验教学提供物质准备和后勤保障的重要场所。为确保实验教学的顺利进行，特制定本制度。 1．在准备室的工作人员必须穿好工作服。 2．室内物品要摆放整齐，擦拭干净。 3．实验物品用完后必须放回原处并做好使用登记。 4．实验教学期间，实验准备室必须有人值班；协助代课教师调整实验仪器；及时为学生更换实验过程中损坏的实验器材；检查学生实验的进行情况，及时发现并清除事故隐患；如遇火灾情况，应及时报警，组织扑救和引导学生疏散自救。 5．实验课结束后，清理实验用品，及时维修实验器具和补充试剂损耗。 6．每学期实验教学结束后，统计实验器材和试剂的消耗，为制订下一学期实验物品申领计划提供依据。 7．每天检查准备室所需水电及消防设施情况。离开准备室时应检查水、电、门窗的安全，及时锁门。

表 4.17　实验室仪器、药品管理守则

实验室仪器、药品管理守则
1．实验室的仪器设备及实验药品要按国家教育部颁发的《配备目录》分类、编号、入账。做到账目、卡片、实物相符，每学期普查一次。 2．各种仪器、药品应根据不同性质、性能和要求分类、入盘存放、定位入橱，做到存放整齐，取用方便，用后复原；同时要做好防尘、防潮、防压、防磁、防腐、避光等工作。 3．对贵重仪器和易燃、易爆、剧毒药品须设置专室、专橱，双人双锁管理，防止发生意外事故。 4．实验室仪器、药品应放在仪器室、药品柜内，由专人进行管理，未经领导批准一律不予外借。若借用需办理手续，定期归还，归还时由经手人负责对所借物品清点检查。 5．平时应加强仪器保管、保养及维修工作，做到保管与保养结合，使仪器经常保持良好的使用状态，延长使用寿命。 6．实验教师如有变动，应及时认真办理移交清账手续。 7．教师演示和学生实验用仪器、药品，由任课教师提前填写《实验申请单》，管理人员凭单准备所需仪器和药品，实验完毕后，管理人员逐一检查验收。 8．实验室仪器是学校固定资产，不得任意拆卸或改制，需要拆卸或改制的，应按照仪器管理权限，报请有关部门批准。 9．对违章使用仪器造成损坏者，应追究责任，按规定处理。

表 4.18　教学仪器领取使用制度

教学仪器领取使用制度
1．所有教学仪器均应放在仪器室内，由专人进行管理，未经管理人员同意，不得随意拿出仪器室。 2．教师演示和学生实验用仪器，由任课教师提前填写《实验申请单》，管理人员凭单准备所需仪器和药品，实验完毕后，管理人员逐一检查验收。 3．教学仪器和工具专供实验教学使用，不得借给私人使用，学校其他部门借用，应按规定办理借用手续。 4．教学仪器是学校固定资产，不得任意拆卸或改制，需要拆卸或改制的，应按照仪器管理权限，报请有关部门批准。 5．对违章使用仪器造成损坏者，应追究责任，按规定处理。 6．外单位借用仪器，要持单位介绍信，注明借用仪器的品名、规格、数量和归还日期，经单位领导批准后方可出借，精密贵重仪器一律不得出借，借出仪器，如有损坏、丢失，一律赔偿。 7．学校领导应组织有关人员，每学期对教学仪器的账目及使用情况进行一次清查，发现丢失、损坏、账物不符等情况，应分析原因，追究责任，作出妥善处理。

表 4.19　生物实验室仪器药品借还制度

生物实验室仪器药品借还制度
1．课堂演示和实验室分组实验所需仪器、药品等要提前一周通知实验室，以便做好准备。

续表

2. 贵重仪器、药品（剧毒）须经学校领导批准方可借用或使用。 3. 借用仪器、药品要认真填写借单，用完及时归还。继续使用时要再行办理借用手续。 4. 对借用的仪器、设备要保持清洁，玻璃仪器用后清洗干净，试剂瓶上一定要有标签，防止装混。 5. 仪器、药品只对本学科教师借用。外单位借用仪器、药品须经领导批准方可借用，管理人员不得私自借出。 6. 还回仪器与原规格不符，管理人员拒绝接收，特殊情况与主管领导研究后酌情处理。

表 4.20　生物实验室仪器损坏、赔偿制度

生物实验室仪器损坏、赔偿制度 1. 不按操作规程、违反实验管理制度而损坏仪器，必须照价赔偿。 2. 由于技术原因造成损坏，经查证属实可酌情处理。 3. 凡借出的仪器，使用人员要加强保管，不得丢失或损坏，否则要照价赔偿。 4. 玻璃仪器，如烧杯、试管在使用时由于质量差或无意损坏，经查证属实，可填写报损单。 5. 实验用的器械、药品如发现私自拿走或有意破坏者，除追回原物或罚款外，还应酌情给予纪律处分。

表 4.21　生物实验室仪器报损制度

生物实验室仪器报损制度 1. 对各类仪器、药品每学期检查一次，对教学过程中损坏的仪器应及时修理，无修理价值的应填写报损单，单独存放。并根据审批权限及时办理报损手续。 2. 教学仪器报损（耗）手续每学期一次。 3. 审批权限：仪器报损由学校主管领导审批，并报教育局教仪站备案。单价在 50 元以上的仪器报损，主管领导审批后还需经教育局教仪站审核。 4. 对办理报损的仪器应及时补充添置。 5. 对报损的仪器应注明损坏的程度及原因。 6. 对报损仪器或赔偿金额，应及时在仪器明细账内支出，并填好存档。

表 4.22　生物实验室仪器交接制度

生物实验室仪器交接制度 1. 实验教师（仪器保管员）因工作调动或变更时，应由学校领导、总务处和交接管理人员一起，对所有器材逐一进行清点后，一次性办清交接手续。 2. 办理交接手续时应根据《实验仪器设备总账》《实验仪器设备明细账（分类账）》《实验室低值易耗品账》，逐一核对账、物、卡，对借出而短缺的仪器及药品，应由移交人员限期追回和解释。对账物不符的情况，原则上不予交接，并作出相应的处理。 3. 移交范围包括：各项规章制度、仪器明细账、仪器调拨单、仪器说明书、各种登记簿、统计表、参考资料和仪器室、仪器柜的钥匙。 4. 交接清册必须由主管领导、财务人员、交接人员签字生效。

表 4.23　生物实验室学生实验守则

生物实验室学生实验守则 1. 实验前要复习有关的知识，明确实验目的和要求，设计好实验方法和实验步骤，明确实验时要注意的事项。 2. 进入实验室后，要遵守纪律，对号入座，按指定的组别进行实验。实验前检查实验用品是否齐全，规格是否符合要求，若用品不齐全应请老师解决，不能随意挪用其他组的实验器材。 3. 实验时要严格操作规程和试剂的使用规则，不会使用的仪器和药品应在教师的指导下使用。实验中遇到问题要及时报告老师，以免发生事故。 4. 要节约药品，取用药品不得超过规定用量。公用的药品或仪器，用完后应立即放回原处。如有仪器破损，应报告老师并在记录本上登记。 5. 实验时要注意观察实验现象，认真记录，填写好实验报告。 6. 实验完毕，将废液倒入废液缸，废试纸、滤纸等杂物放入桌上小杯内。

续表

7．将用过的药品按规定顺序摆好，仪器放回原处，将试管等玻璃仪器刷洗干净，实验桌擦干净，抹布放在指定地点。最后经老师检查，合格者方可离开实验室。 8．每次实验课后，各班要留一小组学生打扫实验室，将废液倒掉，把实验桌和地面擦扫干净，并检查水池是否堵塞，门窗、水、电是否关好。 9．要爱护公物，实验室的一切物品未经许可，不得随意带出实验室。

4.2.3 实验室安全规程

事故发生会造成实验室人员的伤亡、设备损毁，甚至使家庭、社会及国家蒙受重大损失。推行实验室安全规程，是为了防止实验室事故的发生。培养好的实验习惯对中学生物学实验教学来说极为必要！

4.2.3.1 实验试剂安全存放

（1）化学试剂应根据实际的毒性、易燃性、腐蚀性和潮解性等不同的特点，以不同的方式妥善保存。实验室内通常只存放少量短期内需要的药品；易燃易爆试剂应放在铁柜中，铁柜的顶部要有通风口；严禁在实验室里使用总量超过 20L 的瓶装易燃液体；大量试剂应放在药品柜内。

（2）化学试剂的储藏室要设计合理。根据化学试剂的存放条件，对通风、透光、室温、干燥度、橱柜、药品架进行设计，做到储存安全、安排合理、取用方便。

（3）化学试剂的管理存放做到防火防盗，同时要保证储存环境的清洁卫生。

（4）所有保存的试剂都必须有明确、详细的标签注明。标签内容包括试剂名称、规格、使用期限等，对于危险药品要有明显标注。同时注意对长时间保存药品的标签进行及时更换，保证标签内容的清晰、准确。

（5）定期检查储存试剂的包装或密封情况，排除其他危险可能；对变质药品进行安全销毁。

4.2.3.2 实验过程安全操作

（1）在进实验室之前，就应对本次实验进行预习，掌握操作过程及原理，弄清所有药品的性质。估计可能发生危险的实验，在操作时注意防范。

（2）实验开始前，检查仪器是否完整无损，装置是否正确稳妥；严禁在实验室内吸烟或饮食；实验完毕要细心洗手。

（3）离开实验室时，应检查水、电、门窗是否关好。

（4）绝对不允许任意混合各种化学药品，以免发生意外事故。不能用手接触药品，不要把鼻孔凑到容器口去闻药品的气味，不得品尝任何药品。

（5）实验剩余的药品既不能放回原瓶，也不能随意丢弃，更不能拿出实验室，要放到指定的容器内。

（6）灯火加热时要注意安全，在酒精灯快烧尽、灯火还没熄灭时，千万不能注入燃料；酒精灯熄灭时，要用灯帽盖灭，不要用口吹，防止发生意外；不要用一个酒精灯来点燃另一个酒精灯，以免乙醇溢出，引起燃烧。点燃的火柴用完后立即熄灭，不得乱扔。

（7）倾注药剂或加热液体时，不要俯视容器，以防溅出。试管加热时，不要把试管口朝着自己或别人，同时要来回移动试管，使试管受热均匀，防止液体喷出；也不要把烧烫的试管接触冷的灯芯。

（8）不得挥动锋利的解剖器，以免伤人。

（9）温度计要轻取轻放，如有破损立即报告老师，不得用手触摸，以免人被割伤或中毒。汞洒落时，应尽快收集起来，并用硫黄粉盖在洒落的地方。

（10）使用玻璃器皿要注意安全，以免人被划伤。用玻璃棒搅拌器皿里的液体时，玻璃棒转动的方向必须跟器皿底部平行。

（11）水和浓酸混合时，必须把酸慢慢地注入水中，边注入边搅和，才有消除高温、避免液体溅散的可能。若酸、碱溶液溅到皮肤上，立即用水冲洗皮肤 10～15min。

（12）取固体药品时，可以用药匙，块状的可以用镊子。用过的药匙要马上擦干净。

（13）解剖动物时，乙醚很容易挥发变成气体，人如果吸入过多的乙醚蒸气会头疼、恶心，实验时应使动物迅速麻醉，并打开窗户，让空气流通。

4.2.3.3　实验废弃物安全处理

（1）中学生物学实验教学通常会产生一定量的废弃物，对环境、人群健康等造成一定的危害。因此，对于生物实验产生的废弃物需要进行合理安全的处理。

（2）对不同的废弃物要进行分类、归纳，本着节约、安全和环保的原则，进行不同的合理处理，严禁将不同类别的液体混放在同一个瓶中。对于无法确定特性的废物，不能做任何处理或处置。

（3）在中学生物学实验中，危害较大的主要是丙酮、苯及其衍生物等具有腐蚀性的药品，包括层析液、二苯胺、苏丹Ⅲ、苏丹Ⅳ等。对于这些药品，不但在实验过程中应该小心使用，而且在实验完成后更要谨慎处理。总体来说，对于有毒害药品的处理方法是：在使用过程中避免其与身体接触；实验后的剩余药品要密封保存；使用后的废液应该先降低其毒性，然后再排放或统一用三废收集桶收集起来集中深埋在一个不污染水体的地方，减少其对人体的伤害和对环境的污染。

（4）对于某些酸性废料或碱性废料如盐酸溶液、硫酸溶液、氢氧化钠溶液等，如果在实验后的废液中浓度较高，经过稀释后同样还有较强的腐蚀性，可在实验室内按规定进行中和反应后，再行处理。实验结束后，剩余的盐酸溶液、硫酸溶液、氢氧化钠溶液等应密封好，放在通风阴凉的地方保存。

（5）对于某些用过的试剂如牛肉膏、蛋白胨等可通过合理分类及蒸馏的方法进行回收，也可用专用的三废收集桶集中收集后埋在土壤中，作为植物生长的肥料，避免其腐烂后污染环境。

（6）一些无毒性实验药品，如龙胆紫、乙酸洋红等染料，不会对人体造成伤害，使用后可以将其废液倒在水槽中，用自来水冲洗干净即可。

（7）一些生物实验材料，如苹果、梨、菠菜、洋葱等，在使用过程中应该因需备材，避免造成浪费，以节约经费。使用完成后，应该清扫干净，投放于垃圾桶。

4.2.3.4　事故应急处理

实验室常用医药用品见表 4.24。事故应急处理具体如下。

表 4.24 实验室常用医药用品

消毒剂：75% 乙醇，0.1% 碘酒，3% 过氧化氢，酒精棉球
烫伤药：玉树油，蓝油烃，凡士林等
创伤药：红药水，龙胆汁，消炎粉
化学灼伤药：5% 碳酸氢钠溶液，1% 硼酸，2% 乙酸，2% 氨水，2% 硫酸铜溶液
治疗用品：药棉，纱布，护创胶，绷带，镊子等

（1）创伤：伤处不能用手抚摸，也不能用水洗涤。若是玻璃创伤，应先把碎玻璃从伤处挑出。然后用酒精棉球擦拭，涂上红药水、紫药水（或红汞、碘酒），必要时撒些消炎粉或敷些消炎膏再包扎。严重时采取止血措施，送往医院治疗。

（2）烫伤：伤处皮肤未破时，可涂擦饱和碳酸氢钠溶液或用碳酸氢钠粉调成糊状敷于伤处，也可抹獾油或烫伤膏，还可以在伤处涂上玉树油或 75% 乙醇后涂蓝油烃；如果伤处皮肤已破，可涂些紫药水或 1% 高锰酸钾溶液。如果创面较大，深度达真皮，应小心用 75% 乙醇处理，并涂上烫伤油膏后包扎，送往医院治疗。

（3）受酸腐蚀致伤：如果沾上浓硫酸，不要用水冲洗，先用棉布吸取浓硫酸，然后用大量水冲洗，再用饱和碳酸氢钠溶液（或稀氨水、肥皂水）洗，最后再用水冲洗。必要时涂上甘油，若有水疱，应涂上龙胆汁。至于其他酸灼伤，可立即冲洗，然后进行处理。如果酸液溅入眼内，用大量水冲洗后，再用 5% 碳酸氢钠溶液清洗，送医院诊治。

（4）受碱腐蚀致伤：先用大量水冲洗，再用 2% 乙酸溶液或饱和硼酸溶液洗，最后用水冲洗。如果碱溅入眼中，用硼酸溶液洗或 2% 乙酸清洗。

（5）受溴腐蚀致伤：用苯或甘油清洗伤口，再用水洗。

（6）受磷灼伤：用 1% 硝酸银、5% 硫酸铜或浓高锰酸钾溶液清洗伤口，然后包扎。

（7）吸入刺激性或有毒气体：应使中毒者撤离现场，转移到通风良好的地方，让中毒者呼吸新鲜的空气。吸入氯气、氯化氢气体时，可吸入少量乙醇和乙醚的混合蒸气使之解毒。吸入硫化氢或一氧化碳气体而感不适时，应立即到室外呼吸新鲜空气。但应注意氯气、溴中毒不可进行人工呼吸，一氧化碳中毒不可施用兴奋剂。若发生休克昏迷，可给患者吸入氧气，并迅速送往医院治疗。

（8）毒物进入口内：常用的洗胃液有食盐水、肥皂水、3%～5% 碳酸氢钠溶液，或将 5～10ml 稀硫酸铜溶液加入一杯温水中，内服后，用手指伸入咽喉部，促使呕吐，吐出毒物，边洗边催吐，洗到基本没有毒物后服用生鸡蛋清、牛奶、面汤等解毒剂，然后立即送医院治疗。

（9）触电：应迅速切断电源，将患者上衣解开进行人工呼吸，不要注射兴奋剂。当患者恢复呼吸后立即送往医院治疗。

（10）起火：起火后，要立即一边灭火，一边防止火势蔓延（如采取切断电源、移走易燃药品等措施）。灭火的方法要针对起因选用合适的方法。一般的小火可用湿布、石棉布或沙子覆盖燃烧物，即可灭火。火势大时可用泡沫灭火器。但电器设备所引起的火灾，只能使用二氧化碳或四氯化碳灭火器灭火，不能使用泡沫灭火器，以免触电。实验人员衣服着火时，切勿惊慌乱跑，赶快脱下衣服，或用石棉布覆盖着火处，伤势较重者，应立即送医院治疗。

第5章　常用实验器材教学简介

5.1　机械仪器类

5.1.1　光学显微镜

光学显微镜（图5.1）可把物体放大1600倍，分辨的最小极限达0.2μm。我们使用的光学显微镜一般由机械系统和光学系统两部分组成。

5.1.1.1　基本结构及功能

光学显微镜的结构如表5.1所示。

5.1.1.2　操作流程

1. 取镜

一手握镜臂，另一手托镜座，从镜箱中取出显微镜，保持镜身直立，并将其放于平坦、整洁的台面上。严禁单手倾斜提携，以防摔落目镜。

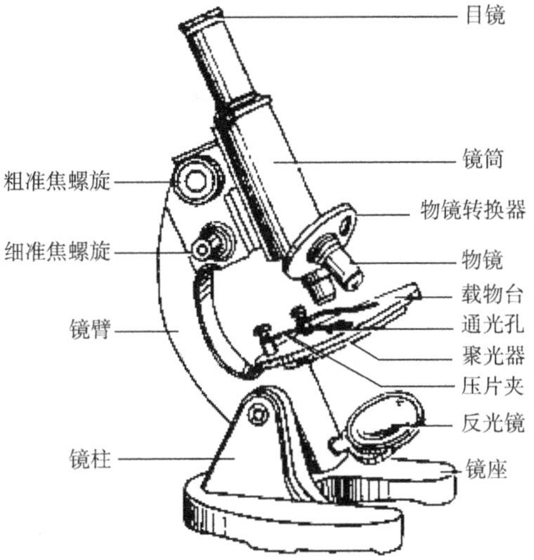

图5.1　光学显微镜

2. 放置标本

将准备好的镜检玻片标本放置于载物台上，使观察对象对准通光孔中央，然后用压片夹住玻片两端。

表5.1　光学显微镜的结构

系统分类	名称	组成部分
机械系统	镜筒	圆筒状，在显微镜最上方或镜臂前方，上端装有目镜，下端连接物镜转换器
	物镜转换器	圆盘状，在镜筒下方，能按顺时针或逆时针方向自由旋转。其上均匀分布有3～4个圆孔，用以装载不同放大倍数的物镜。转动物镜转换器可使不同的物镜与光路合轴，到达工作位置（当转动物镜转换器，听到碰叩声时可观察）
	镜臂	弯曲状，用于支持镜筒和载物台，是取用显微镜时握拿的部位。若是镜筒直立式显微镜，在镜臂与其下方的镜柱之间有一倾斜结构，可使镜筒向后倾斜一定角度以方便观察，但倾斜角度不应超过45°，否则容易造成显微镜重心偏移翻倒
	粗准焦螺旋	使镜筒或载物台以较快或较大幅度升降，每旋转一周让镜筒或载物台升降20mm；使物像呈现在视野中，用于低倍镜观察时调焦
	细准焦螺旋	使镜筒或载物台缓慢或较小幅度升降，每旋转一周，镜筒或载物台升降0.1mm；适用于高倍镜和油镜的聚焦或观察标本的不同层次
	载物台（带通光孔和压片夹）	方形或圆形平台，在物镜转换器下方，将被观察的标本放于此处。载物台中央有一圆孔，称通光孔，来自下方的光线经此孔投射到标本上。还装有压片夹，左侧有弹簧夹，用以夹住玻片
	镜柱	短柱，连接镜臂与镜座
	镜座	在显微镜最底部，是整个显微镜的基座，支持和稳定镜体。部分显微镜在此处装有照明光源

续表

系统分类	名称	组成部分
光学系统	目镜	镜筒上端，可进一步放大物镜所放大的物像。放大倍率为5×、10×、15×，目镜越长，放大倍数越小
	物镜	安装在物镜转换器上，每个物镜都由数片凸透镜和凹透镜组成，是显微镜最主要的光学部件，决定着光镜分辨力的高低，通常物镜有4个镜头，放大倍率为4×、10×、40×、100×，转动物镜转换器可让不同倍率物镜进入工作光路，物镜越长，放大倍数越大
	聚光器	位于标本下方的聚光器支架上，主要由聚光镜和可变光阑组成，通常情况下，中学实验室只有教师用显微镜（1600×或1500×）才配有聚光器，学生用显微镜（640×或500×）配的是遮光器。其紧贴于载物台下方，是能做圆周转动的圆盘，上有大小不等的圆孔，称光圈。直径分为2mm、3mm、6mm、12mm、16mm，转动遮光器，每个光圈都可对正通光孔，通过大小不等的光圈来调节光线的强弱
	反光镜	通常一面是平面镜，另一面是凹面镜，装于聚光器下面，可以在水平与垂直两个方向上任意旋转。反光镜的作用是使由光源发出的光线或天然光射向聚光器。当用聚光器时一般用平面镜，不用时用凹面镜； 当光线强时用平面镜，弱时用凹面镜

3. 用低倍镜寻找标本，使标本位于视野中央

转动粗准焦螺旋，并用眼从侧面观望，使镜筒下降至距标本0.5cm左右为度。左眼从目镜中观察，右眼自然睁开，用手缓慢转动粗准焦螺旋，镜筒渐渐上升，直到视野内物像清晰。用手前后左右轻轻移动玻片或调节玻片移动器，使物像位于视野中央。此时必须注意视野中的物像为倒像，移动玻片时应向相反方向移动。

4. 用高倍镜观察标本

稍微调高镜筒后，旋转物镜转换器，换上高倍镜。小心移动玻片标本或调节玻片移动器，找到欲仔细观察的部位，仔细观察。不能用粗准焦螺旋。

5. 清洁实验仪器，将显微镜放回显微镜箱

使用完毕，升高镜筒。取下玻片，清洁显微镜及玻片，下降镜筒至适当高度。如有玻片移动器，也要移动回原位置，避免物镜碰到。最后将显微镜放回指定位置或显微镜箱。

5.1.1.3 注意事项

（1）轻拿轻放，别用手触摸光学玻璃部分。

（2）观察前清洁镜身和透镜，不能自行拆卸或安装镜头，不能在不同显微镜之间随便调换目镜或物镜。

（3）观察时需坐正，可两眼轮换观察。如果绘图，用左眼观察标本，右眼看图纸。一定要加盖玻片，别让玻片上的水流到载物台上，更不要让酸、碱或其他化学药品接触显微镜，不要让显微镜曝晒于阳光下。如果视野中出现外界景物的倒影时，改用凹面反射镜或慢慢下降聚光器至景物倒影消失为止。

（4）如果细准焦螺旋不能继续向同一方向转动而到达极限时，应往反方向退转，然后再次转动粗准焦螺旋进行细调。

（5）需擦拭目镜或物镜时，用擦镜纸沿直线方向揩拭，切勿用手指、手帕、棉布涂擦。若镜头有油污，用擦镜纸沾少许二甲苯（或乙醚和无水乙醇1∶1混合液）擦拭后，再用干净擦镜纸揩拭一遍。

（6）观察结束后，按（5）所述的方法清洁镜头（不必每次都清洁）。将各部分转回原处，并将低倍物镜转到中央，或将两个物镜跨于通光孔两侧，下降镜筒，使物镜几乎接触载物台。将显微镜放回箱内。

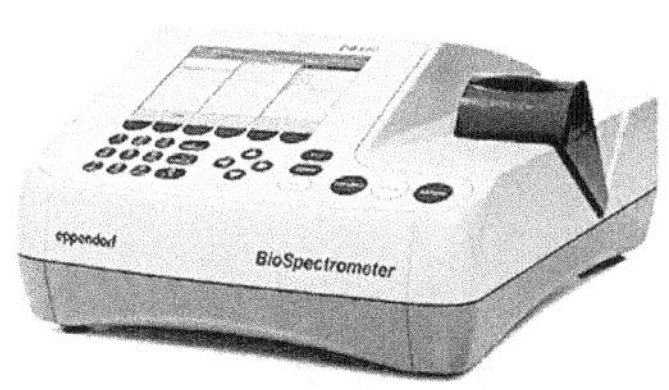

图 5.2　分光光度计

5.1.2　分光光度计

分光光度计（图 5.2）可将成分复杂的光分解为光谱线。其工作原理是测定待测物质在特定波长或一定波长范围内光的吸光度或发光强度，以对该物质进行定性和定量分析。测量范围一般包括可见光区（380～780nm）和紫外光区（200～380nm）。常用于核酸、蛋白质及细菌生长浓度的测量。

5.1.2.1　基本结构

分光光度计主要由 6 部分组成：光源、单色器、样品室、检测器、信号处理器和显示与存储系统（图 5.3）。

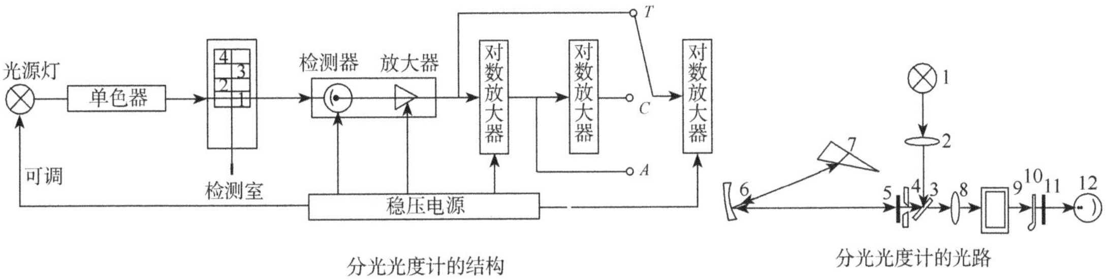

图 5.3　分光光度计的结构及工作原理

1. 光源灯；2. 聚光透镜；3. 反射镜；4. 狭缝；5. 保护玻璃；6. 准直镜；7. 棱镜；8. 聚光透镜；9. 吸收池；10. 光门；11. 保护玻璃；12. 光电管；*T*. 透光度；*C*. 浓度；*A*. 吸光度

5.1.2.2　操作流程（分光光度计设置有差异，具体操作方法需参照说明）

（1）接电源开机，打开样品室暗箱盖，预热一定时间。

（2）调节灵敏度，准备比色杯（用擦镜纸擦清外壁）。

（3）按动波长选择钮，选择所需的波长。

（4）将空白液（对照液）及测定液分别倒入比色杯 3/4 处，放入样品室内，使空白管（对照管）对准光路。

（5）调零，暗箱盖呈开启状态。

（6）盖上暗箱盖，调节调节器，使空白管读数达到最大，数据稳定后逐步拉出样品滑竿，分别读出测定管的光密度值，并记录。

（7）实验结束，关机；清洁比色皿、样品室（用软布或软纸擦净）。

5.1.2.3　注意事项

（1）储存环境要干燥，照明不宜太强，工作台要平稳。不能用电扇直接向仪器吹风，防止灯泡灯丝发亮不稳定。

（2）使用前，详细阅读说明书，检查安全性能、电源线、通电状态是否良好。

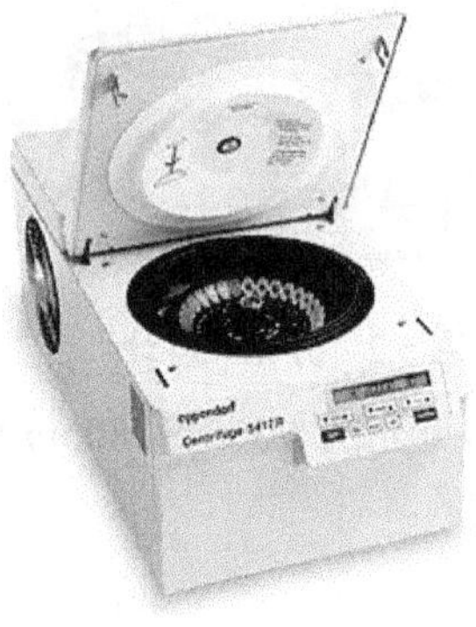

图 5.4 离心机

5.1.3 离心机

离心机（图 5.4）是利用离心力分离液体与固体颗粒或液体与液体混合物中各组分的仪器。其种类很多，中学生物学实验教学中，通常选用差速离心机，进行差速离心或密度梯度离心。

差速离心的工作原理是交替使用低速和高速离心，用不同强度的离心力使具有不同质量的生物样品分级分离。此法适用于混合样品中各沉降系数差别较大的组分分离。

密度梯度离心的工作原理是用一定的介质在离心管内形成连续或不连续的密度梯度，然后将细胞混悬液或匀浆置于介质的顶部，通过重力或离心力场的作用，使细胞分层、分离。其又细分为速度沉降和等密度沉降平衡两种。

5.1.3.1 基本结构

由于离心机种类繁多，结构复杂。其详细结构可参见产品说明，与中学生物学实验密切相关的主要是转子和离心管。

5.1.3.2 操作流程

（1）离心机使用之前，务必精确地称量与平衡离心管和其内容物（误差范围参见说明书）。转头中必须装载双数的离心管，而且必须对称（两只离心管在 180°线），当样品数量是单数时，可以在离心管中加相当质量的水用以平衡。

（2）用转头时要看清转子上标注的转速，切忌过速使用。

（3）根据说明书设置好转速、时间，开机使用。

（4）在离心机工作过程中，不能随意离开。要时刻留心观察其工作情况（包括仪表的显示情况），若有异常的声音就立即停机检查，及时排除故障。

5.1.3.3 注意事项

1. 使用前

（1）必须放置在坚固水平的台面上。电源必须可靠接地；机器不使用，请拔掉电源插头。

（2）检查转子是否有伤痕、腐蚀等现象；检查离心杯是否有裂纹、老化等。发现问题立即停用，联系厂商。

（3）务必拧紧转头的压紧螺帽，避免高速旋转的转头飞出造成事故。

2. 使用过程中

（1）转速设定不得超过最高转速。

（2）装载溶液时，根据待离心液体的性质及体积选用适合的离心管。对于无盖的离心管，为防止离心时甩出，造成转头不平衡、生锈或被腐蚀，液体不能装载过多；而有些塑料离心管（中学生物学实验的常用离心管），为避免离心管上部的凹陷变形，则需要将液体装满。

（3）切忌在机器运转过程中或转子未停稳的情况下打开盖门。

（4）离心管内的样品必须等量，千万不要使转头在不平衡的情况下运转。

（5）一次运行最好不要超过 60min。

3. 使用结束后

仔细检查转头，立刻清洗并擦干，轻拿轻放，拔掉电源。

5.2 量 具 类

5.2.1 容量瓶

5.2.1.1 基本结构

容量瓶是带有磨口玻璃塞的细长颈、梨形的平底玻璃瓶，颈上有刻度。它能精确地配制一定物质的量浓度的溶液，主要用于直接法配制标准溶液和准确稀释溶液及制备样品溶液。在指定温度下，当瓶内体积达到标线处时，其体积为所标明的容积数，常和移液管配合使用。容量瓶有多种规格：小型号——5ml、25ml、50ml、100ml，大型号——250ml、500ml、1000ml、2000ml 等（图 5.5）。

5.2.1.2 操作流程

（1）检查密闭性。

（2）把准确称量好的固体溶质放在烧杯中，用少量溶剂溶解。

（3）将溶液沿玻璃棒转移到容量瓶里。并用溶剂多次洗涤烧杯，把洗涤溶液全部转移到容量瓶中，以保证溶质能全部转移到容量瓶内。

（4）向容量瓶内加入液体，当液面离标线 1～2cm 时，改用滴管小心滴加，最后使液体的凹液面与刻度线正好相切。

（5）盖紧瓶塞，倒转和摇动使瓶内的液体混合均匀。

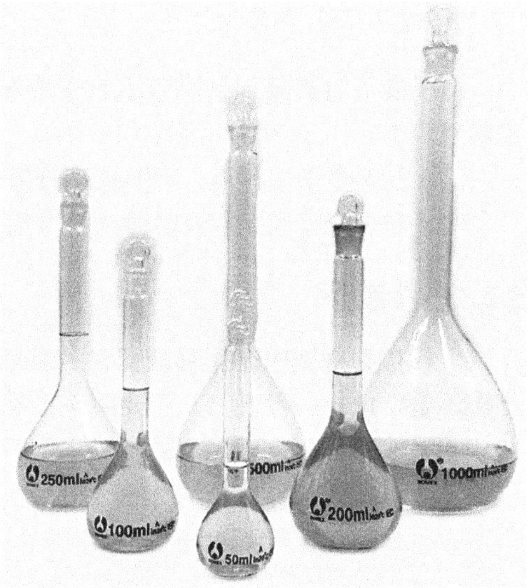

图 5.5　不同规格的容量瓶

5.2.1.3 注意事项

1. 使用前

（1）检查容积。容量瓶容积是否与实验要求一致。

（2）检查密闭性。瓶塞是否严密，不漏水。具体操作是在瓶中放水到标线附近，塞紧瓶塞后倒立 2min，用干滤纸片沿瓶口缝处检查，看有无水珠渗出。若不漏，则再把塞子旋转 180°，塞紧、倒置，检查这个方向有无渗漏。瓶塞必须妥善保管，最好用绳将其系在瓶颈上，以防跌碎或与其他容量瓶混淆。

2. 使用过程中

（1）不能配制溶液。若配制溶液需将溶质在烧杯中溶解后再移入容量瓶。洗涤烧杯的溶剂总量不能超过容量瓶标线，若超过必须重配。

（2）不能加热。若溶质在溶解过程中放热，待溶液冷却后再转移。

（3）不能储存溶液。溶液可能会对瓶体有腐蚀作用，从而使容量瓶的精度受到影响。

3. 使用完毕后

（1）洗干净，塞瓶塞。为防止瓶塞与瓶口粘连，在塞子与瓶口间夹一张纸条。

（2）用容量瓶配制的溶液，读数一般要保留 4 位有效数字（如 100.0ml）。

5.2.2 滴管

5.2.2.1 基本结构

滴管一般有胖肚滴管（图 5.6）和常用滴管（图 5.7），由橡皮乳头和尖嘴玻璃管构成。

5.2.2.2 操作流程

（1）手指（大拇指、食指和中指）捏紧橡胶乳头以排出滴管内的空气，再把滴管伸入试剂瓶，手指放开。吸入试剂后保持橡胶头在上（不要平放或倒置），防止溶液倒流腐蚀橡胶头。

（2）悬空于烧杯上方滴加液体，不要触碰烧杯壁，以避免污染。

（3）使用完毕立即用清水清洗干净，严禁用未经清洗的滴管再吸取其他的试剂。

5.2.2.3 注意事项

（1）滴加时必须保持滴管垂直于容器正上方，不能倾斜、倒立，或伸入容器，或触碰到容器壁。

（2）为避免杂质污染，不要把滴管随意乱放，吸取溶液时注意管尖不要接触其他器物。

（3）普通滴管用完后及时清洗，专用滴管用完后放回原试剂瓶就可以。

5.2.3 移液管

现代生物科技中已用移液器代替移液管，但由于移液器价格较贵，中学生物学教学中移液管还是常用的一种仪器，主要用于准确移取一定体积的溶液。常用的移液管有 5ml、10ml、25ml 和 50ml 等规格，所移取的体积通常可精确到 0.01ml（图 5.8）。

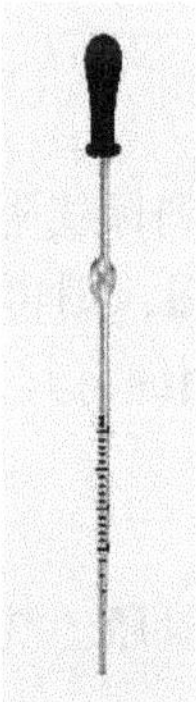

图 5.6 胖肚滴管

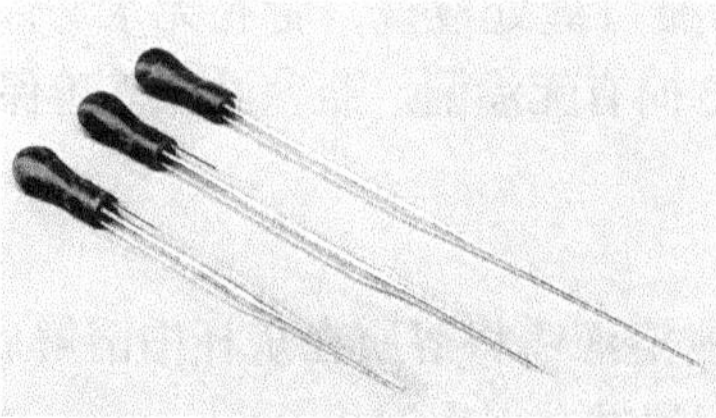

图 5.7 常用滴管

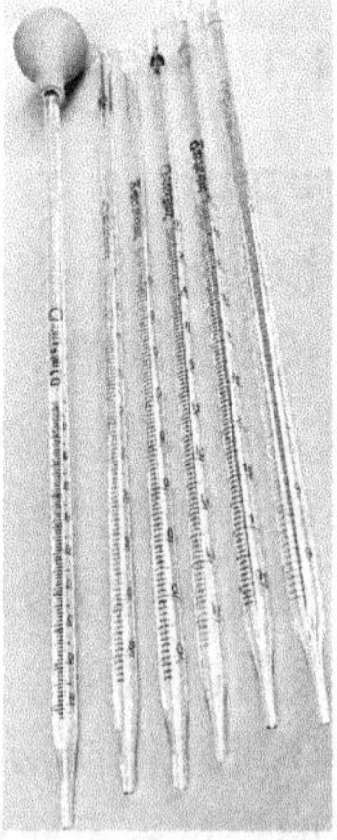

图 5.8 移液管

5.2.3.1 基本结构

移液管为细长玻璃管，上部管颈处有一条标线（所移取准确体积的标志），下部为尖嘴状。

5.2.3.2 操作流程

（1）吸取溶液。右手握移液管，左手反复捏放洗耳球，直至把溶液吸到管颈标线以上，缓慢放松食指，使管内液面缓慢下降到标线。

（2）放出溶液。移液管下端紧贴锥形瓶内壁，放松食指以便让溶液沿瓶壁缓缓流出。对于残留在移液管尖端的最后一滴溶液，处理方法一般有两种：如果管上有“吹”字，就要用洗耳球吹入锥形瓶；没有写“吹”字便不用。

5.2.3.3 注意事项

（1）不应在烘箱中烘干。

（2）不能用于移取太热或太冷的溶液。

（3）同一实验中应尽可能使用同一支移液管。

（4）使用完毕后，立即用自来水及蒸馏水冲洗干净，置于移液管架。

（5）移液管和容量瓶配合使用时，使用前常作两者的相对体积校准。

（6）移液管有老式和新式两种，老式管身标有“吹”字样，需要用洗耳球吹出管口残余液体；新式的没有，千万不要吹出管口残余液体，否则会量取液体过多。

5.2.4 移液器

5.2.4.1 基本结构

移液器（图5.9）内部结构较为复杂，中学生物学实验主要注意选择合适量程的枪头即可。

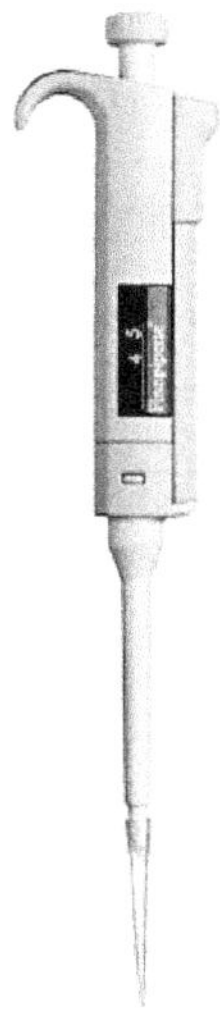

图5.9 移液器

5.2.4.2 操作流程

（1）量程调节。从大体积调至小体积，逆时针旋转旋钮；从小体积调为大体积，先顺时针旋转刻度旋钮至超过量程的刻度，再回调至设定体积，保证量取的最高精确度。在该过程中，千万别将按钮旋出量程，否则会卡住内部机械装置损坏移液器。

（2）枪头装配。将移液器垂直插入枪头盒的枪头中，稍微用力左右微微转动使其紧密结合。枪头略为超过O形环，并可看到连接部分形成清晰密封圈，可作卡紧的标志。

（3）移液方法。移液前，保证移液器、枪头和液体处于相同温度；吸取液体时，将移液器保持竖直，枪头插入液面下2～3mm。正式移液前，可先吸放几次液体以润湿吸液嘴（尤其是吸取的液体黏稠或吸取密度与水不同的液体时）。

由于移取的液体性质不同，移液的方法可分为两种。前进移液法：适用于吸取固定体积的液体。用大拇指将按钮按至第一停点，慢慢松开按钮使其回原点。接着将按钮按至第一停点排出液体，稍停片刻将按钮按至第二停点吹出残余液体，然后松开按钮。反向移液法：移取高黏液体、生物活性液体、易起泡液体或极微量的液体。先按下按钮至第二停点，慢慢松开按钮到原点，吸上液体后，斜靠一下容器壁让多余液体沿器壁流回容器。将按钮按至第一停点排出设置好量程的液体，继续保持按住按钮于第一停点（千万别再往下按），然后取下有残留液体的枪头，斜靠一下容器壁将多余液体沿器壁流回容器。

（4）移液器放置。将其竖直挂在移液器架上，避免液体倒流腐蚀活塞弹簧。当移液器枪头里有液体时，切勿将移液器水平放置或倒置。

5.2.4.3 注意事项

（1）操作中注意保证精确度。体积从大调小时按逆时针旋转刻度，从小调大按顺时针调至超过所需要的体积刻度后调回所需的体积。

（2）使用完毕必须把移液器调至最大体积，垂直悬挂于移液器架上。

（3）定时检查是否漏液。把移液器吸液以后在液体中停留 2～3s 仔细观察枪头内液面是否下降，若下降则为液体渗漏，应及时更换枪头，换后仍有问题可能是内部（活塞）有问题，应联系专业人员。

（4）部分实验需用到高温消毒的移液器，应先查阅实验室所配移液器是否符合要求。

5.3 解 剖 类

解剖实验在初中生物实验教学中非常普遍，所以初中教师要特别留意本部分内容。

5.3.1 常用解剖器材

常用解剖器材如表 5.2 所示。

表 5.2 常用解剖器材

名称	功能	图片
解剖剪	剪开、剪断实验材料	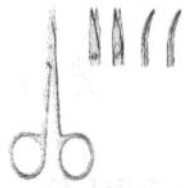
解剖刀	切开、割断、剥离实验材料	
解剖针	分离、刺破、探洞或固定实验材料	
解剖（蜡）盘	摆放实验材料	
培养皿	准备、培育实验材料	
镊子	捡取、夹放实验材料	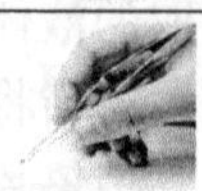

5.3.2　解剖基本程序

（1）全面仔细观察和分析解剖对象的结构功能，最好借助解剖图片。

（2）认真阅读解剖过程的具体要求，对于不同的解剖对象，解剖过程会有差异，有的动物实验需先杀死动物。

（3）选择需要用的解剖器材，有时解剖过程中会用到放大镜。

（4）根据解剖要求进行操作。

（5）清洗所用解剖器材并擦干，干燥条件下储存。

5.3.3　解剖注意事项

（1）解剖时要仔细、耐心，动作要轻缓，切忌急躁和盲目大胆。

（2）若解剖的是动物，做好自身防护，避免潜在的病菌感染。

（3）看准剖口位置，避免损伤。

5.4　通 用 器 材

5.4.1　洗瓶

洗瓶（图 5.10）分为两部分：瓶口装置出水管和塑料细口瓶，用于溶液定量转移、沉淀洗涤及转移。

图 5.10　洗瓶

5.4.2　烧杯

烧杯经常被用来配制溶液和作为较大量试剂的反应容器，配制溶液时，常会用玻璃棒或者磁力搅拌器进行搅拌。顶部的一侧开有一个槽口，便于液体倾倒。部分烧杯外壁标有刻度，可粗略估计烧杯中液体体积。一般都可以加热，但应注意加热要均匀，可垫石棉网。注意防止烫伤。

5.4.3　酒精灯

5.4.3.1　基本结构

酒精灯用于加热物体，由灯体、灯芯管和灯帽组成，加热温度为 400～500℃，适用于温度不需太高的实验（图 5.11）。

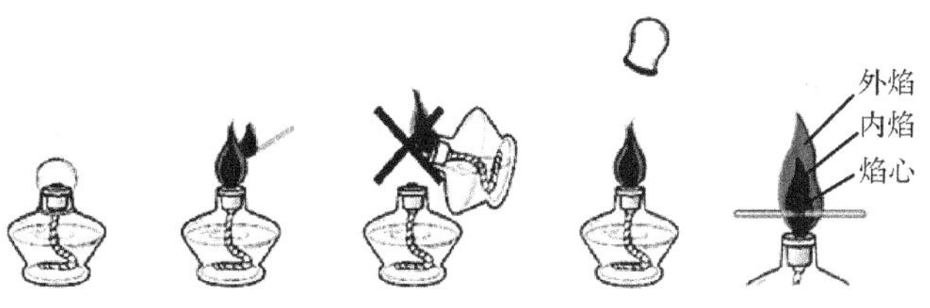

图 5.11　酒精灯及其使用注意事项

5.4.3.2 操作流程

（1）取开酒精灯灯帽，置于一边。

（2）用火柴自下而上点燃酒精灯。

（3）用外焰加热物体（因外焰温度最高）。

（4）使用完毕，用灯帽盖灭酒精灯，灭后再多盖一次。

5.4.3.3 注意事项

（1）酒精灯内的乙醇容量不得多于酒精灯容量的2/3，不得少于容量的1/4。

（2）先用镊子调节灯芯高低、使其平整，再点燃。

（3）严禁拿着酒精灯到另一盏酒精灯上引燃，以免乙醇溢出，引起燃烧。

（4）绝对禁止向燃着的酒精灯内添加乙醇，以免引起火灾。

（5）熄灭酒精灯不能用嘴吹，必须用灯帽盖灭，要连盖两次。

第三部分

不同类别实验教学分析与设计示例

现行初中生物学课程以“人与生物圈”为主线设置了“生物圈中的人”“生物圈中的绿色植物”“生物与环境”等10个教学一级主题；而高中生物学课程又分为“分子与细胞”“遗传与进化”“稳态与环境”“现代生物科技专题”“生物技术实践”“生物科学与社会”6个模块的内容。为了更好地提高学生的生物科学素养，课程标准在针对“具体内容”的“活动建议”中又设置了相关的实验。以人民教育出版社出版教材中的实验为例，按照各实验的问题类型及解决问题的策略和技术路线，本书将中学生物学涉及的主要实验做了如下分类。

1. 观察类

此类主要指借助于观察工具实现观察的实验。为了便于用观察工具来观察对象，必须对富含观察对象的材料进行加工处理。因此，此类实验首先是根据实验目的和条件选择合适的材料，然后根据材料的特点，对其进行加工处理，使之便于观察又不被破坏。还要根据观察材料和观察对象的特点，选择合适的观察工具，并能熟练地操作。

显微镜作为生物学重要的观察工具，是中学生必须学会操作和使用的。中学阶段的显微镜基本都是普通光学显微镜，那么如何根据观察对象和材料的特点制作玻片标本并在普通光学显微镜下进行镜检，就是此类实验讨论的重点。

2. 提取鉴定类

提取鉴定类，顾名思义，就是从生物材料中提取物质并进行鉴定。一般中学生物学实验又包含两种情况。一种情况是不需要提纯，直接对生物材料进行简单操作，用相关的方法验证该生物材料是否含有某种成分。另一种情况是，首先用物理、化学、生物等方法从生物材料中分离、提纯、获取特定的物质，然后根据该物质的特点用特异的方法鉴定实际提取的产物是不是预计提取的物质。对于这类实验，要保证实验的成功，不仅要寻找富含相关物质的材料，或想方设法提取到高浓度的物质，还要在整个实验过程中保护物质不被破坏，如结构破坏、分解或与其他物质反应等（这点更重要）。

3. 设计制作类

此类实验最常见的为模型构建或科技小制作，往往不需要学生在实验室完成，可以利用课堂时间在教室完成，也可以作为学生的课外活动或家庭作业，所用到的材料都可以在生活中找到，不是专门的实验室用品。在制作方法上也可以因人而异，取决于学生的设计，整合了学生科学、技术、艺术等各方面的素质，要鼓励学生大胆尝试创新。

4. 探究类

此类实验是中学生物学实验中数量最多的实验，又包括三种类型：第一种是普通的探究类实验，确定某个未知问题，分析问题，设计解决问题的方案，获取信息和证据并对其进行分析和讨论，得出结论。第二种是调查类探究，与普通探究不同的是，需要通过调查的方法获取信息和证据，从而找到问题的答案，一般不需要实验，但要求学生掌握调查的方法和技能。第三种是模拟类探究，与普通探究不同的是，由于某些客观原因，不能对探究对象直接操作，而只能模拟实验对象或实验条件、特点，然后再进行探究，因此，这类探究的准确性经常遭到质疑，需要不断地去创设符合实际情况的条件，因此在教科书中的数量较少。

但同时，这三类探究性实验又具有共同的特点，即要求学生在进行科学探究和实践活动的过程中，获取进行科学研究的方法和能力。因此，科学探究和实践活动需要哪些具体的方法和能力，以及如何在实践中培养学生的这些方法和能力也是讨论的重点。

5. 生产生活应用类

此类实验属于与人们的生产生活紧密联系的应用类实验。通过这类实验，学生可以更直接地体会到生物科学技术与生活的关系。学生会发现神秘、复杂的工业生产活动、食品加工工艺可以通过简单的实验室实验完成，其原理并不是那么遥不可及，就在生物科学里，科学就在我们身边。因此，此类实验所用的方法、技术和原理在前面几类实验中基本都出现过，关键是要找准和理解实验原理，在此基础上尝试应用并对实验进行改进和创新。

教师在指导学生完成这 5 类实验的教学过程中，除了要训练学生中学生物学实验操作的基本技能外，还要引导学生形成科学的研究方法和思维方式。结合这些目标，本书将根据这 5 类实验的特点，选取有代表性的实验分别进行教学分析与设计示例。

第 6 章　观察类实验

6.1　实验共性分析

观察类实验主要是指借助于观察工具实现观察的实验。为了便于观察，首先根据实验目的和条件选择富含观察对象的材料；再根据材料的特点，进行加工处理，使之便于观察又不被破坏。还要根据材料和观察对象的特点选择合适的观察工具，并能熟练地运用工具进行观察。例如，观察细胞，可通过制作装片，选用显微镜观察；观察种子和花的结构，可对其进行形态解剖，选用放大镜或者解剖镜观察。学生观察实验的实质就是借助特定工具，通过观察，进行实践性学习活动的过程。有的先实验，获得感性认识，然后再学习新的知识；有的先学习，再通过实验进一步理解、巩固和验证；有的还可以将学习和观察过程有机地结合起来，让学生在实验中进行发现式学习。

观察类实验是学生认识微观细胞结构和生物形态解剖结构的基础，中学阶段涉及的观察类实验技术主要有显微观察和形态解剖观察。

显微观察是生物学研究中最基本的实验技术，也是现行中学教材中出现频率最高的。例如，七年级上册前三个实验“练习使用显微镜”“制作并观察植物细胞临时装片”“观察人的口腔上皮细胞”，中学生必须学会正确地操作和使用光学显微镜，通过显微镜可以观察到细胞，进入微观的细胞水平来认识生物，加深对生物学知识的理解。要观察细胞，首先就要制作装片标本。因此，如何根据观察对象和材料的特点制片并镜检观察，就是此类实验讨论的重点。

实验中通常会综合运用显微镜观察、装片制作、染色等实验操作技能，属于技能模仿型实验，学生进行的是技能的模仿学习，也属于美国心理学家班杜拉提出的观察学习。他认为观察学习过程与注意、保持、动作复现和动机 4 个相互关联的过程密不可分。动机是观察学习的一个关键因素，在教学中，教师首先要激发学生的学习动机，引起学生的注意，让学生明确从教师那里要观察什么、吸取什么，然后才能进行详细的示范。学生通过观察习得经验并形成短时记忆。当然，一些复杂的实验操作行为光靠观察是不能学会的，学生还要复现实验的过程，或者通过综合应用、有指导的练习和正确的反馈才能习得并形成长时记忆，才能掌握该项技能。

但是，除了这前三个实验以外，对于大多数的显微观测实验而言，技能的掌握只是做实验的重要前提，并不是每个实验本身的目的所在。实验不同，目的也不相同，只是学生必须能使用显微镜，才能顺利地进行实验，达成实验目的。否则他们不仅观察不到结果，还可能因为不规范的操作而损坏仪器。因此，该类实验的教学从一开始就要设定实验技能方面的总体培养目标，让学生能够逐渐从模仿走向独立，并最终熟练掌握和运用这些技能。初中阶段注重基本操作技能的培养训练，高中阶段就要根据每个实验的具体情况，侧重观察和描述现象、提出问题、分析问题、设计方案、收集证据、利用证据和逻辑对自己的结论进行辩护等更高层次能力的培养。观察到实验的结果仅仅达成了实验目的的第一步，学生只能得到对观察对象的一些感性认识。教师还要引导学生对结果进行处理分析得出相应的结论，才能使认识上升到理性阶段。有时候，还可以引导学生将结论由特殊推至一般或者归纳总结出规律，让他们能从更宏观的角度认识生物学的现象与本质。例如，“使用高倍镜观察几种细胞”实验的目的除了掌握高倍镜的使用方法外，更重要的是要通过观察和比较不同细胞，从而认识到细胞的多样性和统一性；“观察DNA和RNA在细胞中的分布”实验还有一个目的则是在理解竞争染色原理的基础上，能以特定的染色剂染色来观察DNA和RNA在细胞中的分布情况。因此，实验教学中不能只关注技能的培养，还要关注知识目标的达成情况。另外，对于观察的方法也要进行科学性的指导。例如，进行形态解剖时，一般要求学生按照由外及里的顺序进行观察。因此，该类实验不仅要重视技能的训练和培养，更要注重方法的指导及思维的训练。

形态解剖观察也是生物学实验最经典的技术之一，它比显微镜下的观察更宏观、也更直观。通过形态解剖，可以了解生物的外部形态、内部结构，进行基本的分类鉴定；进一步还可以理解到生物体结构和功能间的关系。一般先对所选生物材料进行适当处理，再借助解剖工具由外向内逐层剥离。处于外面的结构可能会因解剖而被破坏，如果不先观察清楚，之后就看不到或看不清楚了。因此，观察也必须按照相应的顺序进行。根据具体生物材料的不同，解剖时除了由外向内地进行观察，有时还会要求从左到右或从上到下进行观察。可见，观察不是随意进行的，同样要讲科学性和方法。因此，这类实验中，观察的方法也要给予学生明确的指导。指导学生在解剖前要先观察材料的整体结构和外部特征，解剖时要按照一定的顺序看清内部结构，解剖后还可以将一些结构制作成标本，再次观察。如果条件允许也可以在解剖过程中拍照或摄影，尽量使一次解剖能获得最大的收获。

不管是显微观测实验还是形态解剖实验，都会涉及实践性较强的实验操作技术，需要多次练习，才能熟能生巧。因此，在此类实验课的教学过程中，对学生技能的训练和培养可以采用不同的教学策略循序渐进地推进。

在实验技能学习的最初阶段，教师可以采用同步实验的教学方法。七年级的学生年龄较小，容易兴奋，也完全没有实验操作的基础。在前三个以培养基本技能为主要目的的实验教学中，教师边讲解实验的原理和操作要领，边示范操作过程；学生边听，边看，边模仿，使全班同学的步骤一致，行动统一，可有效地集中学生的注意力，课堂秩序也容易维持，有效训练学生的实验操作技能。但在操作时，学生习惯机械模仿，主动性和思维性较差，很可能知其然而不知其所以然。因此，教师还可以通过提问，让学生思考操作步骤背后的原理，注重思维的训练，加深理解和记忆。例如，高中必修1中关于“高倍镜的使用方法步骤”，教材是有图示的，但是实际教学中让学生照着图示进行操作，很多学生半天都无从下手。这说明学生光是看图，照葫芦画瓢并不能真正理解。如果教师通过设置相应的问题串，帮助他们理解到每一个步骤的原理及步骤之间的逻辑关系，他们就能更快地掌握技能，更好地完成观察细胞的任务。

在学生具备了一定的实践经验之后，教师就可以换成分段实验的教学方法。例如，在高中“使用显微镜观察几种细胞的实验”教学中按照“低倍镜→高倍镜”的顺序采取分段实验的方法，先引导学生回忆起低倍镜的使用方法并在低倍镜下找到细胞；然后通过问题提出使用高倍镜的方法、步骤和注意事项，再让学生完成高倍镜下的观察。这样学生在一定范围内独立操作，并逐步发展为独立实验。但由于学生操作进度不一致，如何把握好每段实验的时间是值得思考的问题。为保证大多数学生都有较充裕的时间，一般最好以中偏下的学生为标准。但为了防止做得快的学生无事可做，教师可借助思考问题或者补充实验来灵活调整，实现分层次教学。例如，在高中“观察根尖分生组织细胞的有丝分裂”实验教学中，一方面，指导按照“制片→观察→结果分析”的顺序分步实验；另一方面，引导学生设计实验探究解离时间、漂洗程度等变量对实验结果的影响，并让有能力的学生在教材实验进行的同时完成自己设计的探究性实验。对于操作慢的学生，教师要单独指导，发现他们存在的问题，诱导启发他们自我纠错，保证实验的顺利进行。总之，尽量满足不同层次学生能力发展的需要。

当学生大都具备了一定独立实验的能力后，教师便可以采取让学生独立实验的教学方法。在七年级前三个实验完成后，进入“观察人体的基本组织”实验的时候，已经是学生第四次使用显微镜了，完全可以尝试让学生进行独立实验。教师只需在实验前简要说明注意事项和提醒观察要点，在实验中加强巡视和指导，在实验的最后引导学生分析结果、归纳总结，起到穿针引线的作用就可以了。独立实验，不仅能够让学生充分发挥自主性，也给学生留下了更为充裕的实验时间。教师在巡视中如果没有发现学生出现较大的问题，只需要个别提点，不要过多干预学生的实验操作。但是如果发现一些较为突出的共性问题，便可立即暂停实验，进行全班性的指导。还可以提出不同层次的思考问题或者实验要求，以此满足不同程度学生的学习需要，促进全体学生的发展，让他们感受学习的乐趣。也可以适当引导实验能力较强的学生进行实验拓展，去发现问题、解决问题，培养他们的探究精神。为了让全班学生都能有更好的学习和实验机会，教师还可以课前培养骨干学生，在课堂上协助指导，共同提高实验的能力。

中学阶段学生实验的机会不多，动手能力较差，实验技能是学生的薄弱环节。很多学生也习惯于纸上谈兵，光有理论知识，动手就不知所措。因此，在实验教学中，教师常常更多地注重学生实验操作技能的培养，而忽视对实验结果的分析。其实，实验操作技能的培养只是实验目的的一个方面，观察能力、分析能力、实验思维等的培养才是另一个重要的目的。甚至可以说前者只是为后者服务，后者才是实验能力的终极目标。这些能力的培养也不是一蹴而就的，应该渗透到每一个实验中，不同实验既有侧重，又相互贯穿。因此，教学目的的合理定位是特别值得注意的问题。

另外，随着现代教育技术的发展，很多学校都建立了数字化实验室。生物学是一门以实验为基础的科学，现代信息技术运用于生物实验教学可更好地进行教学资源的整合。例如，“观察根尖分生组织细胞的有丝分裂”实验可以将洋葱根尖培养的过程拍成录像播放，让学生对实验有整体的认识。还可以利用数字显微镜的展示功能，将学生显微镜下观察的结果直接展示出来，便于师生的交流。如果没有数字化的相关设备，用普通数码相机的微距功能也可以将学生的显微图像拍摄下来进行展示。实验统计的结果，还可以利用 Excel 表格的功能直接计算出来，便于及时地引导学生进行分析。总之，教学中如果条件允许，可以将传统教学与现代教学手段相结合，优势互补，提高实验教学的效率。

除此之外，教师还要注意时间的合理安排，保证实验有条不紊地进行。课堂上，教师的指导演示与学生的模仿学习总是交替地进行着。特别要防止出现教师演示太多，讲得太久，导致实验课时紧张，最后不做总结的“虎头蛇尾”现象。因此，不管采用哪种教学方法，一定要留给学生充足的实验时间，如果需要讲解的内容较多，可以利用理论课来讲解，不能讲得太多、做得太少，让实验流于形式。如果时间不够，学生只是将实验过程走马观花地过一遍，没有真正地参与进来，便无法得到实验结果，更谈不上分析得出相应的结论，实验课就无法达成目标。如果时间充足，实验又没有成功，教师可以顺势而为引导学生分析失败的原因，换一个角度进行学习总结，最后共同找到解决方法。总之，实验本身会有很多不确定的因素，在实验课的教学过程中，教师要把控好时间让学生充分动手，同时也要注意巧妙地利用一些创新型的课程资源，循循善诱，启发学生的思维。

最后，教师还可以借助不同形式的评价促进学生的学习。实验技能本身是一个熟能生巧的过程，大多数学生不仅很难一次掌握，遗忘率还往往较高。建议将表现性评价和档案袋评价两种方式结合起来，共同促进学生实验能力的发展。利用表现性评价可以及时地评价学生在整个实验过程中的能力表现，并让学生发现不足之处，找到正确方法。将每次实验的得失都记录下来，装进档案袋中，促进学生进行反思性的学习。记录下来的其实就是学生学习的成长轨迹，这样每次实验之后，下次实验努力的方向都是明确的，有利于学生实验能力朝着预定的方向发展，并最终达到理想的水平。档案袋记录的是学生学习的纵向发展和努力的过程，无论是学生、教师，还是家长都能方便地查阅，对于学习的整体规划也是很有意义的。此外，还可以采用纸笔测验法来进行评价。只是除了考查操作步骤和实验方法外，更要注重实验原理理解、结果分析、交流与评价等高层次能力的考查。

6.2 案例一 使用高倍显微镜观察几种细胞

6.2.1 实验方案

使用高倍显微镜观察几种细胞

目的要求

1. 使用高倍显微镜观察几种细胞，比较不同细胞的异同点。

2. 运用制作临时装片的方法。

材料用具

1. 建议选用的观察材料：真菌（如酵母菌）细胞，低等植物（如水绵等丝状绿藻）细胞，高等植物细胞（如叶的保卫细胞），动物细胞（如鱼的红细胞或蛙的皮肤上皮细胞）。以上这些材料，做成临时装片后就可以观察。也可以使用其他替代材料。

2. 用具：显微镜，载玻片，盖玻片，镊子，滴管，清水。如果实验过程中需要染色，应准备常用的染色液。

方法步骤

1. 根据光学显微镜的构造和原理，以及使用低倍镜观察积累的经验，提出使用高倍镜的方法步骤和注意事项。小组内讨论，通过交流取得一致的认识。

2. 小组成员分别制作不同材料的临时装片。

3. 观察临时装片时，由哪一位同学制作的装片，就由这位同学负责显微镜的调试、观察，再交互观察。

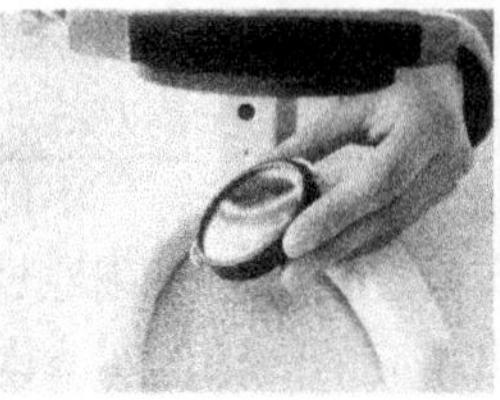

① 转动反光镜使视野明亮。

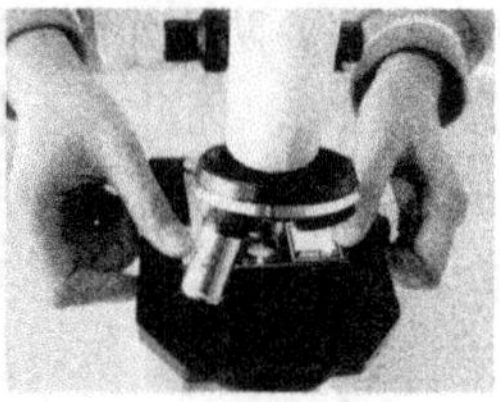

② 在低倍镜下观察清楚后，把要放大观察的物像移至视野中央。

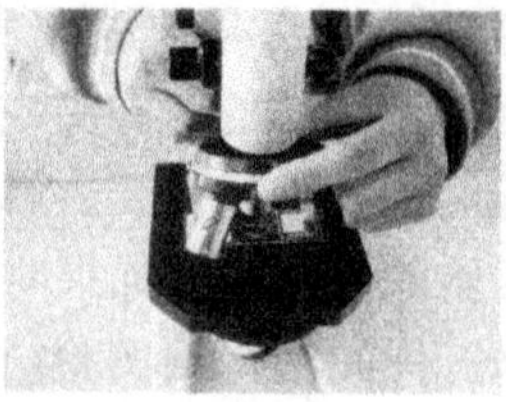

③ 转动转换器，换成高倍物镜。

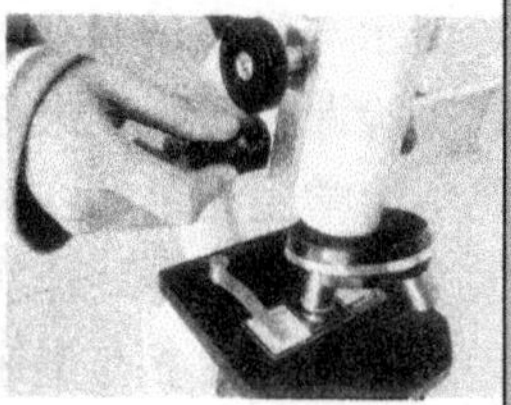

④ 观察并用细准焦螺旋调焦。

讨论

1. 使用高倍镜观察的步骤和要点是什么？

2. 试归纳所观察到的细胞在结构上的共同点，并描述它们之间的差异，分析产生差异的可能的原因。

3. 下图是一个大肠杆菌的电镜照片和结构模式图，大肠杆菌与你在本实验中观察到的细胞有什么主要区别？

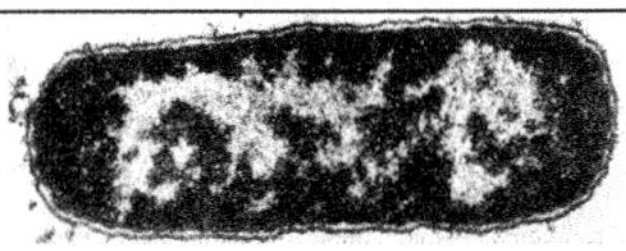

大肠杆菌电镜照片

大肠杆菌结构模式图

注：获得蛙皮肤上皮细胞的方法，是把蛙放在无水的玻璃缸内 2～3h，待蛙的皮肤稍干后，再移入有水的玻璃缸内。几分钟后，蛙的部分上皮开始龟裂并脱落到水中。用肉眼可以看见水中有浅灰色、透明的上皮膜。取一小块上皮膜用于制片、观察，看到的就是蛙皮肤的单层上皮细胞。这种制备方法不会对蛙造成伤害。

6.2.2　本实验相关知识结构图

- 显微镜观察细胞
  - 临时装片的制作
  - 显微镜的使用
    - 低倍显微镜的使用
    - 高倍显微镜的使用
  - 细胞的结构

6.2.3　实验设计与构思

- 设计与构思
  - 科学问题
    - 细胞很小，不能用肉眼观察
    - 如何使用高倍显微镜观察细胞？不同细胞有哪些共同的结构？造成细胞形态结构不同的原因是什么
  - 教学目标
    - 用高倍显微镜观察几种细胞，比较不同细胞的异同点，认识细胞的多样性和统一性
    - 在显微镜下，快速找到物像，正确操作和维护显微镜
  - 教学问题
    - 如何指导学生利用显微镜观察细胞
    - 如何引导学生通过观察多种细胞来认识细胞的多样性和统一性
  - 策略设计
    - 策略1：教师提供生物材料，制片观察
优点：实验材料统一，操作步骤一致，可控性好
缺点：材料有限
    - 策略2：学生自带实验材料，制片观察
优点：实验材料丰富，学生兴趣浓厚
缺点：教师指导难度加大，对不同材料的特殊处理方法可能不同
  - 方法选择
    - 对显微镜的使用方法进行错误示范，让学生纠错，帮助他们回忆低倍显微镜的使用方法。再通过问题串，引导他们学习高倍显微镜的使用方法
    - 选择学生自带或者教师提供的不同生物材料制备临时装片，利用高倍显微镜观察细胞
    - 引导学生进行结果分析，通过观察比较不同细胞，得出细胞具有统一性和差异性的结论
  - 实施注意
    - 选取和制备的生物材料应该具备的条件：富含观察对象，易操作，容易获取和制备
    - 玻片标本应达到的条件：薄、透、有颜色或对比度。
首先要解决的问题是获取单层、散开的组织。可以用化学方法，如解离；也可以用切片、压片、涂片等物理方法。
然后根据材料本身是否有颜色确定是否需要染色，并根据观察对象的特点确定染色方法
    - 使用显微镜的方法步骤：取镜→安放→对光→观察→整理
高倍显微镜的使用方法：低倍镜寻找→移动装片→转动物镜转换器换上高倍镜→调节细准焦螺旋→调节光圈和反光镜→观察

6.2.4 教学建议

6.2.4.1 实验前的准备与设计

1）大胆选材，灵活取舍　实验的目的是观察几种不同的细胞，比较异同点，认识细胞的多样性和统一性。为了激发学生学习的主动性，教师在课前可以让学生自己准备感兴趣的实验材料，但教师最好先了解学生想带哪些材料，查阅资料，收集相应材料的制片和染色方法，进行预实验。通过预实验，及早地发现可能会遇到的一些问题并找到对策，有时还会产生一些对实验方法进行改进和创新的灵感。例如，教材上观察动物细胞建议的材料是鱼的红细胞或蛙的皮肤上皮细胞，但是鱼的红细胞的量较少，蛙的上皮细胞取材有一定困难，也可以考虑用人的口腔上皮细胞来代替，材料既易获取，又可联系初中的知识与技能。这样既丰富了选材，又能先从总体上把握好实验的内容和要求。

2）课前分组，培训骨干　显微镜的操作技能，虽然学生在初中阶段已经学过，但遗忘程度较大。必然要求教师对学生进行详尽的指导。但班级学生人数较多，课堂时间又有限，教师如何实现对学生的逐一指导呢？如果教师在课前将学生分组（每组4～6人），并从每组挑选1～2个动手能力和表达能力较强的骨干进行培训，在课堂上由他们协助老师指导组内同学，这个问题就有效地解决了。分组的另一个好处就是便于合作学习与交流。小组的每个成员可选用不同的材料观察，可以是教材中提及的材料，也可以是自己带来的，然后通过组内和组间的合作交流，使全班同学都能观察到更多样的细胞。以丰富的材料为基础，学生对实验结果的比较分析更具科学性，由此得出“细胞具有多样性和统一性”的结论也更具说服力。

3）明确目的，培养能力　在实验教学的过程中，因为学生已经忘记了如何使用显微镜，教师会把教学重点落在高倍显微镜的使用方法上，更注重实验操作技能的培养，这样却容易忽略实验技能只是一种手段，借助这种手段观察多种细胞、认识细胞的多样性和统一性才是本节的教学目标。因此，教师在教学设计时，要明确实验方法和实验目的的主次关系，一定不能缺少最后引导学生归纳总结实验结果、得出相应的结论这一教学环节。最好是在教师引导下，学生自然得出结论，体现学生的主体地位。这样的实验教学才是完整的，才能使学生的实验操作技能和实验分析能力都得以提高。

6.2.4.2 实验中的示范、巡视与引导

1）科学示范，规范操作　技能模仿实验中教师的示范最为重要，每一个动作都要科学、规范，尤其要防止日常行为中一些习惯性的负迁移。例如，当我们用一只眼观察时另一只眼会自然闭上，旋转粗、细准焦螺旋的时候单手即可操作，但这些习惯都不符合显微镜的规范操作，教师要针对这些细节做好示范。还可以通过提问，让学生思考这样做背后的原因，引起他们对这些操作规范的重视。也可以根据自己的经验讲解一些操作技巧。另外，示范绝不能为了节约时间而随意简化步骤，又或者因为不是本节课的重点就疏忽大意，每一个细节都要符合科学实验的要求。例如，制作临时装片时，一定要示范擦拭玻片的操作，要让学生养成擦片的习惯。在载玻片上滴清水时同样要注意滴管的规范操作。盖盖玻片的角度和动作更要示范清楚，防止学生随意盖片产生太多气泡，影响观察。科学示范还要兼顾后排同学，尽量站在学生中间，进行左右循环示范，以便在教室各个方位的学生都能看得清楚。例如，转换高倍镜时，一定要让学生看清楚，转动的是物镜转换器而不是直接扳动物镜。教师示范中的每一个动作都可能成为学生模仿的样板，除了

要求示范严谨、科学、规范、清晰外，必要时还可辅以黑板画、借助多媒体帮助学生理解。

当然，有时候巧妙利用错误示范，也会起到意想不到的效果。抓住学生喜欢“找茬”的心理，运用逆向思维方式，将显微镜操作中常见的错误先暴露给学生，让他们观察，指出错误并进行更正。这样的学生活动，既能激发学生的兴趣，又能在纠错的过程唤醒他们对已学技能的记忆。这比平铺直叙的讲解更能加深印象，也避免教学中出现“炒剩饭”的现象。

2）认真巡视，指导操作　即使教师的示范和讲解十分清晰，当学生独立操作时仍然会出现很多问题，因此课堂上还要加强巡视和指导。在巡视中，收集有用的信息，发现问题及时讲解，按需施教。如果发现有学生出现类似于未将低倍物镜对准通光孔便开始对光、或者光未对好就进行观察等一些错误操作情况，教师可给予个别辅导，鼓励他对照正确的操作步骤检测自己的错误之处，并立即纠正。如果一旦发现共性问题，则可暂停实验进行全班指导。最后，还可指导学生利用数码设备，收集视野下的不同细胞并展示给全部同学观看，让全班同学在一节课的时间内尽可能多地观察到不同细胞，为结果分析提供更多的素材。

6.2.4.3　实验后的总结与反思

在本实验的教学之后，教师和学生都应该有一个总结和反思。学生可以反思这次实验之后，是否已经掌握了显微镜的使用方法及相关原理；哪些操作已经掌握了，哪些没掌握或者不够熟练；哪些原理弄清楚了，哪些还没弄清楚。这些问题都可以以书面的形式记录并装进档案袋中，并寻求解决的方法，阅读教材、询问老师或者查找资料，把得到的答案也记录下来，装进档案袋中。下次使用显微镜之前，先开启档案袋，明确上次遗留的问题和解决方法，然后在此基础上再进行练习，做到有的放矢。

教师则可以对教学过程中的成败之处进行反思。首先要反思的就是学生是否已经掌握了高倍显微镜的使用方法，哪些操作还需要继续强化训练；通过引导学生观察和比较分析不同的细胞，细胞具有多样性和统一性的结论是不是能够水到渠成地推导出来，引导是否有效；学生实验分析能力是否得到了提高。另外，教学过程中还生成了哪些有用的教学资源；课堂上的处理方式是否得当；还需要查找哪些资料或者进一步思考；等等。

结合本节课的教学设计，最值得反思的地方有以下几点：第一，给学生进行了错误示范之后，如何加深正确操作的印象，避免学生将二者混淆。第二，实验结论的得出要想具有普遍性，就要尽可能多地观察各种不同的细胞。课堂时间有限，怎样保证观察细胞的种类足够多样呢？准备多少种实验材料？这些是课前要精心策划的。第三，该实验要注重实验能力的培养、思维的训练，注重培养学生的分析能力，不能只是单纯的技能模仿。

6.2.5　教学设计示范

使用高倍显微镜观察几种细胞

【基本信息】

本课题目：使用高倍显微镜观察几种细胞

课程性质：高中生物必修课

授课对象：高一年级学生

课时安排：1 课时

使用教材：人民教育出版社出版的普通高中课程标准实验教科书《生物必修1——分子与细胞》

【教学内容分析】

本课主要知识点

（1）用高倍显微镜可以观察到更多种类的细胞。

（2）细胞具有多样性和统一性。

（3）科学家根据细胞内有无以核膜为界限的细胞核，把细胞分为真核细胞和原核细胞两大类。

本课内容的重要性及地位

内容地位："使用高倍显微镜观察几种细胞"是人民教育出版社出版的普通高中课程标准实验教科书《生物必修1——分子与细胞》第1章"走进细胞"中的第2节"细胞的多样性和统一性"中的一个实验。本节教材以实验开始，引导学生通过观察多样的细胞来认识细胞的多样性和统一性，使学生先获得感性的认识；之后再通过比较真核细胞和原核细胞，进一步认识细胞的多样性和统一性；最后再追溯到细胞学说建立的过程，从科学史中明确显微镜是观察细胞的重要工具，科学家通过对不同细胞的观察发现了细胞的统一性，由此提出细胞学说。正确使用高倍显微镜和制作装片是重要的实验室操作技能，也是后面很多实验的基础。

前修知识：练习使用显微镜、制作并观察植物细胞临时装片、观察人的口腔上皮细胞等初中所学知识。

后继知识：观察DNA、RNA在细胞中的分布，用高倍显微镜观察线粒体和叶绿体，观察根尖分生组织细胞的有丝分裂。

本课内容重点、难点

教学重点：

（1）使用高倍镜的步骤和要点。

（2）观察比较不同细胞，得出细胞具有多样性和统一性的结论。

教学难点：使用高倍显微镜的步骤和操作要点。

【学情分析】

学生已有基础

学生在初中阶段已经学习过显微镜的结构和低倍显微镜的使用方法，具备一些显微镜操作的基础和经验，观察过多种动植物细胞，对细胞的基本结构有一定的认识。

学生学习可能存在的困难

由于初中生物在初二结业，到了高一，间隔了一整年的时间，学生记忆中显微镜的使用方法已经处于记忆衰退的阶段，需要对显微镜的结构及低倍显微镜的操作步骤进行复习，重新构建。

学生学习心理分析

有的学生喜欢动手但随意性较强；有的只注重书本知识，动手能力较差；少部分学生动手能力较强，又善于思考。总体来说，学生对实验的兴趣还是比较浓厚的，但是缺乏实验技能，经验也不足，实验过程中容易被生活中的行为干扰，出现不规范的实验操作。学生都有喜欢"找茬"的心理，让学生观察教师或同学的操作，指出错误，能激发兴趣。

【教学目标】

知识目标

（1）认识细胞的显微结构。

（2）认识细胞的多样性和统一性。

能力目标

（1）用高倍显微镜观察几种细胞。

（2）学会制作临时装片的方法。

（3）能通过比较分析不同细胞的异同点得出细胞具有多样性和统一性的结论。

情感、态度、价值观目标

（1）体验小组合作的重要性。

（2）养成实事求是、严谨认真的科学态度。

【教学方法、手段】

教学方法

（1）直观演示法和引导式教学法相结合。该实验可以采取分段实验的教学方法。教师先给学生演示常见错误操作，并要求学生纠错，在纠错的过程中，帮助他们回忆起旧的实验技能；之后，精心设计环环相扣的系列问题，引导学生逐步归纳出使用高倍显微镜和制作临时装片的步骤。还可以课前培养骨干学生，在课堂上协助教师给其他同学演示和指导。

（2）合作学习法与讨论交流法相结合。教师指导学生分组，要求每个小组成员分别选用不同的材料，先组内合作交流，最后全班汇总结果，尽可能让全班同学观察到更多种类的细胞。便于开展小组讨论，引导学生进行结果分析，从而归纳出细胞具有多样性和统一性的结论。

教学手段

传统教学手段（黑板板书）与多媒体教学（运用图片、视频资料等）相结合。

【教学过程】

教学进程	教师行为	学生活动	设计意图
引入：教师引导学生从感性材料中回忆知识，并思考问题	用多媒体展示初中生物学习中所观察过的洋葱鳞片叶表皮细胞、番茄果肉细胞、黑藻叶片细胞、人的口腔上皮细胞等图片。 提问：（1）请分辨出所展示的一共有几种细胞，说出它们的名字。 （2）要观察细胞的大小和形态，最好的研究方法是什么？	认真观察，小组讨论后回答	创设情境，引导学生回忆初中有关知识进入新课
环节一：高倍镜的使用 教师引导学生回忆使用低倍显微镜的方法和步骤	组织学生观察显微镜的构造，了解各部分名称，回忆显微镜的使用方法和步骤是什么？	小组活动：回顾初中知识，讨论正确使用显微镜的方法和步骤	引导学生回忆低倍显微镜的使用方法，为学习高倍显微镜使用搭建起桥梁
教师通过错误演示，引导学生回忆低倍显微镜的使用方法	按照“安放→介绍结构名称→物镜选择→对光→放置装片→调节→观察→收镜”的顺序分步进行学生常见错误操作的演示，要求学生观察并指出错误之处。然后请学生代表进行正确操作的重新演示。其中，重点演示对光和调焦两个步骤	观察并纠错，回忆正确的操作	利用“找茬”的心理，激发兴趣，唤起回忆，同时培养观察力

续表

教学进程	教师行为	学生活动	设计意图
	组织学生在低倍镜下观察永久性装片。及时巡视，请课前培训的骨干一起检查。尤其是对光操作结束后，要检查对光是否符合要求。同时提醒学生，一旦对好光就不可移动显微镜，否则又要重新开始对光	分组学习、实际操作。在教师和骨干学生的帮助下，纠正错误操作，完成永久装片的观察任务	让学生将回忆起的知识与实际操作结合起来，为学习高倍显微镜的使用奠定基础
在低倍镜使用的基础之上，通过问题串引导学生学习高倍显微镜的使用方法	请学生结合教材第8页图，思考下面问题： （1）为什么要先用低倍镜观察清楚后，要把放大观察的物像移至视野的中央，再换用高倍镜观察？ （2）低倍镜下还是高倍镜下的视野大，视野明亮？为什么？ （3）用物镜转换器转过高倍镜后，转动粗准焦螺旋行不行？	分组讨论，积极思考，认识高倍显微镜的使用方法	用问题引导学生思考，让学生理解操作步骤背后的原理，有助于学生理解记忆，加深印象
引导学生归纳出高倍显微镜的使用方法和步骤，并练习使用	边演示边讲解具体方法，在低倍显微镜下观察清楚后，先将要放大观察的物像移至视野中央；转动物镜转换器，换成高倍物镜（示范转动操作，确保学生看清转动的是物镜转换器而不是直接转物镜）；观察并用细准焦螺旋调焦，使物像更清晰，若视野较暗，可调节光圈和反光镜。并引导学生共同归纳如下： 低倍镜→移动装片→转动物镜转换器换上高倍镜→调节细准焦螺旋→调节光圈和反光镜，然后要求学生分组实验，进行实际操作。	观察高倍显微镜的操作方法，归纳总结出操作步骤	给学生规范性的演示，提供学生模仿性学习的材料 让学生通过实际操作，体会感受高倍显微镜的使用方法
	巡视课堂，针对学生操作中的困难，以问题促使学生反思：“在高倍镜下看到的视野变暗了，怎样调亮视野？”“为什么要求在左眼观察的同时右眼睁开？”“将要观察的细胞移到视野中央，怎样移动装片？”	实践操作，练习使用高倍显微镜，边思考、边讨论交流	通过发现学生实验中的问题，代替简单的组织教学，可以及时解决学生的实际问题，使他们快速掌握好实验方法
环节二：制作临时装片并观察	要求每个小组成员分别选用不同材料，进行临时装片的制作。介绍常见材料的处理和制片方法。 例如，如何撕去洋葱鳞片叶的一块表皮；如何挑取番茄的少许果肉，口腔上皮细胞如何刮取；如何获得蛙皮肤上皮细胞的方法，并指出这种制作方法不会对蛙造成伤害；黑藻叶片直接用镊子夹起一小块材料即可。	学习不同材料的处理方法	培养学生处理实验材料的能力。借机培养学生爱护动物、珍爱生命的意识
	多媒体展示临时装片的制作步骤： 擦拭玻片→滴清水（或生理盐水）→取材→展平（或涂匀）→盖上盖玻片→染色→观察	观察、发现并更正错误之处，回忆起临时装片的制作方法	
	要求学生分组实验，教师巡视，发现学生出现问题，及时进行指导，确保实验的顺利进行。例如，用的材料过多，切片太厚；不盖盖玻片，或者盖的方法不对；压片的方法不当；气泡太多不易观察；等等	小组成员分工合作，自选材料，制作临时装片。每一成员先观察自己制作的临时装片，再交换观察，交流制作的体会	培养学生的合作意识

续表

教学进程	教师行为	学生活动	设计意图
环节三：分析结果，得出结论	提示学生，观察到的细胞可以用生物绘图或者数码相机拍照，把结果记录下来，也可以通过语言描述出来。根据你们小组的实验结果，请思考以下问题：		
指导学生呈现实验结果的方法，通过问题，引导学生利用对比思维，分析得出实验结论	（1）每个小组一共观察到了多少种不同的细胞？这些细胞在形态、结构上有哪些共同点？又有哪些差异，并分析产生差异的可能原因？	小组讨论回答，理解细胞的多样性和统一性	引导学生正确区分实验的结果和结论。通过结果归纳总结出实验现象背后的规律，得出实验的结论
	（2）比较一个大肠杆菌的照片和结构示意图与本实验中观察到的细胞有什么主要的区别。 （3）本次实验的结果和结论是什么？	区分结果结论，学会实验的分析方法	培养学生的分析、归纳、总结的能力和实验分析的能力，使学生对细胞的多样性和统一性达成共识
总结与评价	设计一个比赛，发放一张菠菜叶的保卫细胞的永久装片，请学生以最快的速度在显微镜下找到气孔的结构。	学生积极参与，总结反思	强化技能
设计比赛，强化技能，利用顺口溜，帮助记忆	以顺口溜来帮助学生小结： 一取二放三安装，四转低倍五对光，六上玻片七下降，八升镜筒细观察，看完低倍后高倍，先移再转调细焦，九退整理后归箱。 最后，指导学生将显微镜放回镜箱，规范收好显微镜，将永久装片放回原位，并清理桌面		
课后作业	（1）完成实验报告，并将本次实验显微镜使用和临时装片的制作情况进行记录，并装入档案袋中。 （2）查阅资料，了解更多关于显微镜的相关知识。 （3）查阅资料，了解显微镜的发现及细胞学说的建立过程	课后完成	拓展知识，完善学生知识结构，为下节课的学习做铺垫

【板书设计】

实验：使用高倍显微镜观察几种细胞

一、高倍显微镜的使用

要点：先低倍镜，再换上高倍镜

↓

（移动装片→转动物镜转换器→调节细准焦螺旋→调光）

二、临时装片的制作步骤

擦拭玻片→滴清水（或生理盐水）→取材→展平（或涂匀）→盖上盖玻片→染色→观察

三、结果和结论

结果：多种细胞

结论：细胞具有多样性和统一性

【教学反思】

本实验是生物学中最常规、最传统的一个实验。在进行实验设计之初，我认为实验的重点就是高倍显微镜的使用，难点则是怎样在有限的一节课时间内既要帮助学生回忆起初中的实验技能，又要教会他们新的技能，还要完成观察几种细胞的任务。但是在认真思考之后，首先我发现了一个平时被忽略的重要问题：显微镜只是观察的工具，显微镜的使用技能只是本实验需要的一种技能，而该实验本身的目的是观察几种细胞，通过比较异同，得出细胞具有多样性和统一性的结论。因此，这节课不能只关注技能的培养，更重要的是能力的培养，让学生学会观察、学会从结果中得出科学的结论。所以，这节课上学生学会实验操作技能是关键之处，学会实验分析的方法是画龙点睛之笔。一节课要完成这么多内容，时间紧张也是一大难题。学生进实验室的通病是容易兴奋，动手能力差，听课效果更差。怎样才能快速使学生掌握好技能，确保他们能观察到更多的细胞，这些都是需要教师煞费苦心的地方。

本实验设计的精彩之处在于逆向思维，利用错误演示，起到欲擒故纵的效果，让学生在观察纠错改正的过程中，重建起旧的实验技能。因为显微镜操作技能在初中是已经重点强化训练过的，只是因为时间间隔太久，学生记忆的痕迹衰退。唤醒他们的记忆，必然比直接复习再炒一遍“剩饭”的效果好得多。利用学生喜欢“找茬”的心理特点，故意给学生进行错误示范让他们观察纠错，既可以帮助他们回忆初中学过的方法，也可以对常见错误进行提醒，还可以极大地激发学生的兴趣。学生在集中注意力对教师或同学的演示进行“找茬”的过程中，反而强化了正确的操作。在独立实验阶段，注意操作的规范和准确会成为他们有意识的活动，从而减少随意性的操作行为。

本实验教学的精彩之处还在于充分地运用了引导的教学策略，从低倍显微镜的使用过渡到高倍显微镜使用方法的学习，通过问题的提出，让学生思考操作背后的原理，加深理解，使他们对于这些步骤的记忆不是停留在简单机械的识记水平，而是通过大脑的加工过程，形成更有逻辑的记忆链条，便于形成长时记忆。初中重点强化过的技能，之所以遗忘较多，原因是初中学生主要运用的是机械性的记忆方法。因此，实验技能的掌握不能只要求学生动手，更要手脑并用，才能促进思维的训练，培养学生善于思考和探究的意识，才能使学生一旦掌握，就终生难忘。

本节实验教学以生物学技能的学习和训练为载体，还注重了学生实验分析能力的培养。以往的实验分析过程，学生对于实验的结果和结论往往是混淆不清的。如果这节课只注重显微镜的使用，对结果没有进行分析，那么对于实验教学来说，它只能算达到了较低的技能训练水平。实验教学的终极目标是要培养学生的生物学实验素养。通过学生最后的结果展示与交流，教师可以引导学生明确显微镜观察到的各种细胞，是本实验的结果；由此得出的结论——细胞具有多样性和统一性，是本实验的结论。因此，教师的实验教学中一定要有意识地渗透实验能力。

6.3 案例二 观察根尖分生组织细胞的有丝分裂

6.3.1 实验方案

观察根尖分生组织细胞的有丝分裂

在高等植物体内，有丝分裂常见于根尖、芽尖等分生区细胞。由于各个细胞的分裂是独立进行的，因此在同一分生组织中可以看到处于不同分裂时期的细胞。通过在高倍显微镜下观察各个时期细胞内染色体的存在状态，就可以判断这些细胞各处于有丝分裂的哪个时期，进而认识有丝分裂的完整过程。染色体容易被碱性染料（如龙胆紫溶液）着色。

目的要求

1. 制作洋葱根尖细胞有丝分裂装片。
2. 观察植物细胞有丝分裂的过程，识别有丝分裂的不同时期，比较细胞周期不同时期的时间长短。
3. 绘制植物细胞有丝分裂简图。

材料用具

洋葱（可用葱、蒜代替）。

显微镜，载玻片，盖玻片，玻璃皿，剪子，镊子，滴管。

质量分数为15%的盐酸，体积分数为95%的酒精，质量浓度为0.01 g/mL或0.02 g/mL的龙胆紫溶液（将龙胆紫溶解在质量分数为2%的醋酸溶液中配制而成）或醋酸洋红液，洋葱根尖细胞有丝分裂固定装片。

方法步骤

一、洋葱根尖的培养

在上实验课之前的3～4天，取洋葱一个，放在广口瓶上。瓶内装满清水，让洋葱的底部接触到瓶内的水面。把这个装置放在温暖的地方培养。待根长约5 cm时，取生长健壮的根尖制成临时装片观察。

二、装片的制作

制作流程为：解离→漂洗→染色→制片。

过 程	方 法	时 间	目 的
解离	上午10时至下午2时（洋葱根尖分生区细胞处于分裂期的较多，这会因洋葱品种、室温等的差异而有所不同），剪取洋葱根尖2～3 mm，立即放入盛有盐酸和酒精混合液（1∶1）的玻璃皿中，在室温下解离	3～5 min	用药液使组织中的细胞相互分离开来
漂洗	待根尖酥软后，用镊子取出，放入盛有清水的玻璃皿中漂洗	约10 min	洗去药液，防止解离过度
染色	把根尖放进盛有质量浓度为0.01 g/mL或0.02 g/mL的龙胆紫溶液（或醋酸洋红液）的玻璃皿中染色	3～5 min	龙胆紫溶液或醋酸洋红液能使染色体着色
制片	用镊子将这段根尖取出来，放在载玻片上，加一滴清水，并用镊子尖把根尖弄碎，盖上盖玻片，在盖玻片上再加一片载玻片。然后，用拇指轻轻地按压载玻片		使细胞分散开来，有利于观察

三、洋葱根尖细胞有丝分裂的观察

1.把制成的装片先放在低倍显微镜下观察，扫视整个装片，找到分生区细胞：细胞呈正方形，排列紧密。再换成高倍显微镜仔细观察，首先找出分裂中期的细胞，然后再找前期、后期、末期的细胞，注意观察各时期细胞内染色体形态和分布的特点。最后观察分裂间期的细胞。

2.如果自制装片效果不太理想，可以观察洋葱根尖固定装片。

3.调节显微镜的放大倍数，使你能够在视野里同时看到约50个细胞，仔细统计视野中处于各时期的细胞数，记录在记录表“样本1”中。把视野移动到分生区一个新的区域再统计，然后记录在记录表“样本2”中。对数据进行整理，填入表中。

四、绘图

绘出植物细胞有丝分裂中期简图。

五、有条件的学校，可以观察马蛔虫受精卵的有丝分裂固定装片。

记 录 表

细胞周期		样本1	样本2	总数	每一时期的细胞数/计数细胞的总数
间期					
分裂期	前期				
	中期				
	后期				
	末期				
	计数细胞的总数				

结论

根据观察结果，用自己的语言描述植物细胞有丝分裂各个时期的特点。

讨论

1. 在你的观察结果中，处于哪一时期的细胞最多？为什么？

2. 如何比较细胞周期不同时期的时间长短？你可以数一数视野中5个不同时期的细胞数目。统计全班的结果，求每个时期细胞数目的平均值。（提示：洋葱根尖细胞染色体数目为8对，一个细胞周期大约需要12 h。）

6.3.2 本实验相关知识结构图

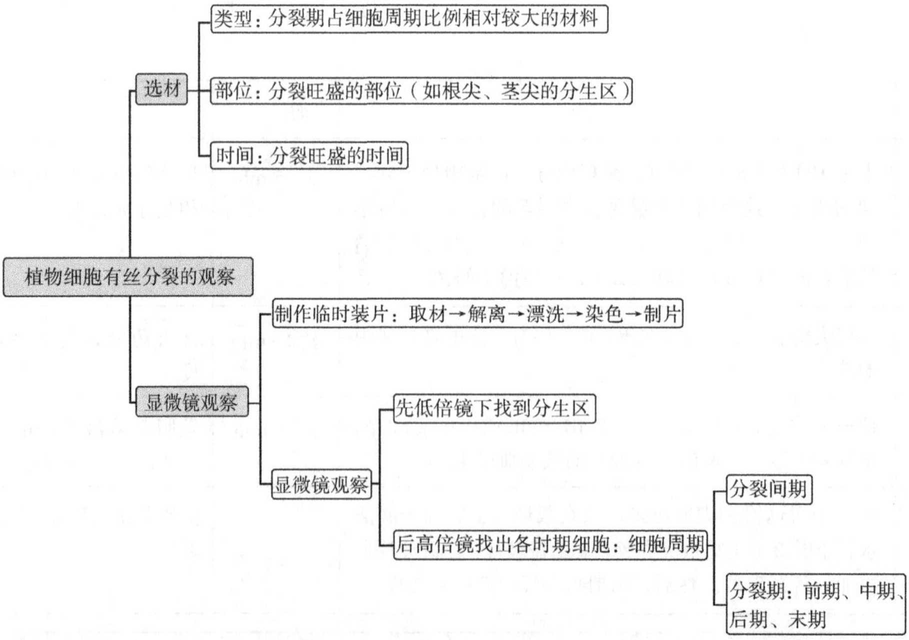

6.3.3　实验设计与构思

- 设计与构思
  - 科学问题
    - 如何制作洋葱根尖细胞有丝分裂的临时装片
在光学显微镜下识别不同时期细胞中染色体的形态、位置和数目
    - 如何构建细胞周期的动态过程
    - 如何比较细胞周期不同时期的时间长短
  - 教学目标
    - 掌握实验步骤“解离→漂洗→染色→制片”，并理解各步骤的实验目的
    - 观察植物细胞有丝分裂过程识别有丝分裂的不同时期
    - 比较细胞周期不同时期的时间长短
  - 教学问题
    - 实验涉及的操作技术较复杂，取材、解离、漂洗、染色、制片、镜检，如何引导学生理解这些步骤的目的和原理？保证实验的顺利进行
    - 如何引导学生利用观察到的不同时期的细胞图像构建细胞周期的动态过程
    - 如何引导学生进行数学思维转换，通过统计每一时期的细胞数与计数细胞总数的比值，比较细胞周期不同时期时间的长短
  - 策略设计
    - 策略1：教师讲解并示范关键实验步骤，学生依照教材进行验证性的实验
优点：实验程序调理清晰，可控性好
缺点：学生不能严格执行各个操作步骤导致实验失败
    - 策略2：引导学生设计对照实验探究关键步骤的目的
优点：激发探究兴趣，引起学生对实验步骤的重视，成功率增加
缺点：学生思维发散，教师引导难度加大
  - 方法选择
    - 引导学生设计对照实验探究关键步骤的目的，通过观察不同装片的效果明确实验目的
    - 收集学生视野下的图像，引导他们进行排序，建立起细胞周期的动态过程
    - 通过数学替换的思想，将细胞各个分裂时期所需时间替换为此分裂时期的细胞数目，推导出以下公式：每一时期所需的时间/一个细胞周期时间＝每一时期细胞数/计数细胞的总数。设计表格记录不同时期的细胞数，每一时期细胞数与计数细胞总数的比值，比较细胞周期不同时期的时间长短
  - 实施注意
    - 材料的选择：①避免用新采收的洋葱，或者用低浓度赤霉素溶液浸泡鳞茎的底盘。②指导学生准确地找到根尖分生区的位置
    - 实验步骤的时间要控制好
    - 压片是决定效果的关键环节，教师可以录制操作的视频反复播放
    - 收集学生观察到的细胞图像，引导学生进行整理分析

6.3.4　教学建议

6.3.4.1　实验前的准备与设计

1）实验材料的选择与培养　　洋葱、大蒜容易发根，且细胞染色体相对较大，数量相对较少，容易观察，因此常作为该实验的材料。如果选择的是新采收的洋葱，由于其尚处于休眠期，可以用低浓度的赤霉素溶液浸泡洋葱鳞茎的底盘，促使其生根。如果选用的是前一年的洋葱，则尽量选择底盘大的。首先，剥去外层的老皮，从底盘的中央向四周削去老根，但是注意不能削掉四周的根芽。然后放在广口瓶上，瓶内装满清水，让洋葱的底盘接触到瓶内

的水面，将这个装置放在温暖的地方培养。培养时注意每天换水 1～2 次。如果将该装置在 4℃的低温处理 12h 后，再在常温下培养 12h，更容易发现处于分裂期的细胞。

相关资料表明，选用大蒜的效果更好。大蒜生根比洋葱快得多，尤其是在温度偏低的时候优势更明显。25℃时，培养大蒜 48h，根尖可长出 5mm 以上；而 25℃时培养洋葱 72h，根尖才刚长出。大蒜生根的数量也比洋葱多。此外，大蒜根尖分生区细胞比洋葱根尖分生区细胞大，染色体更容易观察。如果选择大蒜，尽量选饱满、粗壮、鳞茎座大的蒜。剥去蒜外层干枯的鳞叶，使鳞叶间每个蒜瓣分离。因蒜的鳞茎座过厚，往往使根难以生长，需用刀片从中央向四周将其割开，但是不能削掉四周的根芽。考虑到市场上出售的蒜部分可能喷洒过防腐剂，可先用清水浸泡 2h 再培养。

蚕豆的侧根也是较为理想的材料。侧根生长时间长，有丝分裂期细胞比例高，染色体大，数目少；染色体着色深，背景着色浅，易于观察。可选择无霉变、无虫害的蚕豆种子，加清水浸泡 24h，取出埋入湿润的河沙中，深度 2～3cm。室温下培养，每天洒少量水。待主根长至 2～3cm，拔出蚕豆苗，剪去其主根分生区，以促进侧根生长，再将苗埋入沙中继续培养。温度适宜（25℃左右），7 天左右可长出 1～2cm 侧根，一般每根主根长 6～10 根。若继续保持沙粒湿润，室温下，侧根在 2～3 周仍可保持旺盛生长。由于根较粗壮，解离的时间可适当延长。

课前教师可以先查阅相关资料，再根据各自的优势及实际情况选择适合的材料。

2）*运用信息技术，实现教学资源优化配置*　随着教育改革的不断深化，信息技术在中学教育教学中的应用已非常广泛。洋葱根尖培养的过程可以在课前拍成录像，在课堂上播放，让学生对实验有整体的认识。制片过程比较复杂，学生容易出现问题，也可将每一步操作拍成录像，根据需要，选择性地播放，便于课堂上对学生进行指导。课前录制好需要的视频，作为实验教学的资源，灵活运用。

3）*善于动脑，创新实验方案*　不难发现，如果善于动脑，可以对实验方法进行一些巧妙的改进。例如，实验的装片制作过程中，解离、漂洗、染色都要在玻璃皿中进行，由于所用材料的体积较小，学生较容易丢失材料。如果用双凹的载玻片或是点滴板来代替，在凹窝中用吸管反复吹洗则可避免。压片是决定实验成败的关键步骤。仅用手指轻按，不易将根尖细胞分散开，若稍微用力又容易将盖玻片压坏或者将组织压烂。可先用小刀将根尖细胞压平、切碎，再加清水，盖上盖玻片；然后在盖玻片上加 3～4 层吸水纸，用大拇指垂直下压或铅笔带橡皮的一端稍用力压。教师可以通过预实验，对这些方法的可行性进行验证，并选择较好的实验方案。

6.3.4.2　实验中的观察、示范与引导

1）*示范清晰有效*　本节课实验操作复杂，对于关键步骤，教师要进行清晰、有效的示范。例如，取材的时候，要让学生明确根尖分生区是哪里，从哪里切断，选取哪个部分。否则，学生如果取错部位，就观察不到细胞分裂的图像。又或者选取的根尖太长，包括了大部分伸长区细胞，就会给学生在显微镜下找到分裂细胞造成困难。因为根尖较小，为了便于指示清楚，也可以将根尖拍照并在照片上标注位置，明确地告诉学生分生区位于根尖前部 2～3mm，让他们认清分生区的位置。压片的过程与一般制片的要求不同，也是教师要重点演示的步骤之一。其中用刀片把根尖切碎的细节，很容易被学生忽略掉。教师示范的时候一定要慢，并配合讲解引导学生弄清楚这样做的目的。而压片的方法，大拇指垂直下压，不仅要让学生看清楚，还有必要给学生讲解清楚。否则就是无效的示范，学生实际操作的时候，就

会不得要领。为了更清晰有效的示范，教师也可借助多媒体，将录好的操作步骤有选择的播放，甚至反复播放，或者在实物投影下操作，确保学生能看得清楚。

2）认真观察，及时指导　从实践经验来讲，实验课教师的讲述通常只有安排在一堂课的一头一尾效果较好，开始讲注意事项，结束要作总结。而如果安排在实验的操作过程中，由于学生一旦独立操作了，注意力都集中在自己的实验上，对于教师的讲解，往往是充耳不闻。因此，教师课前要做足准备，把重点、难点和必须交代的问题尽量考虑周全，交代清楚。实验中，学生开始分组实验了，各组实验进度也不一致，教师要加强巡视，按需施教。另外，巡视中还要注意收集学生看到的细胞图像，可利用数码相机的微距功能进行拍摄，并用多媒体及时展示，在全班范围内分享交流。

3）善于引导，启发思维　实验过程中，解离、漂洗、染色都需要等待一定的时间。教学中大多数教师会指导学生利用这部分时间来观察根尖细胞有丝分裂的永久装片。即便如此，对于动手能力强的学生而言还会有剩余的时间。而本实验的操作步骤复杂，学生不是遗漏关键步骤就是将顺序混淆。如果在实验开始前，教师要求学生对实验步骤的目的进行探究，可以引起学生足够的重视。通过引导，学生很容易想到探究性实验要以实验步骤中不同操作方法为自变量，装片的观察效果为因变量。对于全体学生，只要他们都积极思考，参与提出方案，达到思维的训练和思想上重视实验步骤的要求即可，但是对于有能力的学生可以让他们同步实施实验，并向全班汇报实验结果。通过对装片效果的比较，学生可以直接认识这些步骤的作用，比起单纯的讲解和讨论，这样做更直观，能起到事半功倍的效果，也更能让学生形成科学的思维习惯。此外，在实验中多数学生只能观察到细胞周期的部分图像，很难找全。要帮助学生构建起整个周期的过程，需要在思维上完成一个由静态到动态的转换。这个转换比较抽象，也需要教师的启发。教师可以先收集各组找到的不同图像，展示出来让学生识别各时期，最后再引导他们按照时间先后进行排序，这样自然而然地就构建出来了。实验最后，还要求学生比较细胞周期的长短。学生无法真正记录细胞周期的时间，只是根据每一时期的细胞数与计数细胞总数的比值来推测。这种思维的转换也很抽象，具有一定难度。如果从因果关系分析，通过数学替换的思想，便可顺利完成这个转换。这一点仍然需要教师的点拨。本节课难点较多，只有教师在思维上进行有效的引导和点拨，才能让学生有一种茅塞顿开的感觉。

6.3.4.3　实验后的总结与反思

本节课成功与否取决于制片和观察。制片的实验技能虽然在初中生物实验和高中生物前面几个实验中都有涉及，但该实验的复杂性和难度均有所增加。制片不好，实验成功率也会降低。制片中常会出现以下一些问题：第一，取的根尖太长，带有大量伸长区细胞，影响实验观察效果；第二，用镊子夹根尖时，根尖分生区被夹碎而丢失；第三，解离、漂洗、染色时间掌握不好；第四，压片效果不够理想。观察时也存在问题。有的学生连细胞都看不见，说明显微镜的操作有问题；有的不能分辨有丝分裂各个时期的细胞，说明基础理论存在问题；有的找不全有丝分裂各个时期的细胞，说明缺乏耐心和方法。因此实验之后，可引导学生从出现的问题中认真反思。可以反思失败的原因，总结经验教训，也可以反思自己遇到困难的时候应该怎样克服，防止畏难情绪阻碍学习。教师则要思考实验中学生遇到的实际困难到底是什么？哪些是对于细胞周期的概念没有理解，哪些是实验操作技能没有掌握，哪些是分析处理实验结果的能力较差。再反思教学设计是否符合学生的实际情况；探究实验步骤的设计，是否达到了预期的效果；给能力强的学生增加了实验的要求，学生是否能够完成。将这些问题归类，并力求解决。如果本节课不能解决的可以课后或下次课上解决。更要关注课堂上出现了哪些生成性的教学资源，并思考如何合理的利用。例如，本节课上教师可收集学生显微镜视野下的细胞图像，再利用它们构建起细胞周期的过程。这样获得知识的方式肯定比看书或是听讲得来的要深刻得多。对于细胞数量和时间长短的转换，学生有一定的数学功底，可以先让学生说出他们的理解。总之，教师一定要反思的就是学生还有什么问题，什么问题还没解决好，从而提升教学的针对性和引导的有效性。

6.3.5 教学设计示范

观察根尖分生组织细胞的有丝分裂

【基本信息】

本课题目：观察根尖分生组织细胞的有丝分裂

课程性质：高中生物必修课

授课对象：高一年级学生

课时安排：1 课时

使用教材：人民教育出版社出版的普通高中课程标准实验教科书《生物必修 1——分子与细胞》

【教学内容分析】

本课主要知识点

（1）一个细胞周期包括两个阶段：分裂间期和分裂期。

（2）分裂期分为前、中、后、末 4 个时期。通过染色体的形态、数目变化可以判断细胞处于哪一时期。

（3）通过解离、压片可以获得单层的分生组织细胞。

（4）通过染色可以将染色体与周围的环境进行很好的区分，从而实现观察。

本课内容重要性及地位

内容地位："观察根尖分生组织细胞的有丝分裂"是人民教育出版社出版的普通高中课程标准实验教科书《生物必修 1——分子与细胞》第 6 章"细胞的生命历程"中第 1 节"细胞的增殖"中的一个实验。把本实验安排在"细胞分裂"内容之后，教材是把它设计为一个验证性的实验，承接了理论的讲解，让学生通过观察，直接认识有丝分裂各时期的特点，加深理解。

前修知识：有丝分裂、细胞周期。

后继知识：细胞的分化、细胞的衰老和凋亡、细胞的癌变、减数分裂和受精作用、低温诱导染色体加倍的实验

本课内容重点、难点

教学重点：制作植物细胞有丝分裂装片的步骤，理解细胞周期的过程。

教学难点：制作植物细胞有丝分裂装片的步骤，比较不同时期时间的长短。

【学情分析】

学生已有基础

学生已经学习了细胞有丝分裂的有关内容，对于细胞的分裂过程和细胞各个分裂时期

的染色体形态已经有了系统的了解，学生能认识和辨别各个分裂时期的细胞，具备了此节实验课的理论知识。另外，学生也具备了显微镜使用和制片的基本实验操作技能、设计对照实验进行实验探究的能力，以及数学转换的能力。

学生学习可能存在的困难

该实验涉及的植物细胞有丝分裂这个知识本身是教学上的一大难点，实验的操作步骤也比较复杂，制片成功后还要在显微镜下找到各个时期的细胞，并要通过比较细胞相对数来比较各时期持续时间的长短。本节课难点众多，无论动手还是动脑，对于学生来说都存在一定困难。

学生学习心理分析

虽然学生有浓厚的兴趣，但学习的难度很容易成为学习的阻力。学习意志力不够坚强就容易出现厌学情绪。如果教师精心设计问题串，为他们搭建理解的阶梯，层层递进，就能帮助学生克服困难，从而突破难点。

【教学目标】

知识目标

（1）识别细胞分裂各时期的细胞图像并能概述其过程。

（2）比较细胞周期不同时期时间的长短。

能力目标

（1）初步掌握制作根尖有丝分裂装片的技术。

（2）运用单一变量和对照实验的原则，通过动手、观察、分析进行平行对照实验。

（3）能用数学转换的思维分析处理实验数据。

（4）初步掌握生物绘图的方法。

情感、态度、价值观目标

（1）培养严格操作、客观观察和绘制实验图像的科学精神。

（2）培养合作意识。

【教学方法、手段】

教学方法

（1）问题引导式教学法：通过提问，让学生回忆细胞分裂各个时期的特征，复习引入，直接点明实验目的；又从问题入手，让学生关注实验的操作步骤，并引导他们设计实验探究；最后提出问题，引导学生构建出完整动态的细胞周期，并比较各时期持续时间的长短。本节课难点较多，将诸多的难点设计成若干问题，引导学生思考，帮助学生突破重点和难点。

（2）探究教学法：实验操作步骤复杂，学生不易掌握。教师引导学生设计对照实验来探究关键步骤的作用，容易激发兴趣，引起他们对实验步骤的有意注意。还可以培养学生的探究意识，养成科学的学习思维习惯。再让有能力和意愿的学生实施实验方案，在实验中直接获得感性认识，加深理解和记忆。

（3）合作学习法与讨论交流法：对于实验结果的处理，需要运用数学转换的思想，观察图像并列表统计实验结果，分析处理数据得出结论。这时候可以充分让学生分组讨论，合作学习，交流实验结果，最后再将全部的结果汇总，达成一致的认同。

教学手段

传统教学手段（黑板板书）与多媒体教学（运用图片、视频资料、数据处理等）相结合。

【教学过程】

教学进程	教师行为	学生活动	设计意图
引入： 复习，直接点题	展示细胞分裂各时期的图像，让学生回忆细胞分裂有哪几个时期？各有什么特点？ 今天我们来观察细胞的有丝分裂，感受细胞增殖的过程	学生复述上节课的主要内容	回忆知识，为寻找各时期细胞图像作准备
环节一：实验前的指导	要观察有丝分裂的过程，我们首先要选好材料。 提问：材料应该具备什么样的特点，才能更好地观察到不同时期的细胞？		
	简单介绍常用实验材料——洋葱根尖，并用多媒体播放培养洋葱根尖的关键过程。	观看，并知道培养根尖的关键过程	
教师引导学生找到观察的部位	提出问题：植物根部有丝分裂最旺盛的部位是哪里？展示根尖照片，指导学生找到分生区的位置，根尖前端2～3mm，教师取一根根尖向学生展示分生区的位置和切断的部位，并提醒学生不能错选用伸长区	观察，明确分生区的部位	正确取材，确保实验成功
	引导提问：我们主要通过细胞中细胞核的变化及染色体的形态、数目来判断细胞所处的时期。而根尖由成千上万的细胞堆积在一起，为了获得单个的细胞，并能清楚地观察到各时期细胞中染色体的数目、形态，我们应该对根尖进行怎样的处理	明确解离、压片和染色	学生对操作步骤形成整体的认识
	继续提问：解离液由什么溶液配制而成？通常使用什么染液对染色体染色？解离液中的成分对于染色的效果是否会产生影响？如果有，如何避免这种影响	思考，并明确漂洗	
介绍装片的制作流程	引导学生调整顺序，完善步骤： 解离—漂洗—染色—压片—镜检		
	播放视频，展示装片制作的流程	学习装片的制作流程	
	引导提问：与之前我们做过的临时装片相比，这个实验的制片过程增加了哪些步骤？能否设计实验来探究这些步骤的必要性？		
引导学生设计对照实验，探究实验关键步骤的作用	进一步引导，首先让学生思考如果要探究“解离”在制作装片中的作用，应该如何设计？自变量是什么？因变量又是什么？ 以此类推，教师引导学生得出实验方案： 以全步骤组作为实验组，相应的仅缺某一步骤的作为实验组（少解离步骤或少漂洗步骤或少染色步骤或少压片步骤），通过比较显微镜下装片的镜检效果，得出结论	学生思考，并设计平行对照实验，对操作步骤的作用进行探究	从问题入手，分析和确定变量，帮助学生重视实验操作步骤，并通过探究性实验明确它们的作用
环节二：实验实施	教师介绍实验的改进方法，以供学生选用： （1）在装片制作过程中，解离、漂洗、染色都要在玻璃皿中进行。由于所用材料的体积较小，较容易丢失。如果用双凹的载玻片或是点滴板来代替，在凹窝中用吸管反复吹洗则可避免。 （2）压片是决定实验成败的关键步骤。仅用手指轻按，不易将根尖细胞分散开，若稍微用力又容易将盖玻片压坏或者将组织压烂。可先用小刀将根尖细胞压平，再加清水，盖上盖玻片；然后在盖玻片上加3～4层吸水纸，用大拇指垂直下压或用铅笔带橡皮的一端稍用力压。	学生学习方法，按要求分组实验	介绍改进方法，提高学生实验的成功率

续表

<table>
<tr><th>教学进程</th><th>教师行为</th><th>学生活动</th><th>设计意图</th></tr>
<tr><td></td><td>学生按要求分组实验并如实绘制有丝分裂期细胞图像。有能力的同学自愿选做刚才的探究性实验，记录实验的结果，分析该步骤在制作装片中的作用。
教师监督实验的进行，对需要帮助的小组给予帮助</td><td></td><td>学生通过实验获得感性认识，加深对操作步骤的理解和记忆</td></tr>
<tr><td rowspan="4">环节三：观察和结果处理</td><td>提问：
（1）分生区细胞具有什么特点？如何找到分生区？
（2）如何找到处于不同时期的细胞？
提醒学生：如果自制的装片效果不理想，可以观察洋葱根尖的永久装片。
教师收集学生视野下的图像，并拍照记录下来</td><td>学生思考、回答，同时进行观察</td><td>问题诱思，指导学生观察</td></tr>
<tr><td>学生完成后，进一步提出问题：
（1）能不能观察到有丝分裂实际的动态变化过程？为什么？
（2）展示收集的图片，请学生回答如何辨认是细胞周期的哪个时期。要求学生将图片排序，构建出细胞周期的动态过程。
学生弄清楚以上问题后，立即追问：
（3）如何比较细胞周期各时期的时间长短？
引导学生，将细胞各个分裂时期所处的时间替换成此时期的细胞数，推导出转换公式：
每一时期所需的时间/一个细胞周期时间＝每一时期细胞数/记数细胞的总数
之后，要求学生设计表格记录不同时期的细胞数，统计每一时期细胞数与计数细胞总数的比值，从而比较细胞周期不同时期时间的长短。
引导学生运用数学统计的方法，分析生物问题。提醒学生，为了统计的结果更接近真实值，注意平行重复性原则的运用，要分别统计多个视野作为样本，最后取平均值。</td><td>学生思考、回答。明确在解离之后细胞已经死亡，不能看到实际的分裂过程，但是可以利用图像构建出细胞分裂的过程</td><td>进一步提出问题，引导学生将实验观察到的结果与学过的理论知识有机结合，构建出细胞有丝分裂的动态过程，并利用数学转换思想，分析处理实验结果，比较细胞周期各阶段的相对时间的长短</td></tr>
<tr><td><table>
<tr><th colspan="2">细胞周期</th><th>样本1</th><th>样本2</th><th>总数</th><th>每一时期的细胞数/计数细胞的总数</th></tr>
<tr><td colspan="2">间期</td><td></td><td></td><td></td><td></td></tr>
<tr><td rowspan="4">分裂期</td><td>前期</td><td></td><td></td><td></td><td></td></tr>
<tr><td>中期</td><td></td><td></td><td></td><td></td></tr>
<tr><td>后期</td><td></td><td></td><td></td><td></td></tr>
<tr><td>末期</td><td></td><td></td><td></td><td></td></tr>
<tr><td colspan="2">计数细胞的总数</td><td></td><td></td><td></td><td></td></tr>
</table></td><td>拓展思路，运用数学转换的思想，帮助理解，并学会利用表格，记录和分析实验的数据</td><td></td></tr>
<tr><td>最后，按照教材要求，指导学生绘制植物细胞有丝分裂中期简图。
教师介绍显微绘图的方法和要求：绘图时养成左眼观察显微镜视野，右眼看图绘图的用眼习惯；用铅笔绘制，图像要确保科学、正确、真实；绘图的步骤为观察→绘制草图→定稿</td><td>尝试进行生物绘图，并明确中期细胞的特点</td><td>让学生初步掌握生物绘图的方法</td></tr>
<tr><td>小结</td><td>要求学生根据观察结果，用自己的语言描述植物细胞有丝分裂各个时期的主要特点。
如果时间允许，让学生再观察马蛔虫受精卵的有丝分裂固定装片，并比较动植物细胞有丝分裂的异同</td><td>学生自我总结</td><td>提高图文转换的能力</td></tr>
</table>

续表

教学进程	教师行为	学生活动	设计意图
反馈练习	反馈练习： 1．下图所示光学显微镜下观察到的根尖分生区的细胞，视野内看到最多的是（　　） 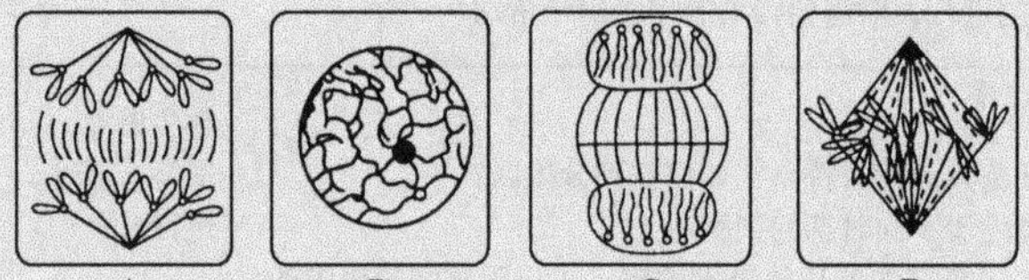 A　B　C　D 2．用光学显微镜观察有丝分裂过程，如果仅从细胞分裂周期来看，下图中哪种植物作为实验材料最适合？（　　） 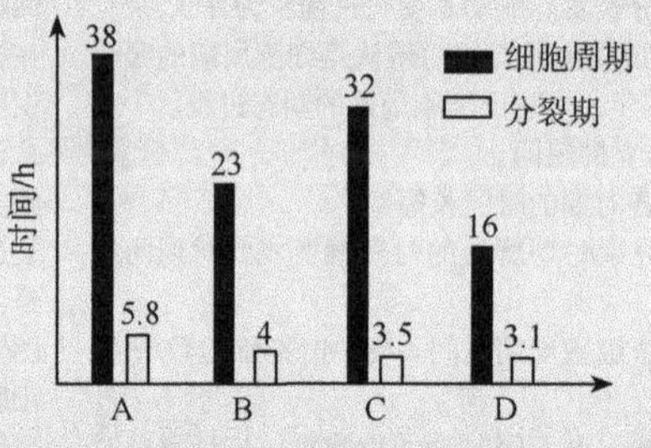 3．下列甲图表示洋葱根尖的不同区域；乙图呈现的是细胞分裂过程中的一种物质变化和形态变化。请分析回答下列问题： 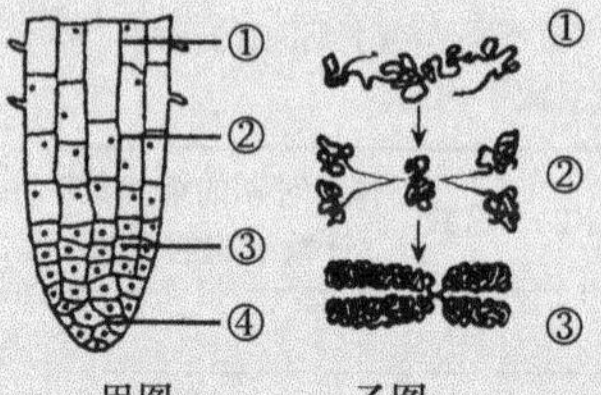 甲图　乙图 （1）进行分裂的细胞集中在甲图的哪一区域？（　）_____。该区域的细胞中能产生ATP的细胞器有__________。 （2）乙图呈现了一种物质变化和形态变化过程，该过程的物质变化主要是_______；形态变化可描述为____________。 （3）在观察有丝分裂实验时，我们发现即使操作正确，也难以看到很多处于分裂期的细胞，主要原因是______________	学生完成 参考答案： 1. B 2. D 3.（1）③；分生区；线粒体 （2）染色体复制（DNA复制和蛋白质合成）；染色质高度螺旋化形成染色体 （3）分裂期时间远远短于分裂间期时间	通过反馈练习，巩固提升

【板书设计】

观察根尖分生组织细胞的有丝分裂

一、实验原理：（略）

二、实验材料：洋葱根尖等

三、实验步骤：

取材→解离→漂洗→染色→制片→观察

四、结果：描述各时期细胞的特点
绘制有丝分裂中期细胞图
设计表格记录不同时期细胞数

【教学反思】

本实验可以说是高中生物必修实验中最难、实验步骤最烦琐的一个。从取材的部位开始，到解离、漂洗、染色和制片，任何一个环节一旦出错，直接影响实验结果。在实验教学中，学生不是搞错实验的顺序，就是弄混每一步骤的时间安排。这些错误操作都会导致制片效果极差，无法观察，不得以只能用固定装片观察。实验效果不好，当然就无法达成教学目标，学生也容易产生挫败感。其实出现这些问题有一个最关键的原因：学生没有真正理解到每一个操作步骤的目的。在初中阶段，学生已经做过了很多临时装片，对于装片应该达到什么样的基本条件及制作装片的基本操作步骤，学生都是比较清楚的。在此基础上，教师引导学生思考“根尖是由成千上万的细胞堆积在一起的，要观察到单个细胞应该对根尖进行怎样的处理？”通过这个问题使他们认识到解离和压片的原因。再进一步引导，在观察过程中我们是通过细胞中细胞核的变化及染色体的形态、数目来判断细胞所处的时期，因此我们还要对染色体染色。明确了这三个实验步骤后，又提问引导，让学生发现含有盐酸的解离液对碱性染液的染色会产生一定的影响，由此提出这两个步骤中间应该增加一个清水漂洗的步骤。最后再重新调整实验步骤，从而对实验整体流程有一个较为清晰的认识。然后提出问题“如何设计实验探究关键制片步骤的作用？”一方面，立即唤起了学生对这些操作步骤本身的关注；另一方面，也极大地提高了实验的兴趣。实验方案不能只是纸上谈兵地设计出来，而是要求有能力和意愿的学生进行实验。虽然表面看，这样安排增加了实验难度，但是这些对照实验都只是在操作步骤上做减法，并不会加重实验的负担。而且对学生提出了分层的要求，也符合因材施教的教育原则。其他学生虽然不用动手，但是也可以分享实验的结果，参与实验结果的分析，也能发现这些步骤的目的。这样的设计合情合理，具有可行性。

本实验教学的精彩之处还在于成功地运用了数学转换的思维。教学中，教师一般会提出这样一个问题：实验中观察的是死细胞，如何判断细胞周期各时期时间的长短？然后直接告诉学生，观察到细胞数目多的那个时期就是最长的。学生一般都能认同这样的判断方法，但是原因却并不清楚。因为这样的解释本身就存在问题，是一个因果倒置的解释。应该先引导学生运用数学替换的思想，认识到时间和细胞数之间的关系：某个分裂时期所处的时间越长，那么停留在此时期的细胞就越多，因此在显微镜下观察到的细胞数也越多。再反过来将细胞数目多少替换成时间的长短，才更符合逻辑，才能使学生真正理解。

由于近年来信息技术的发展，很多学校也在不断更新教学的软硬件设施。有的学校安装了数字实验室。结合这一现状，对本节课还可进行进一步的思考。如果条件允许，这节课能够利用虚拟教室系统，可以怎样设计才能更加利于学生间的合作、讨论和交流。例如，观察临时装片时，有的学生很快找到分裂的细胞，有的学生没找到，如果使用分屏监控，教师就可方便地掌握每组学生的情况，及时指导；还可以使用转播功能，将学生的观察结果直接展示给全班同学；最后，还可以利用 Excel 表格，方便快速地统计全部实验组的数据。如果没有这些硬件设施，就利用普通数码相机的微距功能在显微镜下拍摄照片，再利用多媒体展示出来，也可以取得较好的效果。总之，有了这些先进的设备和技术，教学中应该反思如何将信息化教学手段和传统教学手段二者结合起来，优势互补，提高教学的效果。如果资源开发利用得好，是否可以尝试改变教材的顺序，将本节课置于新课之前，设计成探究式的课型呢？

6.4 案例三 观察种子的结构

6.4.1 实验方案

活动

观察种子的结构

可能你对种子的外形并不陌生，但要认识种子的结构，必须进行解剖观察。请你准备几种植物的种子，提前1天用清水将种子浸软，在实验课上进行观察。

目的要求

1.解剖和观察大豆、玉米等种子，识别种子的基本结构；

2.学会处理和解剖种子的方法，掌握观察种子结构的程序。

材料器具

浸泡过1天的大豆和玉米种子、放大镜、解剖刀、镊子、白瓷盘、碘液。

方法步骤

1.观察大豆种子的结构

(1)取一粒吸足水分的大豆种子放在白瓷盘里，观察种子的外形。注意：种子的一侧有一个小小的瘢痕，这是种子脱离母体时留下的，叫种脐。

(2)用镊子夹住豆粒，在种脐的对侧用解剖刀轻轻地划一个小口，将种皮剥离下来，露出里面的胚。

(3)掰开两片肥大的子叶，从连接胚轴的部位切下一片子叶。然后，用放大镜观察胚根、胚轴和胚芽等各个部分的位置、形态和连接关系。

(4)绘出大豆种子结构的示意图。

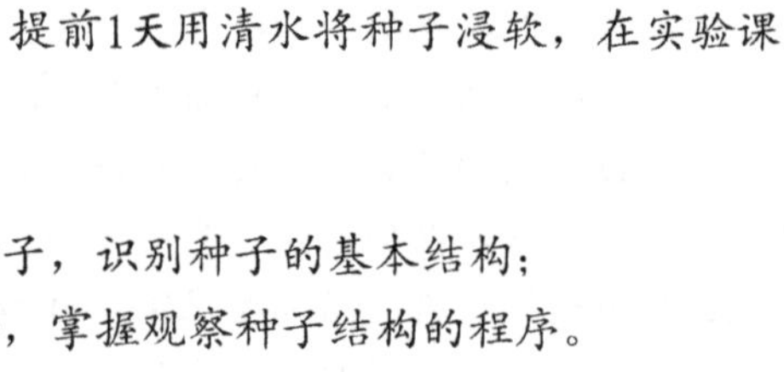

图6-2 大豆种子的结构示意图

2.观察玉米种子的结构

(1)取一粒玉米放在白瓷盘里，观察玉米种子的外形。在玉米种子的一侧，透过厚皮可隐约看到里面的胚。我们所观察的玉米“种子”实际上是果实，其外边的厚皮是果皮和种皮紧密结合在一起形成的。

(2)用镊子夹住玉米种子，沿正中线用解剖刀纵向切开，用放大镜仔细观察玉米种子纵剖面，识别胚与胚乳之间的界限。

(3)将一滴碘液滴在玉米种子的纵切面上，胚乳部分呈现深蓝色。再用放大镜观察玉米种子的各部分结构，其界限更加分明。玉米的胚只有一片子叶，靠近胚乳一侧，胚芽和胚根被子叶覆盖着。此外，胚芽的外面包裹着胚芽鞘，胚根的外面包裹着胚根鞘。

(4)绘出玉米种子的纵剖面结构示意图。

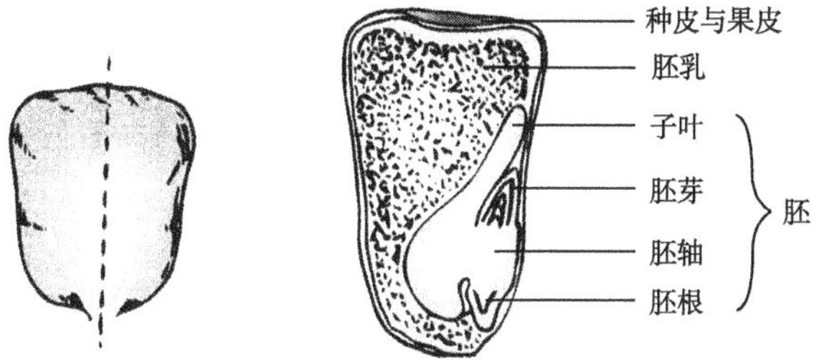

图6-3 玉米种子纵切示意图

讨　　论

1.大豆与玉米的种子分别由哪些部分组成?

2.大豆和玉米种子在结构上有何相同和不同之处?

3.根据对种子萌发过程的观察，推测在萌发过程中种子各部分结构发生了什么变化。

4.种子各部分结构的主要功能是什么?

5.将碘液滴在玉米种子的纵剖面上时，为什么胚乳部分会呈现蓝色?

6.4.2　本实验相关知识结构图

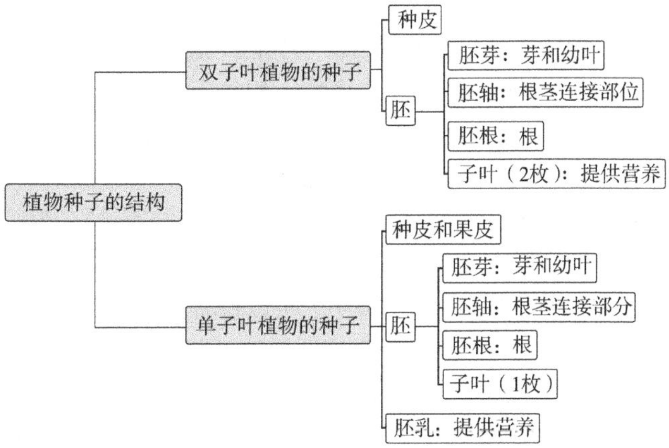

6.4.3 实验设计与构思

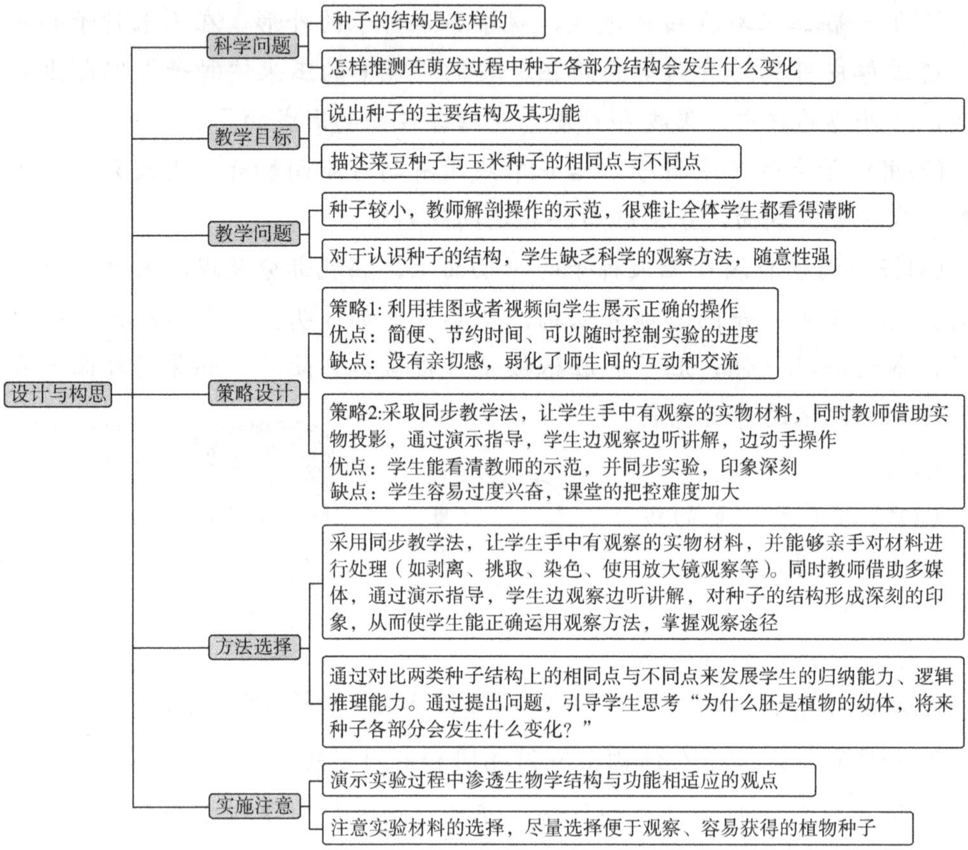

6.4.4 教学建议

6.4.4.1 实验前的准备与设计

1）大胆创新，不拘泥于教材　根据以往的教学经验，玉米种子结构的观察是一大难点。教材中采用了沿正中线纵向切开种子、在切面滴加碘液的方法观察玉米种子的结构。在实际操作中，观察一个切面难以区分各种结构。学生不一定能准确地指出各部分结构，更难以理解玉米种子只有一片子叶。经过查找资料，发现如果对材料重新处理，可以取得较好的实验效果。材料选用成熟的玉米种子，浸泡 3 天后，再煮 10～15min。每次实验选取两粒种子。第一粒按照课本的方法切开，尽量从种子近基部颜色较浅的一侧往下切，涂抹碘液时避免胚被染成蓝色，用于观察胚乳与胚的位置和大小比例。第二粒采取层层剥离的方法进行解剖观察：先用镊子轻剥去果皮和种皮，观察胚乳，了解胚乳和胚的位置关系，然后再轻轻剥离胚乳，露出被胚乳包裹的胚，观察其结构；在胚没有被胚乳包裹的一侧沿裂缝用针轻轻挑开上下两侧，可以分别观察胚芽、胚轴和胚根的结构；在这三者之外的则是盾形的子叶。运用改进方法之后，学生对玉米的结构会有一个更完整的认识。预实验中，可以检验该改进方法的可行性。

2）注重思维的培养和训练　教材上该实验涉及的材料是大豆种子和玉米种子，它们分别是双子叶植物和单子叶植物的代表。通过解剖观察这两种典型的植物种子，教师要引导学生运用学到的方法去解剖和观察其他的种子。引导学生列表比较大豆种子和玉米种子的结构，将实物中获得的感性认识概括起来，形成对双子叶植物和单子叶植物两大类种子的不同认识，从而形成一定的概念。顺势引导学生举一反三，再将解剖的其他植物的种子进行归类整理，在思维上完成由特殊到一般再到特殊的认识过程。

3）明确解剖的目的和意义，形成具有逻辑的知识体系　该实验的目的是认识种子的结构，理解各部分的作用，为理解种子的萌发奠定基础。实验课的最后可以设计这样一种承上启下的结束方式。由教师提出问题“为什么胚是植物的幼体，将来种子各部分会发生什么变化？”并要求各组把种子带回去放在玻璃瓶中，观察它们的变化。让学生把好奇心和探究的热情都延续到课后，也为下节课学习种子的萌发做好铺垫。这样，前后两节课之间是有逻辑关系的，能更好地把知识联系起来，构建完整的知识体系。

6.4.4.2 实验中的观察、示范与引导

1）示范便于学生观察　教师的演示是做给学生看的，所以实验的整个操作过程必须让全班学生都能清楚地看到。种子的结构较小，教师的解剖操作过程如果在实物投影仪下进行就便于学生观察。当然也要注意站在合适的位置，并注意自己的手或者身体不能阻挡学生的视线。教师的操作除了要规范、科学和熟练外，还要注意节奏的控制，以便于学生观察和模仿。对操作难点应加以强调，可采取重复操作、多途径演示等方式加深学生的印象。对示范中不易观察的地方可选取一定背景，如借用黑色纸板作为背景，以便学生观察。在操作的过程中，教师的讲解要同步进行，并用语音语调来强化实验操作要领。如果在演示过程中出现了一些意外情况，也不要急于下结论，一定要认真地、科学地对待，引导学生分析原因，或者总结出失败的经验和教训。

2）注意培养科学的观察方法　实验过程中，教师应该不断利用讲解和谈话的方式组织学生进行观察，同时注重思维引导。例如，指导学生解剖菜豆种子时，首先观察种子的外形、颜色，注意特殊的疤痕——种脐，并引导他们思考种脐对种子萌发的作用。然后，剥下种皮，引导他们试探种皮的坚韧性，从而理解种皮的保护功能。最后，分开两枚子叶，用放大镜观察内部的结构和特点。这样，让学生认识到观察的顺序是由表到里、由外到内，而不是随意进行的。

6.4.4.3 实验后的总结与反思

教师可以引导学生在实验后厘清思路，说出单子叶植物和双子叶植物的种子包括哪些结构，并比较二者的异同点。另外，让学生反思是否已经掌握了解剖种子的实验方法；能否尝试解剖其他植物的种子；能否通过课外培养种子的实验，认清种子各部分结构将来发育的去向；教师自身则应该反思在进行同步示范的时候，是否全体学生都能看得清楚；示范的节奏是否合理；怎样监控学生的操作是否符合要求；学生是否能够辨认出不同种子的结构。实验完成后，可以留出一点时间，让几名学生在实物投影仪下对自己带来的种子进行解剖，并辨认出结构，及时反馈信息。另外，在实验的观察过程中，可以提出问题“种子的结构是怎样和功能相适应的”引导学生思考，加深对种子结构的认识和理解。由于教师的操作在实物投影仪下进行，本节课对于多媒体的利用是十分充足的，但应考虑若所有授课的内容都通过多媒体来呈现，教学容量是不是过大。初中生大都有记笔记的习惯，课堂上学生既要观摩教师的示范，又要同步操作，还要做笔记，他们能否合理地分配注意力，也是特别值得反思的地方。本节内容中关于生物体结构的板书对学生构建知识骨架是尤为重要的，有利于他们掌握知识点。所以本节课教师还应该反思怎样将媒体的使用和板书结合起来，适时呈现知识要点，让学生边听边做边记，把握本课的重点、难点，加深对知识的记忆，构建起完整的知识体系。

6.4.5 教学设计示范

种子的结构

【基本信息】

本课题目：种子的结构

课程性质：初中生物

授课对象：初一年级学生

课时安排：1课时

使用教材：北京师范大学出版社出版的义务教育教科书《生物学》（七年级上册）

【教学内容分析】

本课主要知识点

（1）种子的主要结构和功能。

（2）单子叶种子和双子叶种子的不同点和相同点。

本课内容重要性及地位

内容地位："种子的结构"是北京师范大学出版社出版的《生物学》七年级上册第五章第一节的内容，是本章的重点内容。种子是绿色开花植物的六大器官之一，是形成新一代植物体的基础。种子植物的生长发育是由种子发育开始的。种子之所以能生长发育成种子植物，因为它具有将来发育成幼苗的基本结构——胚。所以，教材把观察"种子的结构"安排在理解了植物体的结构层次之后，既为学习"种子的萌发"做好了铺垫，又为学好后面"种子植物"等内容打下基础。

前修知识：生物体的结构层次、绿色开花植物的生活方式。

后继知识：种子萌发需要适宜的条件、营养器官的生长。

本课内容重点、难点

教学重点：认识种子的结构及各部分的功能。

教学难点：观察玉米种子的果皮与种皮、子叶等结构；对比菜豆种子与玉米种子的相同点与不同点。

【学情分析】

学生已有基础

根据生活经验，学生对于种子的相关知识有一定的了解。七年级学生容易接受直观形象的事物。本节课利用图片、实物、视频等直观教学手段，呈现教学内容，激发学生学习兴趣，提高学生学习效率。

学生学习可能存在的困难

学生虽然认识种子，但对于种子的结构知之甚少，更不知道该如何正确的解剖和观察。因此，本节课要对学生的解剖和观察方法进行有效的指导。初中学生注意力的分配和转换能力有了一定的发展，这是进行同步教学的心理基础。但是也有一部分学生可能因为注意转换得较慢，跟不上教学的进程。因此，在每一次教学内容或操作步骤的转换过程中，教师要先引起他们足够的注意力再转换。

学生学习心理分析

初一年级学生的无意识记忆非常明显，对有兴趣的材料记得比较好，对一些困难材料记得比较差，应抓住他们对新奇事物充满好奇心、求知欲强、喜欢自己动手主动获取知识的心理。在课堂中创建学习情境，设置探究性实验的各种活动环节，通过他们的亲身体验，主动获得知识，形成活跃的学习氛围。通过解剖实验的开展，学生可以获得对种子结构的感性认识，最后再通过对比分析，归纳总结，将感性经验转化为抽象的理论性知识，形成一定概念。

【教学目标】

知识目标

说出种子的主要结构及其功能；描述菜豆种子与玉米种子的相同点与不同点。

能力目标

（1）通过解剖观察种子的内部结构，提高学生的实验能力和学会解剖观察的方法。

（2）在比较两类种子的结构特点中培养学生分析问题的能力，学会从特殊到一般的思维方法，形成善于通过分析、归纳而得出结论的习惯。

情感、态度、价值观目标

（1）通过学习种子的结构，初步树立结构与功能相统一的辩证观点。

（2）通过观察、探究活动来体验与人的交流和合作。

【教学方法、手段】

教学方法

（1）直观演示法和引导式教学法相结合：本课采取同步教学法，让学生手中有观察的实物材料，并能够亲手对材料进行处理（如剥离、挑取、染色、使用放大镜观察等）。同时教师借助多媒体，通过演示指导，学生边模仿边观察，对种子的结构形成深刻的印象，学会科学的观察方法，掌握观察的途径。此外，通过对比两类种子结构上的相同点与不同点来发展学生的归纳能力、逻辑推理能力。通过问题，引导学生思考“为什么胚是植物的幼体，将来种子各部分会发生什么变化”，从而将探究延续到课后。

（2）合作学习法与讨论交流法相结合：玉米种子的胚乳中储存了大量的淀粉，引导学生滴加碘液进行探究，并通过交流汇报、讨论得出结论。在对菜豆种子和玉米种子进行比较的时候，先分组讨论完成表格，再在全班范围进一步交流合作，达成共识。

教学手段

传统教学手段（黑板板书）与多媒体教学（运用图片、视频资料、实物投影仪演示解剖步骤等）相结合。

教学过程

教学进程	教师行为	学生活动	设计意图
引入： 实物呈现，引发兴趣	教师将学生自己带来的种子，如绿豆、黄豆、蚕豆、小麦、谷子、花生、芝麻、玉米、南瓜、高粱等常见植物的种子，通过实物投影呈现给大家，同时要求用语言来描述种子的颜色、大小等外观 提出问题：绝大多数植物都是由种子发育来的，到底种子的结构是怎样的呢？	学生踊跃地参与，兴趣非常高	利用实物投影，扩展学生的视野，让他们知道自然界中的种子多种多样。由此引导学生思考种子的结构是否相同，从而过渡到观察种子的结构

续表

教学进程	教师行为	学生活动	设计意图
环节一：动手观察，同步教学 观察菜豆种子的结构	利用多媒体课件将以下环节逐步呈现，让学生跟着一步一步地做。 （1）指导学生首先观察种子的外形、颜色，注意特殊的疤痕——种脐。并思考种脐对种子萌发的作用。 （2）剥下种皮，并试探种皮的坚韧性，从而理解种皮的保护功能。 （3）剥去种皮后，分开两个子叶，用放大镜观察内部的结构和特点，同时要求学生对照课本自主学习胚的各部分结构。引导学生认识到观察的方法一般是由表到里、由外到内。 当学生弄清以上问题之后，再利用多媒体投影出菜豆种子的结构图，引导学生说出每一部分的名称（同时在屏幕上出现这部分的名称），加深学生的印象。	学生进行模仿学习，完成解剖任务，并对菜豆种子的结构进行观察	让学生手中有观察的实物，教师边讲解，学生边观察、边学习。掌握规范的操作步骤和科学的观察顺序
	（4）根据结构图提出以下问题： ① 菜豆种子有几片子叶？子叶有什么作用？ ② 所有种子的结构都一样吗？	学生思考回答问题，巩固所学的知识	提出问题，既突出了菜豆种子的特点，又激发了学生继续观察的兴趣，让学生更有目的地观察，从而培养学生的观察能力
观察玉米种子的结构	教师利用实物投影仪，边讲边示范，学生一边跟着操作和观察。 （1）取一粒较嫩的玉米，让学生尝试分开种皮，了解玉米的果皮与种皮紧密相连。 （2）取一粒较老的玉米从中央纵向剖开（教师在实物投影中示范），让学生根据玉米的切面学习玉米种子的结构，看看能否直接找到玉米的子叶。 （3）利用多媒体电脑投影出玉米种子的结构图，引导学生说出每一部分的名称（同时在屏幕上出现这部分的名称），加深学生的印象。 （4）将玉米种子的果皮和种皮剥掉，利用投影展示玉米种子完整的胚。由此学生可观察到玉米种子的胚，并且发现胚比较小，不能储存大量的营养。借此提问它的营养究竟储存在哪里呢？为下一个环节作铺垫	学生观察学习，边学边做	由于观察玉米种子的结构更具难度，利用实物投影，边示范边讲解，更有利于学生模仿学习技能的培养
创设情境，自主探究	指导学生滴加碘液在玉米的切面上，仔细观察哪部分结构变蓝。学生发现后立即呈现课本中玉米种子胚乳变蓝的图片，并告诉学生淀粉遇到碘会变蓝，让学生根据探究结果推导出胚乳中含有淀粉，从而也得出胚乳的作用是储存营养	学生交流汇报自己的探究结果，并分析得出结论	让学生进行简单的探究得出结论，从而构建知识
积极创新，改进方法	巡视，看看学生观察到玉米种子的一个切面后，区分各部分结构是否还存在困难。如果存在，拿出改良之后的材料，简介改良方法，让学生再次尝试	学生积极完成改良材料的观察，进一步认清玉米种子结构的各个部分，更好地理解玉米是单子叶植物	改良方法的介绍，一方面利于学生观察认清结构；另一方面利于培养学生的创新精神

续表

<table>
<tr><th>教学进程</th><th>教师行为</th><th>学生活动</th><th>设计意图</th></tr>
<tr><td></td><td>材料选用成熟的玉米种子，浸泡3天后，再煮10～15min。实验选取两粒种子。第一粒，按照课本的方法切开，尽量从种子近基部颜色较浅的一侧往下切，涂抹碘液时避免胚被染成蓝色，用于观察胚乳和胚的位置和大小比例。第二粒，采取层层剥离的方法进行解剖观察：先用镊子轻剥去果皮和种皮，观察胚乳，了解胚乳和胚的位置关系； 再轻轻剥离胚乳，露出被胚乳包裹的胚，观察其结构，在胚没有被胚乳包裹的一侧沿裂缝用针轻轻挑开上下两侧，可以分别观察胚芽、胚根及连在两者之间的胚轴； 而这三者之外的则是盾形的子叶</td><td></td><td></td></tr>
<tr><td>环节二： 小组讨论，建构知识体系</td><td>结合菜豆和玉米种子的结构特点提出问题：
（1）种子的哪一部分将来能发育成一个植物体?
（2）菜豆种子与玉米种子在结构上的相同点与不同点是什么？
（3）为什么菜豆是双子叶植物，而玉米是单子叶植物？
教师引导合作小组互相讨论合作，填写在课前发放的表格中（表1），突出本课的重难点。

表1　试比较下列两种种子的不同点与相同点
<table>
<tr><th></th><th>菜豆种子</th><th>玉米种子</th></tr>
<tr><td>共同点</td><td></td><td></td></tr>
<tr><td>不同点</td><td></td><td></td></tr>
</table>
填写完后，用实物投影充分展示学生的填写情况，并给予适宜的激励性评价。
大部分的学生都容易忽略两类种子在子叶数目和子叶作用上的差异，所以通过多媒体又呈现了一个设计得更为具体的表格（表2）。让学生很快意识到自己的遗漏，由此突破了本节课的难点。

表2　两种种子结构的不同点与相同点
<table>
<tr><th colspan="2">结构</th><th>菜豆</th><th>玉米</th></tr>
<tr><td colspan="2">种皮</td><td>有</td><td>有</td></tr>
<tr><td rowspan="4">胚</td><td>胚芽</td><td>有</td><td>有</td></tr>
<tr><td>胚轴</td><td>有</td><td>有</td></tr>
<tr><td>胚根</td><td>有</td><td>有</td></tr>
<tr><td>子叶及其作用</td><td>两片，储存营养</td><td>一片，转运营养</td></tr>
<tr><td colspan="2">胚乳</td><td>无</td><td>有</td></tr>
</table>
</td><td>学生分组讨论，完成表格，更好地理解单子叶植物和双子叶植物种子结构的区别

学生自我校对，完善知识</td><td>通过列表对比分析，发展学生的归纳能力、逻辑推理能力

让学生明白学习是一个不断自省、不断完善的过程</td></tr>
</table>

续表

教学进程	教师行为	学生活动	设计意图
	教师指出菜豆和玉米分别是双子叶植物和单子叶植物的代表，进而归纳出双子叶植物和单子叶植物种子的主要区别。并要求学生尝试解剖自己带来的种子，并区分哪些是双子叶植物，哪些是单子叶植物		
总结提升	教师引导学生对本课所学的知识点进行小结，再一次回忆种子的基本结构，并完成适量的形成性练习，巩固知识点、反馈教学效果	学生小结，完成反馈练习	通过练习，及时反馈学习情况
课后延伸	提出问题：“为什么胚是植物的幼体，将来种子各部分会发生什么变化？”并要求各组把种子带回去放在玻璃瓶中，观察它们的变化	进一步思考种子将来会发生什么变化	通过问题，激发学生的探究欲望，为学习“种子的萌发”做好铺垫

【板书设计】

- 菜豆
  - 种皮：保护作用
  - 胚
    - 胚根
    - 胚芽
    - 胚轴
    - 子叶：2片
- 玉米
  - 种皮和果皮
  - 胚乳
  - 胚
    - 胚轴
    - 胚芽
    - 胚根
    - 子叶：1片

双子叶植物：种子有2片子叶的植物。

单子叶植物：种子中只有1片子叶的植物。

【教学反思】

本节课是成都市铁路中学初中生物组胡琳老师上的一节区级研究课。这节课是一节技能模仿类的实验课，涉及的生物学实验技能是形态解剖观察。根据以往的教学经历，在仅借助传统媒体如板书、挂图、实物等的教学模式下，学生容易出现以下问题：对种子的结构认识模糊，主要进行机械性的识记，不能准确地描述出各结构的名称，尤其是胚芽和子叶容易混淆，玉米种子的胚芽、胚根及子叶的位置不能准确指出，除此之外，对于怎样正确解剖种子，由于传统媒体的限制，教师的实际操作示范很难让全体学生看清楚，因此在解剖玉米种子的时候容易出现偏差，使得学生不能很好地进行观察。为了解决以上的这些问题，教师在多媒体的辅助下，采用同步实验的方法，取得了较好的效果。

本实验设计的精彩之处在于：一方面，利用实物投影仪的优势，更好地给学生展示了规范的操作过程；另一方面，学生手上有实验的材料，在教师的指导下，边操作边观察，利于技能的模仿学习，也利于对材料进行有序的观察。整个课堂在教师适宜的情感激励下形成了师生互动、生生互动的良好活跃氛围。通过实物投影仪对种子的展示，以及借助多媒体课件的帮助，学生对于菜豆种子和玉米种子的结构能够准确说出，并能用规范准确的语言描述两种种子的相同点和不同点，同时也能规范地对种子进行解剖和观察。学生通过动手实验和探究活动发现问题、解决问题，充分体现了学生的主体地位。

本实验教学的精彩之处也在于对实验方法的大胆创新和改进。这节课，对玉米种子的解剖观察是一大教学难点。通过查阅资料，对实验材料进行了改进，利用煮过的玉米，学生不仅更容易解剖和观察，对玉米种子的认识也不局限在一个平面内，而是立体的、完整的认识，取得了较好的观察效果。不拘泥于教材的方法，更重要的是给学生传递一种创新的意识，利于创新型人才的培养。

本实验教学的精彩之处还在于实验课的结尾提出了一个拓展性的问题和任务，让学生把实验延伸到课后，也为下次授课提供实践经验。教师提出“为什么胚是植物的幼体，将来种子各部分会发生什么变化”的问题，并要求各组把剩余种子带回去放在玻璃瓶中培养，观察它们的变化。让学生带着问题和剩余的实验材料离开课堂，把对问题的好奇和探究热情延续到了课后。这样一种留有余味的结束方式，为下次新课做足了铺垫，使前后知识的逻辑联系自然而然得以体现，利于学生构建完整的知识脉络。

第 7 章　提取鉴定类实验

7.1　实验共性分析

提取鉴定类实验，顾名思义，就是从生物材料中提取物质并进行鉴定。中学生物学此类实验一般又包含两种情况。一种情况是不需要提纯，直接对生物材料进行简单操作，用合适的方法验证该生物材料是否含有某种成分，如“检测生物组织中的糖类、脂肪和蛋白质”等。另一种情况是，首先用物理、化学、生物等方法从生物材料中分离、提纯、获取特定的物质，然后根据物质的特点采用特异的方法鉴定实际提取的产物是不是预计提取的物质，如“DNA的粗提取与鉴定”“蛋白质的分离与纯化”等。

此类实验在选修模块中涉及得较多。在以往的教学中多以传统的验证性实验为主进行学习，但验证性实验在科学过程与方法及思维能力的培养上有其局限性，故本类实验在教学过程中需尽可能融入探究元素，让学生主动参与实验设计和探究，让学生以主体的方式参与学习，提高学生学习的乐趣和积极性。由于此类实验往往要面对全体学生，教师需提前做好充分的准备，如材料仪器的准备、学生情感和知识的准备等。课堂上要充分发挥小组长的协助管理作用，合理有序地组织教学。总之，教师要努力成为课堂的引导者、组织者，并注意一些生成性问题的再探究。

对于这类实验，要保证实验的成功，不仅要想办法提取到高浓度的物质，更重要的是，要在整个实验过程中保护物质不被破坏，如分解或与其他物质反应等。同时还需注意鉴定试剂的选择、使用方法和用量等问题。有的还需留出一些组织样液，以便用来与鉴定试剂发生反应后的颜色做对比，遵循实验设计的对照原则。

7.2　案例一　检测生物组织中的糖类、脂肪和蛋白质

7.2.1　实验方案

检测生物组织中的糖类、脂肪和蛋白质

某些化学试剂能够使生物组织中的有关有机化合物产生特定的颜色反应。糖类中的还原糖（如葡萄糖、果糖），与斐林试剂发生作用，生成砖红色沉淀。脂肪可以被苏丹Ⅲ染液染成橘黄色（或被苏丹Ⅳ染液染成红色）。淀粉遇碘变蓝色。蛋白质与双缩脲试剂发生作用，产生紫色反应。因此，可以根据与某些化学试剂所产生的颜色反应，检测生物组织中糖类、脂肪或蛋白质的存在。

目的要求

尝试用化学试剂检测生物组织中糖类、脂肪和蛋白质。

材料用具

1．实验材料：苹果或梨匀浆，马铃薯匀浆，花生种子，花生种子匀浆，豆浆，鲜肝研磨液。

2．用具：双面刀片，试管（最好用刻度试管），试管架，试管夹，大小烧杯，小量筒，滴管，酒精灯，三脚架，石棉网，火柴，载玻片，盖玻片，毛笔，吸水纸，显微镜。

3．试剂：斐林试剂（甲液：质量浓度为0.1 g/mL的NaOH溶液，乙液：质量浓度为0.05 g/mL的$CuSO_4$溶液），苏丹Ⅲ或苏丹Ⅳ染液，双缩脲试剂（A液：质量浓度为0.1 g/mL的NaOH溶液，B液：质量浓度为0.01 g/mL的$CuSO_4$溶液），体积分数为50%的酒精溶液，碘液，蒸馏水。

方法步骤

1．实验材料、仪器和试剂的选择　每小组从老师提供的实验材料中选择一两种，预测其中含有哪些有机化合物，再选择所需要的仪器和试剂。

2．设计记录表格，记录预测结果，然后按照实验步骤进行检测，用“+”或“−”记录实测结果。

3．检测的方法步骤

（1）还原糖的检测和观察

① 向试管内注入2 mL待测组织样液。

② 向试管内注入1 mL斐林试剂（甲液和乙液等量混合均匀后再注入）。

③ 将试管放入盛有50～65 ℃温水的大烧杯中加热约2 min。

④ 观察试管中出现的颜色变化。

（2）脂肪的检测和观察

① 方法一：向待测组织样液中滴加3滴苏丹Ⅲ染液，观察样液被染色的情况。

② 方法二：制作子叶临时切片，用显微镜观察子叶细胞的着色情况（以花生为例）。

取材　取一粒浸泡过的花生种子，去掉种皮。

成分 / 待测样品	还原糖	脂肪	蛋白质	淀粉
	* / #			

* 处填写预测结果；# 处填写实测结果。

切片　用刀片在花生子叶的横断面上平行切下若干薄片，放入盛有清水的培养皿中待用。

制片　从培养皿中选取最薄的切片，用毛笔蘸取放在载玻片中央；在花生子叶薄片上滴2～3滴苏丹Ⅲ染液，染色3 min（如果用苏丹Ⅳ染液，染色1 min）；用吸水纸吸去染液，再滴加1～2滴体积分数为50%的酒精溶液，洗去浮色；用吸水纸吸去花生子叶周围的酒精，滴一滴蒸馏水，盖上盖玻片，制成临时装片。

观察　在低倍显微镜下找到花生子叶的最薄处，移到视野中央，将物像调节清楚；换高倍显微镜观察，视野中被染成橘黄色的脂肪颗粒清晰可见。

（3）蛋白质的检测和观察

① 向试管内注入2 mL待测组织样液。

② 向试管内注入双缩脲试剂A液1 mL，摇匀。

③ 向试管内注入双缩脲试剂B液4滴，摇匀。

④ 观察试管中出现的颜色变化。

（4）淀粉的检测和观察

① 向试管内注入2 mL待测组织样液。

② 向试管内滴加2滴碘液，观察颜色变化。

讨论

1．你的预测与实测结果是否一致？

2．小组间交流实验结果。你有什么发现？

3．全班共检测了多少种生物材料？这些生物材料中有机化合物的种类、含量一样吗？这对我们选择食物有什么启发？

7.2.2 本实验相关知识结构图

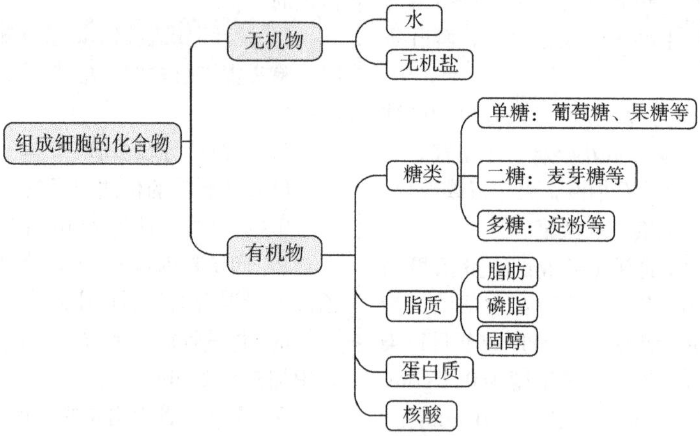

7.2.3 实验设计与构思

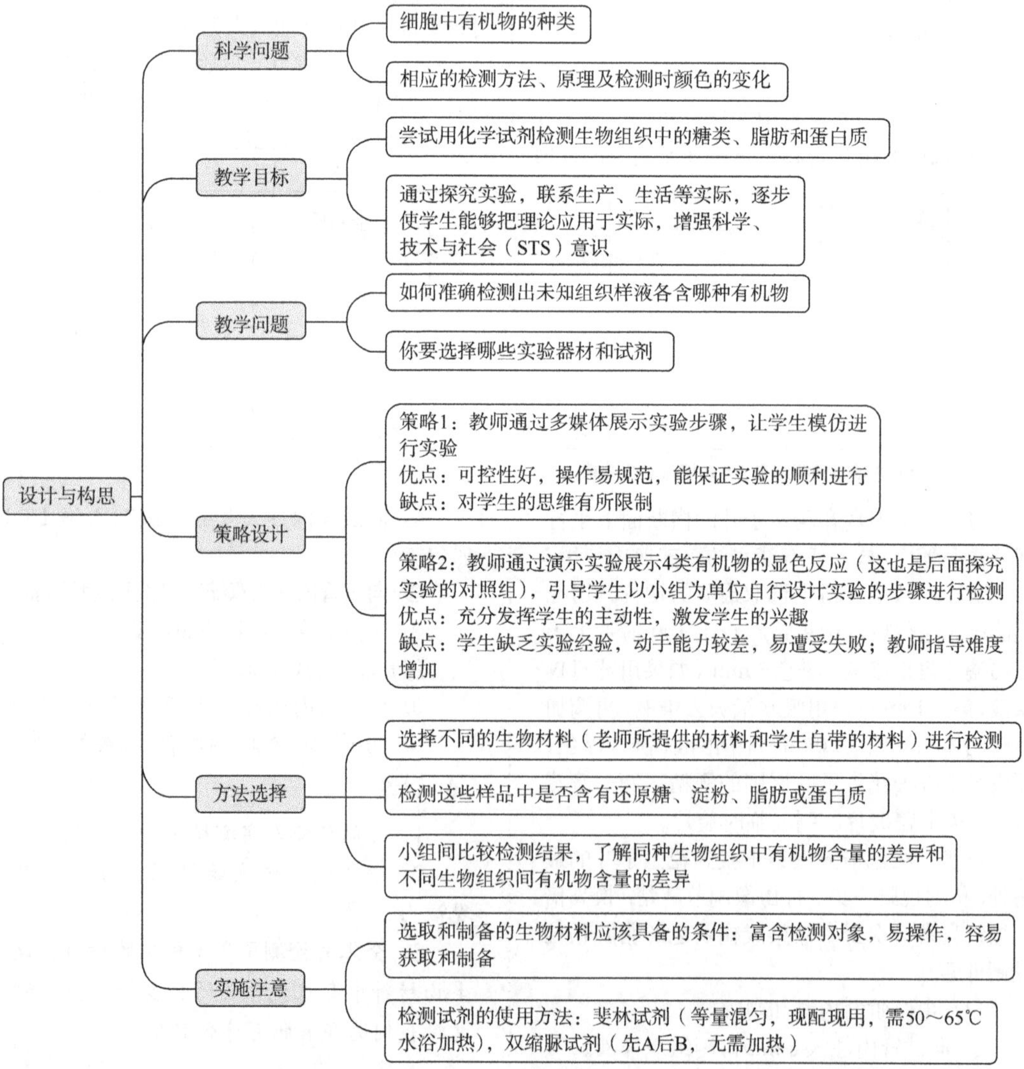

7.2.4 教学建议

7.2.4.1 实验前的准备与设计

教材把本实验安排在学习蛋白质、糖类和脂质等知识内容之前，一方面，为接下来学习各类有机物奠定感性认识基础；另一方面，为了培养学生的探究能力，建议设计成简单的探究性实验。在实验内容的设置上注重学生对材料的选择，对检测结果的预期和实验方案的设计，因此有利于培养学生实验探究的能力，为以后各章节的探究性实验的顺利开展搭建了一个较高的起点。

通过仔细研究教材发现，本实验难度不大，但是教材上列举的实验材料、用具、试剂有30种之多，实验方法重复烦琐，加之学生接触显微镜较少，对显微镜的操作不太熟悉。如果按照教材上所列举的实验材料、用具及实验方法按部就班进行实验，学生一节课完不成实验任务。因此，教师课前应准备充分，如印发有关实验原理和检测方法的参考资料，与实验员一起充分准备好实验器材、试剂和生物材料等；实验前还需安排学生做好预习，了解相关背景知识和实验原理，准备好自带的选做材料等，保证实验顺利进行。

学生的实验探究能力参差不齐，使用高倍显微镜的实验操作技能虽然在之前的实验中已经训练过，但是操作不够熟练。因此课前教师需指导学生分组，每组两人，尽量兼顾有实验探究经历和没有探究经历、熟练使用高倍显微镜和使用高倍显微镜不熟练的同学分为一组。另外，分组还有一个好处，每个小组的成员可选用不同的材料，或者是教材中提及的材料或者是自己带来的材料，然后组内合作，共同完成实验。

7.2.4.2 实验中的示范、巡视与引导

1）示范科学，操作规范　本课可结合学生在“思考与讨论”中涉及的细胞中化合物的种类、含量，以及如何从植物组织中提取有机化合物问题的回答或推测作为实验探究的起点。教师通过演示糖类、脂肪和蛋白质与化学试剂的颜色反应，使学生明确生物组织中主要化合物的鉴定方法，再指导学生根据自己选择的实验材料，进行实验探究。其中，脂肪的检测实验中花生种子徒手切片的制作需重点示范：需用浸泡过的花生种子，去掉种皮后，用刀片在花生子叶的横断面上从左前方向右后方平行切下若干薄片，取最薄的切片进行进一步观察。

2）认真巡视与操作指导　即使教师的示范和讲解十分清晰，当学生实际操作时仍然会有很多问题，课堂的巡视与指导是非常重要的。教师可利用演示实验讲解实验原理后，要求学生先将实验材料、用具和试剂按所检测物质的不同分别摆放成几组。学生在给实验材料、用具和试剂分组的过程中能加深对实验原理的理解，进一步明确实验的方法步骤，以利于在后续的操作过程中快速、准确地完成实验操作。例如，将苹果、烧杯、试管、三脚架、石棉网、酒精灯和斐林试剂等分为一组，能加深学生对还原糖检测原理的理解，有利于进一步明确实验步骤，再进行实验。当然，部分学生可能对实验原理的理解不深入，选择时存在困难，巡视中需及时指导。在学生还存在一定困难的徒手切片制作和高倍显微镜使用方面，需提前培养骨干，以便课堂上协助老师对同学进行指导。

7.2.4.3 实验后的总结与反思

在本实验的教学之后，教师和学生都应该有一个总结和反思。学生可以反思这次实验之后，学会了什么技能；哪些操作已经掌握了，哪些操作没掌握或者不够熟练；哪些原理弄清

楚了，哪些还没弄清楚。这些问题都可以以书面的形式记录下来，并通过进一步阅读教材、查找资料或询问老师加以解决。而教师则可以对教学过程中的成败之处进行反思。首先要反思的就是是否达到了预期的教学目标，如是否观察到了相应的颜色反应及颜色反应的深浅等。另外，教学过程中生成了哪些有用的教学资源。例如，斐林试剂检测还原糖时，水浴加热时间过长为什么会变成黑色；双缩脲试剂 B 液用量过多结果出现的并不是紫色。因此，实验时应特别注意把握好时间和试剂用量等。同时本节课还需充分利用多媒体的简洁性、动态性，结合教学重点和难点，创设问题情境，营造探究氛围，充分发挥学生主观能动性去创造性地完成探究，让学生通过探究活动获取知识的同时，获得成功的体验。并通过检测结果与日常生活相联系，让学生认识到在日常生活中选择食品时应注重营养搭配和科学饮食。

7.2.5 教学设计示范

检测生物组织中的糖类、脂肪和蛋白质

【基本信息】

本课题目：检测生物组织中的糖类、脂肪和蛋白质

课程性质：高中生物必修课

授课对象：高一年级学生

课时安排：1 学时

使用教材：人民教育出版社出版的普通高中课程标准实验教科书《生物必修 1——分子与细胞》

【教学内容分析】

本课主要知识点

某些化学试剂与生物组织中的有关有机化合物产生特定的颜色反应：

（1）还原糖与斐林试剂发生作用，生成砖红色沉淀。

（2）淀粉遇碘变蓝。

（3）脂肪被苏丹Ⅲ染液染成橘黄色，或被苏丹Ⅳ染液染成红色。

（4）蛋白质与双缩脲试剂作用产生紫色。

本课内容重要性及地位

内容地位：本课是普通高中课程标准实验教科书《生物必修 1——分子与细胞》第 2 章第 1 节的内容，按教材的编排是在学习了“细胞中的元素和化合物”后进行的实验，属于模仿水平。新教材把本实验安排在学习蛋白质、糖类和脂质等知识内容之前，主要为接下来学习各类有机物奠定感性认识基础。

前修知识：细胞中的元素和化合物。

后继知识：蛋白质、糖类和脂质。

本课内容重点、难点

教学重点：

（1）检测生物组织中的糖类、脂肪和蛋白质的实验原理和方法。

（2）初步掌握设计探究性实验的方法和步骤。

教学难点：实验所用材料多，试剂种类和使用方法多，课堂容量大。

【学情分析】

学生已有基础

学生在初三已经学习了化学的基本知识，对物质鉴定知识和实验操作技能有储备。高中刚刚学习并掌握了细胞中的元素和化合物知识，并具有哪些植物器官中富含糖类、脂肪和蛋白质，怎样从植物器官中获取这些化合物等生活经验。本节课的内容是在此基础上进行的探究性活动。

学生学习可能存在的困难

本实验所用材料多，试剂种类和使用方法多，特别是脂肪的检测实验中徒手刀片的使用和显微镜的使用（尤其是高倍显微镜的使用）。部分学生之前没接触过生物探究性实验，缺乏相应的研究精神和态度。

学生学习心理分析

在初中阶段和本模块前面内容的学习中，学生的思维水平、学习能力已经发展到较高阶段，乐于并有能力接受自主探究的学习模式。同时高一的学生很活跃，好奇心也很强，对实验的观察非常感兴趣，也具备一定的实验操作技能（如显微镜的使用等）。

【教学目标】

知识目标

（1）尝试检测生物组织中的糖类、脂肪和蛋白质，探讨细胞中主要化合物的种类。

（2）说出生活中常见植物组织细胞中富含的有机物。

能力目标

（1）在理解实验原理、参照实验步骤介绍基础上，学生自行进行实验设计。

（2）通过小组交流、讨论，学生的分析、综合、总结能力得到提高，同时锻炼了语言表达和逻辑思维能力。

情感、态度、价值观目标

（1）树立小组间合作交流的思想。

（2）培养学生的合作精神和科学精神。

【教学思路】

教师通过演示实验展示4类有机物的显色反应（这也是后面探究性实验的对照组），引导学生观察实验台上的样品，从生活经验出发作出合理的假设；再让学生观察实验器材和样品等实物和图片，引导学生自行设计实验的步骤；学生每两人为一小组，挑选老师所提供的材料（必做）和自带的材料（选做）；通过各样品和对照组相对比，通过实验完成探究表（表见本书92页附：表格）。

【教学方法、手段】

教学方法

（1）演示法：从本节课的内容和学生的实际出发，借助老师的演示过程和实验仪器，直观、形象、生动地突出重点，突破难点，引导学生进行正确的实验操作，创设形象生动的教学氛围。

（2）分组探究实验法：即将学生分小组引导他们进行探究性实验，采用“提出问题→

作出假设→设计实验→实验的观察和对比→结论的表达、交流”的方式进行教学。本实验通过实验中各样品颜色的变化和对照组对比，从而探究出它们中有机物的种类。

教学手段

传统教学手段（黑板板书）与多媒体教学（运用演示实验结果的照片等）相结合。

【教学过程】

教学进程	教师行为	学生活动	设计意图
引导学生复习导入新课	以提问的形式复习上节课学习的细胞中有机物的种类，相应的检测方法、原理及检测时颜色的变化等知识。导出下一步的验证实验	一一回答	提出问题，巩固旧知识，这样符合学生的认知规律，从而调动学生的学习热情，激发学生对新知识的探究欲望
演示4类有机物的显色反应	教师利用葡萄糖溶液、淀粉溶液、花生油、鸡蛋蛋白质溶液示范实验的操作过程和检验颜色的变化是否和教材的符合（这也是后面探究性实验的对照组）。 1．可溶性还原糖（葡萄糖）的检测与观察 （1）试管中注入2ml葡萄糖溶液。 （2）再注入1ml新制的斐林试剂，振荡。 注意：应将组成斐林试剂的甲液、乙液分别配制、储存，使用前才将甲液、乙液等量混匀成斐林试剂（等量混匀、现配现用）；切勿将甲液、乙液分别加入葡萄糖溶液中进行检测。[原因是斐林试剂很不稳定，甲液、乙液混合保存时，生成的$Cu(OH)_2$在70～90℃条件下分解成黑色CuO和水；甲液、乙液分别加入时可能会与葡萄糖发生反应，无$Cu(OH)_2$生成。] （3）水浴加热：试管放入盛有50～65℃温水的大烧杯中，水浴加热约2min，观察到溶液颜色：浅蓝色→棕色→砖红色（沉淀）。 注意：最好用试管夹夹住试管上部，使试管底部不触及烧杯底部，试管口不朝向实验者。（防止试管内的溶液冲出试管，造成烫伤。）我们生活中常见的可溶性还原糖除葡萄糖外，还有果糖、麦芽糖等。 2．淀粉的检测和观察 （1）用试管取2ml淀粉溶液。 （2）向试管内滴加2滴碘液，观察颜色变化。（变蓝） 注意：碘液不要滴太多。（以免影响颜色观察。） 3．脂肪（花生油）的检测和观察 （1）用试管取2ml花生油。 （2）向试管内滴加3滴苏丹Ⅲ染液染色3min（或苏丹Ⅳ染液染色1min），观察颜色变化。（橘黄色或红色） 注意：染色时间不宜过长。（苏丹Ⅳ染液与脂肪亲和力强。） 4．蛋白质（鸡蛋蛋白质溶液）的检测和观察 （1）加鸡蛋蛋白质溶液2ml于试管中。 （2）先加入双缩脲试剂A液1ml，摇匀，溶液为无色。（创设碱性环境） （3）再加入双缩脲试剂B液4滴（提供Cu^{2+}），摇匀，溶液变紫色。 注意：A液和B液也要分开配制、储存。鉴定时先加A液后加B液。[先加NaOH溶液，为Cu^{2+}与蛋白质反应提供一个碱性的环境。A、B液混装或同时加入，会导致Cu^{2+}变成$Cu(OH)_2$沉淀而失效。]	观察	让学生学会实验的正确操作。 培养学生敢于疑问、实事求是的科学态度

续表

教学进程	教师行为	学生活动	设计意图
引导学生对要检测的样品作出假设	引导学生观察实验台上的样品和课件中的图片，从生活经验出发作出合理、科学的假设	观察、思考	联系生活实际，培养学生的思考、分析能力
让学生回忆演示实验，结合实物引导学生设计实验的步骤	展示仪器和样品等实物和图片，结合教师演示实验的操作过程和教材中的“方法步骤”引导学生分析出实验的步骤，并自行设计实验步骤	观察、思考	培养学生的实验设计能力
分小组实验	按座位每两人为一小组探究，探究老师所提供的材料（必做）和自带的材料（选做）。然后，通过各样品的颜色和对照组相对比，讨论完成探究表（表见本书 92 页附：表格）	结合自己所选材料，按照设计的实验步骤进行实验	分小组探究既提高课堂的效率，又培养学生的合作能力
小组交流	让几个小组上讲台和其他的同学、老师交流探究结论和心得	交流	培养学生的表达沟通能力。通过老师与学生的交流、讨论，达到了师生互动的效果
教师小结	围绕以下几个问题对各组的探究成果进行评价、总结。 （1）预测与实验结果是否一致？ （2）小组间交流实验结果。你有什么发现？ （3）全班共检测了多少种生物材料？这些生物材料中有机化合物的种类、含量一样吗？这对我们选择食物有什么启发	反思	通过教师的评价让学生看到自己的不足，同时也对学生探究过程中的创新思维给予肯定，让他们有成功的自豪感
提出新的问题	生成性问题的再探究： （1）水浴加热葡萄糖溶液会出现砖红色沉淀吗？ （2）双缩脲试剂 B 液的用量由 4 滴改为 1ml，结果会怎样？ 教师不直接解疑，鼓励学生设计实验进行再探究	学生进行对照实验，结果显示：水浴加热葡萄糖溶液不会出现砖红色沉淀（下图左试管）  双缩脲试剂 B 液的用量由 4 滴改为 1ml，$CuSO_4$ 的蓝色会遮盖反应的真实颜色（紫色）（下图左试管）。 	设置对照组的原则，进一步理解原理，定性实验试剂的用量也要严格按要求使用
课后作业	（1）还原糖的检测和观察需要注意哪些事项？ （2）脂肪的检测和观察有几种方法？是否一定要使用显微镜？ （3）双缩脲试剂为何要先加 A 液再加 B 液？ （4）通过实验，你认为哪些材料更适合做这个实验？对你选择食物有什么启发？ （5）完成实验报告手册	课后完成	依据课程的基本理念，注重与现实生活的联系，学以致用

【板书设计】

检测生物组织中的糖类、脂肪和蛋白质

1. 实验原理

检测物质	试剂	实验现象
还原糖	斐林试剂	砖红色沉淀
脂肪	苏丹Ⅲ	橘黄色
	苏丹Ⅳ	红色
蛋白质	双缩脲试剂	紫色
淀粉	碘液	蓝色

2. 探究操作过程

（1）各组预测实验现象并填入表格内。

（2）实验：以老师做的验证实验为对照组，检测样品，在表内记录实验现象。

3. 探讨交流

【教学反思】

前苏联哈尔莫夫和巴拉诺夫指出："教学过程不但是多方面的，而且是综合的，教学与个性发展的所有方面都是紧密联系的。"在本实验教学过程中，教师始终坚持以学生为本，把学生的全面发展作为教学的出发点和归宿。通过把原来的验证性实验改成简单的探究性实验，引导学生进行探究，并充分利用学校的各种资源，通过教师的演示实验把抽象难理解的知识直观化、形象化和生动化，突出重点、突破难点。教师在整个过程中扮演组织者、参与者、合作者的角色，引导学生设计并进行简单的探究性实验，培养学生的合作探究能力，学生的活动是积极的、有效的、快乐的。因此，教师认为本实验教学效果较好。

虽然教师和实验员在课前已经做了充分的准备，但由于个别学生不重视课前预习；同时这是高中阶段第一次用探究的手段去做实验，对一些探究过程不大理解；再加上一些学生的动手能力比较弱，许多实验的操作不规范，特别是花生种子的徒手切片实验，很多同学由于切片过厚或染色时间不够，导致实验失败。在今后的教学中要加强对学生动手能力的培养。

附：表格

成分及试剂 / 检测结果 / 待测样品		还原糖		脂肪		淀粉		蛋白质	
		斐林试剂		苏丹Ⅲ		碘液		双缩脲	
		预测	实测	预测	实测	预测	实测	预测	实测
必做	苹果匀浆								
	蓖麻匀浆								
	豆浆								
	马铃薯匀浆								
	花生种子切片								
选做									
小组结论和问题									

7.3　案例二　绿叶中色素的提取和分离

7.3.1　实验方案

绿叶中色素的提取和分离

绿叶中的色素能够溶解在有机溶剂无水乙醇中，所以，可以用无水乙醇提取绿叶中的色素。绿叶中的色素不只一种，它们都能溶解在层析液中。然而，它们在层析液中的溶解度不同：溶解度高的随层析液在滤纸上扩散得快；反之则慢。这样，几分钟后，绿叶中的色素就会随着层析液在滤纸上的扩散而分离开。

目的要求

1．进行绿叶中色素的提取和分离。

2．探究绿叶中含有几种色素。

材料用具

新鲜的绿叶（如菠菜的绿叶）。

干燥的定性滤纸，试管，棉塞，试管架，研钵，玻璃漏斗，尼龙布，毛细吸管，剪刀，药勺，量筒（10 mL），天平。

无水乙醇（如果没有无水乙醇，也可用体积分数为95%的乙醇，但要加入适量的无水碳酸钠，以除去乙醇中的水分），层析液（由20份在60～90 ℃下分馏出来的石油醚、2份丙酮和1份苯混合而成。93号汽油也可代用），二氧化硅和碳酸钙。

方法步骤

1．提取绿叶中的色素

(1) 称取5 g的绿叶，剪碎，放入研钵中。

(2) 向研钵中放入少许二氧化硅和碳酸钙，再加入10 mL无水乙醇，进行迅速、充分的研磨。（二氧化硅有助于研磨得充分，碳酸钙可防止研磨中色素被破坏。）

(3) 将研磨液迅速倒入玻璃漏斗（漏斗基部放一块单层尼龙布）中进行过滤。将滤液收集到试管中，及时用棉塞将试管口塞严。

2．制备滤纸条

将干燥的定性滤纸剪成略小于试管长与直径的滤纸条，将滤纸条的一端剪去两角，并在距这一端1 cm处用铅笔画一条细的横线。

3．画滤液细线

用毛细吸管吸取少量滤液，沿铅笔线均匀地画出一条细线。待滤液干后，再画一两次。

4．分离绿叶中的色素

将适量的层析液倒入试管中，将滤纸条（有滤液细线的一端朝下）轻轻插入层析液中，随后用棉塞塞紧试管口。注意，不能让滤液细线触及层析液。（也可用小烧杯代替试管，用培养皿盖住小烧杯。）

> ! 为避免过多吸入层析液中的挥发性物质，本实验应在通风条件下进行。实验结束时及时用肥皂洗手。

5．观察与记录

观察试管内滤纸条上出现了几条色素带，以及每条色素带的颜色。将观察结果记录下来。

讨论

1．滤纸条上有几条不同颜色的色带？其排序怎样？宽窄如何？这说明了什么？

2．滤纸上的滤液细线，为什么不能触及层析液？

7.3.2 本实验相关知识结构图

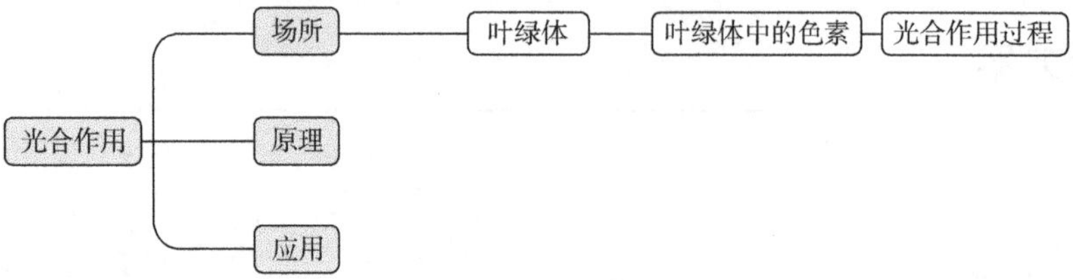

7.3.3 实验设计与构思

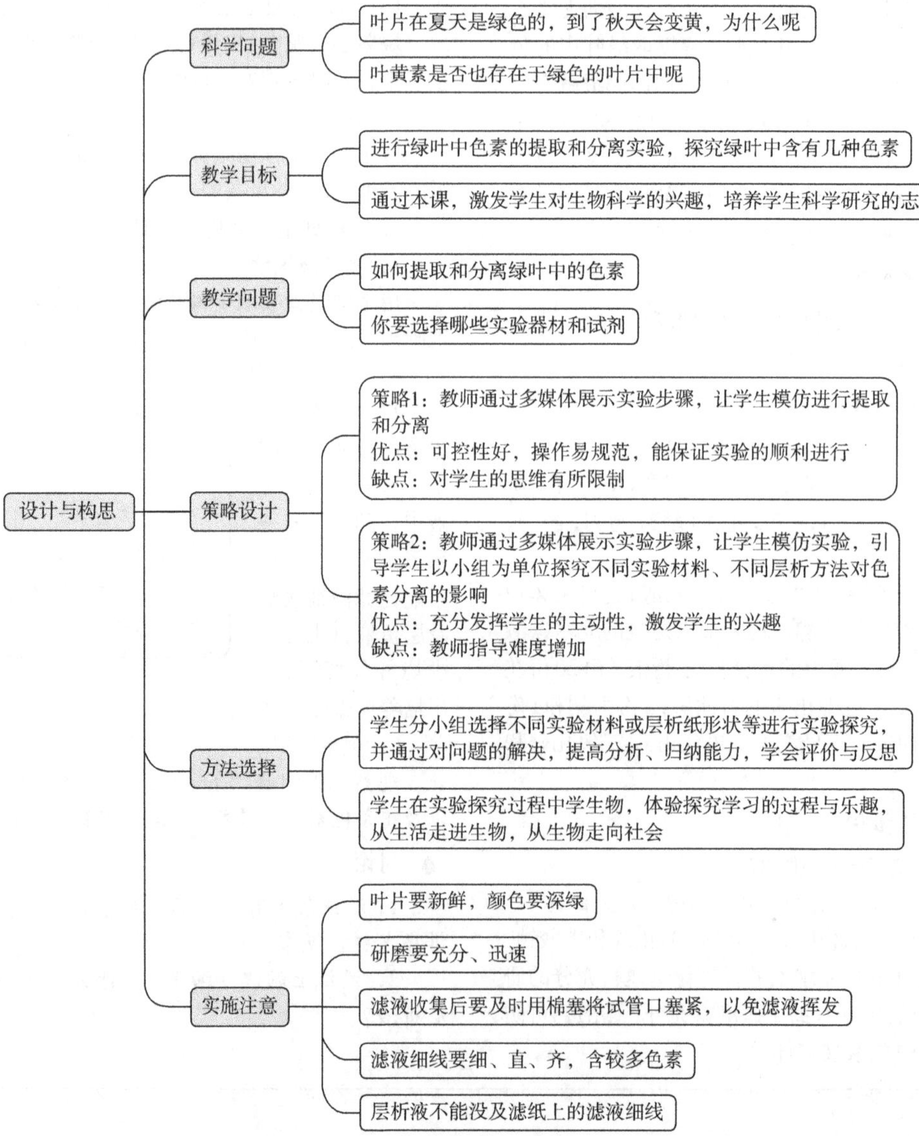

7.3.4 教学建议

7.3.4.1 实验前的准备与设计

本课的容量和难度并不大，若按传统教学方法处理，学生同样可以很好地掌握相关原理和操作，但学生只是按部就班全盘接受，不利于形成科学的思维方式。教师将实验中所渗透出的问题让学生通过自己的探究来寻找答案，远远胜过被动接受。一方面会给他们留下鲜明的印象，另一方面学生在探究活动中培养了发现、合作、交流、反思、评价等综合素质。

实验前，教师需准备好实验材料（每位同学两份），推测可能出现的情况、分析原因、得出结论，做到心中有数，合理安排实验组（3 个小组）；而学生需预习本实验，包括实验目的、原理、实验步骤等。

7.3.4.2 实验中的巡视与引导

整节课学生动手进行实验操作的时间超过 50%。实验教学的本质，就是要用学生“做实验”代替传统的“教实验”，这也是构思本节课的出发点之一。同时课堂没有固定的模式，探究永无止境。每组学生在用不同形状层析纸分离色素时都能有真切感悟，对现象的分析都出自学生的观察与感悟，课堂的生成性真真切切。其实，学生自己也会发现，本课可以探究的问题远不止这一个，有的学生会提出别的问题进行研究，如实验材料选择的研究、提取液的替代品的研究、滤纸条长度的研究、层析液种类的研究等。学生的这些探究想法体现出学生的思维确实已被激活，探究是没有止境的。

学生在用层析液分离色素时，教师要事先强调层析液的挥发性和毒性，必须盖好盖子或塞上棉塞，可能还会有少数学生忘记了，这样很危险，所以教师要有前瞻性，在巡视过程中及时纠正。这是提醒教师在重视探究开放性的同时，还应高度重视安全性教育。

7.3.4.3 实验后的总结与反思

在本实验的教学之后，教师和学生都应该有一个总结和反思。学生可以反思：滤液细线会画了吗；怎样才能把滤液细线画得更符合要求，分离的效果更好；纸层析法分离色素的关键是什么；滤纸条上有几条不同颜色的色素带；其排序怎样，宽窄如何。教师则可以对教学过程中的成败之处进行反思。首先要反思的就是是否达到了预期的教学目标，如学生是否掌握了提取和分离绿叶中色素的基本方法；是否观察到了 4 条色素带，宽窄是否正确等。另外，教学过程中生成了哪些有用的教学资源，如画滤液细线时，作者发现用载玻片的窄边蘸取滤液后印在滤纸条的铅笔线处，分离出的色素带效果更好，在以后的本实验教学中可以改进使用。

7.3.5 教学设计示范

绿叶中色素的提取和分离

【基本信息】

本课题目：绿叶中色素的提取和分离

课程性质：高中生物必修课

授课对象：高一年级学生

课时安排：2 学时

使用教材：人民教育出版社出版的普通高中课程标准实验教科书《生物必修 1——分子与细胞》

【教学内容分析】

本课主要知识点

（1）绿叶中的色素能溶解在有机溶剂无水乙醇中，所以可用无水乙醇提取绿叶中的色素。

（2）纸层析法：层析液是一种脂溶性很强的有机溶剂。绿叶中的色素在层析液中的溶解度不同（溶解度高的随层析液在滤纸上扩散得快；溶解度低的随层析液在滤纸上扩散得慢）。这样，几分钟之后，绿叶中的色素就在扩散过程中分离开来。

本课内容重要性及地位

内容地位：本节课是承接前面捕获光能的色素和结构的内容，紧接着安排实验——“色素的提取和分离”，既突出了生物实验及其实验基本技能在中学生物学教学中的基础性地位，又很好地加深了学生对上节知识的理解和升华，恰到好处。按常规教学，本实验是一个验证实验，验证绿叶中色素的种类、含量及颜色。教师将学生分小组选择不同的实验材料或不同的层析纸形状等进行实验探究，对很多问题进行了对比和扩展。

前修知识：捕获光能的色素和结构。

后继知识：光合作用的原理和应用。

本课内容重点、难点

教学重点：

（1）绿叶中色素的提取和分离实验的原理和方法。

（2）探究绿叶中含有几种色素。

教学难点：滤液细线的画法。

【学情分析】

学生已有基础

学生在初高中化学的学习中，已具备萃取的相关知识。在高中生物的前几节课中又学习了绿叶中含有光合作用有关的色素等知识，所以学生已具备进行绿叶中色素的提取和分离的知识和能力基础。

学生学习可能存在的困难

菠菜叶的研磨，滤液细线的画法等。

学生学习心理分析

在初中阶段和本模块前面内容的学习中，学生的思维水平、学习能力已经发展到较高阶段，乐于并有能力接受自主探究的学习模式。通过实验探究，发展学生学习生物的兴趣，激发学生的创造性思维；培养学生严谨的科学态度，学会根据实验的现象和结果进行分析，推出结论；形成善于交流、合作、反思、评价的学习品质。

【教学目标】

知识目标

理解绿叶中色素的理化性质及根据其理化性质提取和分离色素的原理和方法。

能力目标

（1）合理组织语言，描述实验现象，锻炼学生的观察能力和语言表达能力。

（2）对实验现象进行交流和讨论，提高学生思考问题和解决问题的能力。

情感、态度、价值观目标

培养学生严谨的科学态度，学会根据实验的现象和结果进行分析，推出结论。

【教学思路】

教师通过绿叶中色素的提取和分离基础实验，使学生掌握绿叶中色素的提取和分离的基本方法。引导学生以小组为单位探究不同的实验材料或不同的层析纸形状等对色素分离的影响，从而激发学生的兴趣，积极改进实验。

【教学方法、手段】

教学方法

（1）讲授法。

（2）分组探究实验法。

教学手段

传统教学手段（黑板板书）与多媒体教学（借助于视频等多媒体，规范学生实验操作）相结合。

【教学过程】

教学进程	教师行为	学生活动	设计意图
教师引导学生从事实中提出问题	叶片在夏天是绿色的，到了秋天会变黄，为什么呢？ 叶黄素是否也存在于绿色的叶片中呢？ 今天我们通过实验来解决这些问题。 首先，我们应该选择什么样的实验材料才能提取到较多的色素呢？ 新鲜的绿叶（如菠菜的绿叶、麦苗等含较多色素的实验材料，不宜选大白菜的叶）。 其次，我们要怎样使色素从细胞中分离出来而同时又不破坏它们呢？ 这就需要利用色素的理化性质	回答 思考 思考	学生通过对事实的分析，可以自己发现问题，提高他们的学习兴趣
教师引导学生学习实验原理（借助于视频等多媒体）	（1）绿叶中的色素能够溶解在有机溶剂无水乙醇中，所以可以通过研磨法用无水乙醇提取绿叶中的色素（若无无水乙醇，也可用体积分数为95%的乙醇，但要加入适量的无水碳酸钠，以除去乙醇中的水分）。 （2）纸层析法：层析液（用在60～90℃条件下分馏出来的20份石油醚+2份丙酮+1份苯混合而成。93号汽油也可代用）是一种脂溶性很强的有机溶剂。绿叶中的色素在层析液中的溶解度不同（溶解度高的随层析液在滤纸上扩散得快；溶解度低的随层析液在滤纸上扩散得慢）。这样，几分钟之后，绿叶中的色素就在扩散过程中分离开来。所以，可以用纸层析法分离出绿叶中的色素	思考	学生通过实验原理的学习有利于更深地理解实验步骤
教师引导学生设计实验框架，明确绿叶中色素的提取和分离的具体操作步骤（借助于视频等多媒体）	通过前面的学习，我们已经明确了实验原理，那么要如何进行实验呢？ 大致框架是：选材→提取→分离→观察 具体步骤： 1．绿叶中色素的提取 （1）提取色素应选用植物的哪一部分作材料？（叶片）	思考 回答	

续表

教学进程	教师行为	学生活动	设计意图
	（2）根据绿叶中色素的溶解性应选用哪种溶剂来提取？ （无水乙醇） （3）采取怎样的措施防止绿叶中色素被破坏？ （加碳酸钙） （4）过滤。 注意：（1）去除主叶脉。 （2）二氧化硅——使研磨充分。 （3）碳酸钙——防止色素被破坏，保护叶绿素。 （4）分步加无水乙醇——减少挥发，充分提取色素。 （5）过滤后的滤液要封口并避光保存。	思考	
	2．绿叶中色素的分离 （1）制备滤纸条：将干燥的定性滤纸剪成略小于试管长与直径的滤纸条，将滤纸条的一端剪去两角，并在距这一端 1cm 处用铅笔轻轻画一条细的横线。 （2）画滤液细线（难点）：用毛细吸管吸取少量滤液，沿铅笔线均匀地画一条细而直的滤液细线。划线时不能太慢、不能停顿。待滤液干后，再重复画一两次。 思考：为什么要画细而直的滤液细线？ （防止在层析时出现色素带的重叠） （3）分离色素。 注意：不能让滤液细线触及层析液，因此层析液最好用长滴管注入大试管。 在层析前要先测量挂钩的滤纸长度，以免放入试管后，使其下端误入层析液中，使色素溶解于层析液造成实验失败。 思考：为什么要封闭试管口？ 层析液具有挥发性，因此实验时要用棉塞塞紧试管口。 教师巡视指导	用铅笔画横线，制备滤纸条 用毛细吸管模拟画滤液细线 回答 回答 学生开始动手做实验	
教师引导学生探究层析纸不同的形状对实验结果的影响	将学生分成 3 个小组，每个小组决定他们要探究的形状。 （圆形、正方形等） 提问：如果用他们选的层析纸形状，还能用试管做实验吗？ （不可以） 老师讲解要用培养皿层析色素带的原因： （1）教师让学生小组用纸片剪成他们要探究的形状。 （2）将层析纸放入准备好的培养皿内，培养皿内放好层析液了。 （3）观察结果	回答 思考 剪好 放入 等待结果	培养学生的实验设计能力
观察实验结果，总结知识点	学生观察实验结果，分析绿叶中色素扩散情况。 滤纸条上出现 4 条色素带，从上到下依次是：橙黄色——胡萝卜素（最快），黄色——叶黄素，蓝绿色——叶绿素 a（最多），黄绿色——叶绿素 b（最慢）	回答	

续表

教学进程	教师行为	学生活动	设计意图
	引导学生思考有哪些因素会影响到实验结果？ （1）叶片要新鲜，颜色要深绿。 （2）研磨要充分、迅速。 （3）滤液细线要细、直、齐，含较多色素。 （4）滤纸上的滤液细线不能触及层析液（避免绿叶中色素溶解于层析液中）。 （5）滤液过滤到试管后，应用棉塞将试管口塞紧，以防止色素遇空气氧化。	思考并回答	鼓励学生大胆用已有经验解决问题，提高他们对生物学科的兴趣，并将各个学科进行融合，真正落实提高学生的科学素养
	现在我们知道叶片中不仅含有叶绿素，还含有叶黄素和胡萝卜素（统称类胡萝卜素），但同学们知道为什么叶片会从绿色变为黄色吗？ 因为在绿色植物叶片中，叶绿素的含量通常是类胡萝卜素的3倍，因此叶片总是呈现绿色。当叶片衰老或环境条件不良时（如干旱、高温、寒冷等），叶绿素比类胡萝卜素更容易被破坏，其含量降低，叶片由此显现出类胡萝卜素的颜色	思考并回答	
结束课堂	提醒学生整理实验桌，用肥皂洗手，完成实验报告	做好整理工作，明确作业任务	依据课程的基本理念，注重与现实生活的联系，学以致用

【板书设计】

绿叶中色素的提取与分离

1. 实验原理

溶解度高的随层析液在滤纸上扩散得快；

溶解度低的随层析液在滤纸上扩散得慢。

2. 实验方法与步骤

（1）提取色素。

（2）制备滤纸条。

（3）画滤液细线。

（4）分离色素。

（5）观察实验结果。

3. 实验结果分析

滤纸条上出现 4 条色素带，从上到下依次是：

橙黄色　胡萝卜素（最快）

黄色　叶黄素

蓝绿色　叶绿素 a（最多）

黄绿色　叶绿素 b（最慢）

【教学反思】

本课一开始，教师以新奇的提问方式引入主题，用生活中常见的枯叶和新叶引出叶片中有各种色素，调动学生的热情，通过实验来证明绿叶中色素的构成。在讲解实验时，通过提问启发的方式，使学生思考并了解实验中需要的仪器、试剂，还包括设计实验的框架、方案等，并且掌握每种试剂的作用；实验中给予了学生充分的时间动手完成基本实验，特别是在制备滤纸条过程中，教师到各个小组观察并给予指导。除了教材上的基本实验，还让学生自己思考并设计在滤纸条形状不同的情况下层析效果有何不同的探究性实验，充分调动了学生的积极性及发散性思维，强化了他们的动手能力。在整个教学过程中使板书与内容相结合，层次清楚、条理分明。

本课最大的亮点是，学生对于层析纸的形状对层析效果的影响这个实验得到了不错的效果。尤其是圆形纸片在层析时，与普通长方形滤纸条的对比十分明显。圆形的扩散速度更快，并且比较清晰，相对于它的清晰，长方形滤纸条由于与层析液接触面积多，而且接触点更长，使得色素分离时速度十分缓慢并且不明显。通过学生的探究，使他们对于整个过程印象更深刻，且得到了更多解决问题的不同方式。

同样，在本课中也存在着一定的问题。首先，在讲授实验步骤时，借助于视频等多媒体，有的步骤缺乏演示，只是抽象的讲解，不够清晰。其次，在时间的分配上有小缺陷，超过了预期的时间。对于学生无法回答的问题，没能作出及时的应变。

从这个小的探究性实验可以看出，除了滤纸条对实验有影响外，实验材料的选择、层析液的种类等对色素的分离同样有影响。教师可以从这几个方面启发学生的开放性思维，设计实验，提出假设并验证它。同样的，在下次教学中，可以使用圆形纸片或者换更有实验效果的材料，使其他学生更清晰地对整个实验结果有一个了解。同时也要练习临场的应变能力，更有条理地将要讲授的内容传递给学生。

7.4 案例三 DNA的粗提取与鉴定

7.4.1 实验方案

课题 1 DNA的粗提取与鉴定

课题背景

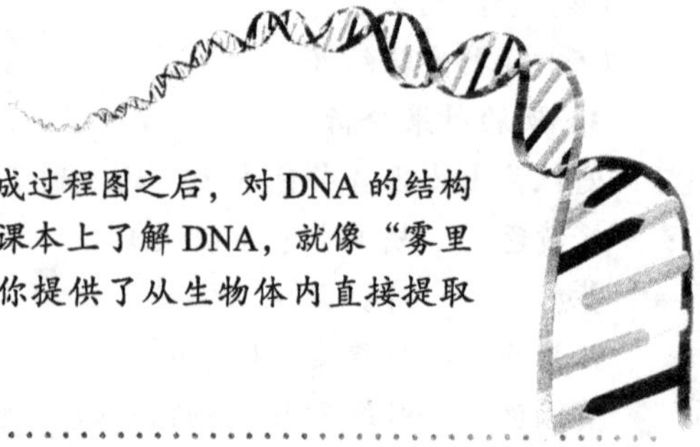

当你制作DNA的双螺旋结构模型，模拟DNA的复制，绘制DNA指导蛋白质的合成过程图之后，对DNA的结构与功能一定有了不少的了解。但是，仅仅从课本上了解DNA，就像“雾里看花、水中望月”，总隔着一层。本课题为你提供了从生物体内直接提取DNA的机会。

基础知识

提取DNA的方法

提取生物大分子的基本思路是选用一定的物理或化学

方法分离具有不同物理或化学性质的生物大分子。对于DNA的粗提取而言，就是要利用DNA与RNA、蛋白质和脂质等在物理和化学性质方面的差异，提取DNA，去除其他成分。首先，让我们来了解这些大分子的物理化学性质。

DNA的溶解性　DNA和蛋白质等其他成分在不同浓度的NaCl溶液中溶解度不同，利用这一特点，选择适当的盐浓度就能使DNA充分溶解，而使杂质沉淀，或者相反，以达到分离目的。图5-1是DNA在NaCl溶液中的溶解度曲线，请根据曲线图，思考下面的问题。

1. 在什么浓度下，DNA的溶解度最小？DNA在NaCl溶液中的溶解度是如何变化的？

2. 如何通过控制NaCl溶液的浓度使DNA在盐溶液中溶解或析出？

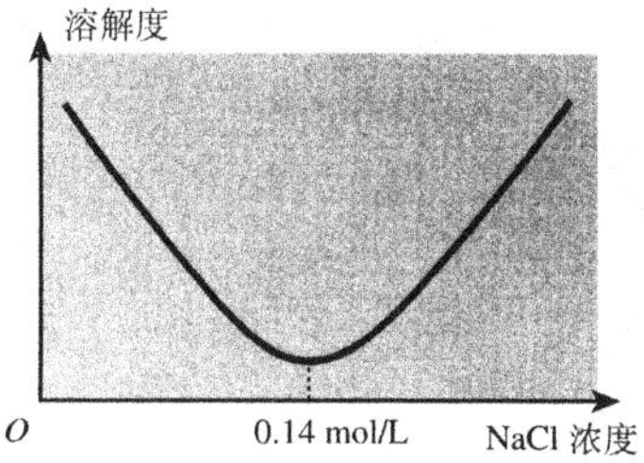

图 5-1　DNA 在 NaCl 溶液中的溶解度曲线

此外，DNA不溶于酒精溶液，但是细胞中的某些蛋白质则溶于酒精。利用这一原理，可以将DNA与蛋白质进一步地分离。

DNA对酶、高温和洗涤剂的耐受性　蛋白酶能水解蛋白质，但是对DNA没有影响。大多数蛋白质不能忍受60～80 ℃的高温，而DNA在80 ℃以上才会变性。洗涤剂能够瓦解细胞膜（图5-2），但对DNA没有影响。

DNA的鉴定　在沸水浴的条件下，DNA遇二苯胺会被染成蓝色，因此，二苯胺可以作为鉴定DNA的试剂。

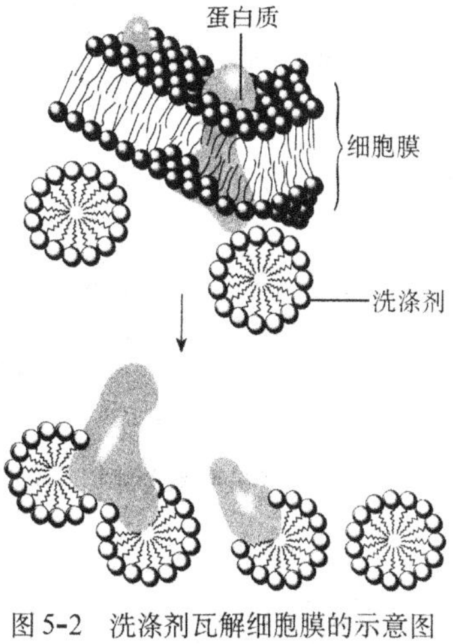

图 5-2　洗涤剂瓦解细胞膜的示意图

实验设计

（一）实验材料的选取

什么样的实验材料适合提取DNA？原则上，凡是含有DNA的生物材料都可以考虑，但是，选用DNA含量相对较高的生物组织，成功的可能性更大。下面的生物材料适合做DNA的提取吗？为什么？你打算选用什么实验材料？你也可以同时用2～3种实验材料，最后比较哪种材料中DNA的含量更高。

鱼卵、猪肝、菜花（花椰菜）、香蕉、鸡血、哺乳动物的红细胞、猕猴桃、洋葱、豌豆、菠菜、在液体培养基中培养的大肠杆菌。

取材时要注意安全问题，并注意保护环境，不要将珍稀濒危的生物作为实验材料。

（二）破碎细胞，获取含DNA的滤液

动物细胞的破碎比较容易，以鸡血为例，在鸡血细胞液中加入一定量的蒸馏水，同时用玻璃棒搅拌，过滤后收集滤液即可。如果实验材料是植物细胞，需要先用洗涤剂溶解细胞膜。例如，提取洋葱的DNA时，在切碎的洋葱中加入一定的洗涤剂和食盐，进行充分地搅拌和研磨，过滤后收集研磨液。

为什么加入蒸馏水能使鸡血细胞破裂？

在这一步的设计中，你可以通过设置对照实验来探究生物材料与洗涤剂、食盐用量的最佳比例，看看不同的用量比对结果会产生怎样的影响；你也可以探究用不同的洗涤剂，如洗发香波、沐浴液、洗洁精来提取DNA时，会产生什么不同的效果。

（三）去除滤液中的杂质

为了纯化提取的DNA，需要将滤液作进一步处理。下面是去除杂质的三个方案，你可以根据实际情况选用一种，或者自己设计一个方案。

方案一 利用DNA在不同浓度的NaCl溶液中溶解度的不同，通过控制NaCl溶液的浓度去除杂质。具体做法是：在滤液中加入NaCl，使NaCl溶液物质的量浓度为2 mol/L，过滤除去不溶的杂质，再调节NaCl溶液物质的量浓度为0.14 mol/L，析出DNA，过滤去除溶液中的杂质，再用物质的量浓度为2 mol/L的NaCl溶液溶解DNA。

方案二 直接在滤液中加入嫩肉粉（图5-3），反应10～15 min，嫩肉粉中的木瓜蛋白酶能够分解蛋白质。

方案三 将滤液放在60～75 ℃的恒温水浴箱中保温10～15 min，注意严格控制温度范围。

（四）DNA的析出与鉴定

将处理后的溶液过滤，加入与滤液体积相等的、冷却的酒精溶液（体积分数为95%），静置2～3 min，溶液中会出现白色丝状物，这就是粗提取的DNA。用玻璃棒沿一个方向搅拌，卷起丝状物（图5-4），并用滤纸吸去上面的水分。

图5-4 用冷却的酒精析出DNA

加入洗涤剂和食盐的作用分别是什么？

如果研磨不充分，会对实验结果产生怎样的影响？

有条件的话，可以用家用搅拌机代替手工研磨。

此步骤获得的滤液中可能含有哪些细胞成分？

为什么反复地溶解与析出DNA，能够去除杂质？

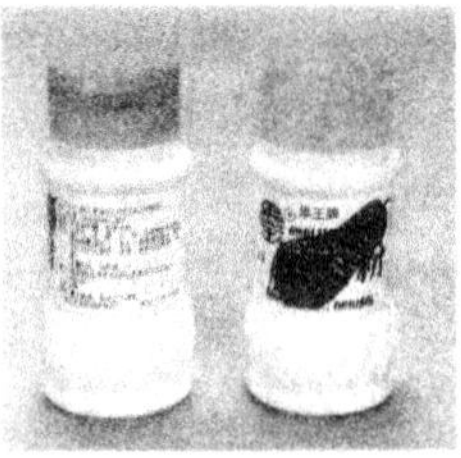

图5-3 嫩肉粉

方案二与方案三的原理有什么不同？

取两支20 mL的试管，各加入物质的量浓度为2 mol/L的NaCl溶液5 mL，将丝状物放入其中一支试管中，用玻璃棒搅拌，使丝状物溶解。然后，向两支试管中各加入4 mL的二苯胺试剂。混合均匀后，将试管置于沸水中加热5 min，待试管冷却后，比较两支试管中溶液颜色的变化，看看溶解有DNA的溶液是否变蓝（图5-5）。

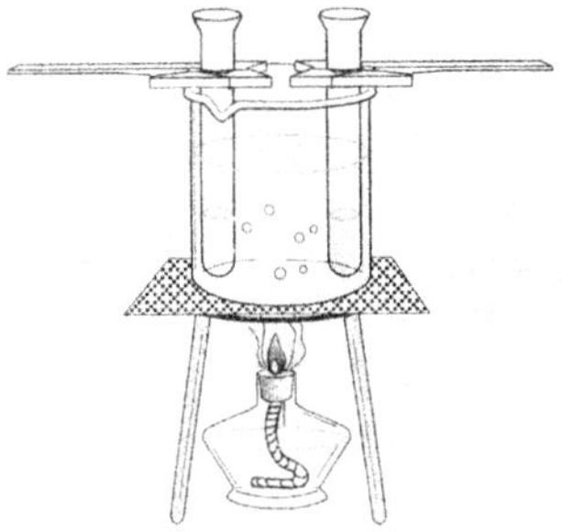

图5-5　DNA的鉴定

操作提示

1．以血液为实验材料时，每100 mL血液中需要加入3 g柠檬酸钠，防止血液凝固。

2．加入洗涤剂后，动作要轻缓、柔和，否则容易产生大量的泡沫，不利于后续步骤的操作。加入酒精和用玻璃棒搅拌时，动作要轻缓，以免加剧DNA分子的断裂，导致DNA分子不能形成絮状沉淀。

3．二苯胺试剂要现配现用，否则会影响鉴定的效果。

结果分析与评价

1．你选用了什么实验材料？你采用了怎样的方法步骤？

2．你提取出了白色丝状物吗？用二苯胺鉴定的结果如何？

3．你能分析出粗提取的DNA中可能含有哪些杂质吗？

4．与其他同学提取的DNA进行比较，看看实验结果有什么不同，分析产生差异的原因。

> 二苯胺试剂的配制：称取1.5 g二苯胺，溶于100 mL冰醋酸中，再加1.5 mL浓硫酸，用棕色瓶保存。临用前，在10 mL的上述溶液中再加入0.1 mL体积分数为0.2 %的乙醛溶液。

课题延伸

本课题使用的洗涤剂是多组分的混合物，在严格的科学实验中很少使用。实验室提取高纯度的DNA时，通常使用十六烷基三甲基溴化铵（CTAB）、十二烷基硫酸钠（SDS）或吐温等化学试剂。请查阅资料，了解实验室提取纯度较高的DNA的一种方法，与本课题中所使用的方法进行比较，总结两种方法的异同。

7.4.2　本实验相关知识结构图

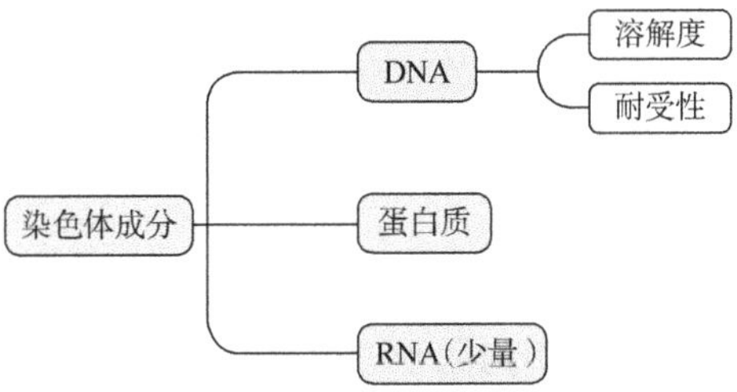

7.4.3 实验设计与构思

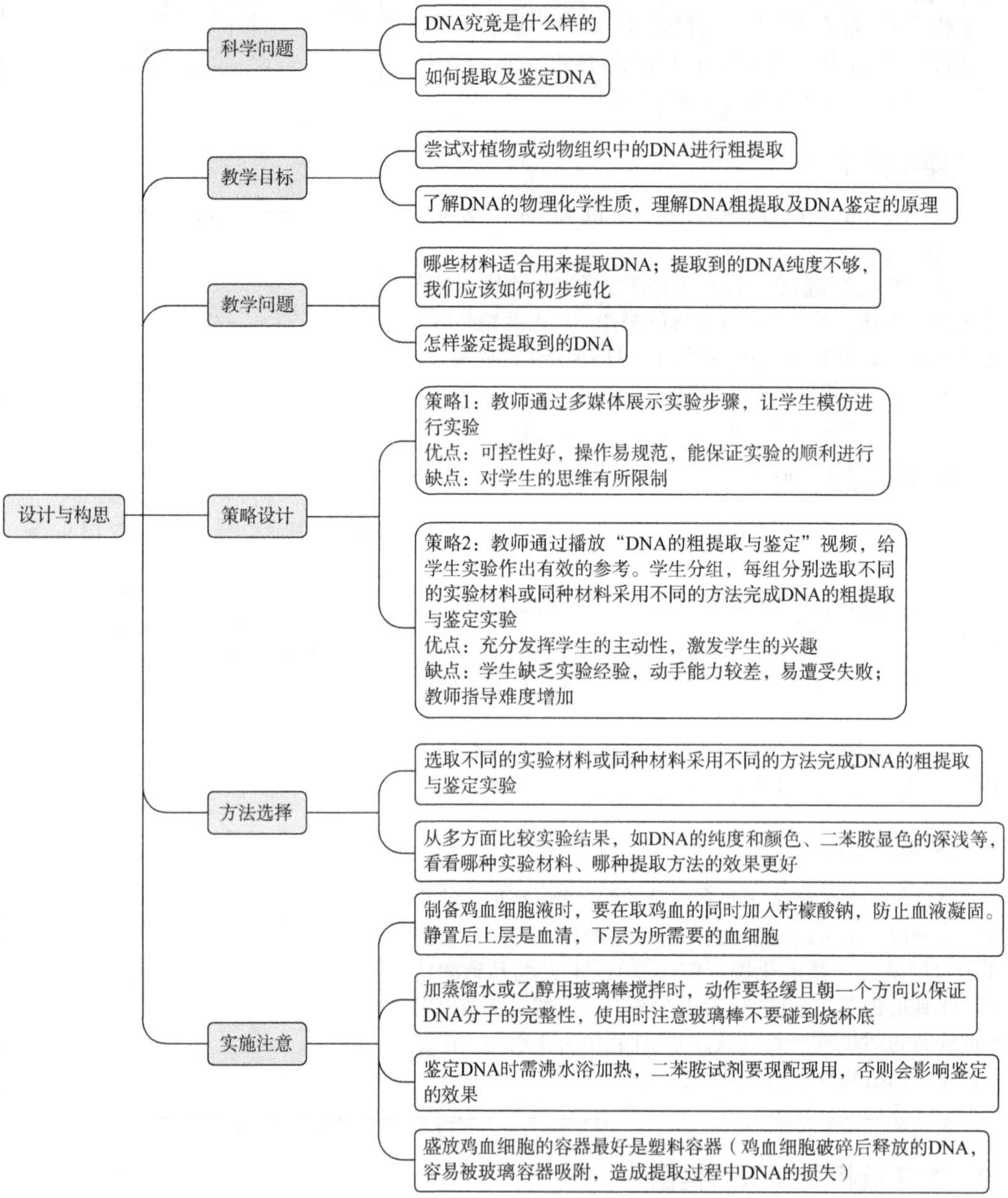

7.4.4 教学建议

7.4.4.1 实验前的准备

1）大胆选择实验材料，不拘泥于教材　教师在实验前需要多查阅资料，收集不同生物材料的处理方法，拓展思路，不拘泥于教材和成规，对实验方法进行改进与创新。若选取鸡血为实验材料（本实验用鸡血细胞作实验材料有两个原因：一是因为鸡血细胞核的DNA含量丰富，材料易得；二是鸡血细胞极易吸水胀破，而用动物肝脏细胞作实验材料常常需要匀浆和离心，对设备要求较高，操作烦琐，历时较长）进行DNA的粗提取，课前教师可以到市场售活鸡处索取鸡血，所带烧杯中必须提前放入抗凝剂柠檬酸钠溶液。具体制备方法如下：取质量浓度为0.1g/ml的柠檬酸钠溶液100ml，置于500ml烧杯中，注入新鲜的鸡血（约180ml），同时用玻璃棒搅拌，使血液与柠檬酸钠溶液充分混合，以免血液凝结。将烧杯中的血液置于冰箱内，静置1天，使血细胞自行沉淀。有条件的学校也可以将血液倒入离心管内进行离心，用2000r/min或3000r/min的转速离心2min，使血细胞沉淀于离心管底部，这样可以使血细胞沉淀更完全。用吸管除去上部的澄清液，就可以得到鸡血细胞液。值得注意的是鸡血细胞破碎以后释放出的DNA容易被玻璃容器吸附，所以在提取过程中为了减少DNA的损失，最好使用塑料的烧杯和试管盛放鸡血细胞液。若选取菜花为实验材料进行DNA的粗提取，课前教师需将新鲜菜花和体积分数为95%的乙醇溶液放入冰箱冷冻室24h。

预实验是教师备课的基础，通过预实验可能会遇到一些新问题，也可能会产生一些新的灵感，都是教材中不可能事先预想到的。只有及早地发现问题并找到对策，才能从总体上把握好实验的内容和要求。

2）*课前认真分组，培训骨干*　由于进行班级授课，一般学生人数较多，课堂时间有限，教师以一抵几十，很难对所有学生逐一指导，因此课前指导学生分组，每组4～6人，再从中挑选出动手能力和表达能力较强的骨干进行课前培训，课堂上由他们协助老师一起对组内同学进行指导。每组首先可以选取不同的实验材料，其次同种材料还可以采用不同方法，从多方面比较实验结果，如DNA的纯度和颜色、二苯胺显色的深浅等，看看哪种实验材料、哪种提取方法的效果更好。

7.4.4.2 实验中的示范、巡视与引导

在教学过程中，教师要引导学生分析教材中的插图5-1“DNA在NaCl溶液中的溶解度曲线”，使学生理解：在NaCl溶液浓度低于0.14mol/L时，DNA的溶解度随NaCl溶液浓度的增加而逐渐降低；在0.14mol/L时，DNA的溶解度最小；当NaCl溶液浓度继续增加时，DNA的溶解度又逐渐增大。利用上述原理，可以将DNA溶于高浓度的NaCl溶液中，使其与其他物质分开。

教师要注意引导学生认识DNA和蛋白质对酶、高温和洗涤剂耐受性的不同。教材在实验试剂中关于去除滤液中杂质的第二、第三个方案，正是利用了上述不同的特性，从而达到分离DNA和蛋白质的目的。

实验中，提醒学生观察提取到的DNA颜色时，如果不是白色丝状物，说明DNA中的杂质较多；二苯胺鉴定出现蓝色说明实验基本成功，如果不呈现蓝色，可能所提取的DNA含量低，或是实验操作中出现错误，需要重新制备。同时，本实验提取的DNA粗制品有可能仍然含有核蛋白、多糖等杂质。

7.4.4.3 实验后的总结与反思

在本实验的教学之后，教师和学生都应该有一个总结和反思。学生可以反思这次实验之后，是否弄清楚了分离提纯DNA、二苯胺法鉴定DNA等原理，是否规范且熟练地掌握了玻

璃棒搅拌、过滤等操作。教师则可以对教学过程中的成败之处进行反思。首先要反思的就是是否达到了预期的教学目标，另外教学过程中生成了哪些有用的教学资源，课堂上的处理方式是否得当，还需要查找哪些资料或者进一步思考该如何处理等。本实验中教师还可以引导学生结合教材中的资料，利用所学的知识，采用其他的方法鉴定DNA，如甲基绿染色法、电泳法和紫外灯照射法等。

7.4.5 教学设计示范

DNA的粗提取与鉴定

【基本信息】

本课题目：DNA的粗提取与鉴定

课程性质：高中生物选修课

授课对象：高二年级学生

课时安排：2学时

使用教材：人民教育出版社出版的普通高中课程标准实验教科书《生物选修1——生物技术实践》

【教学内容分析】

本课主要知识点

（1）DNA的物理化学性质，尤其是DNA的溶解性。

（2）二苯胺法鉴定DNA的方法和原理。

本课内容重要性及地位

内容地位：本实验课题既是对组成细胞化合物的验证，也是加强学生对细胞中化合物的提取原理、方法、技巧的理解掌握，同时还是历年来各种考核的热点。教材第一部分介绍了该实验的实验原理，第二部分说明了DNA的粗提取与鉴定的目的要求，第三部分清楚地列出了该实验的材料用具，第四部分更为详细地介绍了该实验的方法和步骤。不但能够帮助学生初步了解分子生物学的基本实验方法，而且能够巩固必修课中学习的有关DNA的理论知识。

前修知识：细胞中的化合物、DNA是主要的遗传物质。

后继知识：聚合酶链式反应扩增DNA片段。

本课内容重点、难点

教学重点：DNA的粗提取与鉴定方法及其相关原理。

教学难点：DNA的粗提取与鉴定方法及其相关原理。

【学情分析】

学生已有基础

通过《生物必修2——遗传与进化》的学习，学生已经了解了证明DNA是主要的遗传物质的实验证据，知道生物体的性状之所以能够遗传给后代，是由于生物体内具有DNA或RNA这些遗传物质。通过本课的学习，使学生对DNA有一定的感性认识。

学生学习可能存在的困难

DNA的粗提取与鉴定方法实验步骤多，课堂容量大。

学生学习心理分析

在《生物必修 1——细胞中的化合物》和《生物必修 2——DNA 是主要的遗传物质》的学习中，学生的知识水平、实验操作能力已经发展到较高阶段，乐于并有能力接受本实验课题。

【教学思路】

教师引导学生分析插图 5-1，通过图像理解 DNA 的溶解度，并且掌握分离 DNA 的原理，教材关于去除滤液中杂质的第二、第三个方案，正是利用了上述不同的特性，达到分离 DNA 和蛋白质的目的。教师通过播放“DNA 的粗提取与鉴定”视频，给学生实验作出有效的参考。学生分组，每组分别选取不同的实验材料或同种材料采用不同的方法完成 DNA 的粗提取与鉴定实验。

【教学目标】

知识目标

理解 DNA 的理化特性及根据其理化特性提取和鉴定 DNA 的原理。

能力目标

（1）初步掌握 DNA 的粗提取和鉴定的方法。

（2）在对实验原理、步骤的理解和分析过程中发展学生的科学思维。

情感、态度、价值观目标

在科学实验过程中培养学生严谨细致、实事求是的科学态度。

【教学方法、手段】

教学方法

（1）讲授法。

（2）分组探究实验法。

教学手段

传统教学手段（黑板板书）与多媒体教学（运用相关图片、视频等）相结合。

【教学过程】

教学进程	教师行为	学生活动	设计意图
教师引导学生从已学的知识中提出问题	通过《生物必修 2——遗传与进化》的学习，我们已经了解了证明 DNA 是主要的遗传物质的实验证据。那么 DNA 究竟是什么样的呢？首先我们一起来学习“DNA 的粗提取与鉴定”技术。 DNA 的提取技术是整个基因工程技术的基础。基本上，不论是出于何种目的的分子生物学实验，大到被称为“人类阿波罗计划”的人类基因组计划，小到今天已经被我们熟知的亲子鉴定，DNA 提取技术都是其中基础的基础。而其他诸如 RNA 的提取、质粒的提取等实验，都可以说是参考这一技术改进、或者重新设计出来的。那么，我们要选取什么样的合适材料来提取 DNA 呢？ 原则上，凡是含有 DNA 的生物材料都可以考虑，但是，选用 DNA 含量相对较高的生物组织，成功的可能性更大	思考、回答	开门见山，使学生明白 DNA 提取技术的重要性，激发学生的学习兴趣

续表

教学进程	教师行为	学生活动	设计意图
教师引导学生分析实验材料的选择	教材中列举了很多种材料，请你从中选出2～3种。 教材中选取鸡血细胞液作为实验材料，那么相对于其他材料，鸡血细胞液有什么优点呢？ （1）鸡是真核生物，真核生物的DNA主要在染色体上。 （2）鸟类的血细胞核大，DNA多（从核DNA数目来看：猪38条，鸡78条，哺乳动物成熟的红细胞0条，猕猴桃58条，洋葱16条，豌豆14条，菠菜12条，大肠杆菌1条）。 （3）不需要破除细胞壁（动物细胞无细胞壁）。 选用鸡血细胞液还有一个好处——鸡血比较容易获得，那么我们为什么不用哺乳动物成熟的红细胞呢？ 通常哺乳动物成熟的红细胞没有细胞核，也没有各种细胞器，没有DNA。 问题：鸡血细胞液可以直接用吗？ 加柠檬酸钠抗凝	思考、回答 思考、回答 回答 回答	使学生明白为什么要选用鸡血细胞液为材料
引导学生思考解决问题的策略	问题：鸡血细胞虽然没有细胞壁，但是依然有细胞膜，以你所学的知识，有什么比较简便且可行的方法可以破碎细胞膜？ 生物学水平检测的实验是质壁分离，你还记得方法和原理吗？ 所以为了破碎鸡血细胞，我们可以反其道而行之，在鸡血细胞液中加入一定量的蒸馏水，使其吸水胀破，达到破碎细胞的目的。 加入蒸馏水的同时，要用玻璃棒进行搅拌。 方法：单向，快速，5min，速度力量不要过于猛烈，防止打碎DNA。 目的？ 加速血细胞破裂。 问题：这时我们获得的将是含有细胞膜、细胞器的碎片液体，我们如何初步获得含有DNA的液体？ 过滤。 可以用滤纸过滤吗？ 不可以，滤纸孔径太小。需要用到3～4层纱布，除去一些颗粒较大的杂质，获得含有DNA的滤液。 这时DNA在哪里？ 滤液里。 对于动物细胞我们可以利用细胞的渗透压来破碎细胞，但是很多情况下，人们不得不面对植物材料，那么我们是不是还可以通过加入一定量的蒸馏水来胀破细胞呢？ 植物细胞有细胞壁的支持和保护，因此吸水不会胀破。 所以，我们通常通过研磨来破碎植物细胞的细胞壁。 在研磨的过程中，一般还会加入洗涤剂和食盐。 洗涤剂的作用： 洗涤剂也分为亲水基团和亲脂基团，可以与细胞膜中的蛋白质结合，使之溶解，进而瓦解细胞膜。 食盐的作用： 食盐中主要含有NaCl，有利于DNA的溶解	思考 思考 思考 回答 回答 回答 思考	用问题引导学生思考，不仅让学生知道怎么做，还让其知道为什么这样做，更有助于培养学生解决问题的能力。使学生知道破碎动物细胞的方法和原理

续表

教学进程	教师行为	学生活动	设计意图
引导学生去除滤液中的杂质	问题：这时的滤液可能含有哪些细胞成分？ 主要有DNA、RNA、核蛋白和脂质等。 那么我们应该如何将DNA单独分离出来呢？	回答 思考	将已有知识与新学习的材料进行联系，培养学生对知识的迁移能力，形成有结构的知识。使学生掌握盐析法的原理与方法
	提取生物大分子的基本思路是选用一定的物理或化学方法分离具有不同物理或化学性质的生物大分子。对于DNA的粗提取而言，就是要利用DNA与RNA、蛋白质和脂质等在物理和化学性质方面的差异，提取DNA，去除其他成分。 背景介绍：DNA的溶解性 图片：DNA在NaCl溶液中的溶解度曲线（教材中插图5-1）。 问题：在什么浓度下，DNA的溶解度最小？DNA在NaCl溶液中的溶解度是如何变化的？ 在NaCl溶液浓度低于0.14mol/L时，DNA的溶解度随NaCl溶液浓度的增加而逐渐降低；在0.14mol/L时，DNA溶解度最小；当NaCl溶液浓度继续增加时，DNA的溶解度又逐渐增大。	回答	
	如何通过控制NaCl溶液的浓度使DNA在盐溶液中溶解或析出？ 当NaCl的浓度为2mol/L时，DNA的溶解度最大；浓度为0.14mol/L时，DNA的溶解度最小。利用这一原理，可以使DNA在盐溶液中溶解或析出。	回答	
	为什么反复地溶解与析出DNA，能够去除杂质？ 用高浓度的盐溶液溶解DNA，能除去在高盐中不能溶解的杂质；用低盐浓度使DNA析出，能除去溶解在低盐溶液中的杂质。 第一步： 在浓度较高的NaCl溶液中核蛋白容易解聚，游离出的DNA溶解在溶液中。 方法：在溶液中加入2倍体积浓度为2mol/L的NaCl溶液，用玻璃棒沿一个方向搅拌1min，使DNA充分溶解。 第二步： 加蒸馏水降低NaCl溶液的浓度，使DNA析出。 方法：缓慢贴壁加入蒸馏水，并轻轻地沿一个方向不停地均匀搅拌，以利于DNA分子的附着和缠绕。同时应注意控制加水量，使NaCl溶液的终浓度为0.14mol/L，直到溶液中丝状物不再增加时为止。 过滤：用3～4层纱布对DNA稀释液进行过滤，滤过蛋白质，收集DNA的黏稠物。	思考、分析	
	在刚才实验中我们利用DNA在不同浓度NaCl溶液中溶解度不同的特性，去除杂质。 那么教材中还给出了其他两种方案，请你阅读教材第56页，思考这两个方案的原理。 方案二：直接在滤液中加入嫩肉粉，反应10～15min。嫩肉粉的主要成分是木瓜蛋白酶，利用蛋白酶分解杂质蛋白，从而使提取的DNA与蛋白质分开。 方案三：将滤液放在60～75℃的恒温水浴箱中保温10～15min。	思考、分析	通过对其他两种方案的分析，使学生深入理解纯化DNA的方法和原理

续表

教学进程	教师行为	学生活动	设计意图
	利用的是DNA和蛋白质对高温耐受性的不同，从而使蛋白质变性，与DNA分离。 总结去除滤液中杂质的具体做法： 方案一：30ml滤液＋60ml 2mol/L NaCl溶液→同方向搅拌，DNA溶解→加入蒸馏水→DNA析出→过滤得到过滤物→放到2mol/L NaCl溶液中溶解→DNA-NaCl溶解液。 方案二：30ml滤液＋嫩肉粉（木瓜蛋白酶）→静置10～15min→DNA滤液。 方案三：30ml滤液→60～75℃处理→过滤获得DNA滤液		
引导学生对DNA进行初步纯化	我们刚才学习的DNA提取技术是分子生物学技术的基础，但如果提取的DNA量不够且其中含有较多杂质，是无法用于其他操作的。所以我们必须对DNA进行进一步的纯化，原理也是DNA的溶解性。 背景介绍： DNA不溶于乙醇溶液，但是细胞中的某些蛋白质则溶于乙醇。在实验中，我们可以使用预冷的乙醇，使DNA能够更好地凝结。 方法： 将DNA黏稠物再溶解，继续用2mol/L的NaCl溶液20ml溶解DNA黏稠物，仍旧沿一个方向不停搅拌3min，使DNA充分溶解。 过滤：用3～4层纱布进行过滤，滤去杂质，收集含有DNA的滤液。 纯化：向滤液中贴壁缓慢加入20ml预冷的体积分数为95%的乙醇，并用玻璃棒朝一个方向缓慢、均匀地搅拌，再静置2～3min，溶液中会出现白色DNA丝状物。 预冷的乙醇具有以下优点： （1）抑制核酸水解酶活性，防止DNA降解。 （2）降低分子运动，易于形成沉淀析出。 （3）低温有利于增加DNA分子的柔韧性，减少断裂	观察 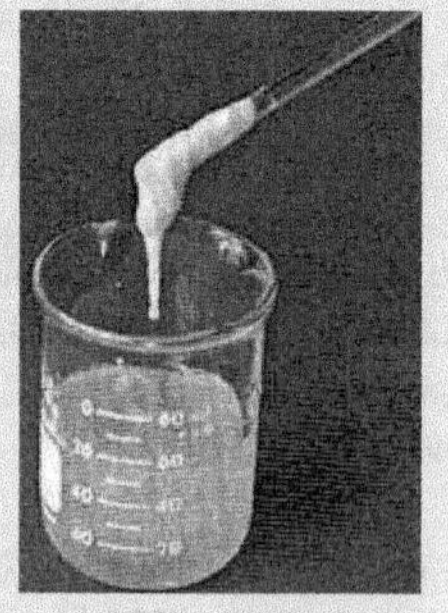	鼓励学生大胆用已有经验解决问题，提高他们对生物学科的兴趣，将各个学科进行融合，真正落实提高学生的科学素养。使学生理解DNA纯化的原理和方法
引导学生进行DNA的鉴定	原理介绍：二苯胺法 在沸水浴的条件下，DNA遇二苯胺变蓝。 方法： 溶解：在5ml浓度为2mol/L的NaCl溶液中，放入丝状物，用玻璃棒搅拌，使之溶解。 显色：加入4ml的二苯胺试剂。混合均匀后，将试管置于沸水中加热5min。 问题：如果溶液变蓝是否能说明DNA的存在？ 设置对照组：在5ml 2mol/L的NaCl溶液中加入4ml的二苯胺试剂，置于沸水中加热5min。 鉴定时蓝色的深浅与溶液中DNA的含量多少有关	回答 观察 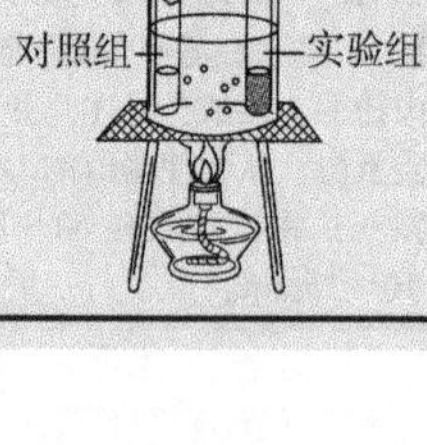	使学生理解DNA鉴定的原理和方法

续表

教学进程	教师行为	学生活动	设计意图
总结与评价	我们根据所需分离物质与其他物质的物理或者化学性质的不同，来提取生物大分子物质。而通过今天的学习，我们知道 DNA 有以下物理或者化学特性是与其他生物大分子物质不同的： （1）在 NaCl 溶液浓度低于 0.14mol/L 时，DNA 的溶解度随 NaCl 溶液浓度的增加而逐渐降低；在 0.14mol/L 时，DNA 溶解度最小；当 NaCl 溶液浓度继续增加时，DNA 的溶解度又逐渐增大。 DNA 不溶于乙醇溶液，但是细胞中的某些物质则可以溶于乙醇。利用这一原理，可以将 DNA 与蛋白质进一步分离。 （2）蛋白酶能水解蛋白质，但是对 DNA 没有影响。 （3）大多数蛋白质不能忍受 60～80℃的高温，而 DNA 在 80℃以上才会变性。 （4）洗涤剂可以溶解细胞的细胞膜，去除脂质和蛋白质，但对 DNA 没有影响。 （5）在沸水浴的条件下，DNA 遇二苯胺变蓝。 因此，我们可以设计实验：通过破碎细胞、释放 DNA→溶解细胞核内的 DNA→DNA 的析出→DNA 的初步纯化→DNA 的鉴定。 视频：DNA 的粗提取与鉴定。 将学生分组，每组分别选取不同的实验材料或同种材料采用不同的方法完成 DNA 的粗提取与鉴定实验。 教师巡视指导	反思 观看视频 完成实验	给学生实验作出有效的参考
提出新的问题	除了可以使用二苯胺法外，还有什么方法可以鉴定 DNA？ 用甲基绿溶液直接滴在有 DNA 丝状物的载玻片或玻璃棒上，呈绿色反应。方法只用一种即可，不混合用。前者要加热，后者不加热	思考	激发学生结合已学知识思考，培养多问一个“为什么”的好习惯，将学习转变成一种主动的行为
课后作业	（1）为什么加入蒸馏水能使鸡血细胞破裂？ （2）加入洗涤剂和食盐的作用分别是什么？ （3）通过实验对比，你认为哪种实验材料、哪种提取方法更适合做这个实验？	课后完成	依据课程的基本理念，注重与现实生活的联系，学以致用

【板书设计】

DNA 的粗提取与鉴定

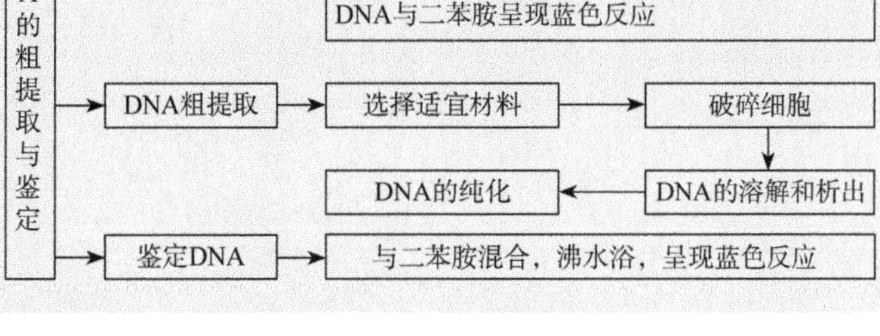

【教学反思】

本课题是高中《生物选修1——生物技术实践》专题5“DNA和蛋白质技术”的第一个课题。根据课标要求，可以选择其中的5～7个实验让学生动手操作，同时掌握基本的实验操作和基本原理。结合该教师所在学校的实际情况，我们选择了这个实验。本课题分为两个课时，第一课时为学习原理和简单的实验设计；第二课时为具体的实验设计和实际的实验操作及结果评价。

根据该教师所在学校学生的具体情况及课标要求，制订的学习目标为：能说出DNA的物理化学性质；能说出DNA粗提取和鉴定的原理；根据所掌握的相关知识进行初步的实验设计；尝试对鸡血或菜花的DNA进行粗提取和鉴定；通过对DNA粗提取实验过程的设计及操作，锻炼科学的思维方法，培养实事求是的科学态度。同时制订相应的导学案，依据一系列的问题串帮助学生整理思路及解决一些实验准备事项和困惑，在辅助学生自学的同时也有及时的反馈练习。事实证明，此方案对该教师所在学校是合理的、可行的。

本课的亮点是设计严谨，学生也能积极参与，比较好地完成教学目标。但是初步的实验设计留给学生的时间有点少，没能让学生充分发挥主观能动性，另外，课堂时间设计还是有点紧张，所以没能让全部小组完成交流。以后要对相关项目做更为具体的分析和设计，能让学生进行更好的交流与展示。

第 8 章　设计制作类实验

8.1　实验共性分析

设计制作类实验旨在让学生有目的地去计划、规划、设想一件作品或一项活动，利用有限的素材，以个人或小组合作的形式制作作品或实施活动。借此展现学生的设计理念，并体验实践过程。实验是由实验者、实验仪器、实验对象三部分组成的，其中最活跃的是实验者的思维，而该类实验的显著特征就是能充分发展学生的思维。学生在进行该类实验的过程中，不是按照统一的固定的步骤来操作，而需要自己根据实验的目标在已有知识的基础上去设计作品草图和实施方案，反复地尝试和修正，发现问题并解决问题。在此过程中，能充分发展学生的创新思维等多种思维能力。另外，该类实验所需的实验材料和所得的实验结果具有多样性。学生凭自己的设计去选择适合的材料，不同的设计所选择的材料和处理的方式会有不同，因而建议学生自行准备材料，也就会出现不同的实验结果。

人民教育出版社出版的中学生物教材中该类实验主要涉及两种类型：一是模型的设计与制作。模型的形式很多，包括物理模型、概念模型、数学模型等。在中学教材所包含的实验中构建的主要是物理模型，物理模型能具体、形象、生动、深刻地反映事物的本质和主要特征。建立和正确使用模型有利于学生将复杂问题简单化、明了化，使抽象的问题更直观、具体、形象、鲜明，对学生的思维发展起着重要的作用。此类实验的组织形式可以让学生以小组为单位自行设计并准备材料在课堂上完成制作，也可以采取课外制作、课堂展示相结合的方式，如细胞模型的设计与制作、生态缸的设计与制作等。二是活动的设计与实施。该类实验就是学生的实践活动，学生需要根据已有的知识设计活动的方案，方案的实施无法在课堂上进行，需要在课外完成。实践活动往往需要综合各学科领域的知识，设计活动方案，能激发学生的创造性，在操作实践中又能获取感性的知识和相关技能，能让学生将自己的聪明才智淋漓尽致地展现。此类实验的组织形式可根据具体的活动确定，个人单独完成、小组合作、学生与家长共同完成等，如为家长设计一份午餐食谱、参加当地的绿化活动等。除这两类以外，还有少数的小制作实验，如制作孢子印等。

在该类实验的教学中，第一，要激发学生设计与制作的兴趣。兴趣是最好的老师，老师在活动前，要认真计划、安排，从内容、形式、组织、方法、过程等方面进行精心设计，要让学生把完成制作活动形成内心的一种愿望，而不是当作一项任务在完成。可以通过逼真的画面或有趣的故事等创设生动的教学情境，引领学生愉快地进入活动的设计和制作过程中。第二，要让学生提前搜集相关的信息。怎么设计我们的作品或活动方案？如何去选择材料？要按照什么样的步骤进行制作或活动？为什么要这样做？依据是什么？学生可能会遇到以上各种问题，我们的设计与制作绝不是盲目进行的，要在活动之前搜集相关信息资料，精心地设计，再通过实践进行技术操作，这样才能使我们的设计与制作有序地进行，有理有据。第三，引导学生寻找合适的材料。选择材料要遵循科学可行、安全、尽量经济环保的原则。教师要提醒学生准备好自己所需要的材料和工具，教师也要提前准备一些以备用。第四，充分发挥学生的主体作用，教师在整个过程中只做引导，不替学生做决定，但也不能完全放任不管。在设计过程中要引导学生去思考可能会遇到的问题，怎么解决，要注意什么；在学生制作模型和实施过程中，要随时关注学生的参与度，学生出现不恰当的操作要提醒，出现困难要引导他们想办法解决。第五，督促学生做好记录，记录自己的整个设计与制作过程，采用的方法、用到的材料、遇到的问题、解决的办法、感悟与体会、优势与不足等，记录可以是日记式的，也可以是表格等其他形式，记录有利于作品完成后的总结与反思。第六，组织展示与评价。学生完成制作或实践活动后，并不算实验的完成，要充分重视学生的劳动成果，进行展示与评价。非常优秀的作品还可以在学校展示，甚至可以推荐学生参加相关的科技制作类的比赛，激发学生的制作兴趣和热情。在展示与评价过程中，既锻炼了学生的口头表达能力，又能产生思维碰撞的火花。

在设计与制作过程中，注意遵循以下原则：①科学性原则。在设计与制作中，要具备科学性，使学生养成严谨的科学态度，培养学生学科学、爱科学、用科学的良好习惯，提高科学素养。②实践性原则。此类实验必须让学生动手操作或亲身实践，加深对知识的理解，巩固已有的知识。更重要的意义在于，只有动手操作和亲身实践后，才会发现设计是否存在不足之处，可能会发现新的问题，进而启发学生做更深入的探究。③创造性原则。鼓励学生在设计与制作过程中创新，让学生的创新思维得到发展。④多维度评价。此类实验的教学目标重在激发学生的学习兴趣，培养学生的动手操作能力、创新思维能力等多种能力；有的实验课以小组为单位进行，培养学生合作学习的意识和沟通交流能力；充分发挥学生的主体作用，养成学生自主学习的习惯。因此，此类实验对学生的评价应该是多维度的，既重实验结果——作品或成果是否达到目标，是否有创新等；更重实验过程——学生的参与度，是否有自己的想法并能清楚地表达，是否能虚心接受别人的意见，是否能合作互助，对活动材料、桌凳、场地卫生是否爱惜等。评价的形式也可以多样化，学生自评、学生互评、教师评价；根据实验需要，可以是口头评价，也可以通过评价表量化评价。但总的来说，此类实验对学生的评价建议用偏重观察法、表现性评价法和评语评价法，少用纸笔测验法。

8.2 案例一　尝试制作真核细胞的三维结构模型

8.2.1 实验方案

模型建构

尝试制作真核细胞的三维结构模型

模型方法　模型是人们为了某种特定目的而对认识对象所作的一种简化的概括性的描述，这种描述可以是定性的，也可以是定量的；有的借助于具体的实物或其他形象化的手段，有的则通过抽象的形式来表达。模型的形式很多，包括物理模型、概念模型、数学模型等。以实物或图画形式直观地表达认识对象的特征，这种模型就是物理模型。沃森和克里克制作的著名的DNA双螺旋结构模型，就是物理模型，它形象而概括地反映了所有DNA分子结构的共同特征。

目的要求

1．尝试制作真核细胞的三维结构模型。

2．体验建构模型的过程。

材料用具

根据本小组模拟制作模型的种类选择材料用具。例如，制作计算机三维动画模型，需要配备安装了制作三维动画软件的计算机；制作实物模型，可用泡沫塑料、木块、纸板、纸片、塑料袋、布、线绳、细铁丝、大头针等材料。

建立模型

以下两个模型供参考：

北京某中学制作的细胞模型

北京自然博物馆展出的细胞模型

1．通过讨论确定本小组制作的真核细胞三维结构模型的种类(如计算机模型、实物模型)，规格(如模型大小、模型展示的是细胞的全部还是部分)。

2．确定使用的材料用具。真实的细胞颜色并不鲜艳，但是同学们可以用不同的颜色区分不同的细胞结构，使细胞各部分的结构特点更突出，便于观察。

3．在动手制作之前，小组内对设计方案做进一步讨论、细化，包括各种细胞结构如何制作、细胞结构之间如何连接，等等。确定制作模型的实施过程和具体分工。

4．按照分工制作各部分配件，然后将配件组合在一起，逐步完成真核细胞模型的制作。

> ! 在设计并制作细胞模型时，科学性、准确性应该是第一位的，其次才是模型的美观与否。

5．按照设计方案对制作的模型进行检查，修补存在的缺陷。

表达和交流

在班级内交流各小组制作的模型，从科学性、艺术性、成本低廉等方面对各小组的模型作出评价。

8.2.2　本实验相关知识结构图

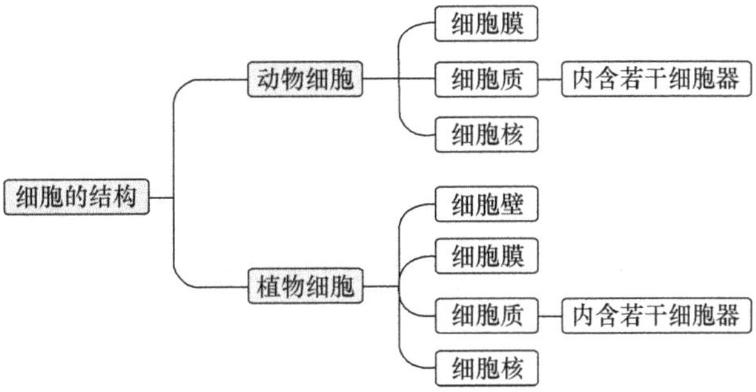

8.2.3 实验设计与构思

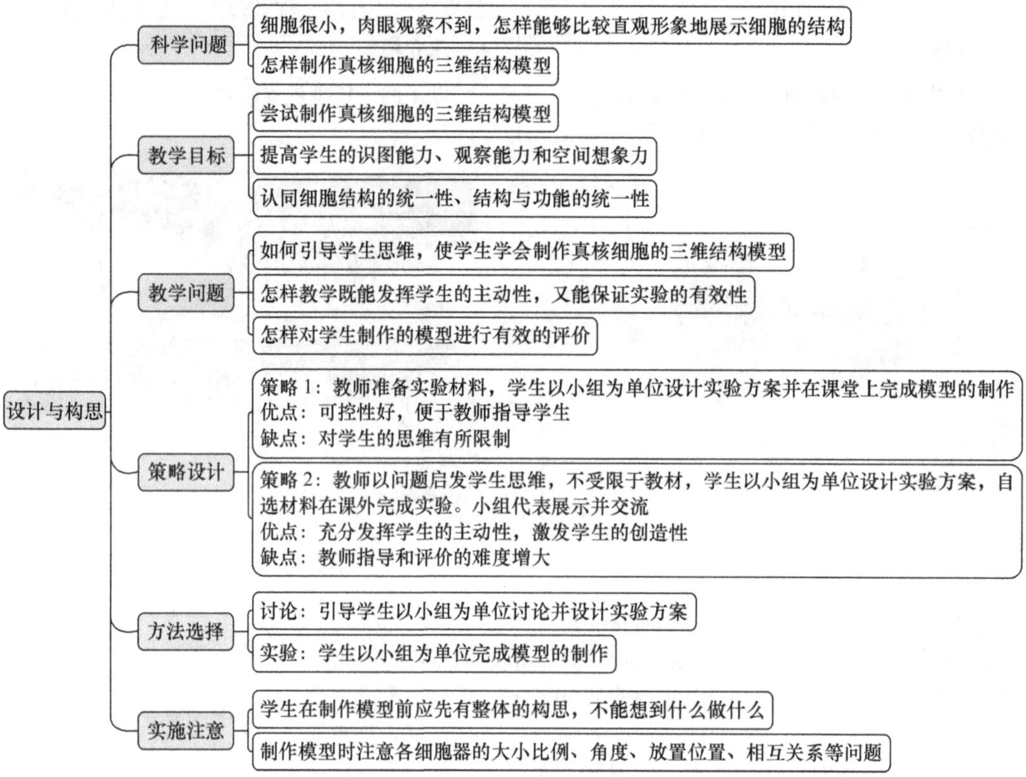

8.2.4 教学建议

8.2.4.1 实验前的准备与设计

1）查阅资料　实验前，教师应该多查阅文献资料，不要局限于教材。第一，查阅相关的制作真核细胞三维结构模型的实验方案，通过比较了解不同制作方法的优缺点，取长补短，争取在此基础上有所创新。第二，查找利用不同材料制作得比较好的真核细胞三维结构模型的图片，在学生设计模型前展示，如用种子做的、折纸做的、橡皮泥做的、废旧物品做的、计算机三维动画模型等，打开学生的思维，不局限于教材的制作方式，鼓励学生创新。第三，查找各细胞器大小比例相关的数据。这是学生在制作模型的过程中很容易被忽略的问题，教师可将数据展现给学生，启发学生制作出更加逼真的细胞模型。第四，查找细胞中各细胞器的图片，最好是三维动画，展示给学生，使他们能够多角度地看到各细胞器的外形结构特点。最好还有各细胞器的剖面图，因为有的同学可能会制作只展示细胞局部的模型。例如，高尔基体，从不同角度看，制作出的样子会不一样；中心体中两个中心粒的位置关系，甚至可以展示出能看清三联体微管的图片或三维动画，不作硬性要求，但能考察学生的观察能力，启发学生去探究更多的东西，如果学生能模仿作出来效果会更好。

2）做好预实验，完成教学设计　教师课前做好预实验，对实验中需要注意的问题做到心中有数，有利于对学生进行指导；同时教师也可以将自己制作的模型给学生展示，激发学生的兴趣。建议本实验教师不规定学生制作模型的材料和方式，学生可自主选择并准备实验材料；最好是以小组为单位，讨论出本小组的制作方案，利用课余时间完成制作，这样可以充分发挥学生的主动性和创造性。为了避免有的学生缺乏整体的构思，想到什么再制作什么，建议教师可用问题串的形式启发学生的思维，让学生了解制作模型需要注意的问题，并按照小组共同设计的实验方案画一个模型的草图，促使学生先构思、再制作，也便于教师有针对性地进行指导。

3）做好学生的分组　重视实验小组的管理与合作。由于教师无法深入到每一个学生，保证每个学生的实验效果，因而要考虑好如何对学生分组。建议按照“组间同质，组内异质”的原则对学生进行分组，每个实验小组指定一名组织能力强、有责任心的同学担任小组长。教师可以在课前根据学生的特质分好组，6 人组成一个实验小组，课堂上让学生做好分工，1 人负责拟好实验方案，1 人负责画草图，1 人负责找材料，2 人负责主要的制作，1 人负责展示。小组成员分工明确，团结合作，养成科学实验的好习惯。

4）设计好学生评价表　评价最重要的意图是为了改进，因而评价不仅要重视实验结果，更要重视实验过程，克服单纯的知识导向，进行多维度的评价。本实验的评价建议从两个方面进行：①对实验过程的评价。学生是否能经过小组积极讨论很快确定实验方案，小组间是否能很好地交流和合作，是否能按时完成实验。②对实验结果的评价。实验方案是否具有清晰的思路，内容是否完整，思维是否严密，小组成员是否有分工等。对构建模型的科学性、准确性、艺术性、创意度、经济性、环保度等方面进行评价，科学性和准确性应该放在第一位。教师在教学设计时要细化评价表，按照评价表公平公正地进行评价。要尊重学生在评价中的主体地位，开展自评和学生间互评，最后教师在进行总结性评价时，注重对学生的鼓励。

8.2.4.2　实验中的引导

本实验应该重在对实验方案设计的指导。教师用问题串的方式启发学生的思维，意在让学生考虑到制作模型应该注意的问题。由于学生想要制作的模型可能会不一样，因而教师需要对实验小组进行个别的指导。学生设计实验方案时，教师要巡逻了解学生设计的情况，可选取两个有代表性的小组展示所设计的实验方案，大家一起讨论并修正该实验方案，这样可以让所有学生都有所启发，并主动去修正自己的实验方案。如果学生是在课外完成模型的制作，建议教师先检查学生的实验方案，给学生提出一定的指导意见。如果学生在课堂上完成，教师要积极巡视，关注学生的动态：学生是否在认真地参与，小组成员是否进行了分工和合作，学生操作有无危险或不规范的地方；个别现象个别指导，如果发现大部分学生普遍出现的错误，就需要提醒全班同学注意；在学生操作过程中，可能会遇到问题，教师要启发学生思考，引导学生解决问题。

8.2.4.3　实验后的总结与反思

学生制作完模型以后，教师组织学生针对模型成品和小组合作情况进行小组自评与互评，通过评价促使学生反思并找到改进的方法。接着，教师要针对各小组模型制作的情况进行评价与总结。首先，应该评价学生制作的模型是否科学准确，学生的态度是否认真，是否充分发挥了每个小组成员的特长；其次，看学生的模型是否美观、经济、环保并有新意，是否关注社会、自然、环保。教师也要反思整个教学过程，知识点是否有遗漏或错误，学生是否积极参与，指导是否到位，教学方法是否恰当，是否重视了学生创新能力的培养等。

8.2.5 教学设计示范

尝试制作真核细胞的三维结构模型

【基本信息】

本课题目：尝试制作真核细胞的三维结构模型

课程性质：普通高中必修课

授课对象：高二年级学生

课时安排：1课时（课堂内）＋课外制作模型＋1课时（课内展示模型）

使用教材：人民教育出版社出版的普通高中课程标准实验教科书《生物必修1——分子与细胞》

【教学内容分析】

本课主要知识点

（1）细胞的基本结构。

（2）细胞器的结构和功能。

（3）如何制作真核细胞的三维结构模型。

本课内容重要性及地位

内容地位：从整个高中生物教材体系来看，细胞的结构与功能处于基础地位，细胞是生物体结构的基本单位，也是生物体新陈代谢和遗传的基本单位。掌握细胞结构的知识，是学习后续内容的基础。该实验放在学习了细胞结构的相关知识之后，一方面是因为只有充分了解细胞各部分结构的特征才能制作出更加科学准确的模型；另一方面，学生通过制作模型能巩固已学知识，加深对细胞结构知识的理解。

前修知识：细胞的基本结构（细胞膜、细胞器、细胞核）。

后继知识：细胞各部分结构的功能及细胞的生命历程。

本课内容重点、难点

教学重点：设计并制作真核细胞的三维结构模型。

教学难点：制作真核细胞的三维结构模型。

【学情分析】

学生已有基础

知识基础：学生在初中阶段学习了细胞的基本知识，而在前面几节课又学习了细胞的基本结构，包括细胞膜、细胞器和细胞核的相关结构和功能知识，对细胞的结构具有了更深入的了解，所以学生已具备制作细胞模型的知识基础。

能力基础：学生在初中阶段制作过简单的动物细胞模型，对制作模型的过程和方法有一定的认识，在操作技能上也有一定的基础。高中学生的语言能力和空间能力也有较快增长。

学生实验中可能存在的困难

真核细胞质中有各种各样的细胞器，在模型的设计和制作过程中，学生需要把各种细胞器呈现出来，而且要体现出细胞器之间的差异，以及各自的大小比例、位置关系、所取角度等问题，对学生来说有一定难度。

学生学习心理分析

高中学生观察的水平不断提高，观察事物时比以前更全面、更深刻，能发现事物的一些主要细节和事物的本质，但也并非发展得尽善尽美，观察时也会因程序不恰当或不够精确而过早过快地下结论。空间想象力和抽象概括的思维水平也明显提高。因而学生具备观察细胞图片或三维动画来制作细胞模型的认知水平，只需要老师适当指导。

【教学目标】

知识目标

（1）说出细胞的基本结构。

（2）辨别各细胞器之间的区别、位置关系、功能联系等。

（3）尝试制作真核细胞的三维结构模型。

能力目标

（1）提高对细胞的亚显微结构模式图的识别能力。

（2）培养学生的观察能力、动手能力、创新能力、空间想象力和语言交流等多种能力。

情感、态度、价值观目标

（1）体验小组的团队协作精神。

（2）认同细胞结构的统一性、结构与功能的统一性、局部与整体的关系。

【教学方法、手段】

教学方法

（1）讨论法：学生讨论并设计实验方案。

（2）实验法：学生完成模型的制作。

教学手段

传统教学手段（黑板板书）与现代教学手段（幻灯片展示、模型展示、实物展台展示）相结合。

【教学策略】

课堂上以问题串的形式启发学生的思维，学生绘出草图，以小组为单位讨论并制订实验方案，部分小组展示，其他小组提出意见。以此督促学生在制作模型前有一个整体的构思，做到心里有数。学生在课外完成模型的制作，不局限于教材，可自由选材。教师抽一节课的时间让学生展示并自评，学生互评，教师总结并评价。做得好的在年级展示。

【教学过程】

教学进程	教师行为	学生活动	设计意图
将学生分组	课前按照“组间同质，组内异质”的原则对学生分好组，课堂上学生以小组为单位安排座位	以小组为单位选择座位	锻炼学生团结协作的能力，更有利于完成实验
展示图片与模型，引入新课	展示车模、航模的图片，引入制作模型这个主题。展示用不同材料制作的真核细胞三维结构模型图片和课前制作的细胞模型，引入细胞模型的制作	观看并发表自己的观点	从学生感兴趣的话题入手，为学生树立榜样，激发学生的制作热情
回顾细胞结构的基本知识	展示动物细胞和植物细胞的亚显微结构模式图，提问： （1）说出模式图中各结构的名称。 （2）说出高等动物细胞和高等植物细胞结构上的区别	回顾并回答问题	回顾旧知识，熟悉细胞的结构和不同细胞结构的区别是制作细胞模型的基础

续表

教学进程	教师行为	学生活动	设计意图
以问题串的形式启发学生的思维，学习如何制作细胞模型	提问： （1）你准备制作什么类型的细胞模型？计算机三维动画模型还是实物模型？ （2）你准备制作哪种细胞的模型？动物细胞还是植物细胞？ （3）你准备用模型展示细胞的全部还是部分？ （4）模型准备做多大？ （5）细胞中有各种细胞器，如何区分？ （6）选用什么材料制作细胞模型的各基本构件？怎么做？ （7）各种细胞器做多大规格？选择哪个角度？怎么摆放？	思考问题并以小组为单位进行讨论。绘制草图	启发学生思维，学会如何制作细胞模型。训练学生思维的严密性，锻炼交流能力
	请每个小组绘出自己准备制作模型的草图。 结合学生情况，提醒学生： （1）先要有一个整体构思才能进行制作。 （2）选择材料原则：科学可行、安全、经济环保。 （3）需要注意的问题：各细胞器的大小比例、角度、放置位置、相互关系。 展示数据如下。 细胞器大小参考数据如下。 核糖体：直径为15～20nm 溶酶体：直径为0.2～0.8μm 线粒体：直径为0.5～1.0μm，长度为2～3μm 叶绿体：长径为5～10μm，短径为2～4μm，厚2～3μm 中心粒：长度为0.3～0.5μm，直径为0.15～0.20μm 细胞核：直径为5～10μm 液泡最大，可占据植物细胞的90%以上 展示各细胞器的图片或三维动画，提醒学生注意角度。 举例：比如高尔基体，选择角度不同，扁平囊泡的摆放方法就不一样。 如果要追求细胞模型更科学准确，还可以想想怎样可以体现有的细胞结构之间的结构联系和功能联系，如内质网膜、细胞膜与核膜的联系，核糖体、内质网、高尔基体、细胞膜的联系	请两个小组的代表回答问题并展示草图	
设计实验方案并展示	提示： 以小组为单位讨论并设计实验方案。包括实验目的、材料用具、实验步骤、小组成员间的分工等内容。 巡逻并了解学生设计实验方案的情况。	以小组为单位讨论并设计实验方案	让学生在制作模型前有整体的构思，增强实验的有效性。培养学生的团结协作能力、交流能力等
	请两个有代表性的小组代表展示实验方案。 评价两个实验方案，如有问题，提醒全体同学注意	小组代表展示，其他同学参与评价	
课外制作模型		课外完成模型制作	小组合作完成模型制作，锻炼学生的团队协作能力及动手操作能力

续表

教学进程	教师行为	学生活动	设计意图
学生展示制作的模型，并组织学生开展自评、互评	每个小组推选一位同学组成评委会，参与除本组以外的其他小组的评价。 将课前设计好的评价表发给评委会成员，学生只参与对最后模型的评价（表 8.1）	展示自己的作品，并自评。 评委会评选	通过展示，自评与互评。促进学生反思总结，锻炼语言表达能力
教师总结和评价	对每个小组作评价，包括对实验过程和实验结果的评价。最后总结同学做得好的方面，适当提醒做得不好的方面要如何改进。 做得好的模型在年级展示	反思	注重表现性评价，让学生明白不仅要重视实验结果，更要重视实验过程
课堂延伸	提问： 你们的模型有没有体现细胞质的流动性？如果没有，你能想到办法来解决吗？	课后完成	激发学生的思维，挖掘学生的创造力和解决问题的能力

表 8.1　细胞模型评价表

评价指标		各组得分							
		1 组	2 组	3 组	4 组	5 组	6 组	7 组	8 组
科学性	各结构形态正确（15 分）								
	细胞结构组成正确（15 分）								
准确性	选材恰当（5 分）								
	各细胞器大小、比例合适（10 分）								
	放置位置正确（10 分）								
	关系展现正确（10 分）								
艺术性（10 分）									
创意度（15 分）									
经济性（5 分）									
环保性（5 分）									
总分									

【板书设计】

尝试制作真核细胞的三维结构模型

一、植物细胞和动物细胞的结构

区别：植物细胞有细胞壁、液泡、叶绿体（大部分具有），无中心体

　　动物细胞无细胞壁、液泡、叶绿体，有中心体

二、制订实验方案（讨论）

（1）先要有一个整体构思才能进行制作。

（2）选择材料原则：科学可行、安全、经济环保。

（3）需要注意的问题：

各细胞器的大小比例、角度、放置位置、相互关系。

【教学反思】

以前的学生做本实验反映出的问题主要有两个：一是各细胞器的大小比例不对；二是学生在制作模型前没有整体构思，想到哪儿做到哪儿，整个过程有点混乱，也浪费不少时间。因而本次实验就设计了以问题串的形式启发学生去思考制作模型需要注意到哪些问题；制作模型前让学生绘制草图及以小组为单位设计实验方案并展示，设计的意图就在于让学生在做模型之前有一个整体的意识，做到对每一步都心里有数。根据学生作出的模型反馈，再出现这两个问题的情况就比较少了。本次实验按照“组间同质，组内异质”的原则对学生进行分组，尽量保证每个小组都有能力组织并完成实验，从实验结果来看，学生的参与度也比较高，每个小组均完成了实验，实验效果也不错。

为了激发学生的主体性和创造性，此次实验并没有限于教材，学生自由选材按照自己的想法去完成。结果还是有让老师惊喜的地方，学生制作的模型基本能达到科学准确的标准，有部分小组作出的作品也挺有创意，有用纸做的，有用布条缝制的，有用各种食品做的可食的细胞模型，甚至有1个精通计算机的同学制作出三维动画模型，还有一个小组的模型体现出了核糖体、内质网和高尔基体的联系。用橡皮泥制作的模型占多数，但模型体现的布局也有所不同。实验教学目标基本实现。

根据学生的反应，在制作细胞模型的过程中，小组成员间的分工合作做得不是很好，有的小组并没有按照制订好的分工来完成，导致的问题是要么有点混乱，要么有极个别同学根本没有参与进来。

8.3 案例二 设计并制作生态缸，观察其稳定性

8.3.1 实验方案

制 作

设计并制作生态缸，观察其稳定性

目的要求

设计一个生态缸，观察这一人工生态系统的稳定性。

基本原理

在有限的空间内，依据生态系统原理，将生态系统具有的基本成分进行组织，构建一个人工微生态系统是可能的。要使人工微生态系统正常运转，在设计时还要考虑系统内不同营养级生物之间的合适比例。应该注意，人工生态系统的稳定性是有条件的，也可能是短暂的。

实验材料

蚯蚓8～10条，蜗牛5～7个，小乌龟2～3只。浮萍、水草、蕨类植物和一些低矮杂草，仙人掌或仙人球2～3 株。

玻璃板4～5 m^2，粘胶足量；沙土8～10 kg，含腐殖质较多的花土40～50 kg，自来水足量。

方法步骤

按100 cm × 70 cm × 50 cm的标准制作生态缸框架。

在生态缸内底部铺垫沙土和花土，花土在下，一边高，一边低；沙土在上，沙土层厚5～10 cm。在缸内低处倒进水。将收集或购买的动物和植物放在生态缸中，其中浮萍、水草与小乌龟放在水中，仙人掌或仙人球移植到沙土上，蕨类植物和杂草移植到花土上，蚯蚓与蜗牛也放

置在花土上。

封上生态缸盖。将生态缸放置于室内通风、光线良好的地方，但要避免阳光直接照射。

生态缸

每一个星期观察一次生态缸内的生物种类与数量变化，并且进行记录。

结果和结论

根据观察结果完成实验报告。

讨论：

1. 设计时要考虑的生态系统各组成成分有哪些？

2. 生态缸经过多长时间才能达到比较稳定的状态？

3. 达到稳定状态后，生态缸内的生物种类与数量有无变化？如有，是怎样变化的？

8.3.2　本实验相关知识结构图

- 生态系统
  - 结构
    - 组成成分
      - 非生物物质和能量：阳光、热能、水、空气、无机盐等
      - 生产者：自养生物，主要是绿色植物
      - 消费者：动物，包括植食性动物、肉食性动物、杂食性动物和寄生动物等
      - 分解者：能将动植物遗体残骸中的有机物分解成无机物，主要是细菌和真菌
    - 营养结构
      - 食物链和食物网
  - 功能
    - 能量流动
      - 最终能量来源：太阳光
      - 能量流动特点：单向流动、逐级递减
    - 物质循环
      - 具有全球性
      - 具有循环性
    - 信息传递
  - 稳定性
    - 原因：生态系统的自我调节能力
    - 种类：抵抗力稳定性、恢复力稳定性
    - 内在规律：生态系统中的生物种类越多，食物网越复杂，自我调节能力就越强，抵抗力稳定性就越高
    - 局限：生态系统的自我调节能力是有限的

8.3.3 实验设计与构思

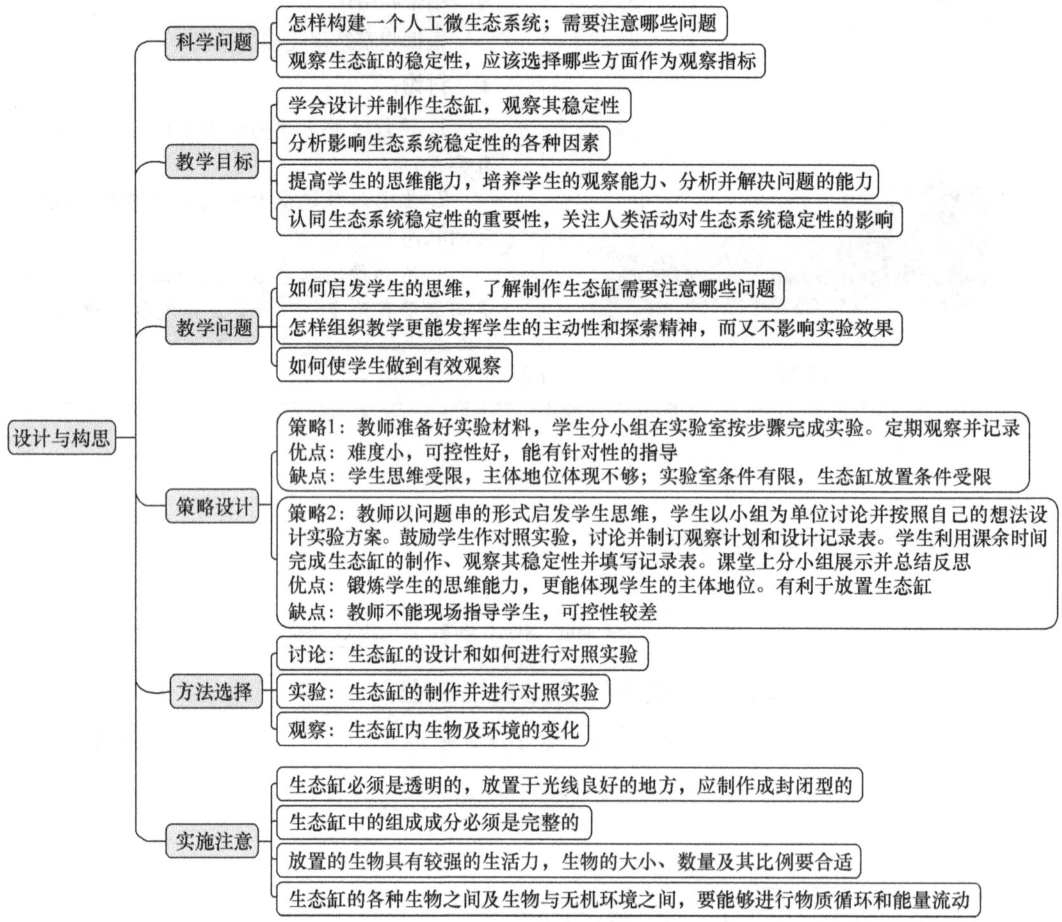

8.3.4 教学建议

8.3.4.1 实验前的准备与设计

1）**立足于教材完成教学设计，力求创新** 本实验是对生态系统相关知识的综合应用，对学生思维与能力要求都比较高。如果让学生直接按照教材中的方法步骤制作生态缸，可以降低难度，但部分学生可能并没有理解为什么要这样制作，也没有发挥出学生的创造性。学生要知其然，更应该知其所以然：首先，建议教师以问题串的形式启发学生的思维，使学生了解制作生态缸需要注意的问题。其次，学生以小组为单位进行交流讨论，设计出实验方案。学生可以采用书上的实验方案，也可以自己选择实验材料按照自己的想法进行设计。最后，鼓励学生做对照实验。每个小组的实验方案不同，小组间可以相互比较来探索影响生态系统稳定性的因素。但由于影响因素比较多，如果要更准确地探究，做对照实验是不错的方式。教师可给学生创设条件，鼓励学生就其中某一个因素进行探究，制作两个生态缸进行对照。也正因为本实验的影响因素较多，学生自行设计实验方案难免存在考虑不周的情况，所以建议教师检查学生的实验方案并提出建议。

2）准备实验材料，做好预实验　有的同学愿意按照教材的实验方案进行制作，教师要准备足够的教材中提到的实验材料以备用。但有的同学想要尝试制作其他类型的生态系统，按照自己的想法来选择实验材料，教师可以适当地准备一些其他的实验材料，如水蚤、田螺、河蚌、小金鱼、蚂蚁、淤泥等。如果教师没有准备到某些学生想要的实验材料，可让学生自行准备。建议学生设计并使用实验材料清单（表 8.2），防止实验材料准备不足而影响实验的进程，养成学生做事仔细而又有条理的好习惯。

表 8.2　制作生态缸材料清单

分类	名称		规格	单位	数量
用具	生态缸		100cm×70cm×50cm	个	2
材料	动物材料				
	植物材料				
	水				
	……				

建议教师在实验前的一段时间做好预实验，最好制作的生态缸和教材中不一样，可选择其中一个影响生态系统稳定性的因素做对照实验。一则教师可以通过预实验更清楚地了解制作生态缸过程中需要注意到的问题；二则可以用制作的生态缸给学生展示，激发学生想要尝试的探索欲望。

3）对学生进行分组，根据不同的情况，制作过程可采用不同方式相结合　本实验适合以小组为单位。由于实验室条件的限制，学生制作的生态缸不能放在实验室。建议教师引导学生设计好实验方案后，在实验室领取需要的实验材料，或者自行准备实验材料，再根据学生的具体情况布置制作生态缸的地点。住读的学生可利用课余时间在教室或者寝室完成，而走读的同学可在家里制作完成。这样一个班级制作的多个生态缸就可以分散到不同的地方，容易找到适合的环境条件放置生态缸，也方便学生后续的观察。因而教师在给学生分组时就要考虑到这个问题，最好不要住读生与走读生混编；一个组最好不要超过 6 个人，每个组都应分配一个勇于担当、有责任心的同学担任小组长，起到协调、组织与督促的作用；小组成员间要有一定的分工，缸体的制作、实验材料的摆放、观察、记录、照相、展示等工作做好分配。本实验持续的时间比较长，避免出现虎头蛇尾的现象。

8.3.4.2　实验中的指导

1）强调注意事项，检查学生的实验方案　为了锻炼学生的思维能力，不抑制学生的创造性，教师以问题串的形式引导学生思考，使学生明白如何去设计并制作生态缸，可按照自己的想法去设计并制作。但由于本实验的影响因素较多，建议教师在引导学生思考后，总结并强调实验中需要注意的问题：生态缸必须是透明的；人工微生态系统的组成成分必须是完整的；选择和放置生物材料时，要符合该类型生态系统的环境，以遵循该生物的生活方式为原则；生态缸中放置的生物必须具有较强的生活力，放置的生物数量要合适、比例要恰当，生物个体不能太大；生态缸中的各种生物之间及生物与无机环境之间必须能够进行物质循环和能量流动；如果制作的是水生生态系统，生态缸中的水不能加满，加水到缸的2/3～4/5，最好是经过晾晒的自来水；生态缸最好制作成封闭型的；生态缸放置于室内通风、光线良好的地方，但要避免阳光直接照射；制作完毕的生态缸，应该贴上标签，在上面写上制作者的姓名与制作日期；不要随意移动生态缸的位置；小组成员一定要做好分工。

2）重视实验的观察和记录　本实验持续时间较长，后续的观察是很重要的部分。较强的观察能力会让学生有更多的发现，进而离真理就近了一步。生态缸中的组成成分较多，情况也较复杂，就更考验学生的观察能力。建议教师在实验中让学生制订观察计划和观察记录表。学生以小组为单位在课堂上讨论并制订观察计划和观察记录表，教师检查后并做一些统一的要求，比如要贴上照片，防止学生杜撰。

生态缸观察记录表参考表8.3。

表8.3　生态缸观察记录表

<table>
<tr><th colspan="8">生态缸观察记录表</th></tr>
<tr><td colspan="8">生态缸起始状态：　月　日　（照片）</td></tr>
<tr><td colspan="2"></td><td>植物数量变化</td><td>植物生长状况</td><td>动物数量变化</td><td>动物生长状况</td><td>水质变化（颜色、浑浊度）</td><td>其他变化</td></tr>
<tr><td rowspan="2">第一周（ 月 日 时）</td><td>生态缸 1（照片）</td><td></td><td></td><td></td><td></td><td></td><td></td></tr>
<tr><td>生态缸 2（照片）</td><td></td><td></td><td></td><td></td><td></td><td></td></tr>
<tr><td rowspan="2">第二周（ 月 日 时）</td><td>生态缸 1（照片）</td><td></td><td></td><td></td><td></td><td></td><td></td></tr>
<tr><td>生态缸 2（照片）</td><td></td><td></td><td></td><td></td><td></td><td></td></tr>
<tr><td rowspan="2">……</td><td></td><td></td><td></td><td></td><td></td><td></td><td></td></tr>
<tr><td></td><td></td><td></td><td></td><td></td><td></td><td></td></tr>
<tr><td colspan="8">生态系统被破坏：　月　日　（照片）</td></tr>
<tr><td>实验结论</td><td colspan="7"></td></tr>
</table>

教师可让学生自行设计记录表，也可以统一观察记录表的格式。

教师要给学生特别强调：定期观察，做好记录，如每周一次或间隔时间更短些；观察要细心，记录要真实；观察植物和动物的变化、水质情况（可由颜色、浑浊度的变化进行判别）及基质变化等；如果发现生态缸中的生物已经全部死亡，说明此时该生态系统的稳定性已被破坏，记录下发现时间；分析实验，得出实验结论。也可以写下本小组成员的发现、想法或者经验教训。

8.3.4.3　实验后的总结与反思

实验完成后，建议教师抽出一节课的时间给学生展示。每个小组派一名代表阐述本小组的实验方案，展示实验观察记录表，表明本小组的实验结论、发现、想法或者经验教训。通过展示活动让不同小组间有了比较，启发学生思考和反思。鼓励学生若有新的假设或想法可继续探究。

教师则要反思自己的教学是否启发了学生的思维，能让学生设计出科学合理而又不失创造性的实验方案；是否调动起了学生参与的热情和探索的欲望；小组成员间配合好吗，是否能自觉地完成实验；分组方式是否能更好地发挥出学生的水平，教师分组是否比学生自由组合好；学生设计的生态缸是否考虑了该注意的问题，达到教学目标了吗；学生是否坚持观察了生态缸的稳定性，并做好了记录；学生能否通过实验有自己的发现或想法。教师反思教学过程，总结优势与不足，完善教学设计和教学行为。

8.3.5　教学设计示范

设计并制作生态缸，观察其稳定性

【基本信息】

本课题目：设计并制作生态缸，观察其稳定性

课程性质：高中必修课

授课对象：高二年级学生

课时安排：1 课时（课内）＋一段时间（课外制作生态缸并观察，持续时间可能会比较长）＋1 课时（课内展示）

使用教材：人民教育出版社出版的普通高中课程标准实验教科书《生物必修 3——稳态与环境》

【教学内容分析】

本课主要知识点

（1）影响生态系统稳定性的因素。

（2）如何设计并制作生态缸，观察其稳定性。

本课内容重要性及地位

内容地位：该实验是前面所学知识的综合应用。学生理解了生态系统的结构、功能及其稳定性的相关知识，才能设计并制作出具有一定稳定性的生态缸。此过程也能巩固并运用知识。学生观察生态系统的稳定性，分析影响生态系统稳定性的各种因素，为后续生态环境保护相关问题的探讨做好准备，可以更有依据地思考提高生态系统稳定性的措施，提出保护生态环境的建议。

前修知识：生态系统及其稳定性（生态系统的结构、功能、稳定性）。

后继知识：生态环境的保护。

本课内容重点、难点

教学重点：

（1）学会设计并制作生态缸，观察其稳定性。

（2）分析影响生态系统稳定性的因素。

教学难点：

（1）设计并制作生态缸。

（2）分析影响生态系统稳定性的因素。

【学情分析】

学生已有基础

知识基础：生态系统的稳定性与其物种组成、营养结构和非生物因素等都有密切的关系。在一定时间内，一个人工微生态系统保持稳定性是可能的，但当干扰因素超过自动调节能力后，生态系统将遭到破坏。通过前面的学习，学生已经了解生态系统的结构、功能及其稳定性的相关知识，具备了自行设计并制作生态缸的知识基础。

能力基础：本实验对学生的动手能力要求不高，高中学生完全可以完成。学生通过初中阶段及高中一段时间的训练，已经具备一定的实验设计能力、观察能力和分析解决实际问题的能力。

学生实验中可能存在的困难

学生在设计和制作生态缸的过程中，可能存在的困难是：①选择哪些材料放入生态缸？生态缸中的各种生物之间及生物与无机环境之间必须要能够进行物质循环和能量流动。②各种生物的数量及其比例。根据能量流动的特点，在生态缸中放入的各种生物数量要遵循一定的比例，而这个比例跟生物的种类、大小、生活状态、数量、运动状态等有关系，要定量计算是比较困难的，所以一般只进行粗略的估计，这也让实验的难度加大。要制作出稳定性高、维持时间长的人工微生态系统，这就要求学生对生态系统相关的知识掌握得比较好，思维比较严密，对各种生物及其生存环境比较了解。

学生制作完生态缸，观察与分析是我们另一个重要的目标，对于一部分学生来说，可能也会存在一定的困难。一是因为对生态缸要做定期的观察，观察的时期可能会延续得比较长，这需要学生有较高的兴趣和耐心才能坚持，观察要认真仔细并做好记录，要不观察活动的效果可能就会打折扣。二是对于观察到的现象，学生要进行分析，总结实验的成败，这需要学生有较好的思维能力和较强的分析解决问题的能力。

学生学习心理分析

生物圈是地球上最大的生态系统，作为我们人类的家园，它的稳定性与我们息息相关。所以学生对本实验应该是比较感兴趣的，而对于自己构建的生态缸到底可以维持多久也是充满好奇的，学生间也会相互比较竞争。因而教师要善于引导学生的这种心理，利用学生的好奇心激发学生的探索欲望和竞争意识。高中学生的质疑能力日益增长，他们会主动地去寻找对问题的理解。此外，皮亚杰指出，青少年对问题的理解能力、掌握抽象概念的能力、进行假设思维的能力，以及他们对情境内在可能性的理解能力都发展得越来越精细，这使得他们能够对自己提出的假设不断地进行研究分析。

【教学目标】

知识目标

（1）学会设计并制作生态缸的方法。

（2）了解影响生态系统稳定性的各种因素。

能力目标

（1）设计并制作生态缸，观察其稳定性。

（2）培养学生的观察能力、动手能力、分析并解决问题的能力等。

情感、态度、价值观目标

认同生态系统稳定性的重要性，关注人类活动对生态系统稳定性的影响。

【教学方法、手段】

教学方法

（1）谈话法：启发学生思维，了解如何设计生态缸。

（2）讨论法：讨论生态缸的设计方案。

（3）实验法：制作生态缸，探究影响生态系统稳定性的各种因素。

（4）观察法：观察生态系统的稳定性，生物与无机环境的变化。

教学手段

传统教学手段（黑板板书）与现代教学手段（幻灯片展示、实物展示、实物展台展示）相结合。

【教学策略】

教师以问题串的形式启发学生的思维，了解如何设计并制作生态缸。课堂上学生以小组为单位讨论并设计实验方案，设计并填写材料用具清单，制订观察计划和观察记录表。教师综合做得较好的学生展示的观察记录表，统一表的格式，课后检查并修正学生的实验方案，以确保实验效果。学生利用课余时间制作生态缸并观察其稳定性，填写观察记录表。教师抽出一节课的时间给学生展示，相互学习并促进学生反思。

【教学过程】

教学进程	教师行为	学生活动	设计意图
情境导入	用多媒体展示自然界中多种生态系统的图片，如海洋、森林、草原、池塘等。 展示课前制作的生态缸。 提问： （1）地球上最大的生态系统是什么生态系统？ （2）生物圈是我们共同的家园，它有可能被破坏而崩溃吗？如果真到那一天，我们人类该怎么办呢？ 讲解生物圈Ⅱ号的故事。 提问： 我们可以建立一个人工生态系统吗？想知道它能维持多久吗？ 我们可以比赛看谁制作的生态缸维持得最久	观看幻灯片和生态缸 思考并回答问题	通过展示图片，激发学生对美好自然的热爱和向往。 通过生态缸、问题与故事，激发学生的探究欲望和竞争意识，促使学生认真地完成实验
学生分组	按课前准备好的分组名单将学生分组，并指定小组长。 （考虑走读、住读情况，每组选择一位勇于担当、有责任心的同学担任小组长。）	分组	本实验有一定难度，以小组为单位，可发挥集体的智慧
以问题串的形式启发学生的思维，学生了解如何设计生态缸	提问： （1）我们可以制作哪些类型的人工微生态系统？ （2）用什么材料制作生态缸？为什么？ （3）放入生态缸的材料有要求吗？需要注意什么问题？	思考并回答问题 小组讨论并回答问题	以问题串的形式启发学生的思维，让学生了解如何设计并制作生态缸

续表

教学进程	教师行为	学生活动	设计意图
	如果学生回答的情况不太理想，以提问的方式加以引导： （1）生态系统的组成成分有哪些？它们之间有什么关系？ （2）放入生态缸的材料在种类和生活状态上有要求吗？为什么？ （3）生态系统有哪些功能？各具什么特点？ （4）放入生态缸的生物在数量、大小、比例等方面有要求吗？为什么？ （5）怎样安排并放置材料？应该遵循什么原则？ （6）如果建立的是水生生态系统，生态缸中的水能加满吗？用什么水比较好？为什么？ （7）材料放置好后，生态缸需要封口吗？ （8）制作好的生态缸放在什么条件下？为什么？ 在师生共同探讨过程中，边讲边板书，以引起学生注意： （1）生态缸必须是透明的。 （2）人工微生态系统的组成成分必须是完整的。 （3）选择和放置生物材料时，要符合该类型生态系统的环境，以遵循该生物的生活方式为原则。 （4）生态缸中放置的生物必须具有较强的生活力，放置的生物数量要合适、比例要恰当，生物个体不能太大。 （5）生态缸中的各种生物之间及生物与无机环境之间必须能够进行物质循环和能量流动。 （6）如果制作的是水生生态系统，生态缸中的水不能加满，加水到缸的2/3～4/5，最好是经过晾晒的自来水。 （7）生态缸最好制作成封闭型的。 （8）生态缸放置于室内通风、光线良好的地方，但要避免阳光直接照射。 （9）制作完毕的生态缸，应该贴上标签，在上面写上制作者的姓名与制作日期。 （10）不要随意移动生态缸的位置。 建议学生可设置对照实验对某一个因素进行探究。在实验之前，列出材料用具清单，包括生物的种类、数量、来源、容器、工具及替代材料等。以避免出现有的实验材料没有准备的情况	在教师的引导下思考并回答问题	
设计实验方案和材料用具清单	布置学生以小组为单位讨论并设计实验方案，设计并填写材料用具清单。 提醒学生： 可以按照自己的想法设计并制作生态缸，不一定按照教材提供的做。老师没有准备的实验材料可以自备或请老师帮助。小组成员间一定要分好工，体现在实验方案里。 （课后检查学生的实验方案和材料用具清单，提出修改意见）	以小组为单位讨论并设计实验方案，设计并填写材料用具清单	发挥学生的创造性，学会设计并制作生态缸。锻炼学生团队交流与协作的能力，养成做事仔细和有条理的好习惯。教师课后检查并评价，以保证后续实验效果
制订观察计划，设计观察记录表	提问： 本实验后续对生态缸稳定性的观察同样很重要。我们要怎样观察？观察哪些指标？ 布置以小组为单位讨论并制订观察计划，设计观察记录表。 巡逻，了解学生情况	以小组为单位讨论，制订观察计划，设计观察记录表	讨论并制订观察计划，以确保学生能有效观察。重视观察记录表的设计，让学生学会如何条理清晰地记录实验结果

续表

教学进程	教师行为	学生活动	设计意图
	请两个做得较好的小组的代表展示（实物展台）并阐述观察计划和观察记录表，其他同学和教师参与评价，最后综合意见统一观察记录表的格式。 提醒学生观察过程的注意事项： （1）定期观察，做好记录。 （2）观察要细心，记录要真实。 （3）观察植物和动物的生活情况和数量的变化、水质情况（可由颜色、浑浊度的变化进行判别）及基质变化等。 （4）如果发现生态缸中的生物已经全部死亡，说明此时该生态系统的稳定性已被破坏，记录下发现时间。 （5）分析实验，得出实验结论。也可以写下本小组成员的发现、想法或者经验教训	小组代表展示并阐述观察计划和记录表。 参与评价	
制作生态缸，观察其稳定性	不定时地询问学生实验情况	以小组为单位课后制作生态缸，并观察生态缸的稳定性，分析实验现象，填写观察记录表	锻炼学生的动手能力、团队合作能力和分析解决问题的能力
展示实验成果，总结与反思	观看学生的展示，作总体的评价。 鼓励学生若发现问题，可做进一步的探究	每个小组派一名代表阐述本小组的实验方案，展示实验观察记录表，表明本小组的实验结论、发现、想法或者经验教训	小组间可相互学习，取长补短，促进学生反思，培养学生严谨的科学态度
课堂延伸	提议学生根据此次实验所得到的结论，结合当地实际情况，给出提高当地生态系统稳定性的建议或措施	课后完成	提高学生运用知识的能力。渗透关爱自然、保护环境的情感

【板书设计】

设计并制作生态缸，观察其稳定性

制作生态缸的注意事项：

（1）生态缸必须是透明的。

（2）生态系统的成分是完整的。

（3）选择和放置的生物材料，要遵循该生物的生活方式。

（4）生物有较强的生活力，数量合适、比例恰当，个体不能太大。

（5）能进行物质循环和能量流动。

（6）若是水生生态系统，水不能加满，加到缸的2/3～4/5，最好是晾晒过的自来水。

（7）最好制作成封闭型的。

（8）放置于室内通风、光线良好的地方，但要避免阳光直接照射。

（9）贴上标签，写上制作者的姓名与制作日期。

（10）不要随意移动生态缸的位置。

（11）小组成员做好分工。

【教学反思】

本实验对学生的动手能力要求不高，但对思维能力、观察能力和分析解决问题的能力要求较高。实验设计的精彩之处在于：①利用问题串，启发学生的思维，引导学生思考如何才能设计并制作一个稳定性较好的生态缸。使学生不仅知其然，更要知其所以然，同时这也是实验成功的关键。②鼓励学生按照自己的想法设计并制作生态缸，建议学生做对照实验，发挥学生的主动性，满足学生的求知欲。教师应该是用教材教，而不是教教材，应该注重学生的参与和主动探究，因而可以根据需要对实验材料和教学模式做一定的改进。③重视实验观察，让学生制订观察的计划和记录表格，以贴照片的形式督促学生坚持认真观察，学会科学地观察和记录的方法，提升学生的观察能力。并要求学生分析并记下实验结论或自己的发现与想法、优势与不足，以促进学生反思，提高学生分析并解决问题的能力，避免出现虎头蛇尾的现象。

8.4 案例三 为家长设计一份午餐食谱

8.4.1 实验方案

设计

为家长设计一份午餐食谱

目的要求

尝试运用有关合理营养的知识，给家长设计一份营养合理的午餐食谱，关心长辈的饮食。

提示

- 设计的午餐食谱只要求含有五类食物并且比例合适，不要求计算其中能量的多少以及各类营养物质的量。
- 设计时应考虑当地常吃的食物种类、营养成分、价格，以及中老年人的健康状况和饮食习惯等。
- 设计出的午餐食谱，可在小组内交流，然后进行修改和完善。小组内可以讨论以下问题：1.一份营养合理的午餐食谱，为什么应当包括五类食物？2.组内哪些午餐食谱基本做到了营养合理、经济实惠？
- 根据自己设计的食谱，亲自在家中烹调，请家长品尝，并给家长讲明你设计的食谱中的科学道理，听取家长对食谱的意见。

8.4.2　本实验相关知识结构图

- 食谱设计
  - 食物中的营养物质
    - 无机物
      - 水——人体细胞的主要成分，各项生命活动都离不开水
      - 无机盐——人体内含量不多，但作用大，不可缺少
      - 维生素——需要量少，作用不可替代
    - 有机物
      - 糖类——人体主要的供能物质
      - 脂肪——人体内的备用能源物质
      - 蛋白质——建造和修复身体的重要原料，也可为人体提供能量
    - 膳食纤维——不被人体吸收，但能促进胃肠的蠕动和排空
  - 合理营养
    - 概念
    - 如何做到合理营养
      - 平衡膳食宝塔
      - 每日按时进餐
      - 早、中、晚餐的能量比约为3∶4∶3
      - 《中国居民膳食指南》(2007）中十条基本原则
  - 食品安全
    - 食品本身的安全
    - 食品搭配的安全
    - 厨房和炊具保持干净

8.4.3　实验设计与构思

- 设计与构思
  - 科学问题
    - 城市生活质量日益提高，由于饮食不合理，依然存在营养不良或肥胖的青少年
    - 如何运用合理营养的知识，为家长设计一份午餐食谱
    - 有的学生在家很少干家务活，缺乏对家人的关心
  - 教学目标
    - 尝试运用合理营养的知识，为家长设计一份午餐食谱
    - 学会理论联系实际，提高解决实际生活问题的能力
    - 关心长辈，帮助家人健康地生活
  - 教学问题
    - 怎样设计一份营养合理的午餐食谱
    - 如何引导学生设计出真正适合家人的午餐食谱
    - 如何评价并呈现学生的活动成果
  - 策略设计
    - 策略1：引导学生设计食谱，以小组为单位讨论，完善各自的设计
优点：时间短，可控性好
缺点：没有真正用于实践
    - 策略2：引导学生设计食谱，以小组为单位讨论，完善各自的设计，家长给予评价
优点：时间短，可控性好，增进孩子与家长的感情
缺点：没有真正用于实践
    - 策略3：用调查表启发学生思维，学生设计食谱，小组讨论并完善各自的设计。亲自为家人制作午餐
优点：设计应用于实践，更能提升学生的能力，增进孩子与家长的感情
缺点：需要较长时间，长期寄宿的学生实施起来有困难
  - 方法选择
    - 调查法：了解家人基本情况
    - 讲授法：引导学生了解设计食谱需要注意的问题
    - 讨论：以小组为单位讨论，完善设计
    - 实验作业法：亲自为家人制作午餐
  - 实施注意
    - 设计的午餐食谱不要求计算其中能量的多少及各类食物的量
    - 提醒学生食谱的设计要考虑家人的基本情况
    - 要注意食品安全问题
    - 选择食材时要注意季节性和可行性，尽量选当季容易买到的食材
    - 加工食物时要注意用科学的方法

8.4.4 教学建议

8.4.4.1 实验前的准备与设计

1）让学生了解自己家人的基本情况　有部分学生对家人的基本情况并不是很了解，如果教师在活动前不加以引导或提示，就会有学生随机写几个菜名应付了事，并不是从家人角度出发用心地设计食谱。因而教师在活动前应提示并引导学生去思考或讨论为家人设计食谱需要考虑的问题，如家人的饮食习惯、健康状况、职业等。另外，教师可以设计一个调查表让学生填写，一则可以引导学生，二则可以督促学生。学生在填写调查表的过程中，遇到自己不了解的会和家人交流，学会关心家人。

2）学生查阅资料，获取需要的信息　学生要设计出一份营养合理而又适合自己家人的午餐食谱，需要食物、营养及健康等多方面的知识。教材只涉及了相关的基本知识，学生需要去查阅自己需要的其他的资料。例如，家里有糖尿病患者的学生，需要知道糖尿病患者在饮食上需要注意的问题，什么能吃，什么不能吃？学生设计了午餐食谱后，应该让家长知道孩子对他们的关心，如果有条件可以让学生利用周末一天的时间，按照自己设计的食谱为家人制作午餐，增进孩子与家人之间的感情。很多孩子可能从未做过饭，因而他们也需要从网络、书籍或家长那里去获取相关的知识。例如，如何买到价廉物美的菜？哪种食物适合哪种烹饪方式？哪些食物不能搭配吃？哪些食物搭配吃会提升它们的营养价值？学生在做这些的过程中也增强了他们独立生活的能力。

3）设计记录表　教材中本活动只要求学生运用所学的基本知识，设计营养基本合理的午餐，7类营养物质和膳食纤维的种类齐全、比例适当就可以了。食谱中的菜也不用太多，3～4种就行了。但教师也可以根据学生的具体情况适当提高要求，开阔学生的思维，让学生能有更多的收获。

建议教师可以设计一个记录表，在条件有限的情况下，可以在表格中设计4个方面的内容：学生设计的食谱、学生解释设计食谱的依据、家长的评价和签名、老师的评价。这样做一方面可以督促学生认真完成，因为要解释出自己设计的依据；另一方面也便于教师将好的设计作品进行展示。如果条件允许的话，建议让学生利用周末按照自己设计的食谱为家人制作午餐，让学生真正体验知识应用于生活，增强学生生活的能力，增进家人间的感情。教师可在表格中增加一项内容，让学生贴上买菜、洗菜、做菜、成品4个环节的照片，也可以建议学生将整个过程拍成视频，展示的时候就更有趣味。关于教师的评价，可以结合调查表、记录表或视频对学生进行评价：①食谱是否符合“平衡膳食宝塔”，7类营养物质和膳食纤维的种类是否齐全？比例是否恰当？②是否考虑了家人的基本状况？③所选食材是否经济实惠？④参考家人的评价。

8.4.4.2 活动中的指导

因为每个家庭的基本情况有差别，所以本活动适合以个人为单位。学生学习了相关的基本知识，了解家人的基本情况并查阅了相关的资料。课堂上可以先让学生独立设计食谱，然后分小组讨论，相互修正。教师在此过程中巡逻了解学生设计食谱的情况，发现存在的不足并指导。或者请2～3位学生阐述所设计的食谱，教师再进行点拨。

提醒学生在设计的过程中应该注意的问题：①以“平衡膳食”为原则，应该每日均衡地吃“平衡膳食宝塔”中的5类食物，做到品种齐全，比例合适。注意饮食的多样化，每餐荤素搭配合理，强调水果与蔬菜不能相互代替。②一日三餐的热能比例合适，午餐热能比例要高些，早、中、晚的能量比大约为3∶4∶3。③考虑家人的基本情况，如饮食习惯、健康状况及职业等。如果教师让学生为家长制作午餐，还应该提醒学生考虑食材的选择、搭配、烹调方式等问题。

8.4.4.3　实验后的总结与反思

本活动是希望学生能学以致用，将学到的知识应用于生活，因此关键在于学生能否用心地设计出适合家人的午餐食谱。实验后，学生和教师都需要进行总结和反思。教师应该启发学生总结自己还有哪些地方做得不够好？有什么收获和体会？教师则需要反思学生的参与度并分析原因，怎样去激发学生的学习热情？教师的教学是否让学生掌握了知识？学生是否可以根据已学的知识或主动地查阅相关的资料完成一份营养合理的午餐食谱？学生在交流的过程中是否能大方清楚地表达自己的意见并虚心听取别人的意见？活动的设计是否达到渗透情感教育的目标？本活动是否提高了学生的学习兴趣，激发了学生探索的欲望？教师通过反思，总结经验，找出不足，自己想办法或提出来与同组的教师进行交流，共同商讨，不断改善，更好地实现教学目标。

8.4.5　教学设计示范

为家长设计一份午餐食谱

【基本信息】

本课题目：为家长设计一份午餐食谱

课程性质：初中必修课

授课对象：初一年级学生

课时安排：1课时（课外学生填表并查阅资料）＋1课时（课堂教学）＋周末半天时间（学生家中实践）

使用教材：人民教育出版社出版的义务教育课程标准实验教科书《生物学》（七年级下册）

【教学内容分析】

本课主要知识点

（1）什么是合理营养？

（2）设计一份营养合理的午餐食谱。

本课内容重要性及地位

内容地位：从整个教学过程来看，该实验是前面所学知识的综合应用。要设计一份营养合理的午餐食谱，需要了解食物中具有的营养物质及其对人体的作用，需要知道有关合理营养的知识，因此前面所学的内容是该设计活动的基础，该活动是对前面所学知识的检测和实践运用。同时，该活动引导学生去关注自身和家人的饮食与健康，注重培养学生的情感、态度和价值观，提高学生用所学知识解决实际问题的能力。

前修知识：食物中的营养物质、合理营养。

后继知识：选择健康的生活方式。

本课内容重点、难点

教学重点：尝试运用所学的合理营养的知识设计一份午餐食谱。

教学难点：设计一份营养合理且适合家人的午餐食谱；为家人制作午餐。

【学情分析】

学生已有基础

知识基础：通过前面的学习，学生知道了食物中所包含的七大营养物质，常见食物主要包含的营养物质，各种营养物质对人体的作用。学生也明白为了满足人体每天对能量和营养物质的需要，人们的营养必须合理，参照“平衡膳食宝塔”设计饮食，遵照每天早、中、晚＝3∶4∶3的能量比。这些知识是设计午餐食谱的基础。

能力基础：学生具有通过多种渠道获取所需知识的能力；具有一定的知识应用能力；能够做一些力所能及的家务事。

学生实验中可能存在的困难

要设计一份营养合理的午餐食谱，包含“平衡膳食宝塔”中的5类食物及注意5类食物所占比例，这是刚学过的知识，对大部分学生来说没有多大困难。但要让学生对家庭成员的基本情况，如健康状况、职业等，以及食材的选择、食品安全等问题考虑得比较周全，对于初一年级的学生来说还有一定难度。尤其是城市的孩子可能有的蔬菜都不认识，什么蔬菜当季？什么食材经济实惠？这些问题就很难了。所以活动前需要让学生查阅资料或向家长了解，设计过程需要教师的指导及同学间的交流。

活动的实践过程看似简单，但现在的学生很多是独生子女，衣来伸手，饭来张口，缺乏生活经验。买菜、切菜、做饭这些环节对一部分学生来说，是比较有难度的。因此，对这部分学生，需要家长的指导，但不能让家长代劳，亲身经历后方能体会到家长的辛苦，才会让学生懂得，有时看似简单的事情，其实包含着很多科学的道理。

学生学习心理分析

有部分初一年级的学生已进入身体快速发育时期，食量会比较大，但同时他们也会关注自己体重的变化，如何满足营养需要的同时又不会发胖是他们很关心的问题，因而本活动的内容能引起学生的兴趣。进入青少年阶段，他们开始能够抽象地思考问题，思考也变得更具有系统性，因而在老师的引导下，学生应该是能够设计出营养合理的食谱，并能够考虑要设计出适合家人的午餐食谱应该注意的问题。但同时由于青少年的自我中心主义，导致这一阶段的孩子容易与家人间出现矛盾。如果家长能够配合，教师让学生学以致用，亲自为家人制作午餐，能让他们体会到父母的辛苦，对缓解家人之间的矛盾、增进家人之间的感情都是很有帮助的。

【教学目标】

知识目标

（1）说出什么是合理营养。

（2）尝试设计一份营养合理的食谱。

（3）关注食品安全。

能力目标

（1）尝试理论联系实际，运用所学知识解决生活中的实际问题。

（2）培养学生的实践能力、语言交流能力等。

情感、态度、价值观目标

关心长辈，帮助家人健康地生活。

【教学方法、手段】

教学方法

（1）调查法：学生了解家人的饮食习惯和健康状况。

（2）讨论法：小组讨论所设计的食谱，进行修正并完善。

（3）讲授法：教师提示学生活动需要注意的问题。

（4）实验作业法：学生亲自为家人制作午餐。

教学手段

传统教学手段（黑板板书）与现代教学手段（幻灯片展示）相结合。

【教学策略】

课前教师设计调查表，学生完成调查表，了解家人的基本情况并查阅或向家长询问所需的知识。课堂上，学生为家长设计午餐食谱，并以小组为单位讨论交流，互相修正完善；教师巡逻了解学生设计食谱的情况，发现问题并指导；请 2～3 个学生展示自己设计的食谱并解释依据，教师点评；教师教授并提醒学生要设计一份营养合理并适合自己家人的午餐食谱需要注意的问题；学生修改并完善自己的食谱。利用周末的时间，学生根据设计好的午餐食谱亲自为家人制作一顿午餐，家长可根据情况适当指导，有条件的可拍下或录下孩子活动的关键过程。学生向家人解说自己的设计意图，并请家人品尝并评价，共同探讨如何养成良好的饮食习惯并健康地生活。学生完成记录表，教师评价学生的活动过程，并将做得比较好的学生的记录表在班级展示，促进大家互相学习。

【教学用具】

调查表、记录表等。

【教学过程】

教学进程	教师行为	学生活动	设计意图
课前教师设计调查表，学生完成调查表并查阅资料	设计调查表，分发给学生填写（表 8.4）。 提示学生： 每个家庭的情况不同，为家人设计的午餐食谱应该是适合家人的，需要考虑家人的实际情况，要从哪些方面去考虑呢？ 布置学生查阅资料获取需要的信息，也可以询问家长	填写调查表，思考设计食谱需要考虑的问题，了解家人的基本情况。 查阅相关资料	通过调查表，启发学生思考。学生了解家人的基本情况并查阅资料，为设计食谱做准备
课堂引入	展示漂亮的食物图片，并简单介绍营养师这个职业	观看并回答老师的问题	从生活引入，激发学生为家人设计食谱和制作午餐的热情
回顾旧知识	提问： （1）食物中含有哪些营养物质？每种营养物质的作用是什么？ （2）不同食物所含营养物质的种类和数量是否相同？ （3）每种食物能满足我们人体对所有营养物质的需求吗？ （4）什么是合理营养？要保证营养合理，我们的饮食需要注意什么？	回答问题	回顾与营养有关的旧知识，是设计食谱的基础

续表

教学进程	教师行为	学生活动	设计意图
为家长设计午餐食谱	过渡： 通过课堂上的学习，同学们具备了一些基本知识。课前同学们填写了调查表，也做了一些思考并查阅了相关资料，了解了家人的基本情况。现在是同学们大显身手的时候了，请你们为自己的家长设计一份午餐食谱。 巡逻，了解学生设计食谱的情况并作指导	独立设计食谱	先让学生独立设计，意图在于不限制学生的思维，充分发挥学生的创造性，也便于教师了解学生的思维水平
小组讨论交流	将学生分组，让学生以小组为单位进行讨论交流	以小组为单位讨论交流，相互修正并完善	通过相互交流，产生思维的碰撞而启发学生思考并完善各自的食谱
学生展示并解释	根据巡逻了解的情况，选择 2～3 位具有代表性的学生展示并解释所设计的食谱。 根据学生展示和解释的情况，提出相关的问题引导学生思考，可先请学生评价再做点评	展示并解释所设计的食谱。 不同组的学生可参与评价。 思考自己的食谱设计是否存在类似的问题	教师根据学生的展示和解释提出相关的问题，旨在启发学生思考，锻炼学生思维的严密性。同时也让学生反思自己的食谱设计
师生共同探讨总结	提问： 请同学们总结，要设计适合家人的午餐食谱需要注意哪些问题？ 师生共同总结设计食谱需要注意的问题： （1）以“平衡膳食”为原则：品种齐全，比例合适。 （2）一日三餐的热能比例合适：早：中：晚≈3：4：3。 （3）考虑家人的基本情况：饮食习惯、健康状况、职业等。 （4）食材的选择：当季新鲜的、经济实惠、家人喜好等。 （5）食材搭配。 （6）烹调方式	总结并回答问题 修正并完善食谱设计	总结为家长设计食谱需要注意的问题，使学生设计的食谱更完善，以便于后面学生为家人制作午餐
课后学生利用周末时间亲自为家人制作午餐	提醒学生要亲自制作，但有问题可寻求家长的指导和帮助。 提前分发记录表给学生（表 8.5）	周末亲自为家人制作午餐	学生亲自实践，体会家长的辛苦，帮助父母做力所能及的家务，锻炼独立生活能力，增进与家人之间的感情
教师评价，展示学生作品	根据学生的调查表、记录表或视频作出评价，重在鼓励。 在班级内展示做得比较好的作品，表扬同学们所付出的劳动	观看展示，相互学习	通过评价学生作品，让学生了解到自己作品的亮点和不足之处。通过展示可以让学生相互学习
课堂延伸	让同学们利用自己学到的知识，帮助家人改掉不良的饮食习惯，形成良好的饮食习惯	课后完成	引导学生帮助家人健康幸福地生活

表 8.4 调查表

调查表	
班级：	姓名：

1. 平时家人会关注有关饮食健康方面的信息吗？
   A．经常关注　B．偶尔关注　C．没什么兴趣，不关注
2. 家里的菜肴盐度如何？
   A．很咸　B．清淡　C．较咸
3. 家里的菜肴辣吗？
   A．很辣　B．微辣　C．不辣　D．偶尔会做比较辣的菜肴
4. 饮食是否注意荤素搭配？
   A．荤菜多素菜少　B．素菜多荤菜少　C．荤素各占一半　D．全是荤菜　E．全是素菜
5. 就餐时一般喝什么？
   A．汤　B．白开水　C．茶水　D．饮料　E．不喝
6. 家人爱吃水果吗？
   A．每天都吃　B．偶尔会吃　C．不吃　D．其他
7. 家人有不良饮食习惯吗？你准备怎么做？

8. 家人健康状况如何？是否有人患病？患何种疾病？

9. 家人都从事什么工作？

表 8.5 为家长设计一份午餐食谱

为家长设计一份午餐食谱		
班级：	姓名：	
午餐食谱		
设计依据		
照片：	买菜	洗菜
	做菜	成品
收获和体会		
家长评价		
教师评价		

【板书设计】

设计食谱需要注意的问题：

（1）以“平衡膳食”为原则：品种齐全，比例合适。

（2）一日三餐的热能比例合适：早：中：晚≈3：4：3。

（3）考虑家人的基本情况：饮食习惯、健康状况、职业等。

（4）食材的选择：当季新鲜的、经济实惠、家人喜好等。

（5）食材搭配。

（6）烹调方式。

【教学反思】

通过本次活动，加深了学生对课本知识的理解，提高了学生的设计能力，还获得了许多书本上没有的知识。本活动设计的精彩之处在于通过调查表启发学生的思维，让学生独立设计，并以记录表或视频的形式记录学生的活动过程。对学生来说，既有引导作用，也

有督促作用，学生将所学知识应用于生活中，并能够给家人和同学展示，让学生获得成就感。学生通过亲身实践才能体会，看似简单的事情，其实蕴含很多的知识，做起来却并不是那么简单。明白了知识的重要和父母的艰辛，会更加努力地学习，更懂得关心体贴家人，增进与家人之间的感情。

本活动学生设计食谱是在教师的引导下在课堂上完成的，大部分学生都能积极参与，并能设计出适合家人的午餐食谱，达到教学目标。实践是学生自己在家里完成，部分学生在家里可能从未做过饭，存在畏难情绪也难以避免，虽然记录表在一定程度上可以督促学生，但要使活动取得比较好的效果还是需要家长的配合。因而教师要争取家长的配合，让学生积极地参与，只要学生真正地实践了，不管最后午餐制作效果如何，是否色香味俱全，学生都会有很多的收获。

第 9 章 探究类实验

9.1 实验共性分析

该实验是探究类实验，需要确定某个未知问题，分析问题，设计解决问题的方案，获取信息和证据并对其进行分析和讨论，得出结论。

这类实验在教学上，仍然要遵循探究教学的一般原则，即教师在教学中主要起引导的作用。首先，教师要通过提问引导学生思考，帮助学生明确探究的问题，分析和确定自变量、因变量，引导学生找到控制变量的思路和方法，给学生提供必要的信息、资料，引导学生创造实验条件、设计实验方案。在实施实验方案的过程中，教师要引导学生根据问题和变量的需要，尝试自主设计记录实验现象和数据的表格，尝试分析现象的因果关系，用适当的方法呈现数据的规律，从中找到实验结果。对实验结果，教师要继续用问题引导学生思考、分析和讨论，主动得出相应的结论。

此类实验是中学生物学实验中数量最多的实验，包括三种类型：第一种是普通的探究类实验，确定探究的具体问题，分析问题，设计解决问题的方案，获取信息和证据并对其进行分析和讨论，得出结论。第二种是调查类探究，与普通探究不同的是，需要通过调查的方法获取信息和证据，从而找到问题（往往是发生在我们身边真实的、直观的生物学现象或问题）的答案，一般不需要实验，但要求学生掌握调查的方法和技能。第三种是模拟类探究，与普通探究不同的是，由于客观原因，不能对探究对象直接操作，而只能建构模型，模拟实验对象或其条件、特点，然后再进行探究，因此，这类探究性实验的准确性经常遭到质疑，需要不断地去创设符合实际情况的条件，因此在教科书中的数量也较少。

探究类实验的教学目标重在培养学生提出问题、分析问题、解决问题的能力，教会学生思考，通过“问题”将整个探究串联在一起。在探究的实践环节，教师要围绕“问题”，给学生更多尝试的机会，培养学生分析问题与变量、记录数据（证据）、统计和分析数据（证据）、表达与交流等具体的科学探究和实践能力。

然而在实际教学中，我们常常会看到这样的现象：教师忽略“问题”本身，盲目带领学生快速进入探究实施阶段，学生犹如无头苍蝇，知其然而不知其所以然。这种教学是不利于培养学生科学思维的，是毫无意义的。教学中切忌“走马观花，为探究而探究”，必须将培养学生的探究思维和具体的探究能力落到实处。因此，此类实验的考核也应注重对学生探究能力的考核，表现性评价是较好的评价方法。教师结合该探究任务的特点和目标，提前制订详细的评分规则，然后在学生完成任务的过程中，根据评分规则评价学生的各项能力表现，学生也能依据详细的评分规则快速得到反馈并找到改进的措施。如果一定要用纸笔测验，要注重考核学生对此实验的理解、应用、分析、综合、评价等高层次的认知能力，切忌考核学生对实验的识记。

9.2 案例一 探究酵母菌细胞呼吸的方式

9.2.1 实验方案

探究 探究酵母菌细胞呼吸的方式

酵母菌是一种单细胞真菌，在有氧和无氧的条件下都能生存，属于兼性厌氧菌，因此便于用来研究细胞呼吸的不同方式。

在本探究活动中，你需要设计和进行对比实验，分析有氧条件下和无氧条件下酵母菌细胞呼吸的情况。

提出问题

1．在小组内说一说你了解哪些有关酵母菌的知识。

2．想一想关于酵母菌细胞呼吸的方式，自己有哪些不清楚的地方，提出要探究的问题。

参考案例

有一位同学说他知道酵母菌能使葡萄糖发酵产生酒精，但是不清楚这一过程是在有氧条件下还是在无氧条件下进行的；另一位同学说他知道酵母菌的细胞呼吸会产生CO_2，但是不知道不同条件下产生的CO_2是否一样多。

作出假设

根据自己已有的知识和生活经验，针对所提出的问题作出假设。

设计实验

通过小组讨论，先确定实验的总体思路，再逐步细化，写出包括材料用具和方法步骤在内的实验方案。请特别关注以下问题。

1．怎样控制有氧和无氧的条件？

2．怎样鉴定有无酒精产生？怎样鉴定有无CO_2产生？如何比较CO_2产生的多少？

3．怎样保证酵母菌在整个实验过程中能正常生活？

参考资料

1．酵母菌培养液的配制　取20 g新鲜的食用酵母菌，分成两等份，分别放入锥形瓶A（500 mL）和锥形瓶B（500 mL）中。分别向瓶中注入240 mL质量分数为5%的葡萄糖溶液。

2．检测CO_2的产生　用锥形瓶和其他材料用具组装好实验装置（如图），并连通橡皮球（或气泵），让空气间歇性地依次通过3个锥形瓶（约50 min）。然后将实验装置放到25～35 ℃的环境中培养8～10 h。

CO_2可使澄清石灰水变混浊，也可使溴麝香草酚蓝水溶液由蓝变绿再变黄。根据石灰水混浊程度或溴麝香草酚蓝水溶液变成黄色的时间长短，可以检测酵母菌培养液中CO_2的产生情况。想一想，除了这两种检测方法，还有没有其他方法？

3． 检测酒精的产生　橙色的重铬酸钾溶液，在酸性条件下与乙醇（俗称酒精）发生化学反应，变成灰绿色。具体做法是：各取2 mL酵母菌培养液的滤液，分别注入2支干净的试管中。向试管中分别滴加0.5 mL溶有0.1 g重铬酸钾的浓硫酸溶液（体积分数为95%～97%）并轻轻振荡，使它们混合均匀。观察试管中溶液的颜色变化。

> ! 浓硫酸有腐蚀性，往试管中滴加浓硫酸时要缓慢、小心。

进行实验

请老师对实验方案提出意见，待老师认可后开始做实验。由于实验需要时间较长，观察的项目和次数要事先计划好，并做好记录。

结论、交流和应用

1．根据实验结果得出本小组的结论。然后，用简明而科学的语言，在班里说出酵母菌的细胞呼吸有几种方式，每种方式的条件和产物有什么区别。

2．重铬酸钾可以检测有无酒精存在。想一想，这一原理在日常生活中可以有什么用处？

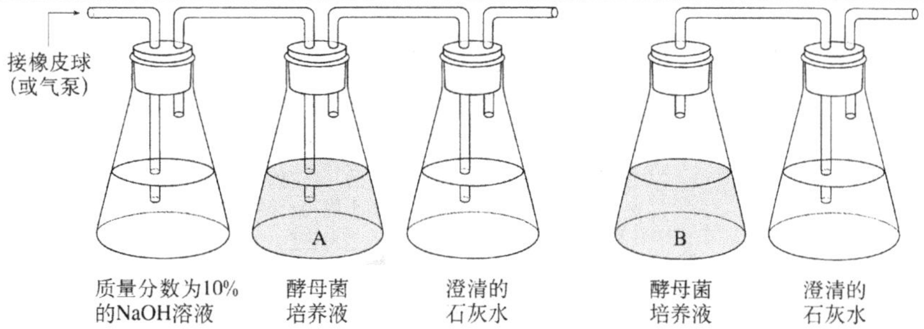

B 瓶应封口放置一段时间后，再连通盛有澄清石灰水的锥形瓶。想一想，这是为什么？

9.2.2　本实验相关知识结构图

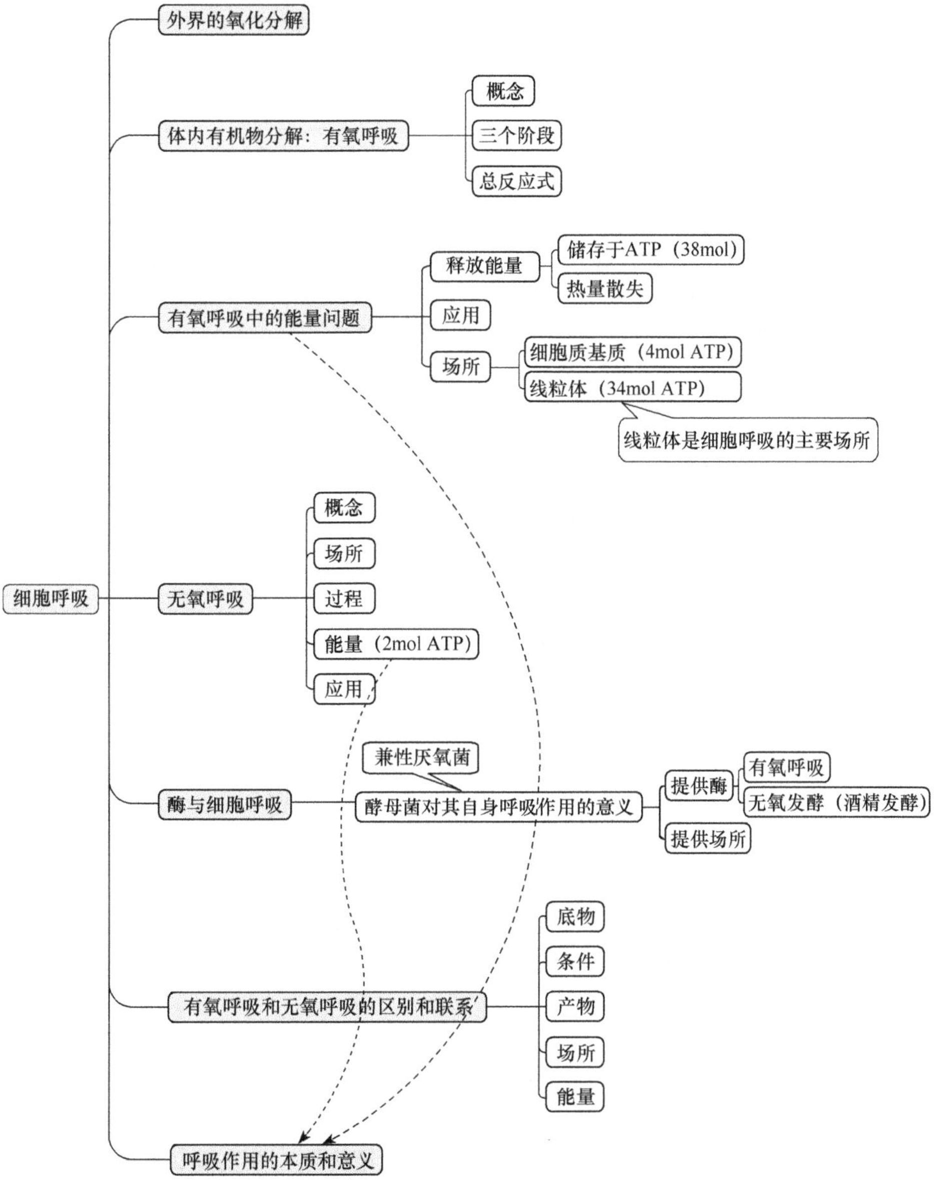

9.2.3 实验设计与构思

- 设计与构思
  - 基本问题与目标
    - 目标：探究酵母菌细胞呼吸的方式
    - 问题与假设：
      酵母菌细胞呼吸方式是怎样的？在有氧条件和无氧条件下其呼吸方式是否一样？
      有氧条件和无氧条件下，由于底物一样、条件不一样，酵母菌呼吸作用产生的物质和能量也不一样
  - 确定单一变量
    - 因变量：氧气的有无
    - 自变量：呼吸作用产生的物质、能量
  - 存在的具体问题
    - 如何控制有氧条件和无氧条件
    - 如何检测有氧条件和无氧条件下酵母菌细胞呼吸产生的物质和能量
  - 策略设计
    - 策略1：观察日常生活中人们对酵母菌的应用，可以发现有氧和无氧条件下，酵母菌细胞呼吸的产物不一样
      优点：简单易行
      缺点：只是感性的经验认识，不够严谨
    - 策略2：在经验的基础上，借助仪器装置，严格控制条件，检测产物，进行对比实验
      优点：既能定性也能定量，客观、定量
      缺点：条件不易创设，对实验的操作技能要求较高
  - 方法选择
    - 选择策略2，根据实验条件的要求，设计装置进行对比实验
    - 具体方法：
      控制条件：设计两组装置，分为有氧组和无氧组，有氧组通足够的氧气，无氧组隔绝空气
      有氧组氧气的通入：可以直接通入空气，也可以制备氧气再通入
      检测产物：检测乙醇的有无及相同时间段二氧化碳产生量的多少
  - 实施注意
    - 加入反应物前必须检查装置的气密性
    - 为了提高实验效率，避免浪费，葡萄糖溶液和酵母菌的用量不宜太多，但比例要合适
    - 葡萄糖也有还原性，对乙醇的检测有影响，需探究合适的浓度
    - 酵母菌极易发生无氧呼吸，必须保证有氧组不间断获得充足的氧气，但也不能过多
    - 为了消耗掉反应瓶中已有的氧气，无氧组需反应一段时间再检测二氧化碳
    - 如果是制备氧气再通入，要考虑产氧的速度，避免氧气过多导致酵母菌氧中毒；
      如果直接用洗耳球通入空气，要防止倒吸现象
    - 用澄清石灰水检测二氧化碳的多少，有两种判断方法：
      (1) 观察相同时间内，澄清石灰水变浑浊的程度
      (2) 通入澄清石灰水，观察石灰水变浑浊的快慢
      不管采用哪种方法，最好在两组反应的中间段进行，既不能太早也不能太晚，避免干扰因素
    - 实验过程中要用到氢氧化钠溶液，必须戴上防护手套
      检测乙醇的重铬酸钾溶液含有重金属，需统一回收处理，避免污染

9.2.4 教学建议

9.2.4.1 实验前的准备与设计

1）理解实验原理，大胆创新 教材将本实验设定为探究性实验，这是针对具体实施教

学而言的。实际上，教师在准备实验前应该充分理解有氧呼吸和无氧呼吸的原理，对其进行充分的比较，发现有氧呼吸和无氧呼吸的第一阶段是一样的，这样就可以准确计算有氧组的需氧量，根据需氧量来灵活设计获得氧气的方式，可以直接通入空气获取适量的氧气，也可以用化学反应制氧，只要控制合适的反应速度即可。

教材中有实验的插图，但是那些用具在我们的实验中不一定有，教师可以自己画图标出详细的尺寸，找专门的实验用品公司定做，也可以根据实验室现有用具改进装置。例如，除了用锥形瓶，还可以用抽滤瓶，这样瓶塞上就可以少打一个孔；同时，瓶塞上插入玻璃管后，可以用橡胶管连接两个瓶塞的玻璃管，橡胶管很软而且可长可短，瓶子的位置就没有那么局限，从而增加水浴加热和其他操作的便利性。

2）*探索实验中存在的变量* 根据探究目标，本实验应该控制的单一变量是氧气的有无，然而影响实验结果的因素却很多。例如，葡萄糖的浓度既会影响呼吸反应速率，也会影响乙醇的检测。不能过低也不能过高，到底什么样的浓度最合适？无氧组采用封闭反应瓶口的方式创造无氧环境，但是培养液上方仍有一定的空间，其中的氧气会不会影响实验结果？但是培养液加得太满容易从玻璃管溢出且浪费，到底多少体积的葡萄糖溶液才是合适的？教材上指出无氧组要放置一段时间，是针对什么而言的？到底需要放置多长时间？教师在预实验时要根据每次实验的具体结果积极思考、尝试、探索。因此，在预实验的准备中，教师要找到影响实验成败的新因素，发现新的变量，进行摸索控制，达到最佳结果。

3）*教学设计因生而变* 很多老师都会质疑这个实验的探究性，虽然教材上将其定为探究性实验，但实际上学生通过初中阶段的学习和生活经验已经知道了酵母菌细胞的呼吸方式，而且对有氧呼吸和无氧呼吸也有一定程度的了解，该实验应为验证性实验。但是，很多老师也忽略了一个问题，自己的学生并不代表所有的学生，很多学生对此问题只是经验上的认识，并未获得科学的概念。在此基础上，教师可以利用学生的生活经验，如酿酒和发面，创设发现和提出问题的情境，激发学生思考。再者，即使学生已经获得了关于细胞呼吸方式的科学概念，该实验的教学仍然有很多能够探究的地方。例如，实验装置的组装就可以让学生自己去尝试探究。当学生清楚了有氧呼吸和无氧呼吸的底物、条件、产物的不同后，教师可以引导学生根据实验目的（控制无氧、有氧条件并检验乙醇的有无和二氧化碳的多少）探究装置的组装方式，这样的学习方式会比教师手把手教学生组装的方式更有效。

9.2.4.2 实验中的观察、示范与引导

与大部分实验一样，该实验能否得到预设的结果，与操作本身有关。例如，装置的气密性、通气方法对实验结果的准确性有着至关重要的影响。在学生动手前，教师应针对装置气密性的检测和通气进行示范，才能确保学生进行准确的操作。

检测产物时准确的操作也很重要。检测二氧化碳时，接入澄清石灰水的时机、观察记录的方法对结果的准确性就有至关重要的影响。实验前，教师要结合实验原理引导学生思考接入澄清石灰水的时间，思考观察、记录的应该是开始变浑浊的时间还是相同时间内各自的浑浊程度，并在此基础上提供直观的观察、记录表，学生在理解了“为什么”之后就能做到心中有数，提高操作的主动性，降低操作错误。同时，通过以上的理解，学生会发现澄清石灰水变浑浊的程度和快慢是相对而言的，在两组反应的中间任一时段进行检测都可，如果出现

错误可以进行重复检验。检测乙醇时，滤液中仍然含有葡萄糖和酵母菌，如果动作过慢，有氧组的滤液中也会产生乙醇，导致检测结果失败。因此，在整个过程中，教师一定要巡回观察，发现学生操作问题及时纠正指导。

9.2.4.3 实验后的总结与反思

据上所述，影响该实验成败的因素有很多，除了实验控制的有氧和无氧这一变量外，还有很多，如装置的气密性、检测的时机、操作的规范、葡萄糖溶液的浓度。实验结束后，教师应引导学生针对结果进行总结分析。对于教师，要根据学生在课堂中的表现，反思在教学中是否给学生进行了足够的铺垫和引导，是否给学生留了足够的机会和时间。例如，装置的组装，到底是学生自己动手组装的学习效果好，还是教师示范学生跟着组装的效果好？

9.2.5 教学设计示范

探究酵母菌细胞呼吸的方式

【基本信息】

本课题目：探究酵母菌细胞呼吸的方式

授课对象：高一年级学生

课时安排：1 学时

使用教材：人民教育出版社出版的普通高中课程标准实验教科书《生物必修 1——分子与细胞》

【教学内容分析】

本课主要知识点

（1）酵母菌是一种单细胞兼性厌氧型真菌。

（2）干酵母不是死酵母，而是处于休眠状态，活化后即可使用。

（3）细胞有氧呼吸和无氧呼吸的异同。

（4）二氧化碳能使澄清的石灰水变浑浊。

（5）橙色的重铬酸钾溶液在酸性条件下与乙醇发生氧化还原反应，变成灰绿色。

本课内容重要性及地位

内容地位：“细胞呼吸”是《生物必修 1——分子与细胞》的教学重点与难点，人民教育出版社出版的教材在这节内容的编排上改变了以往直接传授理论知识的做法，而是设计在此之前进行探究性实验，使学生经历探究过程，主动建构知识和概念，并且在探究过程中得到多种能力的发展。因此这个探究活动的功能不仅在于发展探究能力，还可以为学生学习“细胞呼吸的过程”作好铺垫。通过酵母菌细胞呼吸方式的探究，学生认识到有氧呼吸和无氧呼吸的条件及产物，为后面学习有氧呼吸和无氧呼吸的过程打下了基础。

前修知识：降低化学反应活化能的酶、细胞的能量“通货”——ATP、细胞呼吸。

后继知识：有氧呼吸、无氧呼吸的过程。

本课内容重点、难点

教学重点：引导学生根据生活中对酵母菌的应用提出问题、作出假设，控制有氧和无氧条件，设计实验。

教学难点：引导学生根据实验目的，设计和组装实验装置，组织学生经历完整的探究过程。

【学情分析】

学生已有基础

知识基础：学生已经掌握了线粒体的结构和功能、糖类的功能等知识，同时初步了解了细胞呼吸的知识，初步具备了检验产物用到的化学知识。

能力基础：学生在初中阶段已经进行过多次探究活动，大部分学生已具备了一定的科学探究能力，甚至有部分学生思维灵活，探究意识强，探究欲望高。

学生学习可能存在的困难

部分学生在初中阶段未经历过探究实践活动，进行独立探究的能力不够。

学生学习心理分析

部分学生习惯被动地接受知识，不习惯探究的学习方式，教学中需要通过引导激发学生的探究欲望。

【教学目标】

知识目标

（1）概述细胞有氧呼吸与无氧呼吸的条件和产物。

（2）阐述对比实验的设计方法。

能力目标

（1）能用正确的方法检测酵母菌细胞呼吸的产物。

（2）能找到影响实验结果的因素并进行控制。

情感、态度、价值观目标

（1）培养敢于质疑、勇于创新的科学精神和实事求是的科学态度。

（2）培养探究的欲望。

【教学思想】

学生不再是知识的被动接受者，而是知识的主动建构者和课堂的主体。在积极参与科学探索的过程中，获得从真实生活情景中发现问题、解决问题的能力；在与他人的合作过程中发生思维的碰撞，达到能力的互补与提高。

【教学方法、手段】

教学方法

以引导探索为主的教学方法：通过生活经验引导学生发现和提出问题、作出假设；由实验目的和条件入手，引导学生思考控制有氧和无氧条件的方法，引导学生自主设计和组装实验装置，进行对比实验。

教学手段

传统教学手段（黑板板书）与多媒体教学（运用图片等直观素材）相结合。

【教学过程】

教学进程	教学行为	学生活动	设计意图
结合生活经验，创设问题情境	创设问题情境： （1）在通风条件下，酵母菌发酵面团，面团会膨胀，里面呈现蜂窝状；而在密闭的情况下，面团会闻到乙醇味。 （2）用酵母菌发酵的香槟酒，摇晃香槟酒瓶时，瓶塞冲出来并冒出大量气泡。 以上现象会给你带来哪些启发？ 继而引导学生提出问题： 酵母菌在有氧和无氧条件下，细胞呼吸的产物是什么？酵母菌细胞呼吸的方式是怎样的？	积极讨论思考，产生以下结论： 在有氧和无氧的条件下，酵母菌代谢的产物不一样 根据现象作出假设： 有氧条件下产生CO_2，无氧条件下产生CO_2和乙醇。酵母菌细胞可以进行有氧和无氧两种呼吸方式	引导学生发现和提出问题，作出假设
设计实验方案，组装实验装置，进行实验	根据假设的结果提问： （1）本探究的单一变量是什么？ （2）如何控制有氧和无氧的条件？ （3）如何检测有氧和无氧条件下酵母菌细胞的呼吸产物？有氧和无氧条件下都会产生，该如何区分？如何检测乙醇？ 提供检测产物要用到的化学资料，如乙醇可以与重铬酸钾发生氧化还原反应，使橙色的重铬酸钾溶液变为灰绿色	学生积极思考，以小组为单位激烈讨论，提出解决问题的方案	通过层层提问，引导学生设计方案和装置，培养学生解决问题的能力，形成科学的思维方式
	在巡视的过程中发现较好的解决方案，组织学生展示交流，重点讨论： （1）有氧组如何获得氧气？ （2）无氧组如何隔绝氧气？ （3）产物的检测方法。 继续布置任务：将上述方案中用到的实验装置用图画出来并展示。 确定最佳装置的最佳设计方案。	积极发言，交流实验方案 完成装置图的绘制并展示	
	动手前通过提问引导学生思考，进一步完善实验方案： （1）装置的气密性会不会影响实验的结果？ （2）无氧组剩余空间也有氧气，会不会对实验有影响？如果有，如何避免影响？ （3）葡萄糖也有还原性，会干扰乙醇的检测，如何避免？ （4）干酵母处于休眠期，如何进行活化？	分组讨论问题，并尝试解决： （1）检查装置的气密性。 （2）影响不大，也可以将无氧组放置一段时间，再检测CO_2。 （3）探究葡萄糖合适的浓度，既不干扰乙醇的检测，又能满足反应的需要。 （4）讨论活化的方法	
	组织学生安装装置，按步骤进行有氧和无氧的对比实验。 实验步骤如下： 配制酵母菌培养液→检查装置的气密性→把氢氧化钠溶液和澄清石灰水按图示倒入装置中（A、B瓶中已分别加入150ml质量分数为2.5%的葡萄糖溶液进行水浴加热）→先向B瓶中倒入提前活化完成的酵母液，10min后再向A瓶中倒入等量的酵母液并开始通气。将A、B瓶产生的气体同时通入装有50ml澄清石灰水的100ml烧杯中→开始反应后，观察Ⅰ、Ⅱ两	理解实验步骤和注意事项。 安装装置，进行实验，检测产物，在表格（见【板书设计】）中记录实验结果	

续表

教学进程	教学行为	学生活动	设计意图
	套装置中澄清石灰水变浑浊的情况→检测无氧呼吸培养液中是否有乙醇产生。 提醒学生动手前关注注意事项		
讨论与交流	组织学生以小组为单位展示实验结果，得出结论	展示交流，得出以下结论： 酵母菌在有氧和无氧条件下均能进行细胞呼吸，均能产生CO_2；在有氧的条件下，酵母菌通过细胞呼吸产生大量的CO_2；在无氧的条件下，酵母菌通过细胞呼吸产生乙醇和少量的CO_2	在学生亲身探究后，根据实验现象和过程引导他们分析和总结实验结果，培养其严谨的科学态度，并在此过程中学会科学总结的方法
	通过提问，引导实验失败的小组分析失败的原因： （1）是否检查了装置的气密性？ （2）是否在反应的中间时段检测CO_2并记录了澄清石灰水开始变浑浊的时间，或者观察了相同时间内CO_2变浑浊的程度？ （3）滤液中也含有酵母菌和葡萄糖，有氧组滤液检测不及时会不会影响检测结果？	分析实验失败的原因： （1）装置的气密性； （2）检测CO_2的时机是否正确； （3）乙醇检测的及时性	
	通过提问，引导学生分析对比实验的特点：今天的实验有有氧组和无氧组，哪一个是实验组？哪一个是对照组？ 总结：在该实验中我们设置了两个实验组，像这样设置两个或两个以上的实验组，通过对结果的比较分析，来探究某种因素与实验对象的关系，这样的实验叫作对比实验。对比实验是科学探究中常用的方法之一	思考发现：有氧组既是实验组，也是对照组，无氧组既是实验组，也是对照组。有氧组和无氧组相互对照，形成对比	

【板书设计】

探究酵母菌细胞呼吸的方式

一、提出问题

二、作出假设

三、实验设计与实施

四、实验结果与讨论

实验结果记录表

实验条件	有氧	无氧
澄清石灰水开始变浑浊的时间		
相同时间内澄清石灰水变浑浊的程度		
培养液中是否含有乙醇		

【教学反思】

本实验教学利用生活中的酿酒和发面现象作为情景引入，虽然花费时间较多，但与本探究性实验密切相关，由此不但成功地引出探究的问题，更为重要的是燃起了学生的探究热情。

整个探究活动是围绕问题“酵母菌的呼吸方式是什么”展开的。在探讨解决问题的过程中，教师的引导起着关键的作用，学生的学处于核心地位。在探究的每一个环节，给学生留足了机会和时间。学生的开放性、自主性活动出现了各种不可预测的情况，有创造性的设计，有不严谨的操作，有成功的结果，也有失败的现象，但教师总能通过课堂观察及时发现这些细节并因势利导。例如，实验装置的组装，大胆放开，让学生根据反应条件和检测需要自主组装，虽然学生一开始组装错误，花费了较多时间，但最后还是组装成功了，并加深了有氧呼吸和无氧呼吸的理解。部分学生在有氧实验组中检测到乙醇，激发他们思考：这个结果是说明有氧呼吸同样产生乙醇吗？试验装置或实验操作过程中是否存在漏洞呢？对这些问题的解决，学生学到的不仅是知识，更体会到实验严谨的重要性，锻炼了解决问题的能力。

9.3 案例二　细胞大小与物质运输的关系

9.3.1 实验方案

细胞大小与物质运输的关系

目的要求

通过探究细胞大小，即细胞的表面积与体积之比，与物质运输效率之间的关系，探讨细胞不能无限长大的原因。

材料用具

3 cm × 3 cm × 6 cm 的含酚酞的琼脂块（NaOH和酚酞相遇，呈紫红色）。塑料餐刀，防护手套，毫米尺，塑料勺，纸巾，烧杯。质量分数为0.1%的NaOH溶液。

方法步骤

1．用塑料餐刀将琼脂块切成三块边长分别为 3 cm、2 cm、1 cm 的正方体。

2．将3块琼脂块放在烧杯内，加入NaOH溶液，将琼脂块淹没，浸泡 10 min。用塑料勺不时翻动琼脂块。注意：不要用勺子将琼脂块切开或挖动其表面。

3．戴上手套，用塑料勺将琼脂块从NaOH溶液中取出来。用纸巾把它们吸干，用塑料刀把琼脂块切成两半。观察切面，测量每一块上NaOH扩散的深度。记录测量结果。每两次操作之间必须把刀擦干。

> ! NaOH 有腐蚀性，应避免与皮肤和眼睛等接触。如泼洒出来，应立即用水冲洗泼洒处，并告诉老师。

4．根据测量结果进行计算，并填写下表。

琼脂块的边长 /cm	表面积 /cm^2	体积 /cm^3	比值（表面积 / 体积）	NaOH 扩散的深度 /cm	比值（NaOH 扩散的体积 / 整个琼脂块的体积）
3					
2					
1					

结论

琼脂块的表面积与体积之比随着琼脂块的增大而________；NaOH扩散的体积与整个琼脂块的体积之比随着琼脂块的增大而________。

讨论

1. 有什么证据说明 NaOH 扩散进琼脂块了？NaOH 在每一琼脂块内扩散的速率是否相同？为什么？

2. 大多数高等动植物细胞的直径为20～30 μm。请计算直径分别为20 μm和30 μm的细胞的表面积与体积之比。

3. 在相同时间内，物质扩散进细胞的体积与细胞的总体积之比可以反映细胞的物质运输的效率。细胞的物质运输的效率与细胞大小之间是什么关系？为什么多细胞生物体是由许多细胞而不是由少数体积更大的细胞构成的？为什么细胞越大，物质运输的效率越低？

9.3.2 本实验相关知识结构图

- 细胞的物质运输
  - 方式
    - 主动运输
    - 被动运输
      - 自由扩散
      - 协助扩散
    - 胞吞和胞吐
  - 影响因素
    - 细胞的死活
    - 细胞的大小
    - 细胞的形状
    - 物质的浓度
    - 载体、通道和离子泵
    - 能量
    - 细胞质的特点

9.3.3 实验设计与构思

- 基本问题与目的
  - 目标：探究细胞大小与物质运输之间的关系（假设细胞的形状都为正方形）
  - 问题与假设：随着细胞体积的变化，细胞的物质运输效率会发生怎样的变化（细胞体积越大，细胞的物质运输率越高；或者细胞体积越小，细胞的物质运输效率越高）

↓

- 确定单一变量
  - 自变量：细胞大小，用体积（$V_{总}$）表示
  - 因变量：物质运输效率，指的是在相同时间内，物质扩散进细胞的体积与细胞的总体积之比。可以用以下公式表示：$\eta=V_{扩}/V_{总}$

↓

- 存在的具体问题
  - 细胞很小，很难直接操作和观察
  - 物质进出细胞（即物质运输）的过程也无法直接观察

↓

- 策略设计
  - 策略1：借助电子显微镜或扫描显微镜，直接对细胞进行操作和观察，进行视频演示
    优点：结果准确、全面、可靠
    缺点：仪器很难获得，操作技术复杂，在中学不具可行性
  - 策略2：用其他材料和方法模拟细胞及其物质运输，进行观察和实验
    优点：简单、易操作
    缺点：理想化情况，与细胞的真实情况不符，结果片面、不可靠，容易遭到质疑

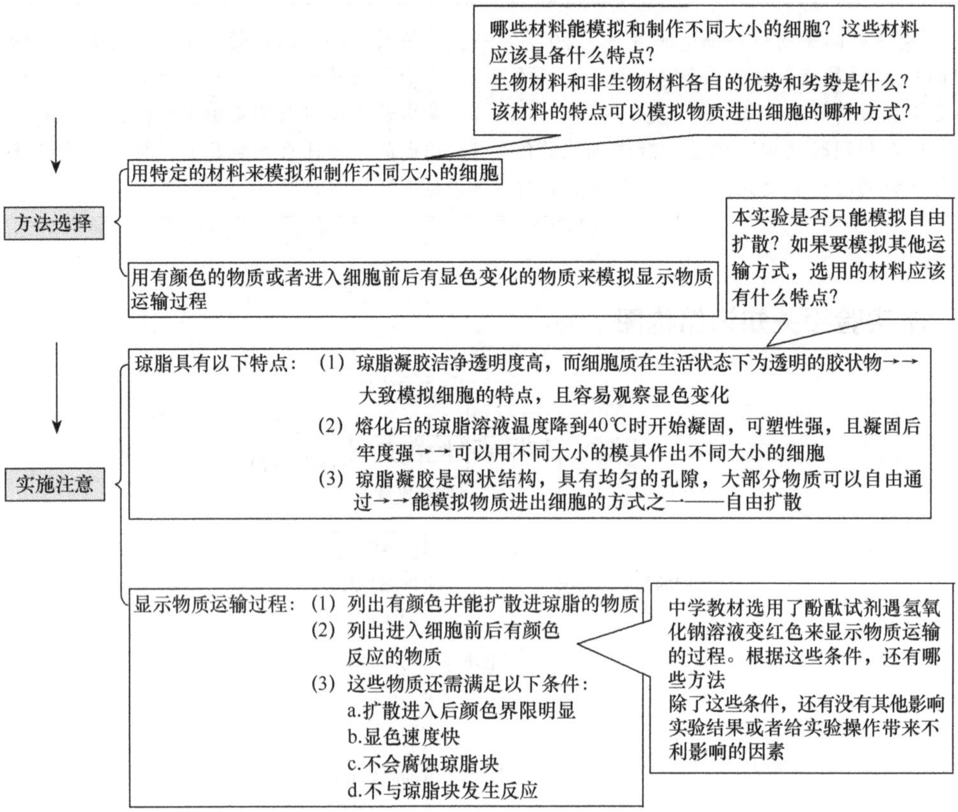

9.3.4 教学建议

9.3.4.1 实验前的准备与设计

1）*摆脱教材，大胆创新*　作为模拟实验，为了达到同一实验目的，实验方法、技术、手段可以是多种多样的。作为教师，应该是“用教材教”，而不是“教教材”，这样的教学才是有思维、有智慧的教学。面对实验，教师首先应该考虑的是实验目的，在此基础上，拓展自己的思路，大胆创新，思考每一种可能的方法。这种创新可以是方法的更新，也可以是材料上的改进。例如，用于显色的方法除了“酚酞试剂与氢氧化钠溶液反应”外，还可以是“碘液”，不仅可以显色，还可以重复利用，总之能够达到自由扩散效果和显色目的的方法都可以尝试。能够模拟不同大小细胞的材料并不只有琼脂，也可以是其他材料，只是材料不同，可能模拟的运输条件也不同。

因此，教师在设计实验方案时一定要多查阅文献资料，并对资料进行全面的分析与思考，权衡各种方法的利与弊。但也不能只是纸上谈兵，大胆的尝试和预实验是我们实现创新的保障，会教实验的老师必须要会做实验。

2）*详细周到，知其然且知其所以然*　详细的实验方案可以提高预实验的效率，还可以帮助我们快速找到实验失败的原因，激发对实验的思考，生成教学智慧。例如，本实验中“酚酞试剂的配制”，通过制订详细的酚酞试剂配制方案，来关注酚酞和乙醇的关系，进一步思考酚酞的特点，以及根据酚酞的特点思考制作酚酞琼脂块的条件和注意事项，如琼脂熔化后何时加入酚酞比较合适等问题。

因此，在查阅资料、大胆创新、充分思考后，在预实验之前，教师一定要做一份详细的实验方案，才能保证实验的顺利开展，才能从实验方案中找到教学设计的线索。实验方案可以按以下几个部分完成：实验课题、实验目的、对实验主要原理的理解、实验材料的培养与处理（包括对相关原理的理解）、试剂的配制（包括对配制原理的理解）、实验步骤（包括对每一步操作原理的理解）、注意事项（包括原因）、值得思考的问题、详细的实验用品清单（包括名称、规格、数量等项目）。

3）围绕问题，形成教学主线　日常实验教学中，很多老师习惯性地按“实验目的、实验原理、实验用品与材料、实验步骤、实验结果、分析与讨论”这个模块和步骤来进行教学，但却忽略了这几个模块之间的固有联系，即实验要研究和解决的“问题”本身：要解决的具体问题是什么（细胞大小与物质运输的关系），其中的因变量（不同体积的细胞）和自变量（物质的运输效率）是什么，如何创造条件控制变量（细胞太小，不能直接操作，如何模拟不同体积的细胞和物质的运输过程），在此基础上才能确定“实验步骤”，“实验结果”的记录也是对因变量和自变量的记录，“分析与讨论”也是针对变量而展开的。因此，教师在进行教学设计时，一定要从“问题”入手，将这些模块自然地串在一起，使其成为整体，这样才能培养学生科学的思维方式。

9.3.4.2 实验中的观察、示范与引导

1）操作具有示范性　很多教师在上实验课时，过于关注实验结果本身，而忽略实验过程，随意操作，殊不知实验过程中的操作等人为因素决定了实验结果的成败。本实验“如何切琼脂块才能保证实验数据更精准”就是个不可忽视的问题。也有些老师，只关注主要的操作步骤，而忽略了各学科通用的基本实验操作，给学生进行了错误的示范。本实验配制氢氧化钠溶液时，如果教师不严格按照要求用蒸馏水而使用自来水，溶液就会出现沉淀。又如，倒取氢氧化钠溶液（浓碱）时，手掌一定要握住有标签的一面，如果教师不规范操作，学生就会随意乱握，就会增加手被腐蚀的概率。因此，教师在实验时的操作具有示范作用，必须规范、科学、安全。

2）认真观察，及时指导　实验教学，课堂观察尤为重要。在学生进行实验操作的阶段，教师一定要积极观察课堂，不仅观察学生的操作，还要体察学生的思想。对于学生出现的不规范操作，要及时指出并纠正；当学生实验遇到困难时要及时了解他们的想法，并鼓励学生进行反思，引导他们自己解决问题。本实验中，发现学生在切琼脂块时切得不均匀，可以尝试让他们小组合作自己想办法解决；有的学生会讨论为什么教材上的细胞大小用“比表面积”表示，而本次的实验却用“体积”表示，教师可以及时引导其思考。

3）大胆留白，善于引导　作为探究性实验，教师在教学时需要从问题入手，引导学生分析和明确探究的变量，即自变量（不同体积的细胞）和因变量（物质运输效率）。对于自变量，教师要引导学生想办法排除干扰因素，控制单一变量，并创造提供单一变量的条件。对于因变量，教师要鼓励学生从对“效率”的已有认识入手，尝试自己表达“什么是细胞物质运输效率”，并用公式表示，然后运用数学知识，转换公式，引导学生自己明确观察和记录的直接对象，即“扩散深度”。

作为模拟实验，教师首先要引导学生分析用于制作细胞模型的材料所具备的条件，然后引导学生根据材料的物理化学性质分析模型模拟了哪种物质运输方式。

为了培养学生的观察记录能力，教师还可以引导学生以小组为单位自主设计记录数据的表格，分析表格中哪些项目是必须要有的（琼脂块的边长、琼脂块的体积、扩散深度、运输效率），哪些是直接记录的（琼脂块的边长、扩散深度），哪些是实验结束后通过计算而来的

（琼脂块的体积、运输效率）。同时，还要引导学生分析如何切割琼脂块（也许是其他的材料）才能便于观察、记录和计算。

为了培养学生的数据分析能力，教师还应鼓励学生用适当的方法呈现数据的规律，如折线图等，依据数据的规律得出实验的结论。

为了培养学生的分析与推理能力，还可以组织学生针对实验结果“细胞越小，物质运输效率越高”进一步讨论：①细胞越小，物质运输效率越高，既然细胞小一些更有利，那么个体如何长大？②既然细胞越小，物质运输效率就越高，那么细胞是否可以无限小？③除了物质运输效率外，决定细胞大小的因素还有哪些？

总之，教师讲的越多，学生思考的就越少，把自已知道的毫无保留地告诉学生的教师是失败的。教师在课堂上要大胆地留白，引导学生多问几个为什么，比如“为什么一定要用酚酞试剂与氢氧化钠溶液”“为什么在浸泡时要不断搅拌”等。这样才能让学生不但知其然，而且知其所以然，养成科学的思维方式。

9.3.4.3 实验后的总结与反思

总结与反思是帮助人成长的最好方法。每次实验教学结束后，教师不仅要组织学生分析本次实验成功与失败的原因、提出本次实验中产生的疑问，还要进行自我教学的总结与反思：是否达到了本次实验教学的目标？如果没达到，原因是什么？本次教学的特色和精彩之处在哪里？关于本实验，学生还有哪些疑问？学生产生疑问的原因是什么？对于实验本身，还可以做哪些改进？我还有哪些疑问？通过本实验的首次教学，我们会发现，教材用“比表面积”来解释细胞大小和物质运输的关系，实验的表格中也要记录比表面积。然而，分析实验变量发现，细胞大小就是体积，不需要用表面积、比表面积这两个概念和变量，实验仍然能完成，也可以得出相应的实验结果和结论。那么，该问题该如何处理？教材既然已经出现了这个概念，如何在实验中引入这个概念？对于这些问题的反思可以在下一次课中进行完善。

9.3.5 教学设计示范

细胞大小与物质运输的关系

【基本信息】

本课题目：细胞大小与物质运输的关系

授课对象：高一年级学生

课时安排：1 学时

使用教材：人民教育出版社出版的普通高中课程标准实验教科书《生物必修 1——分子与细胞》

【教学内容分析】

本课主要知识点

（1）细胞的特点。

（2）琼脂的特点。

（3）物质跨膜运输的方式。

（4）细胞越小，物质运输效率越高，因此细胞不能无限长大。然而个体要不断长大，因此细胞要进行增殖。

本课内容重要性及地位

内容地位："细胞大小与物质运输的关系"是人民教育出版社出版的普通高中课程标准实验教科书《生物必修 1——分子与细胞》第 6 章"细胞的生命历程"第 1 节"细胞的增殖"中的一个实验。把本实验安排在"细胞分裂"内容之前，目的在于先让学生通过探究，知道细胞不能无限长大的原因，明白了细胞增殖的必要性，再来学习细胞增殖，体现知识的系统性。

前修知识：物质跨膜运输的方式。

后继知识：细胞的增殖、细胞的分化、细胞的衰老和凋亡、细胞的癌变。

本课内容重点、难点

教学重点：引导学生理解琼脂能模拟细胞、模拟自由扩散的原因，理解结构与功能的统一性，体验模拟实验的优势和弊端。

教学难点：引导学生据本实验目的设计记录数据的表格，呈现数据的规律，分析实验结果数据得出结论。

【学情分析】

学生已有基础

知识基础：学生在初中已经学习过"细胞通过分裂产生新细胞""受精卵通过细胞分裂和分化形成组织器官"等知识，也具有相应的化学知识，知道教材中 NaOH 溶液与酚酞试剂的显色原理，也知道其他很多的显色反应。

能力基础：学生在初中阶段和本模块前面内容的学习中，已经进行过其他的探究活动，对探究性实验的过程和方法有一定的认识，在操作技能上也有一定的基础。

学生学习可能存在的困难

有的学生比较喜欢动手操作，但不愿意深入思考；有的学生习惯于老师说什么就记什么，缺乏探究精神；少部分学生喜欢提问，勤于思考；学生普遍习惯于对直观事物的观察和描述，现用模型来代替细胞具有一定的抽象性，需要学生运用联想迁移进行思考，存在一定的难度。

学生学习心理分析

大部分学生习惯于教材上已有的实验方法，更容易接受教材上用"比表面积"表示细胞的大小。但"体积"同样可以表示大小，并且可以得出本实验的结果，因此，教师在教学中要教会学生分析变量的方法，围绕变量进行科学探究。

【教学目标】

知识目标

（1）说明细胞大小与物质运输的关系。

（2）概述细胞不能无限长大的原因。

能力目标

（1）根据"探究细胞大小与物质运输的关系"的实验目的和问题自主探索解决问题的思路。

（2）根据实验结果用图和表呈现数据的规律，分析随着细胞大小的变化，物质运输效率的变化规律。

情感、态度、价值观目标

（1）体验小组合作的重要性。

（2）养成实事求是、严谨认真的科学态度。

【教学思想】

科学探究的目的是解决问题，教学的目的也是解决学生遇到的问题，因此两者在本质上是一致的，探究教学中教师的教学思路应该符合学生解决问题的思维过程，符合学生的认知规律，本次教学围绕探究要解决的“问题”，引导学生一步一步思考问题、解决问题，找到答案。

【教学方法、手段】

教学方法

以引导探索为主的教学方法：通过提问、资料铺垫等方式，引导学生明确探究的问题，根据学生已有的物理和数学知识，引导其分析和确定因变量、自变量，找到控制变量的思路和方法。在实施实验过程中，引导学生根据问题和变量的需要，尝试自主设计记录实验现象和数据的表格，尝试用适当的方法呈现数据的规律，从规律中分析和找到实验结论。

教学手段

传统教学手段（黑板板书）与多媒体教学（运用图片等直观素材）相结合。

【教学过程】

教学进程	教师行为	学生活动	设计意图
创设事实情境，引导学生提出问题	小黑板上列举了不同种类生物细胞的大小，从中我们可以发现，不管是动物细胞还是植物细胞，大小都没有明显的差别，直径都为20～30μm。所以我们可以确定一个事实：细胞很小。我们还知道，细胞要保持正常的生命活动就要不断地进行物质运输，但是，细胞这么小，它能满足物质运输的需求吗？ 细胞大小与物质运输之间到底是怎样的关系呢？今天我们就来一探究竟	积极思考讨论	学生通过对事实数据的分析，可以自己发现问题，提高他们的学习兴趣
引导学生分析问题，确定变量，作出假设	要探究“细胞大小与物质运输的关系”，首先要确定探究的变量，自变量是细胞大小，即体积；因变量是物质运输，我们用效率来衡量细胞的物质运输，指的是在相同时间内，物质扩散进细胞的体积与细胞的总体积之比。那么随着细胞体积的增大，细胞物质运输的效率是升高还是降低呢？ 到底是不是这样的，我们要用实验来证明（假定细胞形状都为正方体）	积极思考，作出假设	从问题入手，分析和确定变量，可以帮助学生形成逻辑主线，养成科学的思维方式
引导学生思考解决问题的策略	由于细胞很小，我们能不能直接用真的细胞进行实验呢？ 对，真的细胞很小，我们要借助显微镜才能够观察到，不好观察也不好操作。所以我们只能用模拟实验来克服这些问题。那么，根据上面的变量分析，我们需要模拟什么？ 今天我们选用琼脂块来模拟不同体积的细胞。请大家根据“琼脂特点”的小资料，来分析为什么琼脂可以模拟不同体积的细胞	积极思考，发现细胞太小，不易操作、观察 积极思考讨论：模拟不同体积的细胞；模拟细胞的物质运输 分析琼脂的特点，将其与细胞进行比较分析，得出答案	用问题引导学生思考，不仅让学生知道怎么做，还让其知道为什么这样做，更有助于培养学生解决问题的能力

续表

教学进程	教师行为	学生活动	设计意图
	给出有关琼脂的资料： （1）琼脂凝胶洁净透明度高。 （2）熔化后的琼脂溶液温度降到 40℃时开始凝固，可塑性强，且凝固后牢度强		
引导学生根据琼脂的特点分析模拟的具体情况	根据资料我们还发现：琼脂凝胶是网状结构，具有均匀的孔隙，大部分物质可以自由通过。前面我们已经学过了物质跨膜运输的方式，主要分为两种：主动运输和被动运输。被动运输又根据是否需要载体分为：自由扩散和协助扩散。那么我们用琼脂模拟的细胞具有哪些跨膜运输方式呢？ 我们知道，真正具有生活力的细胞，其细胞膜上具有载体蛋白等结构，能够帮助物质进入细胞。但是由于条件限制，我们用琼脂模拟的细胞不具有这些结构，因此不能够进行主动运输和协助扩散，而只能进行最简单的自由扩散。而琼脂具有均匀的孔隙，大部分物质可以自由通过，为模拟自由扩散提供了必要条件。 满足以上性质的物质和材料还有很多，大家可以在课后继续查阅资料，寻找新的材料。并分析生物材料和非生物材料各有什么优势和劣势	分析琼脂的特点，将其与细胞物质跨膜运输的方式进行比较，得出答案 课下讨论：白萝卜、豆腐等 讨论： 生物材料：易获取，但干扰因素多，难以控制单一变量。 非生物材料：容易控制条件，但不易获取，而且属于理想模型，结果不可靠	将已有知识与新的学习材料进行联系，培养学生对知识的迁移能力，形成有结构的知识
引导学生找到显示被动运输的物质的方法	现在模拟细胞是解决了，那么怎么模拟物质运输呢？用什么来模拟被运输的物质呢？由于最后我们要测定进入细胞的物质的体积，也就是说，进入细胞的物质要能够观察到，那具有什么性质的物质才能被观察到呢？如果是无色透明的物质能不能观察到？那么进入细胞的物质最好是带有颜色的。 除此之外，有的物质虽然本身不具有颜色，但跟其他物质反应之后也能显色，这样的物质可不可以呢？同学们能想到哪些？ 这些物质在理论上都是可以的，但具体操作到底可不可行，有兴趣的同学可以在课后进行探讨。 今天我们选用了 NaOH 来模拟进入细胞的物质。但由于 NaOH 溶液是无色透明的，无法观察到它是否进入了细胞及进入的多少，根据前面所讲的内容，同学们能想个什么办法来解决呢？ NaOH 溶液呈碱性，在化学上，我们学过酚酞试剂遇碱变红，那我们可以把酚酞加入琼脂块中，这样 NaOH 进入细胞后与酚酞反应变成红色，就能够测量进入细胞的 NaOH 的体积了	积极讨论出很多方案 根据实验目的分析思考	鼓励学生大胆用已有经验解决问题，提高他们对生物学科的兴趣，将各个学科进行融合，真正落实提高学生的科学素养
组织学生进行实验操作，并引导学生积极思考各种操作、处理方式的原因	现在不同大小的细胞和被运输的物质都有了，我们就可以通过模拟实验来测量物质运输的效率，然后比较不同体积细胞的物质运输效率，分析细胞大小与物质运输的关系。 现在一切准备就绪，实验的操作很简单，按以下步骤完成。		激发学生思考，培养多问一个“为什么”的好习惯，将学习转变成一种主动的行为

续表

<table>
<tr><th>教学进程</th><th>教师行为</th><th>学生活动</th><th>设计意图</th></tr>
<tr><td></td><td>制块：用鱼形磨具（上面有边长分别为 1cm、2cm、3cm 的 3 个正方体凹槽，将熔化的加入酚酞的琼脂倒入凹槽，冷却凝固后，打开磨具的后盖用洗耳球吹出琼脂块）制备边长分别为 1cm、2cm 和 3cm 的含酚酞的琼脂块。在课前老师已经完成。
请大家思考：琼脂的浓度对琼脂块的制作有没有影响？如何加速琼脂的冷却凝固？物质有热胀冷缩的特点，如何避免琼脂块上部凹陷？
浸泡：将 3 块琼脂块分别放入 3 个烧杯内，加入 NaOH 溶液，将琼脂块淹没，浸泡 10min，用塑料勺不时搅拌溶液，避免琼脂块沉底。
请大家思考：为什么先加琼脂块后加溶液？为什么要不断搅拌，避免沉底？如何搅拌？
取块：取出琼脂块，用纸巾擦去上面的水分。为什么？
切块：将三个琼脂块用小刀从中间垂直切成两块。如图所示：
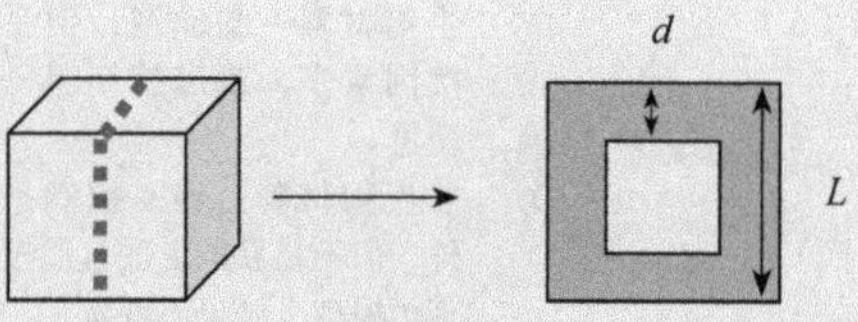
动手操作前，请小组讨论：是否一定要从中间、垂直切割？如何操作才能达到要求</td><td>积极思考以下问题：
琼脂的浓度影响琼脂块的弹性、凝固效果、牢度。
降温加速冷却凝固，可以放在冰箱里冷藏。
在加入凹槽时一定要过量溢出，冷却凝固后将上部用小刀削平。
积极思考发现：
和物质扩散进细胞一致；使 3 个烧杯操作同步，减少误差；避免 NaOH 溶液溅起来腐蚀皮肤。
使物质从琼脂块各表面均匀进入，沿一个方向搅拌
积极思考：避免残留 NaOH 继续扩散影响结果，避免残留 NaOH 腐蚀皮肤
讨论：中间垂直切开是为了避开红色区域，便于测量，使结果更准确。
积极寻找方法，可以两个同学一起完成，用直尺挡住。
按上述步骤，进行实验</td><td></td></tr>
<tr><td>引导学生推导出计算公式，自主设计记录数据的表格，并进行实验，测量和记录实验结果</td><td>根据上图，请各小组讨论公式 $\eta=V_{扩}/V_{总}$ 用图中的变量（琼脂块边长 L、扩散深度 d）表示为：______
测量、记录：根据上面的公式和实验变量的要求，为了便于记录数据，该如何设计记录表格</td><td>分析讨论得出：
$\eta=L^3-(L-2d)^3/L^3$
分组讨论：L、d 是必须要测量和记录的，η 可以通过 L、d 计算得来。
观察并测量扩散深度 d，将相应的数据记录在表格中。<table><tr><th>琼脂块边长（L）</th><th>琼脂块体积（$V_{总}$）</th><th>扩散深度（d）</th><th>扩散（运输）效率（η）</th></tr><tr><td></td><td></td><td></td><td></td></tr></table></td><td>鼓励学生不拘泥于课本，实事求是，具体问题具体对待</td></tr>
<tr><td>引导学生呈现实验结果数据的规律，通过分析数据规律得出实验结论，并在此基础上引导学生讨论相关的问题</td><td>（1）按照公式计算出不同大小琼脂块的扩散效率，填入上表中。
（2）用适当的方法展示随着 $V_{总}$ 的变化，η 的数据变化规律。分析细胞大小与物质运输效率之间的关系。
（3）根据以上结果，从物质运输效率这一方面，分析细胞为什么那么小？
（4）既然细胞那么小，而生物体又要长大，那么生物体通过什么机制来实现个体的长大？</td><td>学生以小组为单位完成计算。并在白纸上用马克笔作图展示小组实验数据规律
讨论得出：通过分析以上数据发现，细胞越小，物质运输效率越高。所以细胞小一些，有助于物质运输。细胞数量的增多，即细胞增殖</td><td>将实验结果再次回到实验要研究的问题和变量，训练学生分析和处理数据、表达与交流的能力</td></tr>
</table>

续表

教学进程	教师行为	学生活动	设计意图
总结与评价	通过实验和数据分析，我们得出了细胞大小与物质运输的关系：细胞越大，物质运输效率越低；细胞越小，物质运输效率越高。 当我们切开琼脂时就会发现，在相同的时间内，小的细胞很快就被物质充满了，而越大的细胞中间所留的空白越多。所以我们也可以从定性的角度说明细胞越大，物质运输效率越低；细胞越小，物质运输效率越高。我们又通过定量的计算验证了这一结论。 由于细胞越小，物质运输效率越高，因此细胞不能无限长大，但是我们的生物体又要长大，要靠什么来增大个体体积呢？所以当细胞长到一定的体积之后，就要不断地进行分裂增殖，使个体长大。这也是我们下节课将要学习的内容		给学生的讨论结果作出有效的参考
提出新的问题	大家刚才通过作图发现，细胞越小，物质运输效率越高，那么我们可以作这样的推论：如果两个细胞体积一样，运输效率就应该一样。那么，实际上是不是这样的呢？这需要我们进一步实验。 刚才的实验中三个琼脂块都是正方形的，现在我为大家准备了两个体积一样、但是形状不一样的琼脂块，一个是正方体，一个是扁的长方体，请按照和上面同样的方式进行实验，比较两者的运输效率。 可见，细胞的物质运输效率除了与大小有关外，还与细胞的形状有关，即课本中提到的比表面积，细胞表面积与体积之比。事实上，这种现象在生物体中也是客观存在的，如扁平的红细胞可以提高氧的运输能力，像树根一样的神经元可以提高兴奋的传导和传递速率	学生进行实验，结果显示：扁的长方体运输效率更高	从事实出发，自然地提出表面积、比表面积的概念，解决了教材中突兀的问题，更加合乎逻辑。使学生清楚为什么要研究细胞的表面积
课后作业	(1) 除了物质运输效率这一方面，限制细胞长大的因素还有哪些？ (2) 细胞是不是可以无限小？已有的哪些知识可以回答此问题？ (3) 根据本节课课后练习基础题第1题，从数学模型思考细胞大小对于物质运输的意义。 (4) 根据本实验分析模拟实验的优势和缺陷。 (5) 完成实验报告手册	课后完成	拓展知识，完善学生的知识结构

【板书设计】

细胞大小与物质运输的关系

一、提出问题

二、确定变量

三、设计方案

四、实施实验

五、测量记录

琼脂块边长（L）	琼脂块体积（$V_{总}$）	扩散深度（d）	扩散（运输）效率（η）

六、结果与讨论

【教学反思】

本次教学是作者指导西南大学生命科学学院师范生进行中学生物学实验教学能力训练时由师范生完成的。一开始有学生表示不理解，觉得这个实验很简单，没必要那么复杂。但在反复打磨和钻研的过程中，他们发现了自身在认识上的不足，有实验本身的，也有教学思想的不足，也找到了这个实验更多的乐趣。

例如，当他们不按照常规的实验教学按部就班的讲解，认真从问题入手寻找实验教学的逻辑主线时，他们深刻地感觉到教师教学时个人的思维才是最重要的，这种思维既是学科思维，也是科学思维，更是教学思维。

又如，当他们把实验的每一步操作拿到桌面上认真讨论，问自己为什么时，他们惊奇地发现自己未知的竟然有那么多，有些问题是自己从未思考过的，顿时有了探究的欲望。当他们不拘泥于教材、广泛查阅文献、大胆改进实验时，真正体会到了专业学习中学习方法和解决问题能力的重要性，思维也在慢慢打开。

本实验设计的精彩之处在于对变量的处理，首先将单一自变量确定为细胞大小，即体积，在第一次实验结束后根据实验结果提出新的问题，从而引入新的自变量“细胞的形状”，将“表面积”“比表面积”等概念提出来，进入新的探究。同时，实验结果不仅有定量的处理，还有定性的处理，并达到了一致。

本实验教学的精彩之处在于充分地运用了以引导探索为主的教学策略，从问题的提出、变量的确定，到找到解决问题的策略，自主设计表格，测量、记录数据，分析和讨论实验结果，这些任务都是由学生在教师的引导下主动思考完成的。为了实现引导，教师不断地铺垫、提问、提供数据和资料，而基于问题的逻辑主线将整个引导串在一起，形成了独特的教学思维，因此，这种思维既有学科的特点，也符合自然科学的认知规律。

在这种引导下，学生的思维越来越宽广。例如，在实验过程中，对于模拟细胞的材料，学生提出了较多的看法，如有的同学提出用豆腐，有的同学提出用白萝卜。豆腐属于非生物材料，和琼脂一样可以模拟自由扩散，但由于其是白色的，容易有颜色干扰而被舍弃。白萝卜虽然是透明的，但本身就是活细胞构成的生物组织，情况比较复杂，难以控制变量，也不能使用。通过对这些材料的分析，教师继续引导学生讨论生物材料和非生物材料各自的优势和劣势，使教学得到了升华。

9.4 案例三 探究种子萌发的外部条件

9.4.1 实验方案

活 动

探究种子萌发的外部条件

农作物播种前要疏松土壤和保持湿润，要根据作物习性做到适时播种，如棉花播种时平均地温应为10℃左右。我们探究的课题是种子萌发需要哪些适宜的环境条件。

提　　示

◆ 你曾经利用课余时间播种和培育过植物，根据亲身体验和从农作物播种工作中所受到的启发，尝试对问题作出解释(即假设)。

◆ 可能有多种环境因素影响种子萌发，应采取单因素实验法，要设置对照。

◆ 可选用的材料器具有：4个小锥形瓶(或其他可替代器皿)、清水、电冰箱、绿豆或花生等种子。

◆ 下面是供你参考的一组实验计划的示意图(图6-5)，请讨论该实验方案是否科学和可行，对该组实验计划的实施结果作出预测。

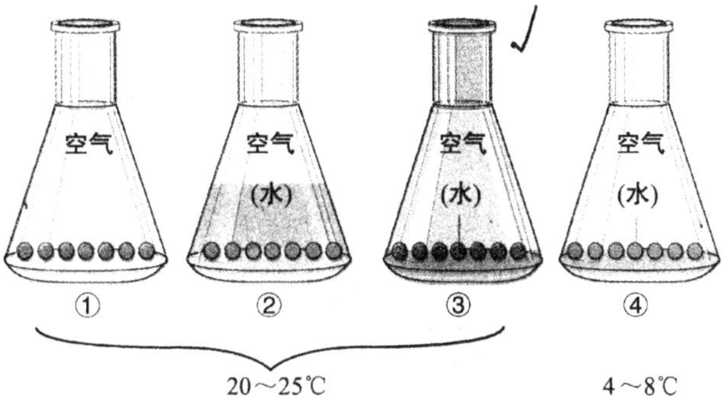

图6-5　种子萌发条件的探究实验示意图

讨　　论

1.比较①和③的结果，你的结论是什么？

2.比较②和③的结果，你的结论是什么？

3.将实验装置③和④的实验结果加以比较，你又得出怎样的实验结论？

4.假如上述装置中每瓶只放一粒种子，实验结果会怎样？结论又怎样？

9.4.2 本实验相关知识结构图

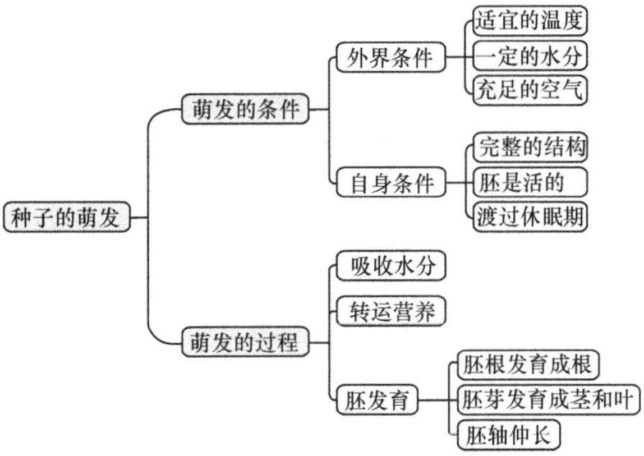

9.4.3 实验设计与构思

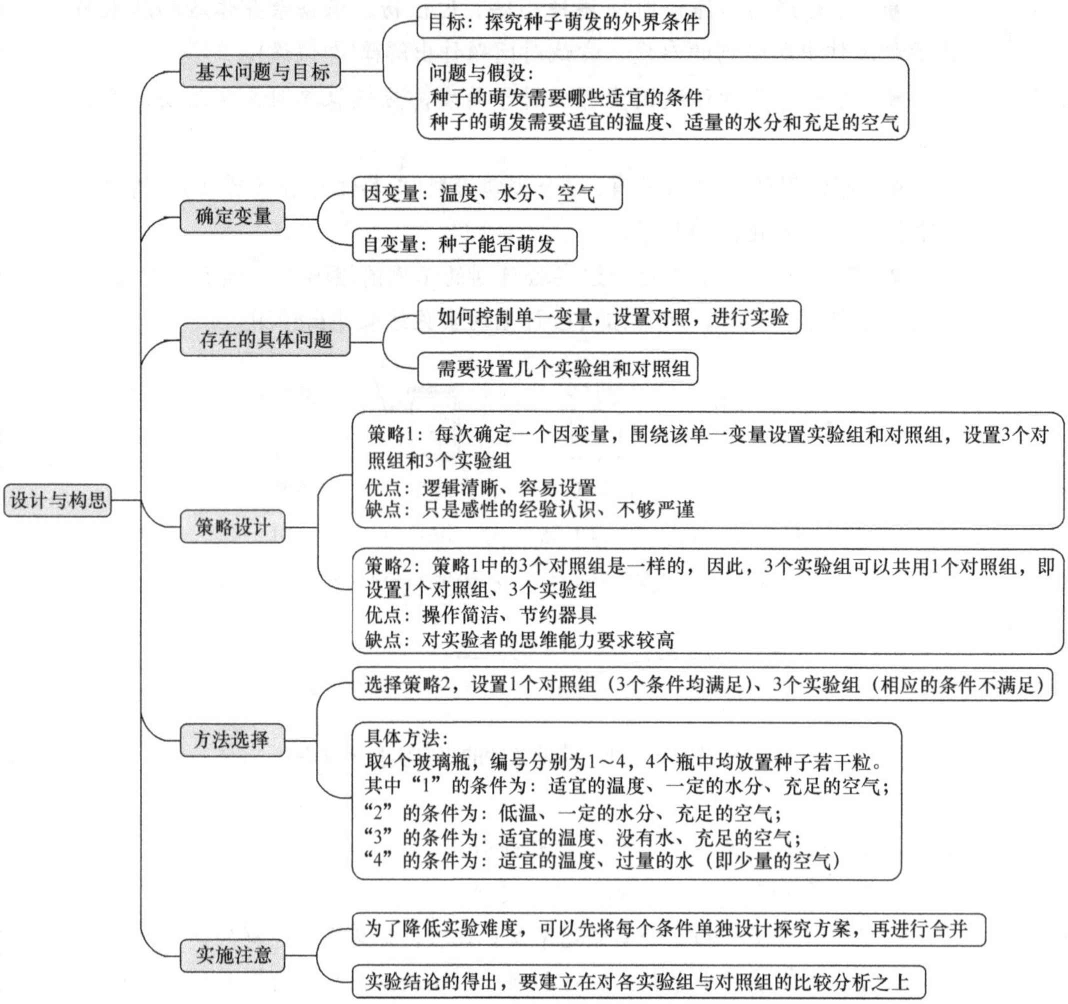

9.4.4 教学建议

9.4.4.1 实验前的准备与设计

该实验作为初中学生较早接触的生物探究性实验，除了通过探究获得“种子萌发的条件”的科学概念外，更重要的是让学生通过探究获得科学探究的能力和方法。其中，提出问题的能力是至关重要的。教师可以在课前组织学生利用课外时间来萌发种子，从亲身经历中发现问题、提出问题。

在教学设计上，教师要充分比较本次探究和以往探究的不同之处，即一个探究里面有多个变量（温度、水分、空气），在学生已有能力基础上进行教学设计，可以先针对三个变量分别设计探究方案，再进行合并，不仅降低了学习难度，还训练了学生的逻辑思维能力。

9.4.4.2 实验中的观察、示范与引导

相对高中生物探究性实验而言，本实验在操作上未涉及较难的技术，唯一的难点就是设置三个变量的对照组和实验组。因此，教师的引导尤为重要。在探究过程中，教师要从学生已经具备设置一个变量的对照经验的基础入手，通过提问引导学生思考如何设置含有三个变量条件的探究方案，首先引导学生先分别设计，再引导学生分析共同点进行合理的合并。

9.4.4.3 实验后的总结与反思

作为探究性实验，实验结果的总结与分析极其重要。在实验结束后，教师应引导学生分析实验结果，讨论影响种子萌发的外界条件。对于失败的实验，教师更应当让学生反思失败的原因，没有萌发出种子的原因可能就是影响种子萌发的条件。

在教学反思上，教师应该总结学生在完成探究性实验时能力上的不足，从而在下次探究活动中进行强化。也要反思在教学设计上是否充分考虑了学生的已有基础，因为学生不能完成本次探究的原因可能是其探究能力的缺乏，而这种缺乏也折射出了教师没有根据学生的特点选择恰当的教学策略。

9.4.5 教学设计示范

探究种子萌发的外部条件

【基本信息】

本课题目：探究种子萌发的外部条件

授课对象：七年级学生

课时安排：1 学时

使用教材：北京师范大学出版社出版的义务教育教科书《生物学》(七年级上册)

【教学内容分析】

本课主要知识点

（1）种子的萌发需要适宜的温度。

（2）种子的萌发需要一定的水分。

（3）种子的萌发需要充足的空气。

（4）设置对照的基本原则。

本课内容重要性及地位

内容地位：本探究活动是北京师范大学出版社出版的《生物学》(七年级上册)第三单元“生物圈中的绿色植物”第六章“绿色开花植物的生活史”第一节“种子萌发形成幼苗”中的一个活动，也是初中生物教学中的第三个探究性实验。学生通过该探究性实验，不仅可以理解种子萌发所需要的外部条件，还可以培养观察能力、实验能力，在探究过程中提高归纳、分析及表达、交流、合作的能力，并理解内因与外因的辩证关系，形成结构和功能统一的观点。

前修知识：绿色开花植物的生活史、种子的结构、种子萌发的内部条件。

后继知识：种子萌发的过程。

本课内容重点、难点

教学重点：运用对照实验法设计并完成对“种子萌发的外部条件”的探究，检验不同的环境因素对种子萌发的影响，进行科学方法的训练。

教学难点：多个变量对照实验的合并。

【学情分析】

学生已有基础

知识基础：学生已经初步了解了绿色开花植物的生活史，对种子的结构也有较全面的认识，在生活中也接触过种子的萌发。

能力基础：学生通过前面几个探究活动的学习，对科学探究的方法有了一定的了解。

学生学习可能存在的困难

大部分学生不具备科学探究的基本能力，实施探究活动的过程会遇到较多的困难。

学生学习心理分析

学生逻辑思维能力有限，而本实验要探究的变量较多。可以首先引导学生先从单个条件入手，一个一个单一变量进行分析，设置对照，再进行对照合并。

【教学目标】

知识目标

（1）阐明种子萌发所需要的外部条件。

（2）概述对照的基本原则。

能力目标

（1）根据“影响种子萌发的环境因素”的相关假设，运用对照原则设计实验组和对照组，进行科学方法的训练。

（2）根据实验结果，分析影响种子萌发的具体的环境条件。

情感、态度、价值观目标

（1）培养探索自然界的兴趣和乐趣。

（2）学会尊重科学事实。

【教学思想】

探究教学的突出特点就是在教师的指导下充分发挥学生的主观能动性，开发学生的潜能，使学生成为学习的主体。而教师在探究活动中扮演的是帮助者、关注者和引导者的角色。作为引导者，教师要善于引导学生发现问题、提出问题、作出假设，引导学生采取正确的探究方法和正确的思维方法解决问题，引导学生从实验中获取信息。

【教学方法、手段】

教学方法

以引导探索为主的教学方法：通过组织学生利用课余时间萌发种子，引导学生发现和提出问题、作出假设；引导学生根据“影响种子萌发的环境因素”的相关假设，设置实验组和对照组进行严谨的实验。

教学手段

传统教学手段（黑板板书）与多媒体教学（运用图片、视频等直观素材）相结合，运用实物。

【教学过程】

教学进程	教学行为	学生活动	设计意图
结合课外任务，创设问题情境	提前布置任务：在父母的帮助下萌发绿豆芽，并在全班展示。 上课开始，组织学生展示萌发的豆芽，并交流：是什么条件使绿豆发芽的？ 在黑板上写下学生提到的条件。 根据上面的交流展示，提问：影响种子萌发的外部条件有哪些？引导学生作出假设	利用课余时间在家里萌发豆芽，并制作展示文稿 以小组为单位报告、发言 根据教师写下的条件，思考种子萌发所需要的条件 学生积极思考假设	引导学生发现和提出问题，作出假设
设置对照和实验方案，实施实验	引导学生回忆以前的探究性实验，提问：以前的探究中是如何设置对照的，控制了几个条件？ 继续提问：今天需要探究几个影响条件？ 引导学生：以前的学习中只做过一个条件的探究活动，大家只会针对一个条件设置对照，现在有三个条件怎么办呢？ 组织学生将适宜的温度、一定的水分、充足的空气三个条件记为A、B、C分别做探究性实验，分别对这三个探究性实验设置对照，设计探究方案 提问：1、3～8号瓶在条件设置上有什么共同点？ 指导学生对已经设计的方案进行合并 指导学生实施最终的方案。 因实验需要较长时间才能显示结果，故安排为课外探究，指导学生课外完成探究性实验，得出结论，并上交探究报告。下次课进行展示交流	学生回忆前面经历过的两个探究活动，思考实验中控制的条件。发现两个探究性实验在设置对照时，每次只控制一个影响因素条件 学生根据假设思考回答 学生在教师的引导下，发现可以先针对每个条件分别设置对照，然后再合并 学生分组设置对照，设计探究方案，教师巡视时选出较合理的方案在全班展示交流。 探究A（温度）： 1号瓶给适宜的温度，满足B、C条件；2号瓶低温，满足B、C条件；3号瓶高温，满足B、C条件（考虑到高温条件下种子失去活力，可以免去这一个瓶）。 探究B（水分）： 4号瓶适量的水分，满足A、C条件；5号瓶过量的水分，满足A、C条件；6号瓶不放水，满足A、C条件。 探究C（空气）： 7号瓶充足的空气，满足A、B条件；8号瓶不充足的空气，满足A、B条件。 通过比较发现： 5号瓶水分过多，种子被水面覆盖，与空气的接触就少，可以与8号瓶合并；1、4、7号瓶实际条件是完全相同的，也可以合并。 根据以上分析，得出最好的实验方案应为： （1）适宜的温度、一定的水分、充足的空气（合并1、4、7号瓶）； （2）低温、一定的水分、充足的空气（2号瓶）； （3）适宜的温度、没有水、充足的空气（6号瓶）； （4）适宜的温度、过量的水（即少量的空气）（合并5、8号瓶） 按上述方案，用4个瓶子重新对应编号，在课外完成探究性实验及其报告	引导学生根据假设，控制条件，设置对照，设计方案进行探究

续表

教学进程	教学行为	学生活动	设计意图
总结	通过层层设问的方式，引导学生梳理本节课的学习内容： （1）当一个探究里面有多个因素条件需要控制该怎么办？ （2）1号瓶的作用是什么？ （3）种子萌发需要哪些外界条件？	学生根据今天的探究历程，积极思考回答	学生通过总结，获得搭建探究思路的方法，掌握科学探究的方法

【板书设计】

探究种子萌发的外部条件

一、提出问题

二、作出假设

三、设置对照与实验方案

四、实施实验

五、实验结果与讨论

实验结果记录表

	1号瓶	2号瓶	3号瓶	4号瓶
所探究的外部条件	适宜的温度 适量的水分 充足的空气	缺少水分	水分过多 隔绝空气	较低的温度
预期结果	萌发	不萌发	不萌发	不萌发
实验结果	萌发	不萌发	不萌发	不萌发

【教学反思】

本探究性实验与生活密切相关，教师在课前组织学生利用课余时间萌发种子，通过萌发种子的经历，学生会产生一些疑惑和问题：我为什么没有萌发出种子？影响种子萌发的因素有哪些……这些疑惑和问题不仅能激发学生探究的欲望，还为学生创设了提出问题的情境。

该探究性实验虽然是学生正式接触的第三个生物探究性实验，但是还是有一定难度，最明显的难点就是对照的设置，因为与其他的对照不一样，该实验不只有一个自变量，而是有三个变量需要探究。为了降低难度，教师先组织学生针对各个单一变量单独设置对照组和实验组，然后再将三个变量的对照组和实验组进行合并，学生已掌握了单一变量的控制方法，很快就能处理本实验的问题。这种灵活的处理方法不仅提高了学生的学习情趣，还锻炼了学生的逻辑思维能力。

第 10 章　生产生活应用类实验

10.1　实验共性分析

此类实验与人们的生产生活紧密联系，所运用的实验技术是指广义的生物技术，而不限于（甚至主要不是）现代生物技术。开展这类实验的主要目的有：第一，实现课本知识在生活和生产中的回归。第二，通过实施实验，培养学生搜集和处理信息的能力、获取新知识的能力、批判性思维的能力、分析现象和数据的能力、解决问题的能力、交流与合作等能力，重点培养创新精神。第三，提高学生运用生物技术的能力。第四，通过实践增强情感体验，完善人生观和价值观。这些实验内容紧贴生活，学生通过实验既能感受生活，又从生活经验中去寻找科学原理，再通过原理创新技术。在参加课题之后，学生能体会科学、技术、社会三者间的紧密联系，形成“技术并不遥远，科学在我身边，学科学用科学做造福人类的事”的认识。

本类实验在实验方法上的跨度很大，《高中课标》把这类实验的实施定位为“重在培养学生设计实验、动手操作、收集证据等科学探究能力，增进学生对生物技术应用的了解”，是一门学习科学探究的实践课程，又是一门生物科学技术应用于社会的 STS 课程，还是一门在教师指导下尊重学生各取所需、各展其长的课程。因此本类实验表现出 4 个共同之处：①实验原理已学或是生活常识，而技术在生产生活中普遍运用，实验成果具有吸引力并能展示，如酿酒利用酵母菌的兼性厌氧、植物组织培养利用细胞的全能性。实施这样的课题能让学生体验生活，并在做中感受其中的科学原理。实验成果能交流展示，可树立学生的成就感和自信心。②多数实验并不需要特殊的实验环境，能在课外、校外实施，有利于学生推广到生活中。③许多课题稍加修改可以变成更有意义的科研课题，如探究葡萄酒酿制的最佳环境条件、探究植物组织培养易成活的条件等。④学生在课题中能全面发展各方面能力，也能让各方面特长的学生有展示的机会。实施中学生的观察能力、协作能力、责任感树立、表达能力、思辨能力、统筹能力、逻辑推理、意志力、心理素质都能提升。

从教材编写生产生活应用类课题的目的来说，它更注重学生的生活体验、能力与内心的成长和创新素质的培养。因此，教学目标主要是实现技能性目标和体验性目标，教师的作用更像游戏的开发者和指导者。设计教学活动时要体现课程的 4 个理念：①注重与现实生活的联系，用好“从生活中来到生活中去”的知识获取和运用途径。②提高生物科学素养，包括科学知识的了解、科学方法的掌握、科学技术影响力的认识。③面向全体学生。无论学生的学习能力相差多大，其都能参与活动中，每个学生都有充分的动手机会。④倡导探究性学习。构建学生的主体地位，引导学生主动参与探究过程，勤于动手和动脑，发扬创新精神。

本类实验的教学建议：对于基础知识和实验的基本过程，学生能看懂，建议让学生自学。实验实施以课题研究的方式进行，由学生确定课题名称、制订研究方案、做好成员分工、设计或组装实验装置，再展开实验，通过对实验数据的整理分析，完成课题报告，最后结题答辩。教师的主要任务不是详细讲解，而是给学生的课题创设情境，确定大致的研究方向，提供实验条件及必要的参考资料，指导学生设计和进行实验（相当于对课题进行督导），参加和辅导学生的讨论，组织学生的结题答辩活动，对课题给出评价和建议。中学阶段的学生可塑性很强，身心发展到了一个相对比较成熟的阶段，接受能力比较强，价值观正处于逐渐形成的关键时期，课题研究对学生的能力锻炼和人生价值的启发非常有效，有利于学生创新品格的形成。教师要做好两件事：①选适合的课题。学生初做课题，教师要选择原理简单、技术容易、周期较短、研究意义贴近生活的课题给学生，再循序渐进完成难度较大的课题，如先做定性研究的课题再到定量研究，符合学生的能力和心理的发展。课题方向要围绕课本实验，由教师确定。可从实验操作中替代材料、技术改良、寻找某一环境因素的最适条件等方面拟定，如探究酿葡萄酒时葡萄浆的最优装瓶高度。②创设课题背景。课题背景要真实，既能激发学生的兴趣，也能体现课题研究的社会价值。对于不能实施课题研究的实验，如原理复杂、操作技能无法短时间掌握、周期比较长、学校硬件无法完全满足的实验。教师要始终围绕如何“做”，展开教学。“做”的原理是什么，“做”的效果会受到哪些因素的影响，怎样才能好好“做”，怎样才知道“做”好了。课程进程按照先理论上的“做”，再实际“做”，最后评价“做”，创新“做”。理论上“做”的教学常用读书指导法、谈话法、演示法、讲授法、发现法，实际“做”的教学，要尊重学生的个体差异，常用合作学习法、讨论法、实验法、探究法、发现法。评价“做”、创新“做”的教学，教师要积极肯定每个学生的进步和想法，树立每个学生对创新品格的自信。经常用的评价方法有参观、成果展示、实验汇报等。

本类实验教学的评价应主要从能力目标和情感价值观目标的达成着手。可是这两个目标都很抽象，难以通过作业来检测。而且课题研究常常出现没有明确的实验结果（无可重复性），但学生已经在课题中实现了能力和情感价值观的提高。因此，评价实验不能以实验的成功与否来定。评价的目的是给学生提供更多关于课题研究的思考、方法的指导，更关键的是保护学生的自信心，发现学生的优秀品质。所以结果只是很次要的评价方面，主要从过程中学生的表现进行评价。从选题是否科学可行，技术是否规范，方案是否合理（体现实验设计的基本原则），分工合作是否愉快，实验汇报是否呈现清晰进行评价。实验是以小组做的，评价也以小组为整体进行评价，小组内人人同分，强调学生的团队意识。

10.2 案例一 果酒和果醋的制作

10.2.1 实验方案

课题 1 果酒和果醋的制作

课题背景

人类利用微生物发酵制作果酒、果醋的历史，源远流长。与这悠久的历史一同沉淀的，是有关酒与醋的各种传说与文化。你品尝过果酒吗？果酒中，葡萄酒醇厚、浓郁，耐人寻味，苹果酒清香、明快，风味清爽。如果将果酒进一步发酵，还能获得果醋。酸度较高的果醋可用于烹调，酸度较低的果醋是一种新兴的饮料。无论是果酒还是果醋，都具有一定的保健养生的功效。

在享用果酒、果醋的时候，你是否想过自己动手来做一做？本课题将向你介绍果酒、果醋的制作原理，在此基础上，你将进行装置的设计，然后完成果酒、果醋的制作。

基础知识

在本课题中，我们以制作葡萄酒和葡萄醋为例，学习果酒和果醋的制作方法。

（一）果酒制作的原理

果酒的制作离不开酵母菌（图1–1）。酵母菌是兼性厌氧微生物，在有氧条件下，酵母菌进行有氧呼吸（反应式如下），大量繁殖。

$$C_6H_{12}O_6 + 6O_2 \longrightarrow 6CO_2 + 6H_2O$$

在无氧条件下，酵母菌能进行酒精发酵（反应式如下）。

$$C_6H_{12}O_6 \longrightarrow 2C_2H_5OH + 2CO_2$$

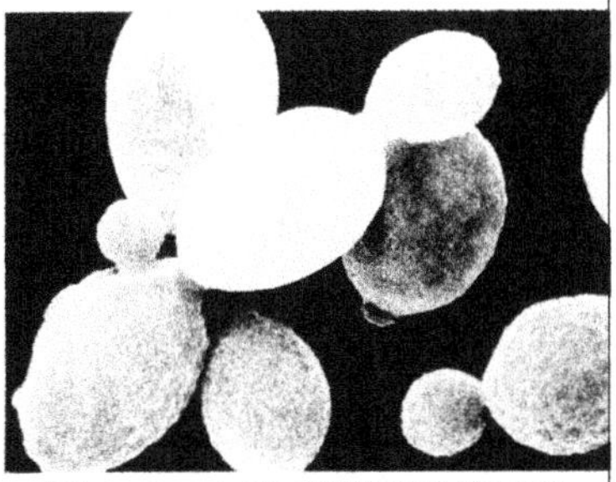

图 1–1　电子显微镜下的酵母菌

温度是酵母菌生长和发酵的重要条件。20 ℃左右最适合酵母菌繁殖，酒精发酵时一般将温度控制在18～25 ℃。在葡萄酒的自然发酵过程中，起主要作用的是附着在葡萄皮上的野生型酵母菌。在发酵过程中，随着酒精度数的提高，红葡萄皮的色素也进入发酵液，使葡萄酒呈现深红色。在缺氧、呈酸性的发酵液中，酵母菌可以生长繁殖，而绝大多数其他微生物都因无法适应这一环境而受到抑制。

在自然界中，酵母菌分布广泛，“喜欢”葡萄汁等含糖量高的果汁。葡萄在秋季成熟落地，会流出果汁，果汁周围的土壤中就会有大量的酵母菌生长繁殖。到了冬天，酵母菌形成孢子，进入休眠状态。由春至夏，土壤的温度逐渐升高，酵母菌便又进入了旺盛的生长和繁殖时期。一年四季，土壤始终是酵母菌的大本营。土壤中的酵母菌可以通过各种途径传播到葡萄上：一阵轻风，可能将酵母菌吹到葡萄上；飞溅的雨水，可能将酵母菌溅到葡萄上；昆虫吸食葡萄汁的同时，也传播了酵母菌。

（二）果醋制作的原理

醋酸菌（图1-2）是一种好氧细菌，只有当氧气充足时，才能进行旺盛的生理活动。在变酸的酒的表面观察到的菌膜就是醋酸菌在液面大量繁殖而形成的。实验表明，醋酸菌对氧气的含量特别敏感，当进行深层发酵时，即使只是短时间中断通入氧气，也会引起醋酸菌死亡。当氧气、糖源都充足时，醋酸菌将葡萄汁中的糖分解成醋酸；当缺少糖源时，醋酸菌将乙醇变为乙醛，再将乙醛变为醋酸（反应简式如下）。醋酸菌的最适生长温度为30～35 ℃。

$$C_2H_5OH + O_2 \longrightarrow CH_3COOH + H_2O$$

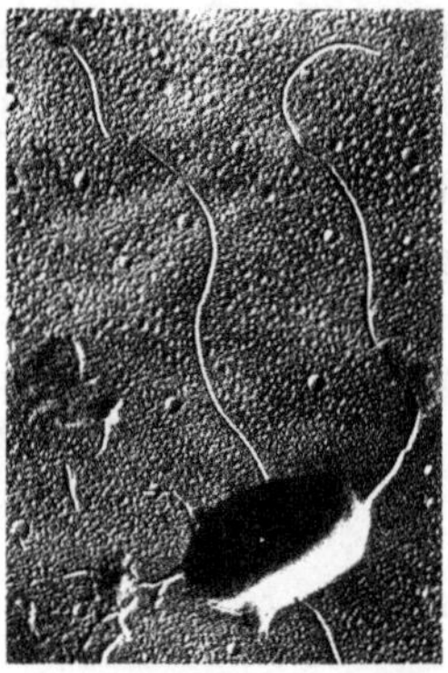
图1-2　电子显微镜下的醋酸菌

实验设计

请你根据实验流程示意图（图1-3）和提供的资料，思考有关问题，然后进行实验设计，并写出详细的实验方案。

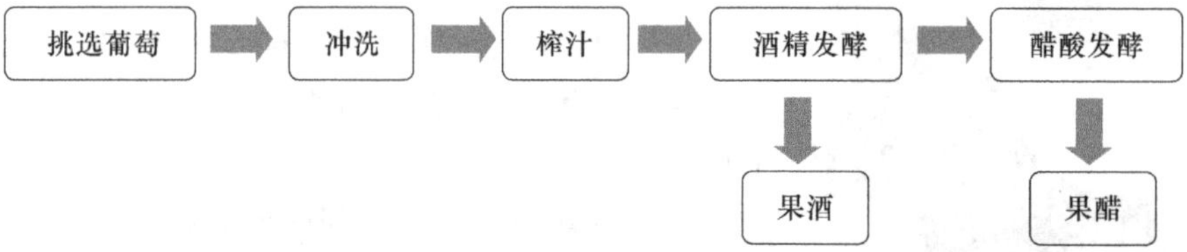

图1-3　制作果酒和果醋的实验流程示意图

［资料］　发酵装置的设计

图1-4是两位同学所使用的发酵装置，你认为他们的方法有哪些可取之处，哪些地方还需要改进？你将如何设计发酵装置，进行实验呢？

A同学用带盖的瓶子制葡萄酒（图1-4 a）。在发酵过程中，每隔12 h左右将瓶盖拧松一次（注意，不是打开瓶盖），以放出CO_2，此后再将瓶盖拧紧。当发酵产生酒精后，再将瓶盖打开，盖上一层纱布，进行制葡萄醋的发酵。

B同学设计了如图1-4 b所示的发酵装置，请分析此装置中的充气口、排气口和出料口分别有哪些作用。为什么排气口要通过一个长而弯曲的胶管与瓶身连接？结合果酒、果醋的制作原理，你认为应该如何使用这个发酵装置？

图1-4 a　用带盖的瓶子制葡萄酒

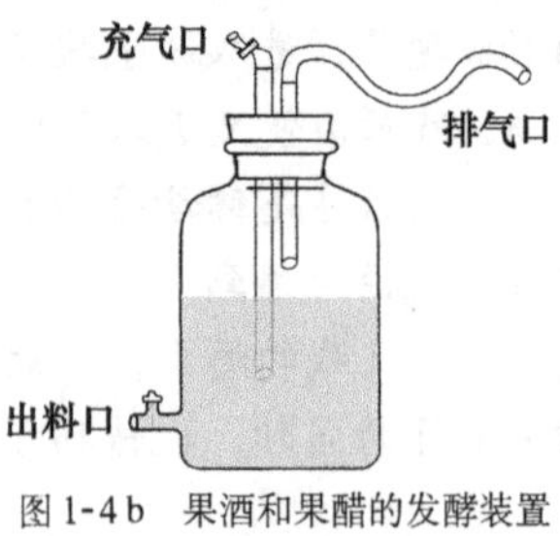

图1-4 b　果酒和果醋的发酵装置示意图

操作提示

（一）材料的选择与处理

选择新鲜的葡萄，榨汁前先将葡萄冲洗，并除去枝梗。

（二）防止发酵液被污染

1．榨汁机要清洗干净，并晾干。

2．发酵瓶要清洗干净，用体积分数为70%的酒精消毒，或用洗洁精洗涤。

你认为应该先冲洗葡萄还是先除去枝梗？为什么？

你认为应该从哪些方面防止发酵液被污染？

制葡萄酒时，为什么要将温度控制在18～25 ℃？制葡萄醋时，为什么要将温度控制在30～35 ℃？

制葡萄醋时，为什么要适时通过充气口充气？

3．装入葡萄汁后，封闭充气口。

（三）控制好发酵的条件

1．葡萄汁装入发酵瓶时，要留有大约1/3的空间。

2．在制葡萄酒的过程中，要将温度严格控制在18～25℃，时间控制在10～12天左右，可通过出料口对发酵的情况进行及时的监测。

3．在制葡萄醋的过程中，要将温度严格控制在30～35℃，时间控制在7～8天左右，并注意适时通过充气口充气。

结果分析与评价

1．在制葡萄酒和葡萄醋的过程中，发酵液分别有哪些变化？其中最明显的变化发生在发酵后多少天？你能分析引起变化的原因吗？

2．你如何证实葡萄汁转化成葡萄酒，是由于酵母菌的发酵作用？你能想出什么简单易行的方法，证明葡萄醋中的确有醋酸生成吗？

3．你制作的葡萄酒与葡萄醋的口味如何？如果你对结果不满意，你认为应该如何改进？

课题延伸

果汁发酵后是否有酒精产生，可以用重铬酸钾来检验。在酸性条件下，重铬酸钾与酒精反应呈现灰绿色（图1-5）。检测时，先在试管中加入发酵液2 mL，再滴入物质的量浓度为3 mol/L的H_2SO_4 3滴，振荡混匀，最后滴加常温下饱和的重铬酸钾溶液3滴，振荡试管，观察颜色的变化。想一想，如果要使检验的结果更有说服力，应该如何设计对照？

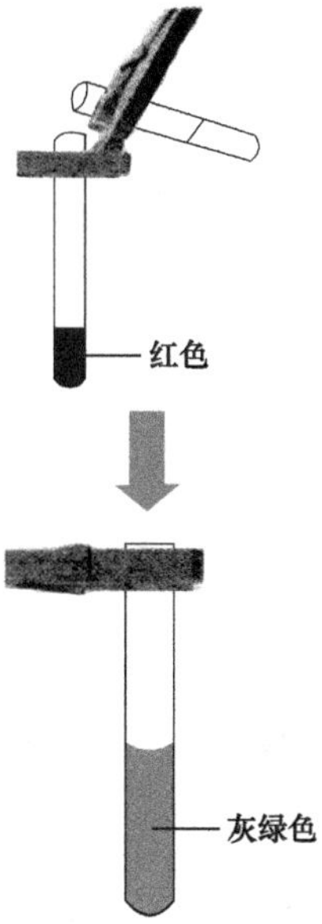

图1-5　酒精与重铬酸钾的颜色反应

相关链接

1．为提高果酒的品质，更好地抑制其他微生物的生长，可以直接在果汁中加入人工培养的酵母菌。而人工培养酵母菌，首先需要获得纯净的酵母菌菌种。如何将葡萄上附着的酵母菌分离出来，获得纯净的菌种呢？你可以在参考“专题2 微生物的培养与应用”的基础上，进一步查阅资料，再作尝试。

2．制作果醋时，也可以直接在果酒中加入醋酸菌。醋酸菌的菌种可以到当地生产食醋的工厂或菌种保藏中心购买。你也可以尝试从食醋中分离醋酸菌，分离的方法参见专题2。

10.2.2 本实验相关知识结构图

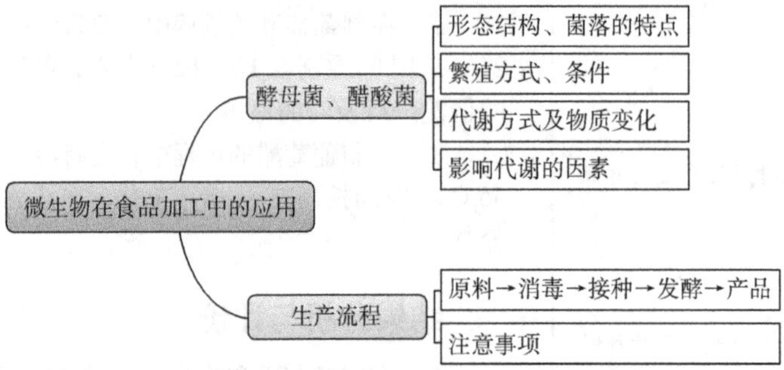

10.2.3 实验设计与构思

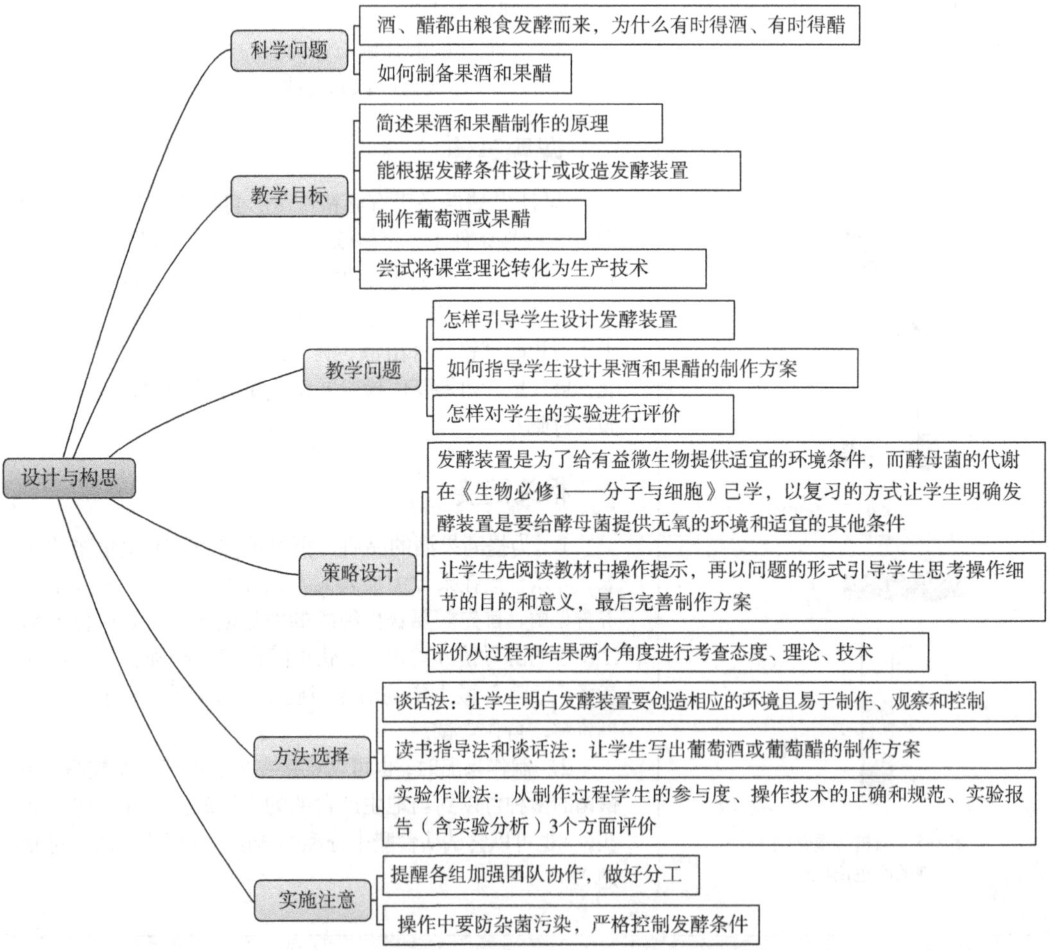

10.2.4 教学建议

10.2.4.1 实验前的准备与设计

1）认真阅读教学参考书，明确在本课题中要实现的能力目标和教学重难点　本课题要求学生能说明果酒和果醋制作的原理，设计制作果酒和果醋的装置，完成果酒和果醋的制作。教学参考书是重要的教学指导书，阅读教材不光要阅读本课题的，还要阅读本专题和最前面的“致教师”。教学参考书可以帮助我们确定为什么教，怎样教，预期效果，明确与前后课题的联系并对本专题内容进行共性分析。

2）对实验方案的思考，要注意可行性、合理性，发扬学生的创新性　本课题是一个生活中的课题，也许学生在家就自己做过或见过父母制作。学生在《生物必修 1——分子与细胞》中“酵母菌的呼吸方式的探究”一节中已学过实验原理。但学生没有去思考原理，对为什么要进行相应操作、操作顺序、注意事项都是根据老方法言传身教获得的。结果学生没有将所学与生活应用联系起来，也无法理解注意事项的科学性和对果酒、果醋的创新。本课题建议采用先视频介绍“土方法制葡萄酒”，再对“土方法”进行剖析，由教师带领学生找出其中的科学原理，最后让学生创新装置、创新产品的思路。

由于涉及微生物的作用，建议本课题放在 6～9 月（重庆）进行教学和实践。从内容上看至少需要 2 课时。第 1 课时为理论教学，明确实验原理，设计装置和操作顺序，掌握操作要领。第 2 课时为实践课，考虑到原料的购置要提前完成，发酵时间需要 4 周以上。所以教师在上课前提前考虑实践课上要达到的目标和实施的操作流程，做好安排。建议在课上完成原料的冲洗、榨汁、装瓶、创设发酵环境的操作，能力目标定为提高小组协作能力和分析、解决问题的能力。

本课题用葡萄作材料，也可以在材料选择上做些改变，可以因地制宜地选择一些本地水果如琵琶、猕猴桃、木瓜等。

对发酵装置的改造，教师可以先对生活废弃物（如菜油桶、大桶矿泉水壶、密封盒等）进行展示，启发学生将生活中常见的物品改造成发酵装置。

3）实践课前要进行预实验　本课题的操作不复杂，但是发酵效果可能因为材料选择、清洁程度、发酵时间等发生改变。为了保证学生实践的有序和效果，提高学生的制作兴趣，建议教师在理论课前先进行预实验，熟悉实验准备、注意事项，成品还可以在理论课时展示给学生。由预实验得到的建议如下：葡萄冲洗只能用清水，不能用洗涤剂；容器的消毒很重要；容器最好选透明的塑料瓶，便于排气和观察；实施中不要频繁打开发酵装置，容易引起杂菌污染；适宜的发酵温度可以大大缩减发酵时间。

4）围绕“做”和“做得更好”，形成有逻辑主线的教学设计　本课题的实作性很强，学生的制作兴趣很大，建议改变原来的实验课教学模式。把学生需要知道的实验原理、必要技术融合到围绕“怎样做”“为什么做”“怎样做得更好”的教学模式中，形成以“做”为逻辑主线的教学设计。

10.2.4.2 实验中的观察、示范与引导

在进行理论课教学时，教师在装置改造、发酵条件模拟等方面进行示范。可以采用教师示范，也可以选做得好的学生进行示范。建议用发酵原理引导学生整理出制作的正确流程。

实践课教学时，由于发酵时间较长，教师要提前告知好各组要进行发酵过程中的现象观察和果酒品质检测，让各组做好监测安排。教师在学生清洁实验材料、改造发酵装置、装瓶时要留心

观察各组情况，记录学生的不规范操作，以便在实验分析总结时抛给学生思考规范操作的意义。

10.2.4.3 实验后的总结与反思

如果教学时间充裕，建议安排第3课时。在第3课时对学生创新想法和做法要大力肯定，对学生不成功的制品也要以鼓励为主。可以通过小组交流的形式让学生相互分享经验和交流失败的可能原因，教师再介绍企业的制作流程和发酵条件控制，最后引导学生制订出更完善的制作方案和注意事项。如果没有第3课时，建议用课后实验报告的方式让学生对实验进行总结反思，并完善方案和写出制作果酒、果醋的心得体会。反思是学生能力和知识提高的重要途径，一定要给学生反思的时间，重点引导学生在防杂菌污染和控制发酵的环境条件方面进行反思。

10.2.5 教学设计示范

果酒和果醋的制作

【基本信息】

本课题目：果酒和果醋的制作

课程性质：普通高中选修课

授课对象：高二或高三年级学生

课时安排：课堂3学时，课后累计5学时

使用教材：人民教育出版社出版的普通高中课程标准实验教科书《生物选修1——生物技术实践》

【教学内容分析】

本课主要知识点

（1）酵母菌、醋酸菌的代谢方式及产物。

（2）影响代谢的因素及控制方法。

（3）对发酵结果的原因分析。

本课内容重要性及地位

内容地位：本课题是传统发酵技术应用的第一个课题，后面还有腐乳的制作和泡菜制作，三个课题相互独立。本课题的原理涉及《生物必修1——分子与细胞》中的“细胞呼吸的类型与产物”。实施本课题能让学生亲历传统发酵食品与微生物的密切关系，有利于学生了解发酵食品的来源，在动手制作中巩固微生物的代谢方式。体会从生活经验到生物学原理再到创新技术的STS教育。

前修知识：酵母菌的细胞呼吸、化学装置的组装。

后继知识：微生物与人类的关系。

本课内容重点、难点

教学重点：设计和改进发酵装置，设计合理可行的实验方案。

教学难点：能根据果酒、果醋的制作原理设计实验装置和写出实验方案。

【学情分析】

学生已有基础

知识基础：学生在人民教育出版社出版的普通高中课程标准实验教科书《生物必修

1——分子与细胞》第 5 章中已经学习了酵母菌的代谢方式，对醋酸菌不熟悉。

能力基础：学生在本模块前面内容的学习中，已经掌握检验乙醇的方法，对无菌操作和灭菌方法还不熟悉。已经具备了根据实验原理设计实验步骤的能力。能对简单的实验装置进行分析和改造。

学生实验中可能存在的困难

设计发酵装置和实验方案、发酵现象不明显。

学生学习心理分析

高中学生的智力发展已接近成熟，能把自己的注意力集中和稳定在具有重要意义的任务上，能在比较复杂的学习活动中分配自己的注意力，观察事物也比较精确、深刻、全面，能通过表面现象发现事物的本质。他们的思维具有一定的批判性和独立性，能提出自己的见解，意志力增强，能够自觉地克服各种困难，并且能充满自信，持之以恒，将任务坚持到底。同伴的交往意识也增强，渴望了解别人，也渴望得到别人的认可。

【教学目标】

知识目标

说明果酒和果醋制作的原理。

能力目标

（1）设计制作果酒和果醋的装置。

（2）能完成果酒和果醋的制作。

情感、态度、价值观目标

（1）了解中国的酒文化和醋文化。

（2）认识微生物与人类生产生活的关系。

（3）体会科学技术转化为美味佳肴。

【教学方法、手段】

教学方法

谈话法、读书指导法、实验作业法。

教学手段

以 PPT 作为演示工具，以教材辅助教学，利用生活废弃物设计发酵装置，进行实验教学。

【教学策略】

果酒和果醋是生活中常见的饮品。利用学生的生活经验营造问题情境，让学生在问题下不断产生新问题。用合作学习来攻克设计装置和设计实验方案两个教学难点。用实验法，让每个学生都有操作机会，并学会合作分工，在提高动手能力的同时，也提高学生的协作与表达、分析解决问题的能力。对漫长的发酵过程以学生自己管理、教师督促的形式培养学生的责任意识。

【教学用具】

实验材料用具：葡萄、纱布、榨汁机、质量分数 70% 的乙醇、酸性重铬酸钾溶液、pH 试纸。

教学材料：多媒体课件。

【教学过程】

教学进程	教师行为	学生活动	设计意图
导入新课（第1课时）	问题导入： （1）果酒是不是酒，果醋是不是醋？ （2）果酒、果醋是怎么来的？ （3）"酿酒不成变成醋"，你怎么理解酿酒与酿醋的关系	学生思考，小组讨论。 学生回答	通过对生活常识进行提问，激发学生思考果酒和果醋的来历
果酒、果醋制作的原理	用问题引导学生学习教材P2、P3果酒和果醋制作的原理： （1）酵母菌的有氧呼吸和酒精发酵分别发生在果酒制作的什么阶段？ （2）果酒制作中温度要怎样控制最合理？ （3）制作葡萄酒需要进行酵母菌接种吗？ （4）红葡萄酒和白葡萄酒在制作上有什么不同？ （5）酿酒不成变成醋的原因是什么？ （6）用葡萄直接酿葡萄醋应提供怎样的发酵条件	学生自学 学生回答	用读书指导法让学生先自学再回答问题
设计实验装置	教师介绍：好用的发酵装置，可以让我们的酿造一劳永逸，葡萄放入一段时间后自然变成葡萄酒或葡萄醋。 提问：制葡萄酒的发酵装置和制葡萄醋的发酵装置相同吗？好的发酵装置应该有哪些功能？ 汇总全班对发酵装置功能的设想。 请每组确定制作食品（果酒还是果醋），设计出最好的发酵装置图纸，图纸上标明装置的发酵类型、功能使用、制作所需的原材料。 布置课后作业：各组按图纸制作"最好发酵装置"	小组讨论，小组代表发言 小组讨论，小组用展示台展示，并简要介绍设计理念	用讨论法可以发散学生的思维，让学生在思考中联系酵母菌和醋酸菌的代谢特点和易于使用、易于制作等需求，设计装置。提高学生解决问题的能力
设计实验方案	布置任务：设计最好的实验方案。让学生结合本组的实验目的设计实验流程，再结合课本P3的示意图进行修改。 让学生阅读教材P4的操作提示以问题明确操作的原因。 （1）为什么选"新鲜""葡萄"？葡萄需要做哪些处理？顺序是怎样的？ 教师介绍：生活中我们清洗葡萄是先去枝梗再清洗。但制作葡萄酒时要后去枝梗。因为去枝梗会产生大量新伤口，容易被有害微生物感染，且不易冲洗干净。 （2）冲洗要做到一菌不染吗？ 教师介绍：不，酵母菌附着在皮上。 （3）葡萄汁装入发酵瓶时，能否装满？ 教师介绍：不能，适当多留点空间，有氧呼吸多点，菌种增加，可以节省发酵的时间。 （4）通过哪些措施防止发酵液被杂菌污染？ 教师介绍：所有接触发酵液的器具都要清洗干净，酒精发酵时，要密封装置口，醋酸发酵时，在通气口做一个拦菌设计。 （5）制葡萄酒时，为什么要将温度控制在18～25℃？制葡萄醋时，为什么要将温度控制在30～35℃？ 教师介绍：分别是酵母菌和醋酸菌发酵的最适温度。 再让学生完善方案，得到最好实验方案。 让小组展示"最好实验方案"	小组讨论，做好分工，记录员记录讨论的实验流程，小组再讨论，记录员修改得到最好的实验流程。 学生思考，明确细节操作的原因。 再修改方案，得到最好的实验方案 学生思考、回答、理解 学生参与 学生展示，其余学生思考	用小组活动的方式，可以降低任务难度，在互助中提高解决问题的能力。 谈话法能激发学生思考并帮助学生明白操作的原因，理解实验步骤
实验成果检测	教师提问：（1）如何区别最后的成果是果酒、果醋，还是污染的发酵液？教师强调：在实验室中最好不要用"尝"来检测。 （2）如何用实验方法证明发酵液出酒了？	学生回答 学生回答	用谈话法既巩固了旧知识，又获得了新用途

续表

教学进程	教师行为	学生活动	设计意图
	（3）如何用观察法确定发酵液中是酵母菌还是醋酸菌？ 教师补充： 醋酸菌的大量繁殖往往会在发酵液的表面形成一层醋酸菌菌膜，还可以借助菌膜来确定	学生回答	
课前准备	做好实验室准备：新鲜的葡萄、灭菌的玻璃瓶、玻璃管、鹅颈管、橡皮管、闭气夹、70% 乙醇、酸性重铬酸钾等	做好实验分工安排。每人写一个“最好实验方案”，每组制作一个“最好发酵装置”	每个人都参与，提高实验的积极性
实验实施（课上）	教师在实验室巡视，观察实验课堂学生的参与度、课堂秩序、各组的分工执行情况。 做好实验室学生情况登记。 提醒学生安排人员在课后时间完成发酵情况的管理和控制	学生以组为单位制作葡萄酒 \ 葡萄醋。 学生分工合作	实验法提高学生动手、分析问题、解决问题的能力
实验实施（课后）	教师在实验室留一个各组管理员到岗签到表。管理每个组的管理员或观察学生的发酵成果	管理员每天签到，定期放气，并观察发酵程度。 完成最好实验方案	培养学生的责任意识
实验总结，分析与比较	实验室展示各组最好发酵成果和最好实验方案。 请 3 个学生代表 3 个组，介绍实验方案和对实验改进的思考。 让学生对照葡萄酒厂的生产流程， 红葡萄 ↓ 分选 ↓ 破碎 ↓ 除梗 ↓ SO_2 → 葡萄浆 ↓ 发酵 ↓ 压榨 ↓ 前发酵酒 ↓ 调整成分 ↓ 后发酵 ↓ SO_2 → 干红葡萄原酒 注：SO_2 的益处很多，主要是抑菌 找出酒厂增加的工艺，分析其目的。 教师归纳并鼓励学生创新：酒厂为了实现品质更好、口感更稳定、产量更高、无菌控制得更好这些目标，对生产流程进行了改良。但其制作原理与我们的制作原理本质上是相同的。这就是技术创新。同学们其实也可以根据自己和家人的口感需求，打造出私人定制的果酒、果醋。 教师总结：同学们体会了自制葡萄酒，在学习生活之余，你们可以给家人带来美酒。从制作看，操作并不复杂，在家里很容易实现。其实看似深奥的传统发酵食品加工，原理都是利用微生物来获得美味佳肴。原料＋所需的微生物＋适宜的条件＋防杂菌污染＝发酵美食。赶紧回家动手试试吧	学生参观 学生汇报，其余学生思考 学生思考，回答	用参观教学法培养学生的自信心，激发学生想要更好的愿望。 分析比较了实验室制作与酒厂的工艺流程，进一步提高学生的自信心。并由工艺流程，启发我们自主创新。学生体验科学原理转化为生产力的过程

【板书设计】

果酒和果醋的制作

发酵的原理：

酵母菌 有氧：$C_6H_{12}O_6+6O_2 \longrightarrow 6CO_2+6H_2O$

　　　 无氧：$C_6H_{12}O_6 \longrightarrow 2C_2H_5OH+2CO_2$

醋酸菌 有氧：$C_2H_5OH+O_2 \longrightarrow CH_3COOH+H_2O$

　　　 无氧：死亡

影响因素：温度、有无氧气、杂菌污染

设计装置：

图纸如：

设计操作方案：

葡萄清洗→榨汁→容器密闭（要定期排气）→葡萄酒

葡萄清洗→榨汁→容器通气→葡萄醋

葡萄清洗→榨汁→容器密闭（短期，定期排气）→葡萄酒→容器通气→葡萄醋

【教学反思】

该课题的主要目的是在传统发酵食品的制作中较全面、真实地培养学生的科学探究能力，提高实际操作能力，加深对发酵原理的理解，领悟科学、技术、社会的关系，突出知识的实用性和技术的规范性。

从教学设计上看，用问题引导的方式带领学生分析科学原理，再通过设计实验装置加深对发酵原理的理解。通过果酒、果醋的实验室制作与葡萄酒厂的比较，领悟科学来自于生活，科学就是生产力。通过操作中的细节处理方式，强调技术的规范性。

从教学实践看，学生在完成本课题的过程中，对学习目的、学习方式、学习意义有了更深刻的认识。他们发现知识不再是只能用来考试，而是可以做很多有趣的事情。学习也不仅仅是要通过课堂、书本，对生活现象的分析也可以得到知识。经历制酒的过程品尝自制美酒，让学生感受到了学习的意义，激发了他们的学习激情。

本课题的精彩之处是采用了多种教学方法，有参观法、讲授法、读书指导法、实验法、发现法、合作学习法、比较分析法等，提高了学生的知识量和多方面的能力。在课题每个环节都告诉学生要达到的目的和效果，适时对烦琐的操作进行归纳，注重学生认知发展的正常过程。课程中有多处学生活动如小组合作设计装置、小组间展示装置设计方案、设计果醋的制作方案，这些活动增加了学生的参与性，并且都是围绕“怎样做”进行，安排得自然恰当。

在课题实现中，用生活废品做成发酵装置、运用原理制作“定制版”果酒、果醋，这些想法新颖，在课题的最后对各类发酵食品的制作方法进行了简单概括，让学生回家制作的兴趣更浓，并突破了从装置到方法的难题，使学生回家自制的可行性更高。

10.3　案例二　菊花的组织培养

10.3.1　实验方案

课题 1　菊花的组织培养

课题背景

科学研究表明，当植物细胞脱离了原来所在植物体的器官或组织而处于离体状态时，在一定的营养物质、激素和其他外界条件的作用下，就可能表现出全能性，发育成完整的植株。科学家用植物组织培养的方法，已经把许多种植物的离体的组织或细胞，培养成了完整的植物体。在本课题中，我们将通过菊花组织培养的实验来学习这一技术。

基础知识

（一）植物组织培养的基本过程

在植物的个体发育过程中，细胞在形态、结构和生理功能上都会出现稳定性的差异，形成这些差异的过程叫做细胞分化。已经分化了的细胞在结构和功能上都比较专一，要在离体条件下发育成完整的植株，并不容易。

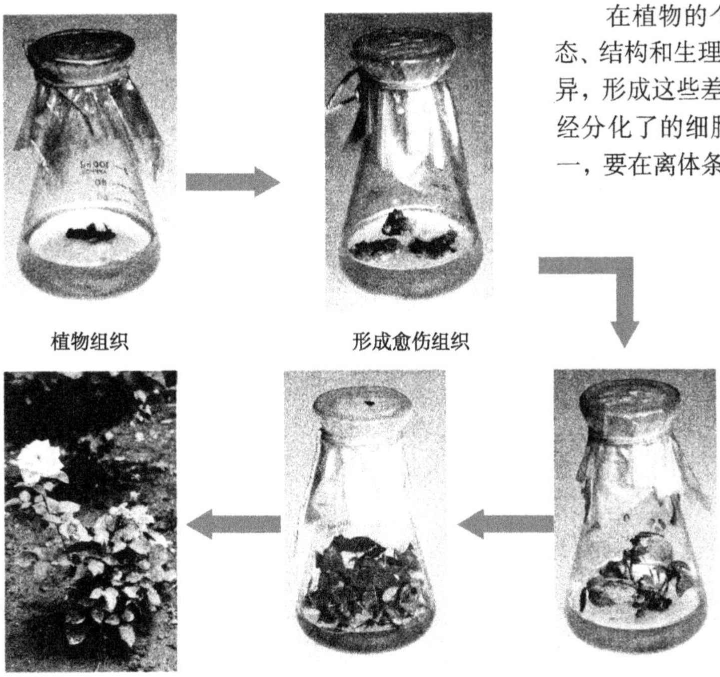

图 3-1　植物组织培养的流程图

离体的植物组织或细胞，在培养了一段时间以后，会通过细胞分裂，形成愈伤组织（图 3-1）。愈伤组织的细胞排列疏松而无规则，是一种高度液泡化的呈无定形状态的薄壁细胞。由高度分化的植物组织或细胞产生愈伤组织的过程，称为植物细胞的脱分化，或者叫做去分化。脱分化产生的愈伤组织继续进行培养，又可以重新分化成根或芽等器官，这个过程叫做再分化。再分化形成的试管苗，移栽到地里，可以发育成完整的植物体。图3-1简要地归纳了植物组织培养的过程。在这个过程中，往往需要使用植物激素，人为地控制细胞的脱分化与再分化。

（二）影响植物组织培养的因素

不同的植物组织，培养的难易程度差别很大。例如，烟草和胡萝卜的组织培养较为容易，而枸杞愈伤组织的芽诱导就比较难。因此，植物材料的选择直接关系到实验的成败。对于同一种植物材料，材料的年龄、保存时间的长短等也会影响实验结果。菊花的组织培养，一般选择未开花植株的茎上部新萌生的侧枝（图3-2）。

图3-2 未开花的菊花植株

离体的植物组织和细胞，对营养、环境等条件的要求相对特殊，需要配制适宜的培养基。常用的一种培养基是MS培养基，其主要成分包括：大量元素，如N、P、K、Ca、Mg、S；微量元素，如B、Mn、Cu、Zn、Fe、Mo、I、Co；有机物，如甘氨酸、烟酸、肌醇、维生素，以及蔗糖等。在配制好的MS培养基中，常常需要添加植物激素。

你能说出各种营养物质的作用吗？同专题2中微生物培养基的配方相比，MS培养基的配方有哪些明显的不同？

植物激素中生长素和细胞分裂素是启动细胞分裂、脱分化和再分化的关键性激素。在生长素存在的情况下，细胞分裂素的作用呈现加强的趋势。按照不同的顺序使用这两类激素，会得到不同的实验结果。

常用的植物激素有：生长素、细胞分裂素和赤霉素等。生长素类有：2,4-二氯苯氧乙酸(2,4-D)、吲哚乙酸(IAA)、萘乙酸(NAA)、吲哚丁酸（IBA）等。细胞分裂素类有：激动素（KT）、6-苄基嘌呤(6-BA)、玉米素（ZT）等。赤霉素类有赤霉酸（GA_3）等。

使用顺序	实验结果
先使用生长素，后使用细胞分裂素	有利于细胞分裂，但细胞不分化
先使用细胞分裂素，后使用生长素	细胞既分裂也分化
同时使用	分化频率提高

当同时使用这两类激素时，两者用量的比例影响植物细胞的发育方向（参见旁栏）。可见，植物激素的浓度、使用的先后顺序以及用量的比例等，都会影响实验结果。植物激素的应用要做到得心应手，还得靠大量实践。

生长素用量比细胞分裂素用量，比值高时，有利于根的分化、抑制芽的形成；比值低时，有利于芽的分化、抑制根的形成。比值适中时，促进愈伤组织的形成。

除了上述因素外，pH、温度、光照等条件也很重要。不同的植物对各种条件的要求往往不同。进行菊花的组织培养，一般将pH控制在5.8左右，温度控制在18～22 ℃，并且每日用日光灯照射12 h。

实验操作

（一）制备 MS 固体培养基

MS 培养基含有 20 多种营养成分，实验室一般使用 4 ℃保存的配制好的培养基母液来制备。具体操作如下。

1．配制各种母液　配制母液时，无机物中大量元素浓缩 10 倍，微量元素浓缩 100 倍（MS 培养基的配方参见附录 3），常温保存。激素类、维生素类以及用量较小的有机物一般可按 1 mg/mL 的质量浓度单独配制成母液。用母液配制培养基时，需要根据各种母液的浓缩倍数，计算用量。

为了避免每次配制培养基时都要称量几十种成分，可以将各种成分按比例配制成浓缩液，即培养基母液，使用时，根据浓缩比例计算用量，加水稀释。

2．配制培养基　配制 1 L MS 培养基时，先将称好的琼脂加入 800 mL 蒸馏水，加热使琼脂熔化，然后加入蔗糖 30 g，取配制好的大量元素、微量元素、有机物和植物激素的母液，依次加入，加蒸馏水定容至 1000 mL，调节 pH，最后分装到锥形瓶中，每瓶分装 50 mL 或 100 mL。由于菊花茎段的组织培养比较容易，因此不必添加植物激素。如果有兴趣，你也可以试着添加一些激素。

3．灭菌　将分装好的培养基连同其他器械一起进行高压蒸汽灭菌。

（二）外植体消毒

用于离体培养的植物器官或组织片段，叫做外植体。

选取菊花茎段时，要取生长旺盛的嫩枝。菊花茎段用流水冲洗后可加少许洗衣粉，用软刷轻轻刷洗，刷洗后在流水下冲洗 20 min 左右。用无菌吸水纸吸干外植体表面的水分，放入体积分数为 70% 的酒精中摇动 2～3 次，持续 6～7 s，立即将外植体取出，在无菌水中清洗。取出后仍用无菌吸水纸吸干外植体表面水分，放入质量分数为 0.1% 的氯化汞溶液中 1～2 min。取出后，在无菌水中至少清洗 3 次，漂净消毒液。

对外植体进行表面消毒时，既要考虑药剂的消毒效果，又要考虑植物的耐受能力。

（三）接种

接种前用体积分数为 70% 的酒精将工作台擦拭一遍。工作台消毒后，首先点燃酒精灯。此后，所有的接种操作都必须在酒精灯旁进行，并且每次使用器械后，都需要用火焰灼烧灭菌。

将装有培养基的锥形瓶整齐地排列在酒精灯左侧。将消过毒的菊花茎段在无菌培养皿中切成小段（长约 0.5～1 cm）。左手持锥形瓶，右手拉开捆扎锥形瓶的绳子，并将封口膜攥于右手手心，以避免封口膜接触瓶口的一面被污染。左手持瓶，使瓶口旋转通过火焰；右手用镊子夹取菊花茎段，插入培养基中（图3-3）。插入时应注意方向，不要倒插。每瓶接种6～8块外植体。接种后，将封口膜重新扎好。

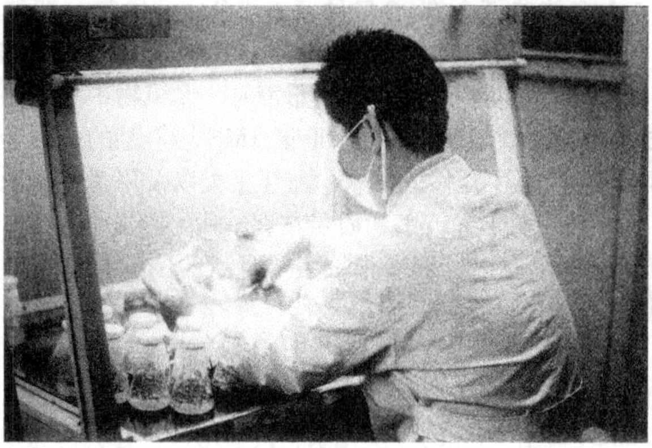

图3-3 接种操作

你打算做几个重复组？你打算设置对照实验吗？

（四）培养

接种后的锥形瓶最好放在无菌箱中培养，培养期间应定期消毒。培养温度控制在18～22 ℃，并且每日用日光灯光照12 h。

（五）移栽

在移栽生根的菊花试管苗之前，应先打开培养瓶的封口膜，让试管苗在培养间生长几日。然后用流水清洗根部的培养基，将幼苗移植到消过毒的蛭石或珍珠岩等环境下生活一段时间，等幼苗长壮后再移栽到土壤中（图3-4）。

图3-4 幼苗的移栽

（六）栽培

将幼苗移栽后，每天观察并记录幼苗生长情况（图3-5），适时浇水、施肥，直至开花。

图3-5 移栽后的幼苗

结果分析与评价

1．接种3～4天后，观察外植体的生长情况，统计有多少外植体被污染，有多少能正常生长。分析外植体被污染的原因。

2．你培养出愈伤组织了吗？从接种到长出愈伤组织经历了多少天？你培养出的愈伤组织进一步分化出根和芽了吗？

3．两周后观察茎段的分化情况，填好结果记录表，并及时分析结果。

4．幼苗移栽到露地后，能够正常生长吗？

> 以下配方可供你参考。
> 诱导菊花愈伤组织：
> 在MS培养基中加入BA和NAA，质量浓度均为0.5mg/L。
> 诱导菊花丛芽：
> 在MS培养基中加入BA和NAA，质量浓度分别为2～3 mg/L和0.02～0.3 mg/L。
> 诱导菊花生根：
> MS培养基各成分用量减半，并添加NAA或IAA，质量浓度均为0.1 mg/L。

课题延伸

一般来说，容易进行无性繁殖的植物，也容易进行组织培养，如芦荟、豆瓣绿、秋海棠、月季等。你可以从中挑选一种你喜欢的植物，进行组织培养。

如果你对植物激素的作用感兴趣的话，可以在查阅资料的基础上，探究生长素与细胞分裂素的使用比例对植物组织培养的影响。例如，你可以设计一组对照实验，分别探究不加任何植物激素、生长素用量与细胞分裂素用量的比值为1、比值大于1以及比值小于1时，对实验结果的影响。

10.3.2　本实验相关知识结构图

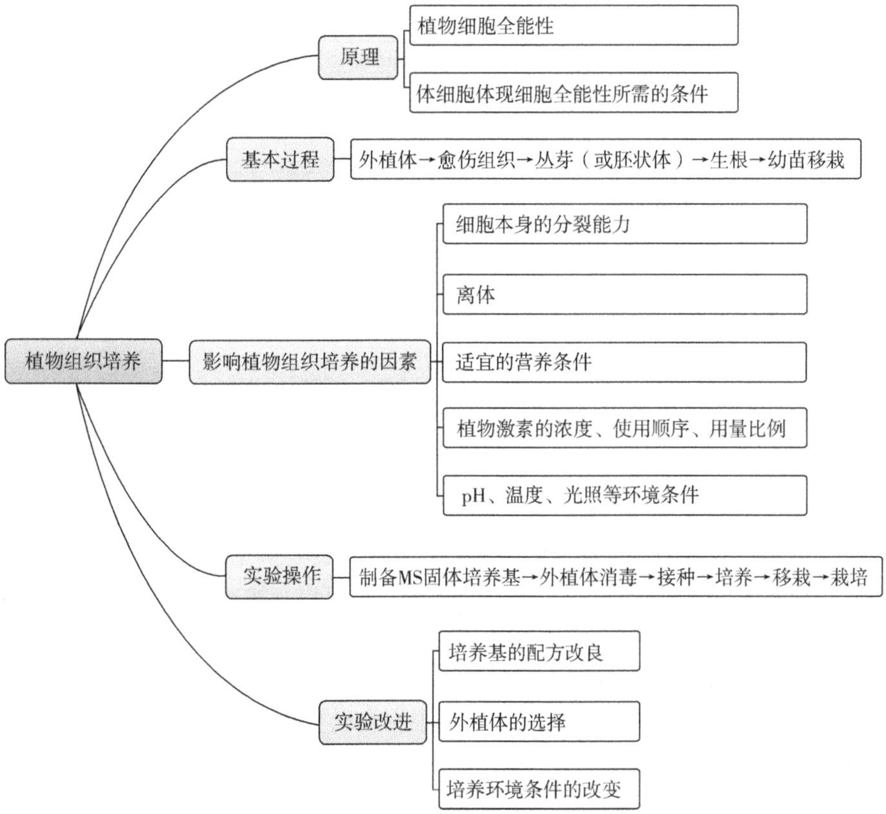

10.3.3 实验设计与构思

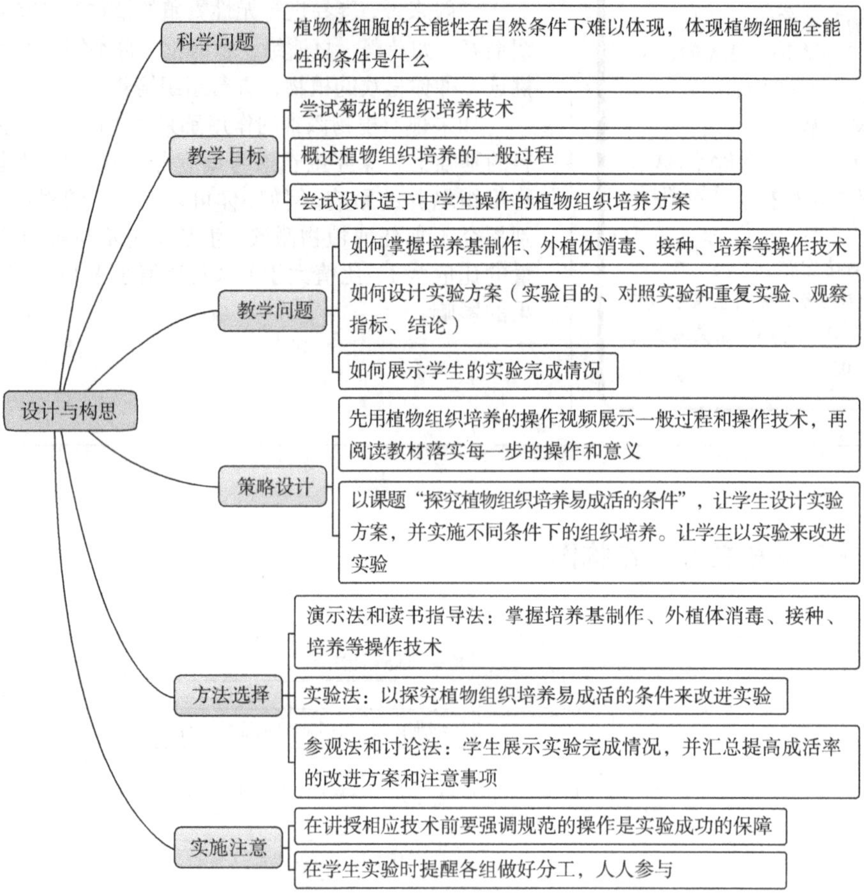

10.3.4 教学建议

10.3.4.1 实验前的准备与设计

1）结合实际情况，大胆创新实验方案　本课题注重的是实验操作能力，尤其是无菌控制能力。但是实验是需要用材料当作载体的。教材选择的是菊花，而且是未开花的植株。菊花要秋天才有，这在材料的准备上就有很大的局限性。实际上只要是无性繁殖能力强的植物进行植物组织培养都很容易成功，如矮牵牛、长寿花。另外，也可以直接选继代的材料来作外植体。

本课题的目的就是掌握植物组织培养的相关技术，尤其是无菌技术，对实验中的变量控制、对照设置、重复实验都没做说明。建议教师让学生在每个锥形瓶中做6个重复组，留一个瓶做空白对照实验。剩下的锥形瓶可以让学生根据自己想探究的问题设计对照实验。例如，探究外植体的大小对幼苗大小的影响，探究取外植体的部位对实验污染率的影响，接种的时间长短对实验污染率的影响等。

2）做详细的实验方案，做到有备无患　教师在实验前要查阅资料，了解植物组织培养技术现在的发展情况，有无更先进的培养方法和技术手段。明确学生实验其实就是通过实践来掌握植物组织培养技术。

由于植物组织培养的实验周期比较长，需要一定实践经验的积累。建议教师先摸索出一套行之有效的办法，然后再安排学生实践。本实验的污染控制对学生来说是难题，对上课教师来说也是一样。所以这个课题要求教师有较强的实验操作能力，尤其是无菌控制能力。但是中学生物学老师平时做实验的机会不多，操作也比较生疏，所以在上实践课前一定要做预实验，甚至要多进行几次，以实现以下目标：材料的培养与处理方法，培养基母液的配制，确定实验的注意事项和可以探究的问题，列出详细的物品和试剂清单。预实验可以帮助你熟悉实验操作，必要时给学生做示范。还可以帮助你预测学生的成功率，摸清某些未想到的操作细节，对学生给予及时的指导。

在预实验之后再来制订详细的实验教学方案。建议这个内容安排 3 课时。第 1 课时，复习或介绍组织培养的原理和一般过程，学习 6 个主要技术，尤其是对无菌方面的控制，教师在讲的时候要重点强调每步技术的规范性，可以减少污染。第 2 课时，考虑到一节课的时间有限，建议只进行外植体消毒、接种、置于培养箱中的操作。第 3 课时，安排进行成果展示。这一课时非常必要。学生第一次做这种无菌操作，难免会有些疏漏，导致幼苗或培养基出现异常。交流成果，可以让各小组互通有无，失败的组能看到其他组的成果，熟悉完整的植物组织培养过程。成功的组也能根据别人的教训进行经验总结。这个实验做下来，完全成功的小组不多，建议教师利用这节课给予学生失败教育，告知学生科学技术就是在不断失败不断总结中发展的。从这个实验所涉及的原理来看，都是学生学过的或易懂的。在这里能够实现运用所学知识解决操作中的问题，便于将科学知识转化为技术。建议在这堂课上实施实验改进环节，让学生能够在解决植物组织培养的三大问题中找到自信和成就感。教师还要在这节课上告诉学生对实验废弃物的处理方式。

3）*做好学生失败率高的心理准备和引导*　无菌操作本来对技术的要求就很高，一个组织培养高手都是在多次失败后逐渐锻炼出来的。教师要告知学生失败的正常性，可能有技术上的问题，也可能是运气差。只要积极分析失败的原因，找出改进的办法，就一定会成功。所以如果有不成功的情况，建议教师在劝导时，重点放在寻找原因、积极克服、完善操作上。

4）*围绕如何顺利实现植物组织培养，形成有逻辑主线的教学设计*　本课题自带的逻辑主线非常清楚，从明确原理到学习主要技术，再用技术来完成植物组织培养，最后进行总结分析完善。这种教学设计思路能够将学生的注意力紧紧锁定在“如何做”“如何成功”上，建议本课题就采用这个逻辑主线。由于培养时的观察在教材上未进行介绍，建议教师在第 1 课时补充培养时正常生长和异常生长的差异，让学生明白观察指标，及时清除异常的实验组。

10.3.4.2　实验中的观察、示范与引导

本课题的目标是掌握植物组织培养技术，所以主要考查指标在实验的操作和效果上。教师要在学生操作时多走动，多观察，多记录。对学生的错误操作进行纠正，对学生的创造性操作进行指导。对观察到的情况要进行记录，好的处理或者不好的处理及创造性处理都可以记下来，以便在实验分析时拿出来讨论。例如，最后将接种后的锥形瓶放在无菌培养箱中时，有一个组因放不下就每一层放一个。学生经过讨论发现：这样对无关变量的控制不严格。

10.3.4.3　实验后的总结与反思

反思是人类进步的源泉。实验后要对教学、学生的操作和学生的反思进行总结和反思。

首先反思教学的目标是否实现，再反思学生的操作亮点、问题、学生的反思。建议从以下几个角度进行：①教学的知识目标、能力目标、情感目标是否达到；②过程是否有序；③组织培养的成功率；④教学和实验操作中对学生的指导；⑤材料的选择、培养基的设计、消毒灭菌和接种操作。

10.3.5 教学设计示范

菊花的组织培养

【基本信息】

本课题目：菊花的组织培养

课程性质：普通高中选修课

授课对象：高二或高三年级学生

课时安排：课堂3学时，课后累计5学时

使用教材：人民教育出版社出版的普通高中课程标准实验教科书《生物选修1——生物技术实践》

【教学内容分析】

本课主要知识点

（1）概述植物组织培养的基本过程及影响因素。

（2）培养基的制备和无菌技术。

（3）对组织培养中异常现象的原因分析。

本课内容重要性及地位

内容地位：“菊花的组织培养”是人民教育出版社出版的普通高中课程标准实验教科书《生物选修1——生物技术实践》专题3“植物组织培养技术”中的第一个课题。本专题共有2个课题（菊花的组织培养、月季的花药培养），均以植物组织培养技术为基础。通过对本专题的学习，学生应当了解植物组织培养在生产中的应用，熟悉植物组织培养的基本过程，了解影响植物组织培养的各种因素，掌握培养基制备、外植体消毒、接种、培养、移栽及栽培等基本操作技术。

前修知识：植物细胞的全能性、细胞分化、司徒尔德的植物组织培养实验、植物的无性繁殖。

后继知识：植物细胞工程。

本课内容重点、难点

教学重点：掌握植物组织培养过程中使用的无菌技术，尝试制作科研小课题。

教学难点：掌握植物组织培养过程中使用的无菌技术。

【学情分析】

学生已有基础

知识基础：学生在人民教育出版社出版的普通高中课程标准实验教科书《生物必修1——分子与细胞》第6章第2节中已经学习了细胞全能性，并了解了司徒尔德的胡萝卜韧皮部细胞的植物组织培养过程。

能力基础：学生在本模块前面内容的学习中，已经掌握了微生物培养的方法、微生物培养基配制的方法、无菌操作和灭菌方法。能用所学对实验现象进行分析并改进实验方案。

学生实验中可能存在的困难

无菌操作难以做到无菌，接种操作由一个人独立完成可能会手忙脚乱，实验观察时，不同的人可能观察指标不同或无法准确区分不同时期和异常情况。

学生学习心理分析

高中学生的智力发展已接近成熟，能把自己的注意力集中和稳定在具有重要意义的任务上，能在比较复杂的学习活动中分配自己的注意力，观察事物也比较精确、深刻、全面，能通过表面现象发现事物的本质。他们的思维具有一定的批判性和独立性，能提出自己的见解，意志力增强，能够自觉地克服各种困难，并且能充满自信，持之以恒，将任务坚持到底。同伴的交往意识也增强，渴望了解别人，也渴望得到别人的认可。

【教学目标】

知识目标

（1）阐述植物组织培养的基本过程和影响因素。

（2）描述植物组织培养技术在生产中的应用。

能力目标

（1）能完成植物组织培养的相关操作（接种、培养、移栽）。

（2）能配制MS培养基。

（3）能合作完成无菌操作和灭菌技术。

情感、态度、价值观目标

（1）体验新型农业、园艺与科研工作的相互关系。

（2）体会如何参与课题研究。

【教学方法、手段】

教学方法

演示法、读书指导法、实验法、参观法、讨论法。

教学手段

以PPT作为演示工具，以教材辅助教学，利用实验室现有的资源进行实验教学。

【教学策略】

本课题设计为一堂以植物组织培养为载体对实验进行创新的一个课题，通过该课题力图实现对学生的创新性培养，提高学生设计、实施课题的能力。学生以小组为单位合作探究，通过开题、开展、结题进行信息查找、数据分析、观察对比、总结归纳、交流汇报、得出结论等。本节课在植物组织培养的一般过程中采用读书指导法并进行即时检测，对操作步骤采用视频演示法和谈话法，以明确“为什么”做。以课题来提高学生的科学素养，让植物组织培养更有价值。

【教学用具】

实验材料用具：MS固体培养基、未开花的菊花植株、70%乙醇、锥形瓶、镊子、酒精灯、无菌培养箱、灭菌锅等。

教学材料：课件、教材、视频、实物展示组织培养的小幼苗。

【教学过程】

教学进程	教师行为	学生活动	设计意图
导入新课（第1课时）	用短视频“植物组织培养技术在科研和生产中得到广泛应用”引入本课题。 （视频包含：①大量生产花卉、蔬菜及特种经济植物幼苗、脱毒苗；②某些药企从组织培养中的愈伤组织中制取特殊的生化制品；③濒危植物保护站用这个技术可以在短时间大量繁殖濒危植物，从而拯救濒危植物；④培育人工种子）	学生观看，了解植物组织技术跟生产生活的密切联系和巨大的发展空间	培养学生对生物新技术的兴趣，激起动手操作的冲动
植物组织培养的基本过程	让学生阅读教材第32页，结合《生物必修1——分子与细胞》所学知识详细认识植物组织培养的基本过程和条件。 检测提问： （1）植物组织培养是将已经分化的植物细胞培养成完整个体，其理论基础是什么？ （2）培养的一般过程是怎样的？ （3）我们知道细胞分化具有稳定性和不可逆性，要控制细胞的分化方向，需要哪些条件？ 教师订正： （1）细胞全能性。 （2）离体的细胞→愈伤组织→胚状体→幼苗。 （3）离体、（外源）植物激素。 用活动检测学生所掌握的知识。教师出示4幅图（组织、器官图），让学生确定4种组织器官的名称和在组织培养中出现的先后	学生回答 学生完成	用读书指导法让学生先自学再检测，从而巩固基础知识
影响植物组织培养的因素	让学生以小组为单位探讨影响因素有哪些？（可参考教材第33页） 总结：这些因素都是从两个方面——细胞成活和细胞分化方向的调控来影响安排连线活动，引导学生从影响途径来理解影响因素；让学生将刚才找出的影响因素，归入这两个方面。 告知学生：掌握控制影响因素的方法是我们组织培养成功的保障，这个方法就是操作技术	小组讨论，写出影响因素： （1）植物材料的种类、年龄、保存时间。 （2）要有离体的细胞。 （3）要有营养的培养基。 （4）植物激素的浓度、使用顺序、用量比例。 （5）pH、温度、光照条件等。 学生思考，完成连线	用讨论法可以发散学生的思维，让学生在思考中联系细胞正常生长的条件和分化的原因，体现教学的系统性原则
实验操作	以视频介绍植物组织培养的操作步骤，提醒学生关注其中需要的操作。 提问学生：有哪些操作，你注意到他是怎么做的？ 强调理解并掌握这些操作，是成功的基础。用谈话法分步落实操作的方法、原因、意义。 （一）制备MS固体培养基 视频演示配制过程： （包含先配制几种母液，再配制培养基，按顺序加水、母液、蔗糖、调体积、激素、调pH、加琼脂） （1）先配制浓缩的母液、再用母液稀释来制作培养基的好处是什么？ （2）培养基的成分有哪些？说明作用。	学生观察，学生讨论 学生回答	视频教学能体现直观性原则，用谈话法分步落实操作体现启发性原则，用游戏的方式寻找可能的污染途径，能调动学生的思维积极性，同时巩固操作步骤

续表

教学进程	教师行为	学生活动	设计意图
	（3）为什么要用固体培养基？ （4）菊花茎段的组织培养基需要加植物激素吗？ （5）灭菌用什么方法？ （二）外植体消毒 （1）为什么要取生长旺盛的嫩枝？ （2）为什么不是灭菌？ （3）消毒的流程是怎样的？ （三）接种 （1）在接种中如何保证无菌？ （2）接种的流程、外植体放置方向和密度？ （四）培养 培养场所在哪里？培养条件？ （五）移栽 如何提高试管苗移栽后的存活率？	学生思考、回答	
	（六）栽培 教师引导学生发现：在移栽以前每步都做了同一件事——避免微生物的污染。 组织思维游戏：以小组为单位，找出可能的污染途径。每组一次说一个，大家轮流，不能重复，最后统计我们班总共找到的途径数。 总结：突出规范的操作是在减少被污染机会。做好无菌控制是植物组织培养成败的关键，也是本课题的难点	学生参与	
确定课题名称，制订课题方案	教师引导：课前的视频中，不同角色的人用植物组织培养技术解决了问题，创造了价值。如果我们用组织培养来做课题，我们的实验就不是单纯的动手操作而变成了有价值的课题。 介绍课题背景：这个实验进入中学阶段时间很短暂，很多学校因为条件的限制或时间的限制而没有开设这个实验，开设这个实验的学校，学生的失败率也很高。急需探索新材料或新配方或更适宜的环境条件来提高成活率或节省组培时间。 让学生以小组为单位，确定课题名称，制订课题方案。 告知学生每组有 4 个可直接接种的锥形瓶	小组讨论，确定课题名称，并制订课题方案（详案），做好课题成员分工。写出材料用具准备清单	用做课题的形式，培养学生的创新能力
实验课前准备	教师课前准备： 完成 MS 固体培养基的制备并高压灭菌恢复至常温，所有器具的灭菌，准备外植体、70% 乙醇、每组 4 个带 MS 培养基的锥形瓶、镊子、酒精灯、无菌培养箱	学生准备： 按照课题材料用具清单，做相应的准备，设计出观察记录表	
实施课题（第 2 课时）	引导学生整理出植物组织培养的操作步骤。 问题引导学生：你打算怎样制作重复组，需要留空白对照吗？如何区分对照组和实验组的锥形瓶？ 学生完成后，要求学生设计并制作观察记录表，做好观察记录的分工	学生回答：制培养基→取外植体→消毒→接种→培养→移栽。 一个学生进入无菌室操作外植体消毒、接种。 其余学生观察。 将接种好的锥形瓶放入无菌培养箱	提高学生的科研能力和协作能力
结题准备	教师准备结题报告样表，提前一周发给每个小组	完成结题报告，做好课题答辩	提高分析信息、查找资料的能力

续表

教学进程	教师行为	学生活动	设计意图
结题准备	课题研究报告 课题背景：__________ 研究目的：__________ 研究内容：__________ 研究方法：__________ 实施步骤：__________ 研究成果：__________ 问题与思考：__________		
课题汇报（第3课时，约3个月后）	教师和每组一个学生组成临时答辩委员会。 评价每个课题（从目标的实现、设计的科学性、操作的规范性、成果的可靠性、表述的准确性进行）	按小组依次答辩。 其余学生旁听，可以举手质疑	提高学生语言表达能力和思维能力

【板书设计】

菊花的组织培养

一、植物组织培养的一般过程

外植体→脱分化→愈伤组织→再分化→丛芽（或胚状体）→幼苗→移栽→栽培。

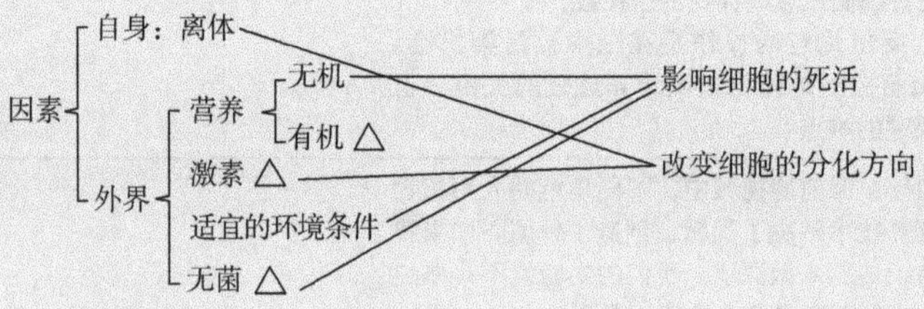

二、影响植物组织培养的因素

△表示关键影响因素

三、操作的方法、原因、意义

四、课题研究——探究植物组织培养易成活的条件

五、课题汇报

【教学反思】

本课题的教学目标是了解植物组织培养在生产中的应用，熟悉植物组织培养基本过程，了解影响植物组织培养的各种因素，掌握培养基制备、外植体消毒、接种、培养、移栽及栽培等基本操作技术。通过3课时（理论＋操作＋反思）的安排，学生在目标达成上完成较好，基本操作流程清楚，从外植体消毒到培养观察都经历了一遍，实验总结反思很全面。从无菌控制的角度看，虽然没有成功的小组很多，但至少学生收获了“细菌无处不在”“技术没有看起来那么简单”“充分准备才能成功”等意识，对学生的成长是很有用的。

本实验设计的精彩之处：①安排了实验课，虽然学生的成功率不高，但在动手操作中知识、能力和情感都得到了升华。②教学设计的顺序科学，尤其在讲技术操作前有了基础知识的铺垫，学生对技术能思考“为什么”，还能进行某些改进。③实验后在交流时，采取全班参观的方式，既鞭笞了不成功的小组又肯定了成功的小组，对后面各组的总结有促进作用。④实验分析阶段，用植物组织培养的三大难题带动学生积极思考战胜世界性难题，又复习了必修课本上的知识，使实验方案变得更完整了，一举多得。⑤无菌控制是这类实验的重难点，用学生做游戏的方式来找污染源，学生的参与度更高，对操作规范性的认识更深刻。

10.4　案例三　玫瑰精油的提取

10.4.1　实验方案

课题 1　植物芳香油的提取

课题背景

早在古代，人类就已发现具有芳香气味的植株或花卉能使人神清气爽，将这些植物制成干品后，可当做药物和香料使用。但是，植物香料易挥发，不易储存。欧洲中世纪香料贸易的发展，促成了植物芳香油提取技术的诞生。16世纪，制备植物芳香油的技术已相当成熟。19世纪，有机化学迅速发展，人们通过分析植物芳香油的化学成分，找到了芳香的根源，进而合成了人造香料。但是，人们对天然植物芳香油的独特品质，依然情有独钟。如今，植物芳香油广泛地应用于轻工、化妆品、饮料和食品制造等方面。在本课题中，我们将了解提取植物芳香油的原理，设计简单的实验装置，从橘皮或玫瑰花中提取芳香油。

基础知识

（一）植物芳香油的来源

天然香料的主要来源是动物和植物。动物香料主要来源于麝、灵猫、海狸和抹香鲸等，植物香料的来源更为广泛。植物芳香油可以从大约50多个科的植物中提取。例如，在工业生产中，玫瑰花用于提取玫瑰油，樟树树干用于提取樟油。提取出的植物芳香油具有很强的挥发性，其组成也比较复杂，主要包括萜类化合物及其衍生物。

（二）植物芳香油的提取方法

植物芳香油的提取方法有蒸馏、压榨和萃取等。具体采用哪种方法要根据植物原料的特点来决定。

水蒸气蒸馏法是植物芳香油提取的常用方法，它的原理是利用水蒸气将挥发性较强的植物芳香油携带出来，形成油水混合物，冷却后，混合物又会重新分出油层和水层。根据蒸馏过程中原料放置的位置，可以将水蒸气蒸馏法划分为水中蒸馏、水上蒸馏和水气蒸馏。其中，水中蒸馏的方法对于有些原料不适用，如柑橘和柠檬。这是因为水中蒸馏会导致原料焦糊和有效成分水解等问题。因此，柑橘、

> ℹ 微生物中的真菌也可以产生芳香化合物。

> ℹ 下面的资料列举了用于提取植物芳香油的植物器官。
> 花：玫瑰油、橙花油、素馨油、依兰油、香堇油、金合欢油等。
> 茎、叶：香草油、香叶油、广藿香油、风茅油、薄荷油、薰衣草油、桉树油等。
> 树干：樟油、芳樟油、柏木油、檀香油等。
> 树皮：桂皮油、玉桂皮油、橘皮油等。
> 根、地下茎：鸢尾油、生姜油、岩兰草油、菖蒲油等。
> 果实、种子：山苍子油、杏仁油、茴香油等。

柠檬芳香油的制备通常使用压榨法。

植物芳香油不仅挥发性强，而且易溶于有机溶剂，如石油醚、酒精、乙醚和戊烷等。不适于用水蒸气蒸馏的原料，可以考虑使用萃取法。萃取法是将粉碎、干燥的植物原料用有机溶剂浸泡，使芳香油溶解在有机溶剂中的方法。芳香油溶解于有机溶剂后，只需蒸发出有机溶剂，就可以获得纯净的植物芳香油了。但是，用于萃取的有机溶剂必须事先精制，除去杂质，否则会影响芳香油的质量。

用于提炼玫瑰精油的玫瑰花要在花开的盛期采收，大约是每年的5月上、中旬。在此阶段，花朵含油量最高。

实验设计

下面给出了提取玫瑰精油和橘皮精油的相关资料，请选择一个实验，思考有关问题，然后进行实验设计，写出详细的实验方案。

（一）玫瑰精油的提取

玫瑰精油是制作高级香水的主要成分，能使人产生愉悦感。玫瑰精油的价格非常昂贵，工业上大约需要5 kg玫瑰花瓣才能提取出1滴纯正的玫瑰精油。本实验只是对玫瑰精油进行粗提取，玫瑰花瓣与清水的质量比为1∶4，旁栏中绘出了操作流程图（图6-1）。

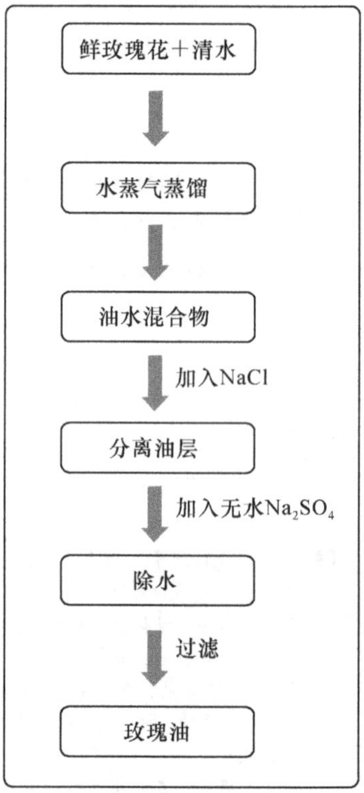

图6-1 提取玫瑰精油的实验流程示意图

[资料一] 根据玫瑰精油的性质选择提取方法

玫瑰精油的化学性质稳定，难溶于水，易溶于有机溶剂，能随水蒸气一同蒸馏。请根据这些性质，思考有关玫瑰精油提取方法的问题。

1. 如果使用水蒸气蒸馏法，你认为在水中蒸馏、水上蒸馏和水气蒸馏的方法中，哪一种更简便易行？

2. 可以使用有机溶剂萃取吗？使用萃取的方法有哪些优点和不足？

[资料二] 水蒸气蒸馏的原理和装置

不知你是否注意过，家里烧菜的时候，当烧肉或者熬汤时，锅盖的内表面往往会出现许多乳白色的液滴，当锅盖冷却下来后，这些乳白色的液滴会分离成油滴和水滴。乳白色液滴是油随着水一同蒸发而形成的，冷凝后，油与水又会重新分离。水蒸气蒸馏植物芳香油应用了同样的原理。但是，提取玫瑰精油时，能够只用锅和锅盖吗？这恐怕不行，至少我们会担心蒸馏出的玫瑰油因不能及时收集，会重新落回锅里。那么，应该使用怎样的装置呢？图6-2是化学实验中常用的蒸馏装置，请分析装置中每一部分分别有哪些作用。如果没有现成的仪器用具，你能自己设计一套蒸馏装置吗？

想一想，图中的装置应该按照怎样的顺序来安装？

图 6-3　分液漏斗

橘味饮料

Ca(OH)$_2$ 溶液的俗名是石灰水，pH 为 12，强碱性，能够破坏细胞结构，分解果胶，防止橘皮压榨时滑脱，提高出油率。

实验中要注意避免石灰水与皮肤接触。橘皮可以放入家用榨汁机中粉碎压榨，但要注意安全。

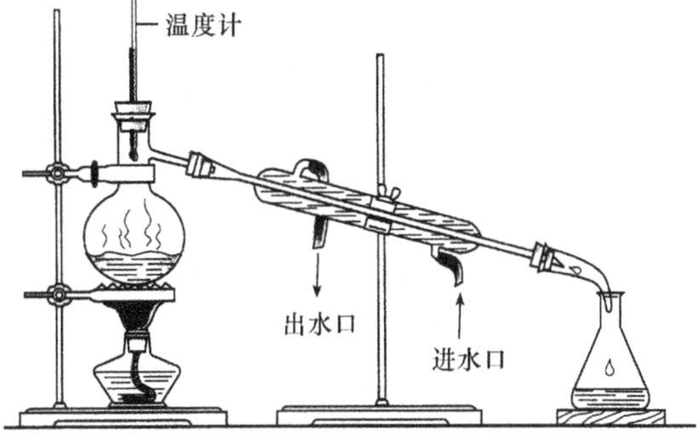

图 6-2　蒸馏装置

[资料三]　乳浊液的处理和玫瑰液的回收

水蒸气蒸馏后，锥形瓶中将收集到乳白色的乳浊液，这是玫瑰油与水的混合物。下一步，我们希望能将玫瑰油与水分开。这时，只需向乳化液中加入NaCl，增加盐的浓度，就会出现明显的分层。然后再用分液漏斗（图 6-3）将这两层分开。分离的油层还会含有一定的水分，一般可以加入一些无水 Na_2SO_4 吸水，放置过夜，再过滤除去固体 Na_2SO_4 就可以得到玫瑰油了。

（二）橘皮精油的提取

从橘皮中提取的橘皮油，无色透明，具有诱人的橘香味，主要成分为柠檬烯，是食品、化妆品和香水配料的优质原料，具有很高的经济价值。橘皮精油主要贮藏在橘皮部分，由于橘皮精油的有效成分在用水蒸气蒸馏时会发生部分水解，使用水中蒸馏法又会产生原料焦糊的问题，所以一般采用压榨法。图 6-4 绘出了具体的操作流程。

石灰水浸泡 → 漂　洗 → 压　榨 → 过　滤 → 静　置 → 再次过滤 → 橘皮油

图 6-4　提取橘皮精油的实验流程示意图

[资料一]　橘皮的处理

新鲜的柑橘皮中含有大量的果蜡、果胶和水分，如果直接压榨，出油率较低。为了提高出油率，需要将柑橘皮干燥去水，并用石灰水浸泡。为了能将柑橘皮均匀地浸泡在石灰水中，想一想，可以采取哪些措施？你不妨将未经浸泡的样品作为对照，探究浸泡时间对出油率的影响。

[资料二]　橘皮的压榨

压榨之前，首先要用流水漂洗橘皮，捞起橘皮后，沥干水分。压榨是个机械加压过程，既要将原料压紧，防止原料滑脱，又要将油分挤压出来。你可以参考图示的手动压榨的原理（图6-5），自己设计压榨的方案。设计时要考虑容器能够承受的压力范围，防止将容器压破，导致实验失败和发生安全事故。

为了使橘皮油易于与水分离，还要分别加入相当于橘皮质量0.25%的$NaHCO_3$和5%的Na_2SO_4，并调节pH至7～8。

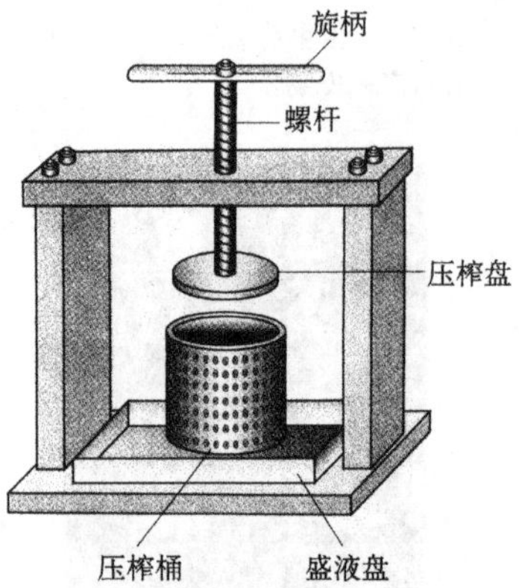

图6-5　手动压榨原理示意图

[资料三]　压榨液的处理

压榨液中含有橘皮精油和大量的水分，还有一些糊状残渣等杂质。可以先用普通布袋过滤除去固体物和残渣，然后离心进一步除去质量较小的残留固体物，再用分液漏斗或吸管将上层的橘皮油分离出来。此时的橘皮油还含有少量的水和果蜡，需在5～10 ℃下静止5～7天，使杂质沉淀，用吸管吸出上层澄清橘皮油，其余部分通过滤纸过滤，滤液与吸出的上层精油合并，成为最终的橘皮精油。

操作提示

（一）玫瑰精油的提取

1．蒸馏时许多因素都会影响产品的品质。例如，蒸馏温度太高、时间太短，产品品质就比较差。如果要提高品质，就需要延长蒸馏的时间。

2．蒸馏操作时的注意事项请查阅相关的有机化学实验手册。

（二）橘皮精油的提取

橘皮在石灰水中的浸泡时间为10 h以上。橘皮要浸透，这样压榨时不会滑脱，出油率高，并且压榨液的黏稠度不会太高，过滤时不会堵塞筛眼。

结果分析与评价

1．你是否提取出了玫瑰精油或橘皮精油？你能描述提取出的精油的特点吗？

2．请根据你的实验结果，计算出油率，分析成功的经验或失败的教训，提出改进的建议。

$$出油率=\frac{芳香油质量}{原料质量}$$

课题延伸

本实验提取的玫瑰精油和橘皮精油中仍然含有大量的杂质，你可以在查阅资料的基础上，进一步提纯芳香油，使芳香油的纯度更高、香气更浓厚。

如果你有兴趣的话，可以在提取玫瑰精油或橘皮精油的基础上，查阅资料，设计提取其他植物芳香油的实验方案，如薄荷油、茉莉油和桉叶油等。

10.4.2　本实验相关知识结构图

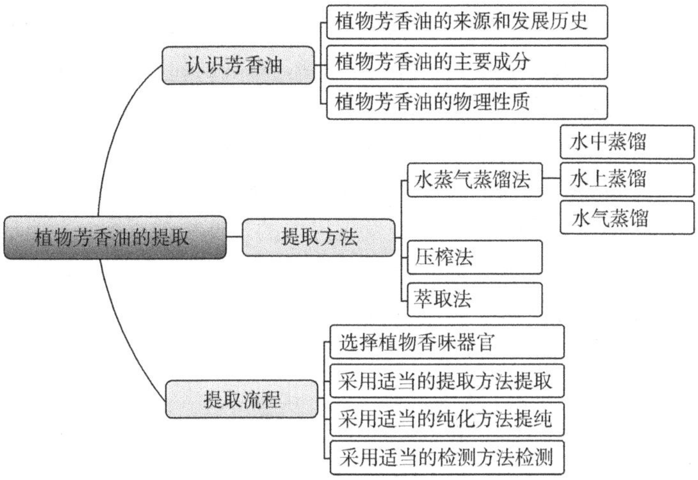

10.4.3　实验设计与构思

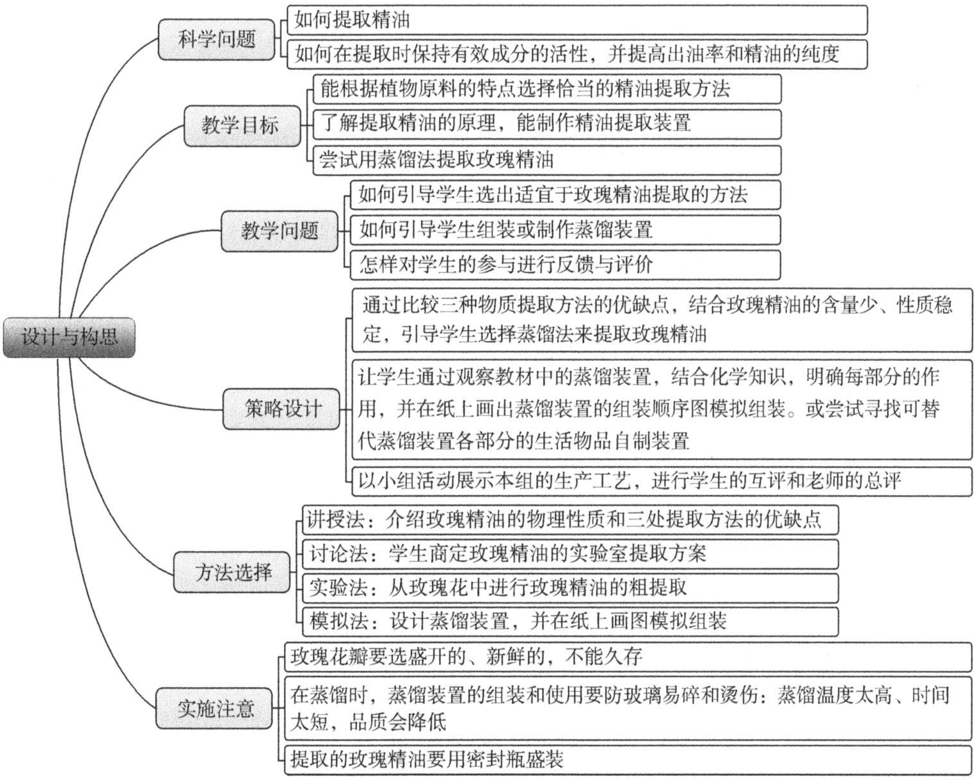

10.4.4　教学建议

10.4.4.1　实验前的准备与设计

1）做详细的实验方案　　实验前充分准备，为实验中学生的成功多做铺垫。先阅读教材和教参，确定本实验的目标和重难点。本实验的教学重点就是掌握植物芳香油的提取技术，能针对不同原料采用适宜的提取方法。由于本实验内容很新，生物教师大多没有做过植物芳香油的提取，建议教师提前完成预实验，通过预实验摸索蒸馏装置的使用方法，并在理论课上给学生更有针对性的指导。蒸馏装置的安装对学生来说确实很烦琐，教师前前后后都要花1h的时间来拆装。有了这个认识后，教师的教学方案专门对蒸馏装置的安装方法进行了强化。让学生一方面结合烧肉时的脂肪蒸馏现象设计简易蒸馏装置。另一方面采用模拟安装的方式用画图和标注来模拟安装步骤，并要求学生明确每个部件在蒸馏中的作用。还可以根据预实验的效果，及时地修改实验方案，在理论课上做相应的设计。教师在预实验中发现提取的玫瑰精油很少，而且香味不浓、纯度不高。所以教师在查阅文献后，在影响提取的4个细节中专门强调了玫瑰花的新鲜程度对出油量的影响。

2）围绕“采取适合的提取方法”，形成有逻辑的教学主线　本实验在教学中的逻辑主线非常清晰，如下：根据事实——玫瑰精油的性质，提出问题——用什么方法在实验室提取，选择方法——水蒸气蒸馏法，制订操作流程，计算出油率，最后对提取方法补充完善。教师在教学时一定要围绕哪种方法适合提取玫瑰精油，从而让学生明白根据物质的特点选择提取方法。

3）补充完善相应知识　在提取方法的介绍上，教材和教参都只是大致提了操作上的不同，对3种方法的优缺点并未比较。学生只有明确了三种方法的适用条件和优缺点，才能实现教学目标。水蒸气蒸馏法的3种类型只是提到，没有说得很透彻，在提取方法上又必须确定用哪种方法蒸馏。这些知识就要求教师在备课时，边学习边备课。

10.4.4.2　实验中的观察、示范与引导

在实验课上，教师一定要和学生同在实验室中，随时观察学生的操作情况，关注实验室的安全防范，对学生的疑问进行引导和记录，一些课堂上难理解的操作，也可以在此时进行示范。在本实验中要用的蒸馏装置，虽然学生上节课已对蒸馏装置的操作有些熟悉了，但考虑到实验室的安全和材料的易损，建议教师在学生操作蒸馏装置以前，可以给学生做一次蒸馏操作示范，提醒蒸馏装置的操作步骤。另外，学生操作分液漏斗也操作得不好，如活塞密封不好、分层效果不好。教师应及时地纠正，并示范正确操作。在本实验中还要长时间使用酒精灯，可能出现更换酒精灯、添加乙醇等操作。教师务必要盯着学生进行安全性操作，及时纠正不当行为。

10.4.4.3　实验后的反思与总结

这个实验对学生来说操作的技术难度很大，玫瑰精油本来就少，所以提取效果并不好，教师要重视学生对本实验的反思和总结。建议教师在课后作业中要求学生写出本组出油率低的可能原因和改进方法，并进行全班性总结。

10.4.5　教学设计示范

玫瑰精油的提取

【基本信息】

本课题目：玫瑰精油的提取

课程性质：普通高中选修课

授课对象：高二或高三年级学生

课时安排：3 课时

使用教材：人民教育出版社出版的普通高中课程标准实验教科书《生物选修 1——生物技术实践》

【教学内容分析】

本课主要知识点

（1）提取芳香油的基本原理和基本方法。

（2）尝试用蒸馏法提取玫瑰精油。

本课内容重要性及地位

内容地位：本课题属于专题 6“植物有效成分的提取”中的第一个课题。另外，还有橘皮精油的提取、胡萝卜素的提取，三种物质的提取方法各不相同，三个课题之间是并列关系。植物有效成分的提取是学生很感兴趣的一个课题，我们的化妆品、保健品、药品、调味品中的很多植物性成分就是来自这些技术。玫瑰精油的提取用的是蒸馏法，学生在化学中已学过这个方法（包括对蒸馏装置的组装和使用）。学生通过完成这个课题，能形成物质提取的一般思路，能了解三种提取方法的原理、优缺点和适合的物质，还能认识到植物除了提供食物和氧气外，还有很多神奇的作用，进而更理解生物多样性的价值，深刻感受到技术并不神秘，能将所学转化成技术，进而造福人类。其中玫瑰精油香味怡人，且在养颜美肤中应用广泛，为大家所熟悉甚至是某些人的常用品。学生容易产生制作兴趣，且玫瑰花易得（几乎没有季节性），故本课题易被学生选择。

前修知识：初三化学学习了蒸馏水的制备，学生初步具备蒸馏装置的使用能力，高一化学学习了石油中多种成分的分馏，其原理与本实验相当。对物质的溶解性在《生物必修 1——分子与细胞》提取叶绿体中的色素中也有涉及。

后继知识：无。

本课内容重点、难点

教学重点：植物芳香油的提取方法；设计实验方案，要选择与物质特点相适宜的提取方法。

教学难点：植物芳香油的提取方法；设计实验方案。

【学情分析】

学生已有基础

知识基础：学生在化学课的学习中已经获得蒸馏和萃取的原理与基本操作方法。

能力基础：已经具备了较强的设计实验方案能力和实验操作能力，能根据实验原理和现有条件改造或设计实验装置，部分参加化学竞赛的学生会安装并使用蒸馏装置。具有一定的统计和数据处理能力。

学生实验中可能存在的困难

三种提取方法的原理可能难以理解；蒸馏装置的使用不熟悉；设计实验方案，细节未考虑全。

学生学习心理分析

高中学生的智力发展已接近成熟，观察事物比较精确、深刻、全面，能通过表面现象发现事物的本质，具有较强的分析问题并解决问题的能力。高中学生的感情较深厚，他们的爱国主义和集体主义情感、责任感和荣誉感都有较高的发展。高中学生能够熟练地运用语言来表达自己的思想，比较准确地说明各种问题。

【教学目标】

知识目标

（1）概述植物芳香油的来源、发展历史和主要化学成分。

（2）阐明提取植物芳香油的基本原理。

（3）举例说明提取植物芳香油的三种基本方法：蒸馏、压榨和萃取。

能力目标

（1）能结合实际情况选择适合的物质提取方法。

（2）能完成蒸馏装置的组装并运用该装置提取芳香油。

情感、态度、价值观目标

（1）关注植物芳香油的运用，体验科学、技术与社会生活的关系。

（2）进一步认识植物、动物与人类生产生活的关系，认同其他动植物对人类的价值。

【教学方法、手段】

教学方法

讲授法、讨论法、实验法、模拟法。

教学手段

以PPT作为演示工具，以教材辅助教学，通过动手设计蒸馏装置，更好地理解蒸馏法的原理，通过操作“玫瑰精油的提取”，学生会发现所用技术并不复杂，并且利用的原理都是他们学过的，激发学生将更多的学识转化成有用的技术。

【教学策略】

先由植物芳香油的功效和难得激发学生自己动手提取的兴趣。再让学生了解植物芳香油的主要成分和3种提取方法。然后再让学生设计实验方案，重点是选择恰当的提取方法。教师总结，从材料、提取方法、纯化方法、检测方面对方案进行深入思考。然后学生实施方案。最后以小组展示活动进行汇报和评价，并写出给制香企业技术创新部的建议。

【教学用具】

实验材料用具如下。

教师准备：蒸馏装置、温度计、烧瓶、锥形瓶、各种接头、瓶塞、分液漏斗、漏斗、纱布、小烧杯、试管、玻璃棒、酒精灯、石棉网、打火机、铁架台、天平、NaCl、无水Na_2SO_4。

学生准备：新鲜的玫瑰花每组50朵，小玻璃瓶（带密封盖）。

教学材料：多媒体课件。

【教学过程】

教学进程	教师行为	学生活动	设计意图
导入新课（第1课时）	由“闻香识女人”中香的来源提问学生。 引导得出：无论是自带香还是外用香，均说明自然界中存在带香味的生物器官	学生回答 学生思考	创设情境，让学生回答问题，激发学生的好奇心

续表

教学进程	教师行为	学生活动	设计意图
植物芳香油的来源和提取方法	介绍植物芳香油的来源、发展历史和主要成分，强调功能神奇、价格不菲。 提问、复习物质提纯的方法（化学学过）： 提纯物质的方法有哪些？ 教师补充：蒸馏、压榨、萃取等，并指引学生阅读学习每种方法的原理和优缺点（教材第 72 页） 教师检测学生的自学效果： 准备 3 种提取方法的流程图，让学生答出方法名称。 原料 —(水蒸气)→ 油水混合物 —(冷却)→ 油层、水层分开 原料 —(压榨)→ 浸出液 原料 —(有机溶剂)→ 浸出液 —(蒸发有机溶剂)→ 芳香油 教师补充讲解三种类型水蒸气蒸馏法的区别、三类提取方法在生活中的运用实例和各自的优缺点。 继续提问：物质提取中，应根据什么选择提取方法？	学生倾听 学生回答（不全） 学生阅读教材 学生回答 学生思考 学生思考、回答	以问题引导学生回忆物质提取方法的种类，并以读书指导法明确三种方法的原理、优点和局限性
设计实验方案	用问题引导学生设计提取玫瑰精油的实验方案，阅读教材（第 73 页），小组讨论，写出方案。 你选择的实验材料是什么？怎么获得？ 你选择的提取方法是什么？合理吗？ 你的提取流程是什么？组内如何分工？ 实验方案 实验目的：________ 材料用具：________ 方法步骤：________ 人员分工：________	学生阅读教材，小组讨论，写出方案	通过学生的讨论制订合理的实验方案
完善实验方案	请两个小组汇报实验方案，请一个组评价。 教师总结： （1）积极肯定学生的思考和发言。 （2）材料：新鲜的玫瑰花瓣。越香越好，如果玫瑰采摘后不立即处理，其香味成分将大量挥发。 （3）提取方法：因玫瑰精油含量少，且具有热稳定性，最好选择水蒸气蒸馏法中的水中蒸馏法。 请参加化学竞赛的同学介绍蒸馏装置的组装和每部分的作用及使用方法。 要求学生在纸上标出右图 5 部分的组装顺序，模拟组装。 （4）乳浊液的处理和玫瑰液的回收： 乳浊液（含玫瑰精油）—(加入______)→ 油水分层 —(使用的装置______)→ 油层 —(除水的方法：______)→ 玫瑰油 让学生一起说出填空项。 （5）用出油率检测提取是否充分。 要求各组完善实验方案，做好分工	学生思考、评价 学生介绍，其余学生倾听、学习 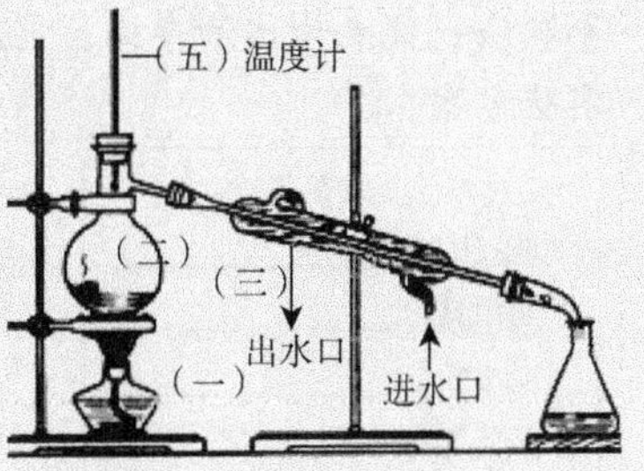 学生齐回答 小组讨论，完善方案	通过汇报、同学评价、老师总结使学生的思维活动更全面、更细致

续表

教学进程	教师行为	学生活动	设计意图
实验准备	教师准备：蒸馏装置（部件）、温度计、烧瓶、锥形瓶、各种接头、瓶塞、分液漏斗、漏斗、纱布、小烧杯、试管、玻璃棒、酒精灯、石棉网、打火机、铁架台、天平、NaCl、无水 Na_2SO_4。 参加化学竞赛的同学提前到实验室组装好蒸馏装置	学生准备：每组准备新鲜的玫瑰花各 50 朵，1 个小玻璃瓶（收集玫瑰精油，带密封盖）。 参加化学竞赛的学生提前到实验室组装好蒸馏装置	为课上节省时间。学生课前做些准备，能提高他们的参与意识
实验实施（第 2 课时）	教师在实验室巡视，观察实验课堂学生的参与度、课堂秩序、各组的分工执行情况和提取情况（步骤顺序合理性、操作规范性）；做好防烫伤、防扎手的安全教育。做好实验室学生情况登记 提醒学生安排人员在课后时间完成未完成的任务，并计算出油率	学生实施提取玫瑰精油步骤中的加料、蒸馏两个操作。 学生观察蒸馏过程 课后安排时间继续蒸馏（留人监控）、乳浊液处理、无水 Na_2SO_4 除水，用密封瓶收集玫瑰精油	动手操作，感受成果的得到过程
实验总结（第 3 课时）	给学生提供成果展示的平台 请各组上讲台推销自己的玫瑰精油生产工艺，并突出玫瑰精油的出油率和香气。 教师总结： （1）肯定学生在实验中的积极参与，有序的分工合作。 （2）肯定各组在实施中体现出的解决困难的能力。 （3）肯定学生生动、形象、幽默、创意的展示设计 教师启发创新和规范的区别。 就学生在实验实施中不规范的工艺，分析可能的后果。 教师强调生产技术鼓励创新，但每步操作必须规范	小组商量，总结提取过程 小组代表展示生产工艺和玫瑰精油 学生思考、认同	通过学生展示来总结，锻炼了学生的表达能力，又能相互学习。进行规制教育
学以致用	教师创设情境，让学生从提高出油率的角度帮助制香企业进行技术创新，写出给制香企业技术创新部的建议。 （可从原料选择、原料储存、提取方法、纯化方法着手）	小组积极讨论，完成建议	以情境鼓励学生运用所学知识进行创新

【板书设计】

玫瑰精油的提取

一、植物芳香油的来源、主要成分和提取方法

蒸馏法：优点为出油率高；缺点为成本高，有效成分易水解。

压榨法：优点为成本低，有效成分保持好；缺点为出油率低。

萃取法：优点为出油率高，能在较低温度下进行；缺点为有机溶剂难以清除干净。

二、实验方案

实验方案
实验目的：________
材料用具：________
方法步骤：________
人员分工：________

实验流程：鲜玫瑰＋清水→水蒸气蒸馏→油水混合物→分离油层→除水→玫瑰油。

【教学反思】

本课题的目标是通过设计简单的实验装置来提取植物芳香油，使学生了解提取芳香油的基本原理，研究从生物材料中提取有效成分的方法，初步学会某些植物芳香油的提取技术。本课题之后，学生能够根据不同物质的特点选择可行的提取方法。玫瑰油的芳香确实很刺激学生的感官和动手积极性，这也许就是教材选择这个提取的原因。但在实验操作上学生完成得不好，尤其是蒸馏装置和分液漏斗的操作。技术的掌握必须要多练，多熟悉。中学存在课时和实验室硬件的限制，其实并不宜让学生大范围实施这个实验。建议玫瑰精油的提取实验作为兴趣组或有职业倾向的学生的实验选题。教师在实验中对学生的操作要作精细指导。时间安排上，蒸馏装置的安装不要占用实验课时间，建议采用教师安装、学生拆的方式。这样学生对这套装置的安装也会熟悉些。

本实验设计的最大精彩之处是采取科学探究的过程来学习提取方法。根据事实——玫瑰精油的性质和含量少，提出问题——用什么方法在实验室提取，选择方法——水蒸气蒸馏法，制订操作流程，计算出油率，最后对提取方法补充完善。学生实施实验的过程就是不断发现问题、解决问题的过程，锻炼了学生的科学探究精神。

在教学环节的设计上，对学生动手积极性的调动进行得很好，学生对不同植物精油的功效很感兴趣，自己提取的愿望强烈。学生知道了实验操作流程后，教师还设计了“如何帮助制香企业提高出油率”的问题，让学生通过想办法，尝试将所学知识转化为生产力。

在教学方法上，3 种提取方法是学生理解的难点。在本教学设计中，用生活中的场景类比说明三种提取方法的差异，对难点的突破很好。学生对蒸馏装置的使用非常陌生，直接到实验室安装蒸馏装置是不可行的。本设计采用了画图法——画蒸馏装置，用番号标安装顺序，并注明每部分在蒸馏中的作用。这种方法很好地替代了实物，对学生进入实验室顺利操作起到了很好的铺垫作用。对玫瑰精油提取方法的选择，本设计没有直接替学生选择。而是让学生自己想，大家讨论，确定选择的主要考量，最后确定提取方法。让学生在弯路上绕一圈后，最后自己回到直路上。便于学生将“针对原料的不同特点，采用适宜的提取方法”的教学重点铭记于心。

第四部分

不同类别实验高考真题分析点拨

新课标对于实验与探究能力明确做了如下要求。

（1）能独立完成“生物知识内容表”所列的生物实验，包括理解实验目的、原理、方法和操作步骤，掌握相关的操作技能，并能将这些实验涉及的方法和技能综合运用。

（2）具备验证简单生物学事实的能力，并能对实验现象和结果进行解释、分析和处理。

（3）具有对一些生物学问题进行初步探究的能力，包括运用观察、实验与调查、假说演绎、建立模型与分析等科学研究方法。

（4）能对一些简单的实验方案作出恰当的评价和修订。

因此，考查学生基本实验技能在历年各地的高考题中始终占有一席之地，编者将尝试从试题类型、考查要点、解题技巧、典型题例等方面对高考题中常见的4种实验类型作相关分析。

第 11 章　提取鉴定类实验

11.1　总 体 点 拨

提取鉴定类实验题的考查，主要集中在相关实验的原理、方法、操作步骤、试剂、实验现象等方面，从能力要求上讲属于识记层次，难度较低，通常以选择题类型居多，个别题目会以实验为载体对于相关联的生物学知识进行考查，综合性增加。解答本类型题的关键在于准确、清晰掌握提取鉴定类实验的基础知识，属于易得分类型。

11.2　典型题例分析

（2011 年福建卷）使用染色剂染色是生物学实验常用的方法，某同学对有关实验做了如下归纳：

实验	观察对象	染色剂	实验结果
①	花生子叶细胞的脂肪颗粒	苏丹Ⅲ	脂肪颗粒被染成橘黄色
②	人口腔上皮细胞中的 DNA 和 RNA 分布	吡罗红、甲基绿	细胞内染成绿色的面积显著大于染成红色的面积
③	人口腔上皮细胞中的线粒体	健那绿	线粒体呈现蓝绿色
④	洋葱根尖分生组织细胞的有丝分裂	龙胆紫	间期细胞不着色，分裂期细胞染色体着色

（1）上述实验结果的归纳，正确的有________（实验序号）。

（2）实验②和实验④在染色之前，都使用了一定浓度的盐酸处理。其中，实验②用盐酸可改变________通透性，加速染色剂进入细胞；实验④用盐酸与酒精混合，对材料进行解离。在两个实验操作中，都要注意盐酸浓度，处理材料时的温度和________。

（3）健那绿使线粒体着色与线粒体内膜的酶系统有关。线粒体内膜上的酶主要催化有氧呼吸的第________阶段反应，该反应变化是________。

答案：

（1）①③

（2）细胞膜　时间

（3）三　[H] 与氧结合形成水，同时释放大量的能量

解题点拨： 2011 年福建的这道高考题综合性略强，集中考查了高中生物阶段物质的提取与鉴定类型中的大部分知识点，试题从各个不同实验的步骤、原理、试剂、现象等多个方面对学生进行考查，要求学生既能准确把握相关的基础知识，又能将实验与生物学原理相结合。

解析：（1）小题中脂肪的鉴定需要使用苏丹Ⅲ或苏丹Ⅳ，颜色分别为橘黄色和红色，表述正确；鉴定 DNA 与 RNA 分别需要使用试剂甲基绿和吡罗红，颜色分别为绿色和红色，但 DNA 主要分布在细胞核，RNA 主要分布在细胞质，因此细胞内染成绿色的面积小于染成红色的面积，表述错误；线粒体染色剂为健那绿，颜色为蓝绿色，表述正确；龙胆紫为碱性染料，可以使染色体（质）、细胞核着色，表述错误。

（2）小题考查不同实验中盐酸的使用及功能。

（3）小题以健那绿染色线粒体为载体，考查有氧呼吸的过程，线粒体的内膜上具有与有氧呼吸第三阶段有关的酶，催化前两个阶段产生的还原性的［H］与氧气结合生成水，此过程会释放大量能量。

11.3 高考真题

1.（2015 年江苏卷）下列关于实验现象与结果的分析，错误的是（多选）

A. 组织切片上滴加苏丹Ⅲ染液，显微观察有橘黄色颗粒说明有脂肪

B. 组织样液中滴加斐林试剂，不产生砖红色沉淀说明没有还原糖

C. 洋葱表皮细胞滴加蔗糖溶液后，发生质壁分离说明细胞有活性

D. PCR 产物中加入二苯胺试剂，加热变蓝说明有目的 DNA 产生

答案： BD

解析： 脂肪使用苏丹Ⅲ染液鉴定呈现橘黄色，A 正确；在细胞有活性的情况下，细胞会在高浓度的外界溶液中通过渗透作用失水出现质壁分离现象，C 正确；斐林试剂鉴定还原糖时需要水浴加热才能出现砖红色沉淀，B 错误；PCR 技术扩增 DNA 时本身就存在 DNA 模板，加入二苯胺加热变蓝只能说明存在 DNA，不能说明有目的基因产生，D 错误。

2.（2015 年天津卷）为达到实验目的，必须在碱性条件下进行的实验是

A. 利用双缩脲试剂检测生物组织样液中的蛋白质

B. 测定胃蛋白酶分解蛋白质的最适温度

C. 利用重铬酸钾检测酵母菌培养液中的酒精

D. 观察植物细胞的质壁分离和复原

答案： A

解析： 双缩脲试剂鉴定蛋白质的原理是在碱性条件下 Cu^{2+} 与蛋白质中的肽键结合形成紫色的络合物，A 正确；若要测定胃蛋白酶的最适温度，则必须保证 pH 为最适，胃蛋白酶的最适 pH 为 1.8～2.2，B 错误；重铬酸钾在酸性条件下与酒精发生反应，C 错误；观察植物细胞的质壁分离及复原需要用到蔗糖溶液和清水，D 错误。

3.（2011 年新课标卷）下表根据实验目的，所需选用的试剂与预期的实验结果正确的是

	实验目的	试剂	预期的实验结果
A	观察根尖分生组织细胞的有丝分裂	醋酸洋红	染色体被染成紫红色
B	检测植物组织中的脂肪	双缩脲试剂	脂肪颗粒被染成红色
C	检测植物组织中的葡萄糖	甲基绿	葡萄糖与甲基绿作用，生成绿色沉淀
D	观察 DNA 和 RNA 在细胞中的分布	斐林试剂 吡罗红	斐林试剂将 DNA 染成绿色，吡罗红将 RNA 染成红色

答案： A

解析： 染色体容易被碱性染料染色，所以被称为染色体，一般所用的染料为醋酸洋红或者龙胆紫，A 正确；脂肪用苏丹Ⅲ鉴定显橘黄色，与苏丹Ⅳ反应显红色，蛋白质与双缩脲试

剂发生显色反应显紫色，B 错误；葡萄糖属于还原性糖，与斐林试剂在加热条件下反应呈砖红色沉淀，C 错误；DNA 与二苯胺发生显色反应显蓝色，与甲基绿发生显色反应显绿色，RNA 与吡罗红发生显色反应显红色，D 错误。

4.（2012 年上海卷）下列食物营养成分与鉴定试剂及显色反应之间的对应关系中，错误的是

A．淀粉：碘液，蓝紫色　　B．还原糖：班氏试剂，红黄色

C．脂肪：苏丹Ⅲ染液，橘黄色　　D．蛋白质：双缩脲试剂，黄绿色

答案：D

解析：蛋白质可用双缩脲试剂检测，但呈紫色。本题考查淀粉、还原糖、脂肪、蛋白质等物质鉴定所用的试剂及对应的颜色变化，考查学生的识记能力，基础性强，难度不大。

5.（2012 年江苏卷）下表中有关人体细胞化合物的各项内容，正确的是

编号	化合物	实验检测		组成单位	主要功能
		检测试剂	颜色反应		
①	脂肪	苏丹Ⅲ染液	橘黄色	脂肪酸	储存能量
②	糖原	斐林试剂	砖红色	葡萄糖	提供能量
③	蛋白质	双缩脲试剂	紫色	氨基酸	承担生命活动
④	核酸	甲基绿染液	绿色	核苷酸	携带遗传信息

A．①　　B．②　　C．③　　D．④

答案：C

解析：脂肪的组成单位是脂肪酸和甘油，糖原为非还原性糖，核酸包括 DNA 和 RNA，唯有③正确。本题考查细胞化合物的有关知识，主要涉及化合物的检测、基本单位和功能。难度不大，属于了解层次。

6.（2013 年江苏卷）关于叶绿体中色素的提取和分离实验的操作，正确的是

A．使用定性滤纸过滤研磨液

B．将干燥处理过的定性滤纸条用于层析

C． 在划出一条滤液细线后紧接着重复划线 2～3 次

D．研磨叶片时，用体积分数为 70% 的乙醇溶解色素

答案：B

解析：过滤主要是将滤渣和滤液分开，要用吸水性差的纱布而不能用吸水性强的滤纸过滤研磨液，A 错误；干燥处理定性滤纸是为了让层析液能够更快上升，使色素更好地分离，B 正确；画滤液细线，要等一次画完干燥后才能重复，防止滤液细线过粗，C 错误；叶绿体中色素为脂溶性的，要用无水乙醇溶解，D 错误。此题着重考查叶绿体中色素的提取和分离实验中的注意事项，要求注重细节，难度不大。

7.（2014 年重庆卷）下列与实验有关的叙述，正确的是

A．人的口腔上皮细胞经处理后被甲基绿染色，其细胞核呈绿色

B．剪取大蒜根尖分生区，经染色在光镜下可见有丝分裂各时期

C. 叶绿体色素在层析液中的溶解度越高，在滤纸上扩散就越慢

D. 在光镜的高倍镜下观察新鲜菠菜叶装片，可见叶绿体的结构

答案：A

解析：甲基绿可将 DNA 染成绿色，DNA 主要分布于细胞核中，A 正确；在光镜下不一定能观察到有丝分裂所有时期，B 错误；叶绿体色素在层析液中溶解度越大，扩散速度越快，C 错误；叶绿体的内部结构属于亚显微结构，光镜下无法观察到，D 错误。

第 12 章　设计制作观察类实验

12.1　总 体 点 拨

设计制作观察类实验旨在重点考查学生的基本实验技能和操作动手能力，因此此类题型的考查要点集中在显微镜的操作、装片的制作步骤、模型的建构步骤、具体实验的操作细节上，考查层次不高，属于易得分题型。要求学生在日常学习中加强动手能力的训练，熟悉显微镜的使用方法和实验基本操作流程。

12.2　典型题例分析

（2014 年江苏卷）在“观察植物细胞的质壁分离和复原”实验中，对紫色洋葱鳞片叶外表皮临时装片进行了三次观察（如下图所示）。下列有关叙述正确的是

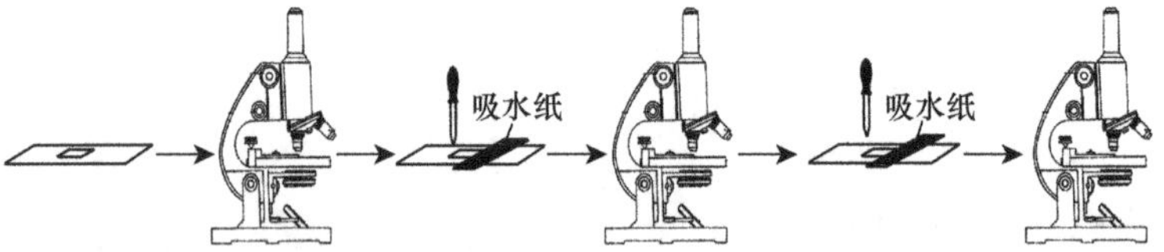

A．第一次观察时容易看到紫色大液泡和较大的无色细胞质基质区域

B．第二次观察时可以发现细胞质壁分离首先发生在细胞的角隅处

C．吸水纸的主要作用是吸除滴管滴加的多余液体，以免污染镜头

D．为了节约实验时间，通常可以省略第一次显微观察步骤

答案： B

解题点拨：“观察植物细胞的质壁分离和复原”实验是一个典型的制作观察类实验，江苏的这道高考题通过示意图及四个选项对这个实验的原理、步骤、现象及操作细节进行考查。本次实验共需观察同一个洋葱表皮细胞三次，形成前后自身对照，第一次观察的是正常的洋葱表皮细胞，用于对照，不能省略，D 错误。正常洋葱表皮细胞的中央大液泡体积大约为细胞总体积的 95% 以上，不可能有较大的无色细胞质基质区域，A 错误；第二次观察时已滴入蔗糖溶液，细胞开始发生质壁分离，可以发现细胞质壁分离首先发生在细胞的角隅处，B 正确；吸水纸的主要作用是牵引蔗糖溶液从盖玻片的一侧流到另一侧，使全部洋葱鳞片叶浸润在蔗糖溶液中，C 错误。

12.3　高 考 真 题

1.（2015 年山东卷）下列关于生物学实验的叙述，正确的是

A．叶绿体色素滤液细线浸入层析液，可导致滤纸条上色素带重叠

B．低温诱导大蒜根尖时间过短，可能导致难以观察到染色体加倍的细胞

C．用显微镜观察洋葱根尖装片时，需要保持细胞活性以便于观察有丝分裂过程

D. 将洋葱表皮细胞放入 0.3g/ml 的蔗糖溶液中，水分交换平衡后制成装片观察质壁分离过程

答案： B

解析： 若叶绿体色素滤液细线浸入层析液，细线上的色素会溶解在层析液中，不会出现色素带，A 错误；在观察洋葱根尖有丝分离的试验中，解离步骤时细胞已经死亡，不需要保持细胞活性，C 错误；观察洋葱表皮细胞质壁分离实验时，应先制作好装片，然后再用一定浓度的蔗糖溶液处理，D 错误。

2.（2015 年江苏单科卷）血细胞计数器是对细胞进行计数的重要工具，下列叙述正确的是

A. 每块血细胞计数器的正中央有一个计数室

B. 计数室的容积为 1mm×1mm×0.1mm

C. 盖盖玻片之前，应用吸管直接向计数室滴加样液

D. 计数时，不应该统计压在小方格角上的细胞

答案： B

解析： 每块血细胞计数器的正中央有 2 个计数室，A 错误；应该先盖盖玻片，再滴加样液，让样液渗入，C 错误；计数时，应计数小方格内和相邻两边上及顶点上的细胞数，D 错误。

3.（2012 年江苏卷）下列关于“观察洋葱根尖分生组织细胞有丝分裂”的叙述，错误的是

A. 解离和压片都有利于根尖分生区细胞分散

B. 先用低倍镜找到分生区细胞再换用高倍镜观察

C. 显微镜下绝大多数细胞中能观察到染色体

D. 探究有丝分裂日周期性可为实验取材时机提供依据

答案： C

解析：“观察洋葱根尖分生组织细胞有丝分裂”实验应以观察单层细胞为佳，解离是用药液使组织中的细胞相互分离开，压片使细胞分散开，A 正确；低倍镜视野宽，细胞数量多，但是细胞体积小，适于寻找到分生区，而高倍镜虽然视野小、看到的细胞数量少，但更容易看清染色体，B 正确；有丝分裂中，间期染色质呈细丝状、光镜下不可见，只有在分裂期才能观察到染色体，但是细胞分裂间期时间长，观察到的细胞大多为间期，C 错误；观察细胞的有丝分裂，主要是观察分裂期，由于分裂期时间短，只有了解有丝分裂日周期性才便于在分裂期观察，D 正确。本题主要是涉及“观察洋葱根尖分生组织细胞有丝分裂”这一实验中的原理、方法和操作步骤等内容。属于实验考查中比较基础的内容。

4.（2014 年上海卷）在 DNA 分子模型建构实验中，如果用一种长度的塑料片代表 A 和 G，用另一长度的塑料片代表 C 和 T，那么由此搭建而成的 DNA 双螺旋的整条模型

A. 粗细相同，因为嘌呤环必定与嘧啶环互补

B. 粗细相同，因为嘌呤环与嘧啶环的空间尺寸相似

C. 粗细不同，因为嘌呤环不一定与嘧啶环互补

D. 粗细不同，因为嘌呤环与嘧啶环的空间尺寸不同

答案： A

解析： 这是一道典型的关于模型建构的制作类实验试题。将抽象的理论知识转化为实物

操作，借助模型建构过程帮助学生理解构建DNA分子双螺旋的空间结构。A和G都属于嘌呤，C和T都属于嘧啶，在DNA分子中，总是A与T配对，G与C配对，所以用一种长度的塑料片代表A和G，用另一长度的塑料片代表C和T，则DNA模型的整条粗细都相同。

5.（2013年上海卷）使用显微镜观察装片，在10倍物镜下观察到的图像清晰、柔和，再直接转换至40倍物镜观察。此时，除调节细调节器外，还需调节反光镜（或亮度调节钮）和光圈。正确的操作是

A. 用平面镜（或调低亮度）、光圈缩小　B. 用平面镜（或调低亮度）、光圈放大

C. 用凹面镜（或调高亮度）、光圈放大　D. 用凹面镜（或调高亮度）、光圈缩小

答案： C

解析： 从中倍镜转换为高倍镜后，进光量会大幅减少，视野变黑暗，此时应当换用凹面镜并调节至大光圈增加进光量保持明亮的视野，C正确。属于显微镜操作使用中的基本步骤，难度不大。此题考察显微镜的操作使用。

6.（2014年全国课标Ⅰ卷）下列关于植物细胞质壁分离实验的叙述，错误的是

A. 与白色花瓣相比，采用红色花瓣有利于实验现象的观察

B. 用黑藻叶片进行实验时，叶绿体的存在会干扰实验现象的观察

C. 用紫色洋葱鳞片叶外表皮不同部位观察到的质壁分离程度可能不同

D. 紫色洋葱鳞片叶外表皮细胞的液泡中有色素，有利于实验现象的观察

答案： B

解析： “植物细胞的质壁分离和复原”实验的观察指标有三，一是观察液泡的颜色变化，二是观察液泡的体积变化，三是观察原生质层与细胞壁的位置变化，都需要用到颜色来加以区分和标记，植物的色素一般存在于液泡和叶绿体中。红色花瓣细胞的液泡呈红色，比白色花瓣更便于观察质壁分离现象，A正确；黑藻叶片的叶肉细胞中液泡呈无色，叶绿体的存在使原生质层呈绿色，有利于实验现象的观察，B错误；紫色洋葱鳞片叶外表皮不同部位细胞的细胞液浓度不一定都相同，用相同浓度的外界溶液进行质壁分离实验时观察到的质壁分离程度可能不同，C正确；紫色洋葱鳞片叶外表皮细胞的液泡含有色素，呈紫色，有利于实验现象的观察，D正确。

7.（2014年全国课标Ⅰ卷）回答下列问题：

（1）在观察大蒜根尖细胞有丝分裂的实验中，常用盐酸酒精混合液处理根尖，用龙胆紫溶液染色。实验中，盐酸酒精混合液的作用是________；龙胆紫溶液属于________性染料，能够使细胞中的________着色。

（2）用光学显微镜观察细胞，可以看到细胞核。细胞核的功能可概括为：________。

答案：（1）使组织中的细胞相互分离　碱　染色体

（2）细胞核是细胞内遗传物质储存、复制和转录的主要场所，是细胞代谢和遗传的控制中心

解析：（1）盐酸酒精混合液是解离液，能使组织细胞相互分离。龙胆紫溶液用于染色过程，为碱性染料，能使细胞核中的染色体着色。

（2）对细胞核功能较为全面的阐述应该是：细胞核是细胞内遗传物质储存、复制和转录的主要场所，是细胞代谢和遗传的控制中心。

第 13 章　探究类实验

13.1　总 体 点 拨

新课标中明确提出，学生应当具备验证简单生物学事实的能力，并能对实验现象和结果进行解释、分析和处理。具有对一些生物学问题进行初步探究的能力，包括运用观察、实验与调查、假说演绎、建立模型与分析等科学研究方法。能对一些简单的实验方案作出恰当的评价和修订。在高考题中，探究类实验会从材料用具的选择、自变量的处理、无关变量的控制、因变量的测定、实验数据的处理呈现、结果的分析、最终得出结论等各个方面全面对学生进行考查。对于学生来说，此类试题情景新、综合性强、难度大、能力要求高（分析能力、语言表述能力、提炼信息能力、数据处理及绘图能力），日常教学中应持续进行相关的训练。高考题中，探究性实验常见的题型分为完善实验步骤、实验分析、实验纠错三种。

13.2　典型题例分析

13.2.1　完善实验步骤类

（2010 年安徽卷）面对去冬今春我国西南部分地区严重旱情，生物兴趣小组同学查阅资料发现，摩西球囊霉素可以与植物根系形成共生体，能提高干旱条件下植物体内活性氧的清除能力，增强抗旱性。请完成实验设计，探究接种摩西球囊霉素是否具有提高紫花苜蓿（牧草）的抗旱能力。

材料用具：紫花苜蓿幼苗，摩西球囊霉菌菌种，栽培土（经灭菌处理的田园土与河沙混合，体积比 9∶1），大小一致的花盆……

方法步骤：（1）每个花盆中放置栽培土 3kg，并将花盆平均分成 A、B 两组。

（2）A 组各花盆中________，B 组各花盆中________。

（3）将等数量的幼苗移栽于各花盆中，置于________条件下培养。

（4）6 周后，________处理 10 天，每天观察、记录并统计________。

结果预测与分析：____

答案：（2）接种等量的摩西球囊霉菌菌种　不接种（或接种与 A 组等量的经灭菌处理的摩西球囊霉菌菌种）

（3）相同且适宜

（4）干旱（或停止浇水）　紫花苜蓿死亡率（或存活率或存活天数）

结果预测与分析：A 组紫花苜蓿死亡率明显低于 B 组，说明接种摩西球囊霉菌提高了紫花苜蓿（牧草）的抗旱能力。A 组紫花苜蓿死亡率高于或等于 B 组，说明接种摩西球囊霉菌不能提高紫花苜蓿（牧草）的抗旱能力。

解析：本题着重考查探究性实验的设计能力。在实验设计中，需要遵循设置对照实验、控制单一变量、遵循等量等原则，有无摩西球囊霉菌菌种是实验的自变量，故需要设置两个组，同时需要控制好温度、光照、水分、花盆、土壤等无关变量，使其保持适宜且相同，因变量是紫花苜蓿（牧草）的抗旱能力，把干旱环境中紫花苜蓿的存活率为实验的观测指标。最后通过文字叙述考查学生对生物学原理的理解及表达能力。本题综合性强，能力要求高。

13.2.2 实验纠错类

（2011年安徽卷）保水剂是一类高分子聚合物，可提高土壤持水能力及水肥利用率。某生物兴趣小组探究“保水剂和氮肥对小麦光合作用的影响”，进行了以下实验：

材料用具：相同土壤基质栽培的小麦幼苗若干，保水剂，氮肥等。

方法步骤：①选取长势一致的小麦幼苗若干，平均分为A、B、C三组，分别施用适量的保水剂（60kg/hm^2）、氮肥（255kg/hm^2）、保水剂（60kg/hm^2）＋氮肥（255kg/hm^2），置于相同的轻度干旱条件下培养，其他培养条件相同且适宜。

② 在小麦灌浆期选择晴朗无风的上午，于10:00～11:00从每组选取相同数量的叶片，进行CO_2吸收量及叶绿素含量的测定。结果（均值）如下表：

组号	CO_2吸收量/[μmol/(m^2·s)]	叶绿素含量/(mg/g)
A	10.66	3.07
B	13.04	3.02
C	15.91	3.05

实验结论：适量的保水剂与氮肥配施有利于提高小麦光合作用强度。

（1）请指出上述方法步骤的缺陷并改正：步骤①________；步骤②________。

（2）如不考虑方法步骤中的缺陷，从影响光合作用的内在因素分析，保水剂与氮肥配施提高了CO_2吸收量的原因可能是________。

（3）实验测得的CO_2吸收量________（大于、等于、小于）光合作用过程中CO_2实际消耗量，理由是________。光合作用强度可通过测定CO_2吸收量，也可以通过测定________释放量计算。

答案：（1）缺少对照实验 应该选取相同部位的叶片

（2）提高光合作用酶的数量和活性

（3）小于 实验测得的CO_2吸收量是光合作用过程中CO_2消耗量与呼吸作用CO_2释放量之差 O_2

解析：（1）本题考察实验设计能力。实验设计中要遵循对照原则、单一变量原则、平行重复原则，所以步骤①应该增加正常生长、不做特殊处理的对照实验组，步骤②中按单一变量原则要对无关变量进行控制，保证无关变量相同，所以应取相同数量的、相同部位的叶片。

（2）影响光合作用的内在因素有色素和酶。根据题目表格信息，叶绿素含量几乎没有差别，所以是影响酶的数量和活性。

（3）实验测得的CO_2吸收量是光合作用过程中CO_2消耗量与呼吸作用CO_2释放量之差，实验测得的CO_2吸收量小于光合作用过程中CO_2实际消耗量。根据光合作用的化学反应式，光合作用强度可以是单位时间反应物CO_2的消耗量或生成物O_2的释放量。

13.2.3 实验分析类

（2012年江苏卷）为探究低浓度$NaHSO_3$溶液对水稻光合速率的影响，某研究小组做了如下实验，请完成实验报告并回答下列问题：

（1）实验报告

① 材料用具：乳熟期的温室盆栽水稻，1mmol/L $NaHSO_3$溶液，蒸馏水，喷壶，光合分析测定仪等。

② 实验步骤：

第一步：选取若干的________水稻植株随机平均分成甲、乙两组，甲组为对照组，乙组为实验组。

第二步：每天傍晚分别将等量的________、________喷洒在甲、乙两组的水稻叶片上，次日上午测定光合速率。

③ 结果与分析：实验结果见图1，经分析可以得出的结论是________。

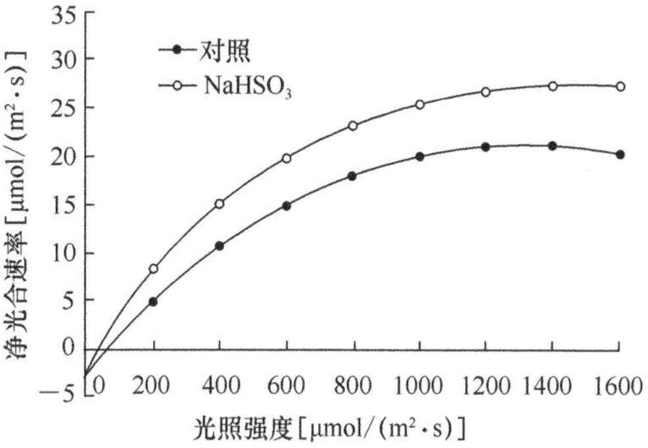

图1

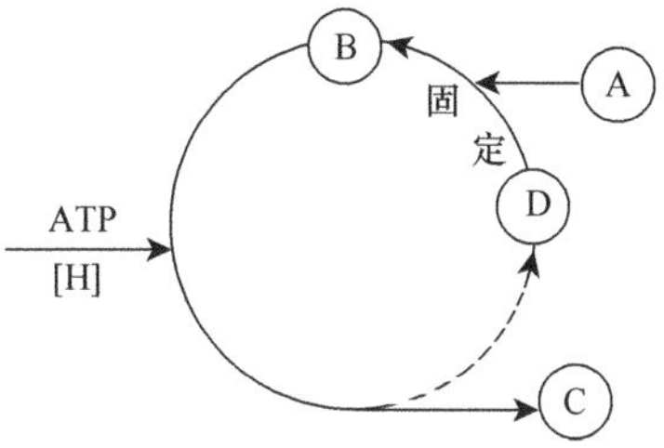

图2

（2）研究发现$NaHSO_3$能增加叶片内叶绿体形成ATP的能力，推测其作用部位是叶绿体的________，进而加快对图2中________（填字母A～D）物质的利用。

（3）研究小组利用上述条件设计实验，证明了0.2μmol/L硫酸甲醋吩嗪（PMS）和1mmol/L $NaHSO_3$效应相同，两者共同处理既不存在累加效应，也无抑制效应。请在答题卡的指定位置用柱形图绘制该实验结果［实验光照强度为1000μmol/(m²·s)］。

答案：

（1）② 株型、长势、叶片均相同　蒸馏水　1mmol/L $NaHSO_3$溶液

③ 不同光照强度下低浓度$NaHSO_3$溶液均可提高水稻光合速率

（2）类囊体　　A、B、D

（3）见下图

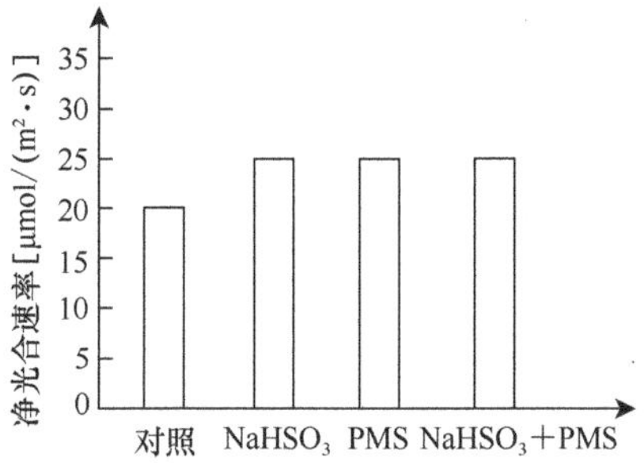

解析：分析类题型难度较高，试题呈现给学生的往往是陌生的、全新的情景，要求学生能够运用实验设计的基本原则分析理解实验基本步骤，还需要结合实验涉及的生物学知识对实验现象进行分析、对实验结果进行预测，对实验中出现的数据进行提炼、处理，最终找到规律并得出结论，甚至还需要以图形或数据表格的形式展现结果。

（1）小题需要对该实验进行分析作答，该实验中自变量为是否喷施$NaHSO_3$溶液，因变量是水稻光合速率，其他为无关变量，在实验过程中要排除无关变量对实验结果的干扰，所用实验材料的株型、长势等条件要基本相同；实验操作分对照组和实验组，对照组喷洒一定

量的蒸馏水，实验组喷洒等量 1mmol/L $NaHSO_3$ 溶液；③根据图 1，在不同光照强度下，喷洒 $NaHSO_5$ 溶液的植株光合速率均高于喷洒蒸馏水的对照组，说明 $NaHSO_3$ 溶液在不同光照强度下均能提高水稻植株的光合速率。

（2）小题以实验为载体考查光合作用相关知识。光合作用的光反应阶段可以产生 ATP，场所在叶绿体的类囊体薄膜上；图 2 中 A 表示二氧化碳，B 表示 C_3，C 表示光合作用产物糖类，D 表示 C_5，光反应增强，ATP 和[H]增多，可促进暗反应过程中 C_3 的还原，进而促进二氧化碳的固定和 C_5 的利用。

（3）小题考查学生提取信息能力和绘图能力。根据题中信息，0.2μmol/L 的硫酸甲酯吩嗪和 1mmol/L 的 $NaHSO_3$ 溶液效应相同，可促进水稻光合作用效率，但二者无累加效应和抑制效应，即二者混合使用效果和分别使用的效果是一样的。据此信息结合图 1 可作出对应的柱形图。

13.3 高考真题

1.（2015 年全国Ⅱ卷）将三组生理状态相同的某植物幼根分别培养在含有相同培养液的密闭培养瓶中，一段时间后，测定根吸收某一矿质元素离子的量。培养条件及实验结果见下表。

培养瓶中气体	温度 /℃	离子相对吸收量 /%
空气	17	100
氮气	17	10
空气	3	28

下列分析正确的是

A. 有氧条件有利于幼根对该离子的吸收

B. 该植物幼根对该离子的吸收与温度变化无关

C. 氮气环境中该植物幼根细胞吸收该离子不消耗 ATP

D. 与空气相比，氮气环境有利于该植物幼根对该离子的吸收

答案： A

解析： 本实验共有两个自变量：温度和有无氧气。在分析实验时应遵循单一变量的原则进行相关的分析。在温度都为 17℃时，提供空气的一组离子的相对吸收量明显高于提供氮气时，说明氧气条件有利于幼根对该离子的吸收，故 A 选项正确，D 选项错误；在都提供空气的情况下，17℃时离子的相对吸收量明显高于 3℃时，故 B 选项错误；离子的吸收方式为主动运输，需要消耗 ATP 提供的能量，在氮气中，幼根通过无氧呼吸产生 ATP，故 C 选项错误。

2.（2015 年广东卷）用秋水仙素处理某二倍体植物的愈伤组织，从获得的再生植株中筛选出四倍体植株，预实验结果如下表，正式实验时秋水仙素浓度设计最合理的是

秋水仙素浓度 /（g/L）	再生植株 / 棵	四倍体植株 / 棵
0	48	0
2	44	4
4	37	8
6	28	11
8	18	5
10	9	2

A. 0、2、3、4、5、6　　B. 0、4、5、6、7、8
C. 0、6、7、8、9、10　　D. 0、3、6、9、12、15

答案： B

解析： 预实验中，秋水仙素浓度为 0～10g/L 时，获得的四倍体植株的比例分别为 0、9%、22%、39%、28%、22%，其中秋水仙素浓度为 6g/L 时获得的四倍体植株的比例最高，所以在正式实验中秋水仙素的浓度应设置在 4～8g/L，浓度为 0 设置为对照组，故浓度设计最为合理的是 B。

3.（2013 年浙江卷）光照、赤霉素和赤霉素合成抑制剂对某种植物茎伸长影响的实验结果如图所示。下列叙述正确的是

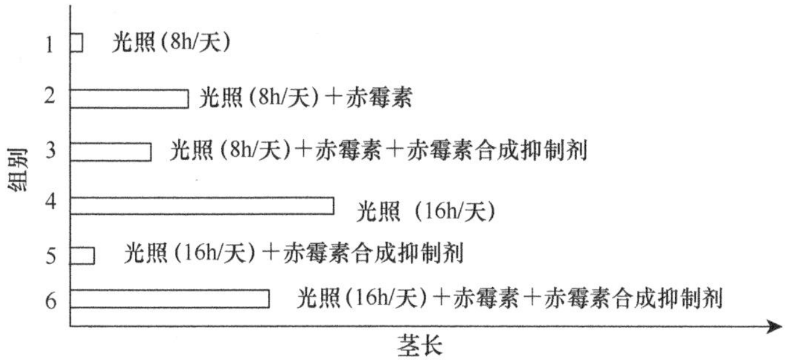

A. 茎伸长受抑制均由赤霉素合成抑制剂引起
B. 赤霉素是影响茎伸长的主要因素之一
C. 植物茎伸长与光照时间无关
D. 该植物是赤霉素缺失突变体

答案： B

解析： 对比组 1 和组 4，发现光照不同，植物生长的情况也不同，故 A、C 错误；对比组 1、组 2、组 3，发现赤霉素是影响茎伸长的主要原因之一，故 B 正确；综合 6 组实验，可以反映出光照、赤霉素、赤霉素合成抑制剂均能对植物生长产生影响，并且组 4 在未添加赤霉素的处理下茎最长，说明该植株自身不缺乏赤霉素，故 D 错误。

4.（2012 年天津卷）下列实验操作能达到预期结果的是

A. 在“观察根尖分生组织细胞的有丝分裂”实验中，统计每一时期细胞数占计数细胞总数的比例，能比较细胞周期各时期的时间长短
B. 在“探究细胞大小与物质运输的关系”实验中，计算紫红色区域的体积与整个琼脂块的体积之比，能反映 NaOH 进入琼脂块的速率
C. 在“探究培养液中酵母菌种群数量变化”实验中，培养期内共三次取样测定密度，即可准确绘制酵母菌种群增长曲线
D. 在“探究 α-萘乙酸促进插条生根的最适浓度”实验中，用高浓度组的 α-萘乙酸溶液浸泡插条基部一天后，观察生根情况以确定最适浓度

答案： A

解析： 有丝分裂中各时期所花时间越长，出现的概率越高，看到的细胞数就越多，故 A 正确；NaOH 在各琼脂块中扩散的速度都是相同的，故 B 错误；在“探究培养液中酵母菌种群数量变化”实验中，培养时间大约为 7 天，每天都需要对培养液中酵母菌的数量进行测定，

故C错误；在“探究α-萘乙酸促进插条生根的最适浓度”实验中，应设置一定浓度梯度的α-萘乙酸溶液，分别浸泡插条基部，比较各组生根情况的差异，故D错误。

5.（2011年江苏卷）为探究植酸酶对鲈鱼生长和消化酶活性的影响，研究者设计并进行了相关实验，实验步骤及结果如下：

① 鲈鱼的驯养：将从海洋中捕获的鲈鱼鱼苗在浮式海水网箱中饲养14天，用普通饲料投喂，备用。

② 饲料的配制：在每千克普通饲料中添加200mg植酸酶，配制成加酶饲料；并将普通饲料和加酶饲料分别制成大小相同的颗粒，烘干后储存。

③ 鲈鱼的饲养：挑选体格健壮、大小一致的鲈鱼随机分组，放养于规格相同的浮式海水网箱中，放养密度为60尾/箱。给对照组的鲈鱼定时投喂适量的普通饲料，给实验组的鲈鱼同时投喂等量加酶饲料。

④ 称重并记录：投喂8周后，从每个网箱中随机取20尾鲈鱼称重。结果显示，对照组、实验组鱼体平均增重率分别为859.3%、947. 2%。

⑤ 制备鲈鱼肠道中消化酶样品，并分别测定消化酶的活性，结果如下表。

	蛋白酶活性/（U/mg）	脂肪酶活性/（U/mg）	淀粉酶活性/（U/mg）
对照组	1. 09	0. 08	0.12
实验组	1. 71	0. 10	0. 13

根据上述实验，回答下列问题：

（1）步骤①中选用鲈鱼鱼苗而不是成体的主要原因是______________；实验前的驯养是为了______________。

（2）步骤②中将配制好的饲料进行烘干要特别注意______________，其原因是______________。

（3）步骤③中还应控制好的无关变量主要有______________。

（4）本实验得出的初步结论是______________。

（5）推测鲈鱼的食性并说明理由：______________。

答案：（1）成体生长缓慢，实验效果不明显　让鲈鱼适应实验养殖环境，以免造成干扰

（2）温度不能过高　高温会使植酸酶变性而失去活性

（3）水温、盐度和溶解氧等

（4）添加植酸酶的饲料促进鲈鱼幼体的生长；植酸酶能提高肠道中蛋白酶的活性，而对肠道中脂肪酶和淀粉酶的活性影响较小

（5）肉食性，其肠道中蛋白酶活性显著高于脂肪酶和淀粉酶

解析：（1）本实验的自变量为有无植酸酶，因变量为鲈鱼的生长状况和消化酶的活性，所以实验材料应当选择具有生长能力的鲈鱼幼苗，而不是生长速度缓慢的鲈鱼成体；养殖环境的变更会对鱼苗的生长产生影响，所以实验前需要驯养控制，避免其影响。

（2）植酸酶的活性会受到温度的影响，所以在制备饲料烘干时要注意温度不能过高。

（3）水温、盐度、溶解氧等都会对鱼苗的生长产生影响，所以需要对这些条件加以控制，避免其产生影响。

（4）（5）分析实验结果可知，实验组中只有蛋白酶的活性高于对照组，而实验组增重率明显高于对照组，说明植酸酶可能是通过提高蛋白酶的活性来促进鲈鱼幼体的生长，由于动物性食物能提供更多的蛋白质，因此推测鲈鱼为肉食性。

6.（2011 年福建卷）机体的免疫系统对核辐射损伤很敏感，主要表现在核辐射会诱导免疫细胞凋亡。人白细胞介素 18（IL-18）能促进免疫细胞的增殖和分化，提高机体免疫功能。某科研小组开展了“IL-18 对核辐射诱导小鼠脾细胞凋亡的抑制作用”的研究，方法如下。选取若干实验小鼠，随机分成三组：①组无辐射损伤；②组辐射损伤（^{60}Co 照射，下同）；③组先辐射损伤，1 天后注射 IL-18。14 天后分别取各组小鼠脾细胞进行体外培养，在培养了 0h、12h、24h、48h 后，进行细胞凋亡检测，得到的细胞凋亡相对值如下表：

组别	处理方法	0h	12h	24h	48h
①	无辐射损伤	0.046	0.056	0.048	0.038
②	辐射损伤	0.460	0.420	0.530	0.520
③	辐射损伤＋IL-18	0.239	0.265	0.279	0.269

（1）选择脾细胞作为本实验材料，是因为脾脏是机体重要的________器官。已知 IL-18 是一种淋巴因子，淋巴因子与________都属于免疫活性物质。

（2）细胞凋亡是由遗传机制决定的________死亡。从表中数据可知，细胞凋亡相对值越小，说明发生凋亡的脾细胞数目越________，从________（组别）两组数据可知，IL-18 能够抑制脾细胞凋亡。

（3）科研小组还设置了第④组实验，方法是先注射 IL-18，3 天后进行辐射损伤，14 天后的实验操作同前三组。与第③组相比，设置第④组的目的是______________。

（4）在作物育种中，可用 ^{60}Co 放出的 γ 射线使作物发生基因突变，从中筛选出优良的变异类型，这种育种方法叫作______________育种，其特点是______________（至少答出两点）。

答案：（1）免疫　抗体（溶菌酶）

（2）编程性（程序性）　少　②③

（3）比较核辐射前后注射 IL-18 对抑制脾细胞凋亡的影响

（4）诱变（辐射）　提高变异频率，加快育种进程；变异不定向，盲目性大；优良变异类型少（答出两点即可）

解析：（1）脾脏为人体的免疫器官，是免疫细胞储存的场所，故可以选择脾脏为实验材料；机体含有多种类型的免疫活性物质，如抗体、溶菌酶、干扰素等。

（2）细胞凋亡是细胞正常的生命历程，是受基因控制的程序性死亡；①组未作任何处理，为空白对照，②组辐射损伤处理，为条件对照，③组辐射损伤＋IL-18 为实验组，对比①②组数据，说明凋亡值越低，凋亡数量越小；对比②③组数据，说明 IL-18 对核辐射诱导小鼠脾细胞凋亡具有抑制作用。

（3）对比③④组，不同之处仅在于注射 IL-18 的时间不同，其目的在于比较核辐射前后注射 IL-18 对抑制脾细胞凋亡的影响。

（4）利用 ^{60}Co 进行育种的方法属于诱变育种，其优点是能提高变异频率，加速育种进程；缺点是由于基因突变的不定向性，育种盲目性大，需处理大量材料，且符合人类生产需要的优良变异类型往往较少。

7.（2012年北京卷）为研究细胞分裂素的生理作用，研究者将菜豆幼苗制成的插条插入蒸馏水中（图1）。对插条的处理方法及结果见图2。

（1）细胞分裂素是一种植物激素。它是由植物体的特定部位________，再被运输到作用部位，对生长发育起________作用的________有机物。

（2）制备插条时除去根系和幼芽的主要目的是________，插条插在蒸馏水中而不是营养液中培养的原因是________。

（3）从图2中可知，对插条进行的实验处理包括________。

（4）在实验Ⅰ中，对A叶进行实验处理，导致B叶________。该实验的对照处理是__________。

（5）实验Ⅲ、Ⅳ的结果表明，B叶的生长与A叶的关系是：________。

（6）研究者推测“细胞分裂素能够引起营养物质向细胞分裂素所在部位运输”。为证明此推测，用图1所示插条去除B叶后进行实验，实验组应选择的操作最少包括________（填选项前的符号）。

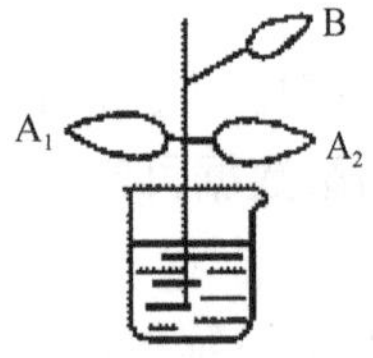

图1

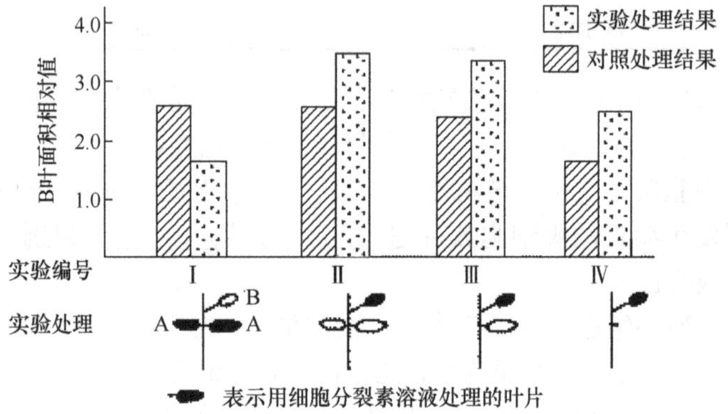

图2

a．用细胞分裂素溶液涂抹A_1叶　　b．用细胞分裂素溶液涂抹A_2叶

c．用^{14}C-淀粉溶液涂抹A_1叶　　d．用^{14}C-淀粉溶液涂抹A_2叶

e．用^{14}C-氨基酸溶液涂抹A_2叶　　f．用^{14}C-细胞分裂素溶液涂抹A_2叶

g．检测A_1叶的放射性强度

答案：（1）产生　调节　微量的

（2）减少内源激素的干扰　外来营养物质会对实验结果造成干扰

（3）用细胞分裂素分别处理A、B叶片；不同插条上去除不同数目的A叶

（4）生长受抑制　用蒸馏水同样处理A叶

（5）A叶数量越少，B叶生长越慢

（6）a、e、g

解析：（1）植物激素是由植物的特定部位产生，从产生部位运输到作用部位，对植物的生命活动有重要调节作用的微量的有机物。

（2）本次实验的目的为研究细胞分裂素的生理作用，自变量为细胞分裂素，因变量为植物的生长状况。因为植物的幼根和幼芽自身会产生内源细胞分裂素，对实验结果造成干扰，所以制备插条时需要除去根系和幼芽；实验使用蒸馏水的目的是排除外来营养物质造成的干扰。

（3）分析图 2 可知，4 个组的处理不同之处表现在细胞分裂涂抹的位置、菜豆幼苗保留的叶片数量这两个方面，对照组应该是用蒸馏水替代细胞分裂素及保留所有叶片。

（4）在实验Ⅰ中，实验组 B 叶片的面积明显小于对照组，说明在 A 叶上涂抹细胞分裂素后对 B 叶的生长产生了抑制。

（5）实验组Ⅲ、Ⅳ涂抹细胞分裂素的位置一致，区别在于保留叶片的数量不同，实验结果Ⅳ组中无论是实验组还是对照组的 B 叶面积都明显小于实验组Ⅲ，说明 A 叶数量越多，B 叶生长越快。

（6）若要验证"细胞分裂素能够引起营养物质向细胞分裂素所在部位运输"，应当选择用细胞分裂素涂抹 A_1 叶或 A_2 叶，采用同位素标记营养物质，追踪营养物质的运输方向，故最佳的实验操作应为 a、e、g。

8.（2013 年浙江卷）某同学为研究甲状腺的功能，提出以下实验思路：

① 将若干只未成年小鼠分为 2 组。

② 甲组：不切除甲状腺（假手术）。乙组：切除甲状腺。

③ ② 实验开始时和实验中每隔一段时间，分别测定每只小鼠的耗氧量和体长，并记录。

④ 对测得的数据进行统计分析。

⑤ 要求与说明：假手术指手术但不切除甲状腺；耗氧量用单位时间的氧气消耗量表示；实验持续时间合适；实验条件均适宜。

请回答：

（1）实验目的是________。

（2）预测实验结果（在以下坐标系中用耗氧量和体长变化的示意曲线表示）。

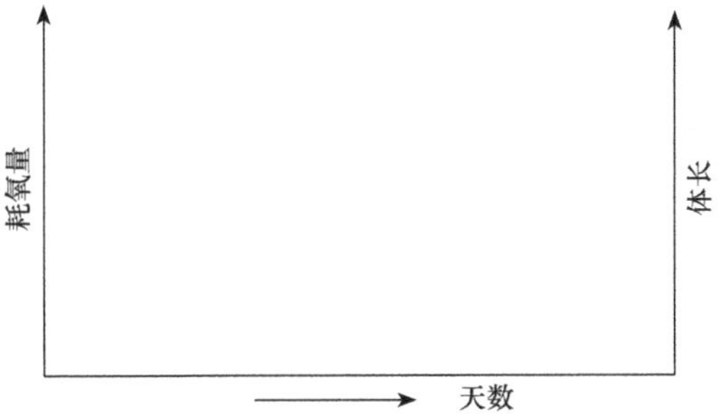

（3）分析与讨论：

① 用耗氧量作为检测指标的依据是________。

② 切除甲状腺后，小鼠体长变化的原因是________。

③ 上述分组时，还可增设丙组作为实验组，丙组：________。

答案：（1）研究甲状腺激素对小鼠新陈代谢和生长发育（或耗氧量和体长）的影响

（2）甲组小鼠正常，其耗氧量应该稳定不变，体长应该逐渐增长；乙组切除了甲状腺，不能正常生长发育，耗氧量降低，体长不增长。

（3）① 甲状腺激素促进新陈代谢，此过程需消耗氧；

② 甲状腺激素缺乏，小鼠生长发育停滞；

③ 切除甲状腺、给予甲状腺激素（或被切除甲状腺、给予甲状腺激素）

解析：（1）甲状腺激素的生理功能体现在三个方面。其一为促进新陈代谢的速率；其二为促进幼小动物个体发育，尤其是神经系统的发育；其三为维持神经系统正常的功能，提高神经系统的兴奋性。实验中甲组为对照组，乙组为实验组，处理的不同之处在于是否切除甲状腺，选择测定小老鼠的耗氧量和小老鼠的体长为因变量，表明本实验的目的应该是研究甲状腺激素对小鼠新陈代谢和生长发育（或耗氧量和体长）的影响。

（2）切除甲状腺后，小老鼠的新陈代谢速率降低，耗氧量减少，生长发育停滞，体长不会增长。

（3）新陈代谢越旺盛耗氧量越多，切除甲状腺后，小鼠由于缺乏甲状腺激素，生长发育受到抑制；为了使实验更有说服性，应设置对照，对照中可以切除甲状腺补充甲状腺激素，说明确实是甲状腺激素的作用。也可以不切除甲状腺注射甲状腺激素，也能反映出甲状腺激素的作用。

9.（2012年广东卷）子叶黄色（Y，野生型）和绿色（y，突变型）是孟德尔研究的豌豆相对性状之一，野生型豌豆成熟后，子叶由绿色变为黄色。

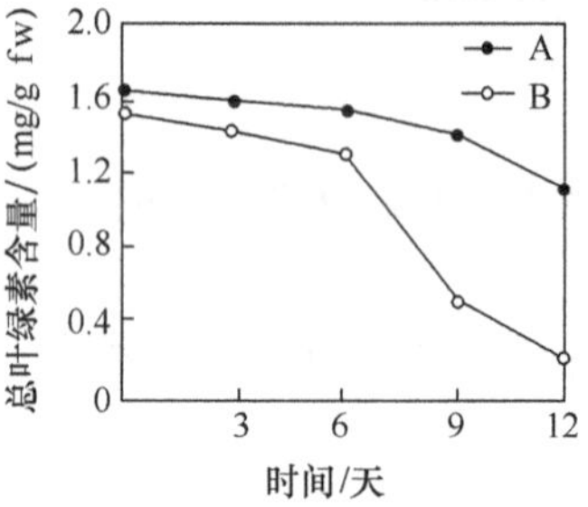

图1

（1）在黑暗条件下，野生型和突变型豌豆的叶片总叶绿素含量的变化见图1。其中，反映突变型豌豆叶片总叶绿素含量变化的曲线是________。

（2）Y基因和y基因的翻译产物分别是SGR^Y蛋白和SGR^y蛋白，其部分氨基酸序列见图2。据图2推测，Y基因突变为y基因的原因是发生了碱基对的________和________。进一步研究发现，SGR^Y蛋白和SGR^y蛋白都能进入叶绿体。可推测，位点________的突变导致了该蛋白的功能异常，从而使该蛋白调控叶绿素降解的能力减弱，最终使突变型豌豆子叶和叶片维持“常绿”。

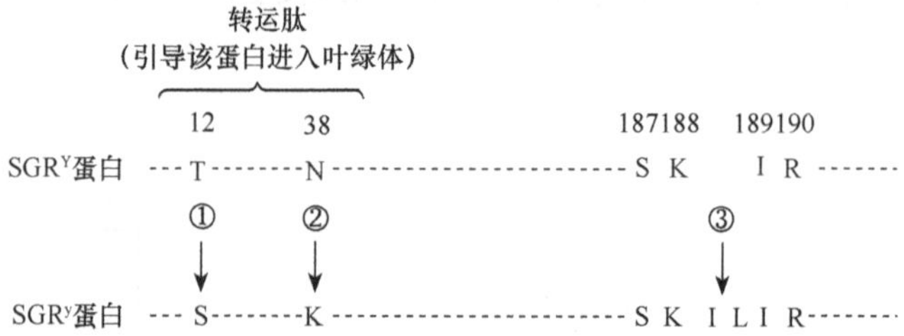

（注：序列中的字母是氨基酸缩写，序列上方的数字表示该氨基酸在序列中的位置，①②③表示发生突变的位点）

图2

（3）水稻Y基因发生突变，也出现了类似的“常绿”突变植株y_2，其叶片衰老后仍为绿色。为验证水稻Y基因的功能，设计了以下实验，请完善。

Ⅰ. 培育转基因植株：

i. 植株甲：用含有空载体的农杆菌感染________的细胞，培育并获得纯合植株。

ii. 植株乙：________，培育并获得含有目的基因的纯合植株。

Ⅱ. 预测转基因植株的表现型。植株甲：________维持“常绿”；植株乙：________。

Ⅲ. 推测结论：________。

答案：（1）A

（2）替换（1分） 增添（1分） ③

（3）Ⅰ. i. y_2

ii. 获取 Y 基因，构建 Y 基因的表达载体，用含有该表达载体的农杆菌感染 y_2 的细胞

Ⅱ. 叶片衰老后（1 分）　叶片衰老后由绿变黄（1 分）

Ⅲ. 水稻 Y 基因通过调控叶绿素降解，使叶片衰老后由绿变黄

解析：（1）由题意得知，豌豆在正常状况下衰老后叶片会由绿变黄，突变型会维持“常绿”，实质为叶绿素含量的差异，分析曲线，在黑暗中相同时间内 A 曲线的叶绿素含量下降很少，反映了突变型豌豆的情况。

（2）分析图 2，可以看出，位点①②的突变改变了氨基酸的种类，为碱基对的替换导致，位点③的突变增加了氨基酸的数量，为碱基对的增添导致。位点①②的突变并未影响蛋白进入叶绿体，可断定是位点③的突变导致了该蛋白功能异常。

（3）由题意分析可知，Y 基因的相关功能与促进叶绿素的分解有关，若要验证 Y 基因的功能，可以通过转基因技术把 Y 基因转入不含 Y 基因的 y_2 植株体内，通过衰老后叶片颜色证明 Y 的功能，为排除转基因操作的影响，应当设置对照组，过程与实验组一致，但表达载体中不含 Y 基因即可。

10.（2012 年上海卷）分析有关科学探究的资料，回答问题：

为了探究植物矿质吸收是否与水分吸收同步（即植物根系是否等比例吸收矿质和水分），特设计如下实验（见下图）：通过光照控制大麦叶片的蒸腾作用（水分蒸发忽略不计），然后测定大麦根系所处溶液中矿质元素含量的变化。

探究假设：植物根系等比例吸收矿质和水分。

实验设计：依据上述研究目的设计的实验记录表如下。

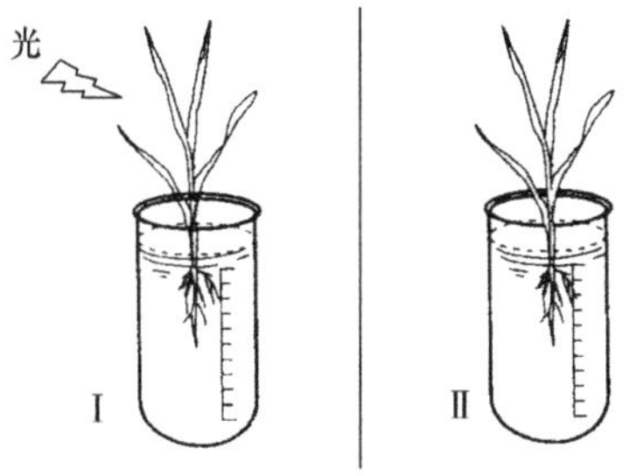

实验条件	检测参数				
	Y_1	Y_2	Y_3	……	Y_n
X_1	Z_1	Z_2			
X_2	Z_3	Z_4			

（1）表中，如果实验条件 X_1 代表光照，检测变量 Y_2 代表大麦培养液中的 Ca^{2+} 浓度，那么 X_2 应为________，而作为 Y_1 的大麦根系水分吸收（或蒸腾量）可借助于________测得。

（2）表中的实验数据应按________方式处理方可初步证实探究假设的成立与否。

A. 比较 $Z_1:Z_3$ 和 $Z_2:Z_4$ 两个比值　　B. 比较 Z_1+Z_2 和 Z_3+Z_4 两个加和

C. 比较 Z_1-Z_3 和 Z_2-Z_4 两个差值　　D. 比较 $Z_1\times Z_2$ 和 $Z_3\times Z_4$ 两个乘积

（3）为了进一步调查上述假设的普遍适用性，表中的 Y_3 至 Y_n 应为 ________。

（4）实验条件 X_1 的光照既有光能因素又有热能因素，为区分两者，增设一实验条件 X_3 ________。

A. 将Ⅱ号杯置于晨光或夕照之下　　B. 在Ⅱ号杯中加装散热搅拌装置

C. 在光源与Ⅱ号杯之间加装滤色玻片　　D. 将Ⅱ号杯置于不同温度的恒温水浴中

（5）在本探究中，检测变量 Y_2 的初始浓度（大麦插入前）不宜过高，否则________。

探究结论：植物根系以不等比例的方式吸收矿质和水分。

答案：（1）黑暗（或不同光照强度） 容器上的刻度

（2）A

（3）其他矿质元素（或至少三种以上的矿质元素名称）

（4）D

（5）会导致植株失水（或蒸腾受阻）

解析：（1）实验设计要遵循对照原则，若X_1表示光照，则X_2应表示黑暗或者不同强度的光照，以形成对照；大麦根系吸收水分（或蒸腾）会导致容器中液面的下降，可通过容器上的刻度来表示大麦根系水分吸收的量（或蒸腾量）。

（2）不同条件下Z_1和Z_3、Z_2和Z_4表示对应的水分吸收量和矿质元素吸收量，若$Z_1:Z_3$和$Z_2:Z_4$两个比值相同，则说明水分的吸收和矿质元素的吸收是同步的，否则则说明二者是不同步的。

（3）为了使得到的结论更有说服力，需要对不同矿质元素的吸收进行测定，则Y_3至Y_n应为其他不同的矿质元素（如N、P、K等）。

（4）为了将光能因素和热能因素分开，保持遵循实验的单一变量原则，可通过使光能因素相同或者热能因素相同来实现。通过D选项的途径，使得两组实验装置的温度相同，排除了温度对实验结果的干扰。

（5）在探究性实验中Y_2的初始浓度不宜过高，当外界溶液浓度过高，大于细胞液浓度时，会导致植物根系细胞失水，不能正常地吸收水分，影响植株的生长和实验结果。

11.（2010年全国Ⅰ卷）用去除脑但保留脊髓的蛙（称脊蛙）为材料，进行反射活动实验。请回答与此有关的问题：

（1）用针刺激脊蛙左后肢的趾部，可观察到该后肢出现收缩活动。该反射活动的感受器位于左后肢趾部的________中，神经中枢位于________中。

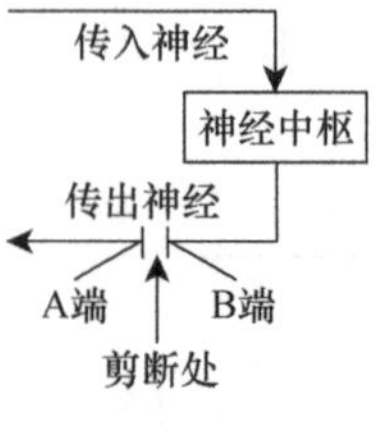

（2）反射活动总是从感受器接受刺激开始到效应器产生反应结束，这一方向性是由__________所决定的。

（3）剪断支配脊蛙左后肢的传出神经（见左图），立即刺激A端________（能、不能）看到左后肢收缩活动；刺激B端________（能、不能）看到左后肢收缩活动。若刺激剪断处的某一端出现收缩活动，该活动________（能、不能）称为反射活动，主要原因是________。

答案：（1）皮肤 脊髓

（2）突触的结构

（3）能 不能 不能 该活动的发生没有依靠完整的反射弧

解析：（1）用针刺激脊蛙左后肢的趾部，可观察到该后肢出现收缩活动说明感受器的位置在皮肤中，试验中使用的是去脑的脊蛙，说明该反射的中枢位于脊髓中。

（2）在完整的反射弧中兴奋的传导具有单向性，是因为在两个神经元细胞间兴奋依靠突触单向传递，神经递质只能由突触前膜释放，作用于突触后膜。

（3）反射是在中枢神经系统的参与下，机体对内外环境的各种刺激所作出的规律性的反应，完成反射的结构基础是反射弧，包含感受器、传入神经、神经中枢、传出神经、效应器5个部分。兴奋的传导包含兴奋在神经元上的传导（具有双向传导的能力）和兴奋在两个神经元细胞之间的传递（依靠突触只能单向传递），所以直接刺激传出神经的A端，能看到左后肢的收缩；刺激B端不能看到左后肢的收缩。反射活动经由完整的反射弧完成，所以直接刺激神经引发的只是反应，不是反射。

12.（2011年山东卷）荠菜的果实形成有三角形和卵圆形两种，该性状的遗传涉及两对等位基因，分别用A、a，B、b表示。为探究荠菜果实形状的遗传规律，进行了杂交实验（见下图）。

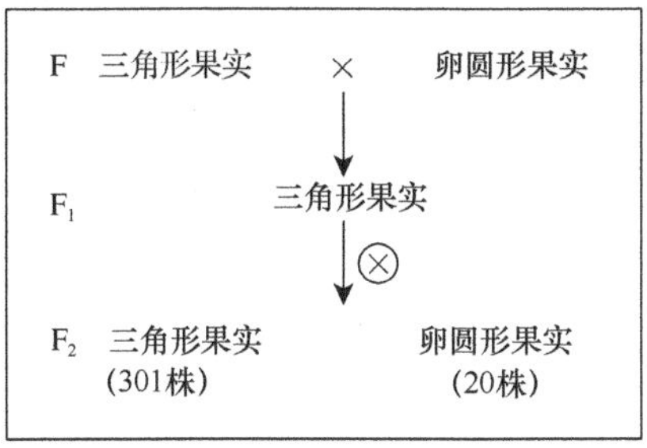

（1）图中亲本基因型为________。根据F_2表现型比例判断，荠菜果实形状的遗传遵循________。

F_1测交后代的表现型及比例为________。另选两种基因型的亲本杂交，F_1和F_2的性状表现及比例与图中结果相同，推断亲本基因型为________。

（2）图中F_2三角形果实荠菜中，部分个体无论自交多少代，其后代表现型仍然为三角形果实荠菜，这样的个体在F_2三角形果实荠菜中比例为________；还有部分个体自交后发生性状分离，它们的基因型是________。

（3）荠菜果实形成的相关基因a、b分别由基因A、B突变形成，基因A、B也可以突变成其他多种形式的等位基因，这体现了基因突变具有________的特点。自然选择可积累适应环境的突变，使种群的基因频率发生________。

（4）现有3包基因型分别为AABB、AaBB和aaBB的荠菜种子，由于标签丢失而无法区分。请设计实验方案确定每包种子的基因型。有已知性状（三角形果和卵圆形果实）的荠菜种子可供选用。

实验步骤：

①________________；

②________________；

③________________。

结果预测：

Ⅰ如果________________则包内种子基因型为AABB；

Ⅱ如果________________则包内种子基因型为AaBB；

Ⅲ如果________________则包内种子基因型为aaBB。

答案：（1）AABB和aabb　自由组合　三角形∶卵圆形=3∶1　AAbb和aaBB

（2）7/15　AaBb、Aabb和aaBb

（3）不定向性（或多方向性）　定向改变

（4）答案一

①用3包种子长成的植株分别与卵圆形果实种子长成的植株杂交，得F_1种子

②F_1种子长成的植株自交，得F_2种子

③F_2种子长成植株后，按果实形状的表现型统计植株的比例

Ⅰ. F_2三角形与卵圆形植株的比例约为15∶1

Ⅱ. F_2三角形与卵圆形植株的比例约为27∶5

Ⅲ. F_2三角形与卵圆形植株的比例约为3∶1

答案二

①用3包种子长成的植株分别与卵圆形果实种子长成的植株杂交，得F_1种子

②F_1种子长成的植株分别与卵圆形果实种子长成的植株杂交，得F_2种子

③F_2种子长成植株后，按果实形状的表现型统计植株的比例

Ⅰ. F_2三角形与卵圆形植株的比例约为3∶1

Ⅱ. F_2三角形与卵圆形植株的比例约为5∶3

Ⅲ. F_2三角形与卵圆形植株的比例约为1∶1

解析：（1）分析F_2代，共有两种表现型，数量比接近于15∶1，符合9∶3∶3∶1的变化比例，根据题干提供的信息得知，该性状受两对等位基因控制，所以推测这两对基因遵循自由组合定律。表现型与基因型的关系如下：不含显性基因表现为卵圆形，只要含有显性基因即为三角形，所以亲代基因型为AABB、aabb，F_1代基因型为AaBb；如果测交，后代表现型为三角形和卵圆形两种，比例为3∶1；若另选两种基因型的亲本，F_1和F_2的性状表现及比例与图中结果相同，只能是AAbb、aaBB。

（2）若要三角形果实荠菜无论自交多少代，其后代都为三角形果实荠菜，表明其后代不可能出现aabb，只有基因型为AaBb、Aabb、aaBb的个体自交会发生性状分离产生aabb型后代，这三种基因型的个体在F_2代三角形个体中所占比例为8/15，所以其他均满足条件，比例为7/15。

（3）基因突变具有不定向性，自然选择具有定向性，定向的自然选择使得种群基因频率发生定向改变。

（4）由于AABB、AaBB、aaBB中都没有同时含有a、b基因，自交后代都全为三角形，没有差异，所以不能通过自交区分。只能将它们分别与卵圆形植株（aabb）杂交，获得F_1代，然后再让F代自交或测交，通过F_2代的性状分离比加以区分，故方案有两种。

参 考 文 献

崔鸿，郑晓蕙．2009．新理念生物教学论．北京：北京师范大学出版社

黎云祥，赵广宇．2011．新课标中学生物学教学实用教程．北京：科学出版社

刘恩山．2009．中学生物学教学论．北京：高等教育出版社

刘恩山．2015．生物学（七年级上册）．北京：北京师范大学出版社

刘恩山．2015．生物学（七年级下册）．北京：北京师范大学出版社

刘恩山．2015．生物学（八年级上册）．北京：北京师范大学出版社

刘恩山．2015．生物学（八年级下册）．北京：北京师范大学出版社

人民教育出版社，课程教材研究所，生物课程教材研究开发中心．2015．生物必修1——分子与细胞．北京：人民教育出版社

人民教育出版社，课程教材研究所，生物课程教材研究开发中心．2015．生物必修2——遗传与进化．北京：人民教育出版社

人民教育出版社，课程教材研究所，生物课程教材研究开发中心．2015．生物必修3——稳态与环境．北京：人民教育出版社

人民教育出版社，课程教材研究所，生物课程教材研究开发中心．2015．生物选修1——生物技术实践．北京：人民教育出版社

人民教育出版社，课程教材研究所，生物课程教材研究开发中心．2015．生物选修2——生物科学与社会．北京：人民教育出版社

人民教育出版社，课程教材研究所，生物课程教材研究开发中心．2015．生物选修3——现代生物科技专题．北京：人民教育出版社

人民教育出版社，课程教材研究所，生物课程教材研究开发中心．2012．生物学（七年级上册）．北京：人民教育出版社

人民教育出版社，课程教材研究所，生物课程教材研究开发中心．2012．生物学（七年级下册）．北京：人民教育出版社

人民教育出版社，课程教材研究所，生物课程教材研究开发中心．2012．生物学（八年级上册）．北京：人民教育出版社

人民教育出版社，课程教材研究所，生物课程教材研究开发中心．2012．生物学（八年级下册）．北京：人民教育出版社

徐作英，王重力．2009．中学生物学实验教学论．北京：北京师范大学出版社

张成军．2009．中学生物学实验教学．北京：科学出版社

郑晓蕙．2008．生物学实验教学与研究．上海：华东师范大学出版社

附　录

附录1　微 课 制 作

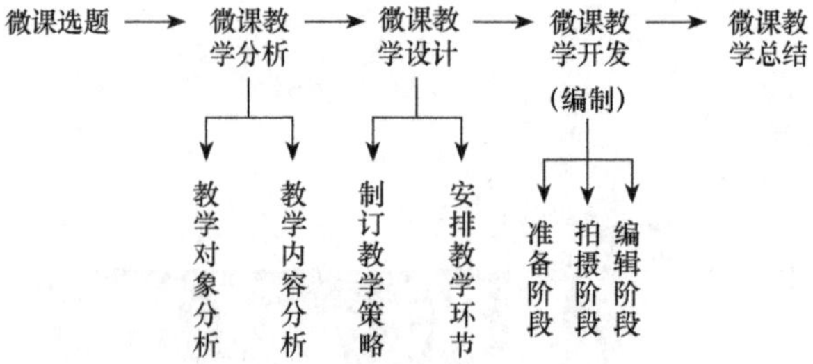

可扫描二维码
观看微课制作

附1.1　微 课 选 题

微课选题主要由教师根据实际教学情况进行选择，可考虑将在实验室内不易集体操作的实验作为微课内容。

附1.2　微课教学分析

对微课教学过程进行分析，有利于把握教学对象和教学内容，为后期微课设计开展提供指导思想和方向。

第一，教学对象分析。考虑实验微课的教学对象年级，从学生的初始能力、最近发展区、学习态度、认知能力等方面进行分析，设计学生能够接受的微课。

第二，教学内容分析。由于微课时间较短，一般为3～10min，要求主题突出，因此教师应结合教学目标，对教学内容进行分析，有利于教师从中提取该实验的重点、难点，便于在微课制作中详略得当，使微课实验针对性加强。

附1.3　微课教学设计

实验微课在表现形式上多种多样，最常用的为图片加文字说明生成的视频和录制的实验操作视频相结合的方式。在开展过程中同样需要教学设计，包括教学方法、教学用具、教学过程等。

在微课实验教学中，同样涉及对教学方法的选择。一般采用实验法与讲授法相结合的方式。实验微课的教学用具较多，包括实验所需试剂及仪器、照相机或摄像机、视频编辑软件和PPT。通过PPT展示实验学习内容、实验步骤及相关图片，用照相机或摄像机拍摄实验操作过程，最后利用视频编辑软件编辑视频，生成可用微课。教学过程与实际课堂环节并无大的差异。对微课进行教学设计，有利于后期微课开展时保持思路清晰，构建实验微课的完整结构。

附 1.4 微课教学开发

附 1.4.1 准备阶段

微课拍摄前的准备阶段包括：确定微课的表现形式；制作 PPT 及编写文字稿本；制订实验方案、进行预实验及编写分镜头稿本；制订拍摄计划。

实验微课需要一定的 PPT 对实验内容、实验步骤、实验试剂和仪器的选择进行讲解。PPT 页面上应该包括文字、图片等内容（附图 1.1）。文字具有针对性，图片选择清晰度高的，呈像更清晰。

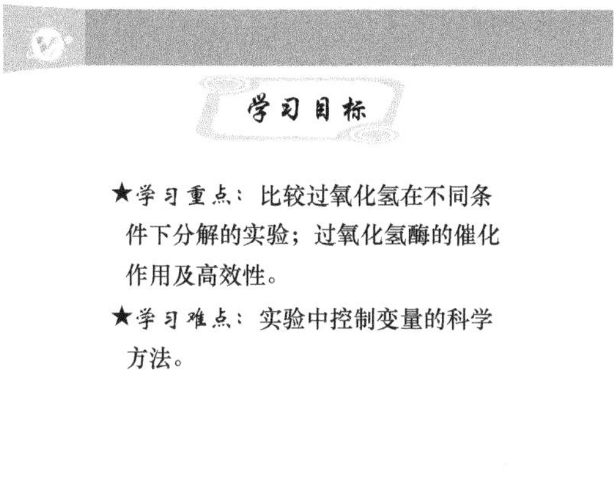

A

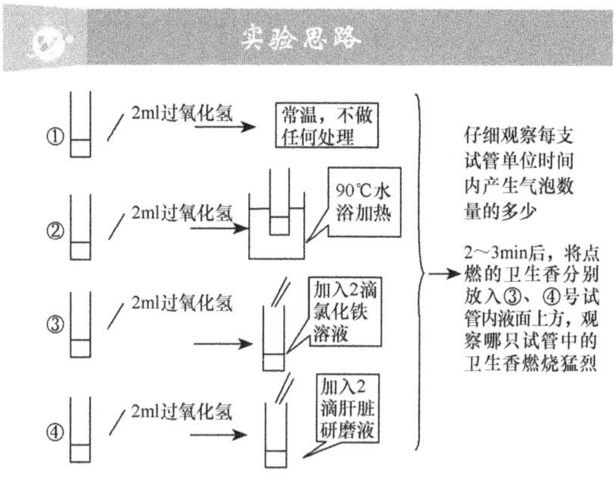

B

附图 1.1 PPT 内容展示

根据实验要求制订实验方案，准备实验仪器和实验用具，实验操作者进行预实验，熟悉实验步骤，做好实验记录。预实验完成后，对分镜头进行文字稿本编辑，分镜头稿本包括镜头序号、镜头内容、镜头组接方式、时长，以及与镜头对接的解说，便于后期编辑。

正式拍摄前还应制订详尽的拍摄计划，进行反复演练，可将同一场景、同一景物的镜头安排在同一时段一起拍摄，录制屏幕和录音的工作可在同一时段完成。这样可以提高拍摄和后期制作的效率，并保证画面和声音一致。

附 1.4.2 拍摄阶段

附 1.4.2.1 实验拍摄

实验拍摄过程采取前期实拍、后期加工的方式。第一，选取相应的照相机或摄像机，将镜头与实验台调整至合适距离，用三脚架固定机器位置。第二，将实验仪器放置于实验台，开始进行实验操作。第三，对于某些需要特写的镜头，可在实验操作过程中由专人负责镜头的推、拉、摇、移、跟、升、降等，在此过程中要保证内容主体突出。注意在拍摄过程中设置视频帧速率、帧宽高度、格式，使视频清晰度提高。

附 1.4.2.2 PPT 录制

教师进行 PPT 制作之后，需要对 PPT 内容进行录制，使其转化为视频，可利用屏幕录制软件（Camtasia Studio/Corel ScreenCap X9）录制 PPT 演示过程。Corel ScreenCap X9 有抓屏、录音的功能（附图 1.2），但无摄像功能，若需人员出镜，可选择 Camtasia Studio 软件。此外，也可以利用 PowerPoint 2010 之后的版本中提供的“保存为视频”功能来实现。

附图 1.2 Corel ScreenCap X9 屏幕捕获界面

附 1.4.3 编辑阶段

前期进行的实验拍摄和 PPT 录制必须经过后期编辑处理，才能成为流畅、图文并茂、有声有色的微课视频。编辑阶段需要完成的工作有视频剪辑、特效制作及声音制作。

附 1.4.3.1 视频剪辑

在微课编辑阶段，需要对前期准备好的视频原材料进行裁剪。可选用 Corel VideoStudio X9 软件。第一步，将所有视频的音轨分离并删除；第二步，对视频进行剪辑，剪去与操作无关的部分，通过剪辑使视频能在最短时间内清晰完整地呈现实验操作；第三步，将所有视频片段按准备阶段制订的实验方案进行连接。

附 1.4.3.2 特效制作

在微课中，为了使教学内容更具有感染力，常用的特效有标注、缩放、画中画、分屏、快慢动作、字幕等。这些特效通过 Corel VideoStudio X9 和 Camtasia Studio 软件都可以完成。

例如，在实验操作中，为配合语音而添加字幕，可在 Corel VideoStudio X9 时间轴中选中视频后打开字幕编辑器，添加字幕片段即可（附图 1.3）。

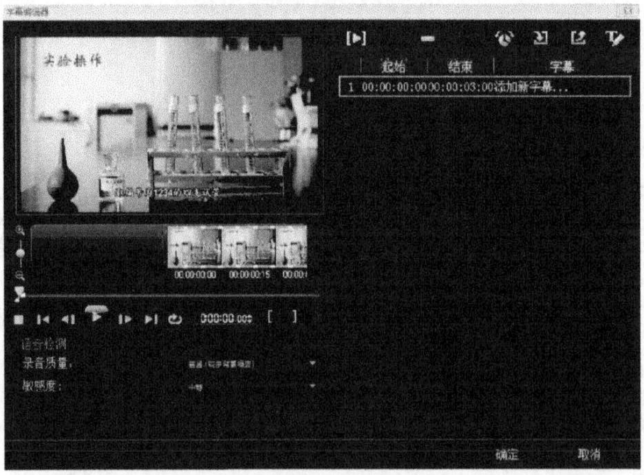

附图 1.3 Corel VideoStudio X9 编辑字幕界面

附 1.4.3.3 声音制作

微课声音主要是对视频进行解说词录音。首先，删除原来的音频，再利用 Corel VideoStudio X9 软件中录制画外音功能对视频进行配音。点击软件中“录制”按钮可进行试音，点击“开始”按钮开始录制（附图 1.4）。

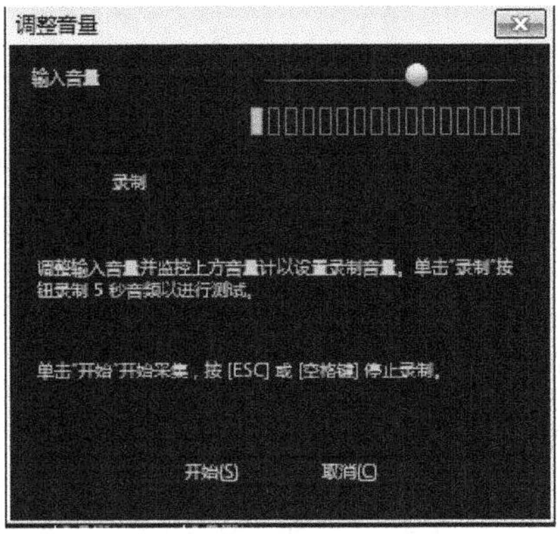

附图 1.4　Corel VideoStudio X9 录制画外音界面

完成后，将视频输出为相应格式（一般为 WMV 格式）的文件，就得到了制作完成的微课视频。

附 1.5　微课教学总结

微课录制结束后，教师应针对该实验微课的内容及使用时遇到的问题进行反思总结，为下次微课制作总结经验。

附录 2　中学生物学实验仪器设备及药品试剂配备目录

编号	名称	规格 / 功能	单位	数量	配备要求				执行标准代号	备注	分类与代码
					必修	选修 1	选修 2	选修 3			
02	一般										
02002	打孔器	4 件套	套	5	√						J02011
02009	书写白板	900mm×1 800mm，双面，带支架	块	1		√					
02020	仪器车		辆	1～2	√						Z19001
02040	生物显微镜	≥640 倍	台	25～50	√				GB/T 2985—2008		J35001
02040	生物显微镜	≥1 000 倍，带光源、标尺	台	25～50	*				GB/T 2985—2008		J35001
02040	生物显微镜	≥1 000 倍，双筒	台	3～5	√						J35001
02042	数码显微镜	≥130 万像素，USB 接口，相关图像处理软件	台	1～14	*					如果进行网络布置，则需要视频互动、网络管理软件	J35101
02044	双目立体显微镜	40 倍	台	2	√				GB/T 19864.1—2013		J35003
02051	放大镜	手持式，有效通光孔径不小于 30mm，5 倍	个	9～25	√				JY/T 0378—2004		J02610
02070	电动离心机	0～4 000r/min，10ml×8，无刷电机，带电锁	台	1	√				YY/T 0657—2008	带小转子	J35033
02070	电动离心机	3 000～16 000r/min，1.5ml×12+0.5ml×12，无刷电机，带电锁	台	1		√			YY/T 0657—2008		J35033
02073	磁力加热搅拌器	容量：20～3 000ml 转速：0～1 200r/min，无级调速	台	1		√		√			J30004
02080	高压蒸汽灭菌锅	手提式，18L	台	1	√				YY 0504—2005		J35015
02080	高压蒸汽灭菌锅	30～50L，立式或卧式	台	1		√			YY 1007—2005，YY 0731—2009		J35015
02082	恒温水浴锅	一列两孔或四孔	台	2～4	√				YY 91037—1999		J30014
02084	烘干箱	≥80L	台	1	√			√			J02707

续表

编号	名称	规格 / 功能	单位	数量	配备要求				执行标准代号	备注	分类与代码
					必修	选修1	选修2	选修3			
02086	电冰箱	＞200L	台	1	√			√	GB/T 8059.2—1995		J86860
02087	恒温培养箱	（室温＋5）～60℃，±1℃，≥80L	台	1	√				YY 0027—1990		
02088	光照培养箱	容积：250L； 光照强度：0～12 000lx； 分级可调控温度： 10～50℃（有光照）； 温度波动性：±1℃； 温度均匀度：±2℃	台	1		√		√			J35021
02089	超净工作台	双人单面，垂直送风，100级，送风风速：0.3～0.6m/s，可调，不锈钢台面，带紫外线灯安全防护装置	台	2～4		√		√		若选用非双人单面规格，操作座位数应与双人单面规格相等	
02102	注射器	5ml，塑料	支	9～25		√			GB 15810—2001		J86292
02102	注射器	100ml，塑料	支	9～25	√				GB 15810—2001		J86292
02119	整理箱	矮型，储存及分发药品用	个	5～10	√						
02121	塑料洗瓶	250ml 或 500ml	个	5	√						
03	支架										
03002	方座支架		套	9～25	√				JY/T 0393—2007		J02302
03006	三脚架		个	9～25	√						J02305
03008	试管架	12孔，12柱，与 φ15mm×150mm 试管匹配	个	9～25	√						J02306
03008	试管架	32孔，铝合金，与 φ15mm×150mm 试管匹配		2～4	√					恒温水浴锅里使用	J02306
11	质量										
11003	托盘天平	200g，0.2g	台	4～8	√				QB/T 2087—1995		J00205
11010	电子天平	200g，0.01g	台	4～8		√			JB/T 5374—1991		J00231
11012	分析天平	200g，0.000 1g	台	1		√					J00201
13	温度										
13001	温度计	红液，0～100℃	支	9～25	√				JJG 130—2004		J01303

续表

编号	名称	规格 / 功能	单位	数量	配备要求				执行标准代号	备注	分类与代码
					必修	选修1	选修2	选修3			
13001	温度计	水银，0～200℃	支	5	√				JJG 130—2004		J01303
16	其他										
16003	酸度计（pH 计）	测量范围：pH 0～14；分辨率：0.1	台	3～5	√				GB/T 11165—2005		J01802
16017	血细胞计数器		片	9～25	√						
16041	计数器	手持式	个	9～25	*						
2	专用仪器										
27	生物										
27006	接种环	金属手柄，合金金属丝	支	9～25	√						
27011	研磨过滤器	容量 20ml	个	9～25	√						
27012	光照培养架	实用多层，安装方便，插孔暗式布线，独立开关，光照强度为 3 000lx-5 000lx-7 000lx 三档可调	台	2～4		√		√			
27013	普通手术剪	直尖头，140mm	把	27	√				YY/T 0596—2006		
27014	眼用手术剪	直尖头，100mm	把	2	√				YY/T 0596—2006		
27015	手术刀柄		把	4～8		√			YY/T 0175—2005		
27016	手术刀片		包	4～8		√			YY/T 0174—2005		
27017	解剖镊	尖头，125mm	把	27	√				YY/T 0686—2008		
27017	解剖镊	阔头，125mm	把	27	√				YY/T 0686—2008		
27018	牙用镊	单弯，160mm	把	4～8		√			YY/T 0686—2008		
27019	眼用镊	直唇头齿，100mm	把	2	√				YY/T 0295.6—1997		
27020	电泳仪	四组输出，输出电压为 2～200V，输出电流为 2～200mA，具有 36V 电压限制功能	台	2		√					
27021	恒温振荡器	（室温+5）～60℃，±1℃，容量为 100ml，锥形瓶 25 个或以上	台	1	*	√					

续表

编号	名称	规格 / 功能	单位	数量	配备要求				执行标准代号	备注	分类与代码
					必修	选修 1	选修 2	选修 3			
27022	水平电泳槽	聚碳酸酯注塑成型，凝胶托盘带有荧光标尺，具有开盖断电功能，凝胶板规格：60mm×60mm	个	8		√					
27023	垂直电泳槽	聚碳酸酯注塑成型槽体，可实现原位制胶功能，凝胶板规格：75mm×83mm，两块凝胶可以同时电泳	个	4		√					
27024	微量进样器	50μl	个	8		√					
27025	凝胶色谱柱	16mm×500mm	个	9～13		√					
27026	微量移液器	1～10μl	支	9		√					
27026	微量移液器	20～200μl	支	9		√					
27026	微量移液器	100～1 000μl	支	9		*					
27026	微量移液器	500～5 000μl	支	9		*					
27027	移液器架	可放置 5 支移液器	个	9		√					
27028	DNA 电泳图谱观察仪	非紫外光源，观察凝胶面积＞100mm×100mm	台	2		√					
27029	精油提取器	功率 500W，功率可调，具有缺水断电功能，最大容积 5L	台	6～9		*				与 62021 互选	
27030	PCR 仪	容量：≥30 管	台	1		√					
27031	组织捣碎匀浆机	0～1 200r/min，无级调速，最大容量：1L	台	1		√					
27032	DNA 快速杂交仪		台	1		*					
27033	果酒果醋发酵装置	透明，最大容积 1L，具水封及气泡限速装置，可进行气泡观察计数	个	9～25		*					
27034	纯水机	产水量：10L/h，水质符合 GB 6682—1992 三级	台	1		√		√			
27035	玻璃三角刮刀（涂布器）	玻璃	个	9～25		√					
3	模型										
33	生物										
33301	始祖鸟化石及复原模型			1	√				JY 0313—1991		M10217
33302	细胞亚显微结构模型			1	√				JY 157—1984		M10016
33303	细胞膜结构模型			1	√				JY 0317—1991		M10023

续表

编号	名称	规格 / 功能	单位	数量	配备要求				执行标准代号	备注	分类与代码
					必修	选修1	选修2	选修3			
33304	细胞膜流动镶嵌模型组件			9～25	*						
33305	减数分裂中染色体变化模型组件			9～25	√						
33306	DNA结构模型			1	√				JY 65—1981		M10012
33307	DNA双螺旋结构模型组件	四种碱基、脱氧核糖、磷酸彼此分离		9～25	√						M10011
4	标本										
43	生物										
43110	验证基因分离规律玉米标本	玉米穗	套	9～25	*				JY/T 0353—1999		
43111	验证基因自由组合规律玉米标本	玉米穗	套	9～25	*				JY/T 0353—1999		
43112	验证基因连锁与互换规律玉米标本	玉米穗	套	9～25	*				JY/T 0353—1999		
	玻片标本										
432	植物玻片标本										
43208	蚕豆叶下表皮装片		片	30～60	√				JY 75—1982		B46210
43209	植物细胞有丝分裂	洋葱根尖纵切	片	30～60	√				JY 83—1982		B46219
43211	胞间连丝切片		片	30～60	√				JY 235—1987		B46226
43224	黑藻叶装片	显示细胞核及叶绿体	片	30～60	√						
433	藻类、霉菌类生物玻片										
43305	酵母菌装片		片	30～60	√				JY 79—1982		B60215
43307	水绵装片		片	30～60	√						B26426
43312	大肠杆菌涂片		片	30～60	√						
434	动物玻片标本										

续表

编号	名称	规格 / 功能	单位	数量	配备要求				执行标准代号	备注	分类与代码
					必修	选修1	选修2	选修3			
43403	动物细胞有丝分裂（马蛔虫受精卵切片）		片	30～60	√				JY 84—1982		B26420
43405	草履虫分裂生殖装片		片	30～60	√				JY 255—1987		B26507
43414	蝗虫精巢减数分裂切片		片	30～60	√						
43415	蛙血涂片		片	30～60	√						
43416	表皮细胞装片	蛙或蝾螈	片	30～60	√						
435	组织与生理玻片标本										
43508	骨骼肌纵横切装片		片	30～60	√				JY 96—1982		
43509	平滑肌分离装片		片	30～60	√				JY 97—1982		B06259
43510	心肌切片		片	30～60	√				JY 98—1982		B06260
43511	运动神经元装片		片	30～60	√				JY 99—1982		B06261
43525	胰腺切片（示胰岛）		片	30～60	√						
436	其他玻片标本										
43603	正常人染色体装片		片	30～60	√						
43604	DNA 和 RNA 在细胞中的分布装片		片	30～60	√						
43605	线粒体切片		片	30～60	√						
5	挂图、软件及资料										
53	生物										
530	教学挂图（图片）										
53011	中学生物显微图谱	内容包括细胞、植物、动物（人体）生理和其他生物，不少于 180 幅	本	1～3	*						
53021	分子与细胞教学挂图		套	1	*						

续表

编号	名称	规格 / 功能	单位	数量	配备要求				执行标准代号	备注	分类与代码
					必修	选修1	选修2	选修3			
53022	遗传与进化教学挂图		套	1	*						
53023	稳态与环境教学挂图		套	1	*						
53024	生物技术实践教学挂图		套	1		*					
53025	生物科学与社会教学挂图		套	1			*				
53026	现代生物科技专题教学挂图		套	1				*			
533	多媒体教学软件										
53321	分子与细胞		套	1	*						
53322	遗传与进化		套	1	*						
53323	稳态与环境		套	1	*						
53324	生物技术实践		套	1		*					
53325	生物科学与社会		套	1			*				
53326	现代生物科技专题		套	1				*			
6	玻璃仪器										
60	计量										
60001	量筒	10ml	个	30	√				GB/T 12804—2011		L00001
60001	量筒	25ml		30	√				GB/T 12804—2011		
60001	量筒	50ml		30	√				GB/T 12804—2011		
60001	量筒	100ml	个	30	√				GB/T 12804—2011		L00001
60001	量筒	500ml	个	5	√				GB/T 12804—2011		L00001

续表

编号	名称	规格 / 功能	单位	数量	配备要求				执行标准代号	备注	分类与代码
					必修	选修1	选修2	选修3			
60001	量筒	1 000ml	个	5	√				GB/T 12804—2011		L00001
60023	容量瓶	25ml	个	9～25		√			GB/T 12806—2011		L00013
60023	容量瓶	100ml	个	5	√				GB/T 12806—2011		L00013
60023	容量瓶	250ml	个	5		√			GB/T 12806—2011		L00013
60023	容量瓶	500ml	个	5		√			GB/T 12806—2011		L00013
60023	容量瓶	1 000ml	个	5		√			GB/T 12806—2011		L00013
60052	移液管	1ml	支	9～25		*					L00051
60052	移液管	2ml	支	9～25		*					L00051
60052	移液管	5ml	支	9～25		*					L00051
60052	移液管	10ml	支	9～25		*					L00051
61	加热										
61001	试管	φ15mm×150mm		300	√				QB/T 2561—2002		L10101
61020	烧杯	50ml	个	300	√				GB/T 15724—2008		L10121
61020	烧杯	100ml	个	120	√				GB/T 15724—2008		L10121
61020	烧杯	250ml	个	60	√				GB/T 15724—2008		L10121
61020	烧杯	500ml	个	30	√				GB/T 15724—2008		L10121
61020	烧杯	1 000ml	个	30	√				GB/T 15724—2008		L10121
61041	锥形瓶	50ml	个	500		√					L10141

续表

编号	名称	规格 / 功能	单位	数量	配备要求				执行标准代号	备注	分类与代码
					必修	选修1	选修2	选修3			
61041	锥形瓶	100ml	个	500		√					L10141
61041	锥形瓶	250ml	个	90		√					L10141
61041	锥形瓶	500ml	个	90	√						L10141
61051	蒸馏烧瓶	250ml	个	9～25		√			GB/T 15725.6—1995		L10151
62	一般										
62001	酒精灯	150ml	个	30	√						J02701
62006	干燥器	160mm	个	1	√				GB/T 15723—1995		L20206
62020	蒸馏水瓶		个	2	√						
62021	冷凝器	直固，300mm	个	9～25		√			QB/T 2109—1995	与 27029 互选	L20221
62031	漏斗	60mm	个	30	√						L20231
62031	漏斗	90mm	个	30	√						L20231
62073	滴管		支	300	√				GB/T 12805—2011		L20273
62077	比色管	25ml	支	150		*					
63	容器										
63011	广口瓶	250ml	个	100	√						L30311
63021	细口瓶	250ml	个	5		√					L30321
63021	细口瓶	500ml	个	10		√					L30321
63021	细口瓶	1 000ml	个	10		√					L30321
63041	滴瓶	30ml	个	300	√						L30341
63041	滴瓶	60ml	个	300	√						L30341
63041	滴瓶	棕色，30ml	个	200	√						L30341
63041	滴瓶	棕色，60ml	个	200	√						L30341
64	材料和配套用品										
64006	试管夹		把	9～25	√						J02346
64032	石棉网		个	9～25	√						J02332
64042	药匙		把	9～25	√						J30842
64053	玻璃棒	φ5～6mm	kg	3	√						L20298
64067	洗耳球			9～25		√					

续表

编号	名称	规格 / 功能	单位	数量	配备要求				执行标准代号	备注	分类与代码
					必修	选修1	选修2	选修3			
64084	培养皿	φ60mm	套	500		√					
64084	培养皿	φ120mm	套	30		√					
64086	研钵	瓷，φ60mm	个	9～25	√						L20256
7	药品										
70	一般无机（一）										
70021	碘	试剂	g	250	√						H00021
70042	氯化钠	试剂	g	500	√						H00042
70044	氯化钙	试剂，无水	g	500		√					H00044
70047	三氯化铁	试剂	g	500	√						H00047
70065	碘化钾	试剂	g	250	√						H00065
70072	硫酸钠	试剂，无水	g	500		√					H00102
70086	硫酸铜（蓝矾、胆矾）	试剂	g	500	√						H00085
71002	碳酸钠	试剂，无水	g	500	√						H00102
71044	氢氧化钙	试剂	g	500		√					H43637
71055	氢氧化铝	试剂	g	500		√					
71056	氯化镉	试剂	g	100		*					
72	一般有机、指示剂										
	一般有机										
72001	无水乙酸钠	试剂	g	500	√						H10201
72002	柠檬酸钠	试剂	g	500	√						
72014	琼脂		g	250	√						
72021	葡萄糖	试剂	g	500	√						H10221
72022	蔗糖	试剂	g	1 000	√	√		√			H10222
72023	可溶性淀粉	试剂	g	500							
72025	乙醇	医用	ml	2 000	√						H30315
72093	对氨基苯磺酸	试剂	g	10		√					
72094	*N*-1-萘基乙二胺盐酸盐	试剂	g	25		√					
72095	海藻酸钠	试剂	g	500		√					
72096	二苯胺	试剂	g	100		√					
72097	果胶酶	试剂	g	5		√					

续表

编号	名称	规格 / 功能	单位	数量	配备要求				执行标准代号	备注	分类与代码
					必修	选修1	选修2	选修3			
72098	α-淀粉酶	试剂	g	50	√						
	指示剂（染色剂）										
72054	品红	试剂	g	25	√						
72061	pH 广范围试纸	1～14	本	25	√						H20261
72081	甲基绿	试剂	g	10	√						
72091	定性滤纸		盒	3～5	√						H20291
72101	胭脂红（洋红）	试剂	g	10	√						
72102	龙胆紫	试剂	g	25	√						
72103	曙红 B（伊红 B）	试剂	g	10	√						
72104	亚甲基蓝	试剂	g	35	√						
72105	酚红	试剂	g	25	√						
72106	吡罗红	试剂	g	10	√						
72107	苏丹Ⅲ	试剂	g	25	√						
72108	健那绿	试剂	g	5	*						
72110	结晶紫	试剂	g	25	√						
72111	刚果红	试剂	g	25		*					
72112	考马斯亮蓝	试剂	g	10		*					
72113	溴麝香草酚蓝		g	10	*						
73	易燃液体										
73005	丙酮	试剂	ml	1 000	√						H30305
73007	乙醛	试剂	ml	500		√					H30304
73012	甲苯	试剂	ml	500		√					
73016	无水乙醇	试剂	ml	2 500	√						
73020	乙酸乙酯	试剂	ml	500		√					H30312
73023	石油醚	试剂	ml	2 000		√					
75	氧化剂										
75001	过氧化氢	试剂	ml	500	√						
75020	亚硝酸钠	试剂	g	500		√					
75025	重铬酸钾	试剂	g	500		√					
75027	高氯酸	试剂	g	500		√				腐蚀性	

续表

编号	名称	规格/功能	单位	数量	配备要求				执行标准代号	备注	分类与代码
					必修	选修1	选修2	选修3			
76	有毒品										
76002	氯化钡	试剂	g	500		*					
77	腐蚀品										
77003	硫酸	试剂	ml	500	√						H43603
77011	盐酸	试剂	ml	1000	√						H43611
77026	乙酸（醋酸）	试剂，100%	ml	500	√						
77032	氢氧化钠	试剂	g	500	√						H43632
77040	次氯酸钠	试剂	g	500		√		√			
8	其他实验材料和工具										
80	实验材料										
80302	载玻片		盒	5～10	√						
80303	盖玻片		包	18～50	√						
	培养基成套试剂										
80331	组织培养基（MS）试剂	试剂	套	1		*		*			
		硝酸铵（NH_4NO_3）	g	500							
		硝酸钾（KNO_3）	g	500							
		氯化钙（$CaCl_2 \cdot 2H_2O$）	g	500							
		硫酸镁（$MgSO_4 \cdot 7H_2O$）	g	500							
		磷酸二氢钾（KH_2PO_4）	g	500							
		碘化钾（KI）	g	500							
		硼酸（H_3BO_3）	g	500							
		硫酸锰（$MnSO_4 \cdot 4H_2O$）	g	500							
		硫酸锌（$ZnSO_4 \cdot 7H_2O$）	g	500							
		钼酸钠（$Na_2MoO_4 \cdot 2H_2O$）	g	500							
		硫酸铜（$CuSO_4 \cdot 5H_2O$）	g	500							
		氯化钴（$CoCl_2 \cdot 6H_2O$）	g	500							
		乙二胺四乙酸二钠（EDTA-Na_2）	g	500							
		硫酸铁（$FeSO_4 \cdot 7H_2O$）	g	500							
		肌醇	g	25							
		烟酸	g	25							

续表

编号	名称	规格 / 功能	单位	数量	配备要求				执行标准代号	备注	分类与代码
					必修	选修1	选修2	选修3			
		吡哆辛盐酸	g	25							
		盐酸硫胺（盐酸硫胺素）	g	25							
		甘氨酸	g	100							
		6-苄基腺嘌呤（6-BA）	g	1							
		萘乙酸（NAA）	g	25							
		赤霉酸（GA3）	g	1							
		吲哚丁酸（IBA）	g	1							
		吲哚乙酸（IAA）	g	1							
80332	牛肉膏蛋白胨培养基试剂	试剂	套	1		*					
		牛肉膏	g	500							
		蛋白胨	g	500							
80333	尿素培养基试剂	试剂	套	1		*					
		磷酸二氢钾（KH_2PO_4）	g	500							
		磷酸氢二钠（$Na_2HPO_4 \cdot 7H_2O$）	g	500							
		硫酸镁（$MgSO_4 \cdot 7H_2O$）	g	500							
		脲	g	500							
80334	纤维素分解菌培养及鉴别培养基试剂	试剂	套	1		*					
		纤维素粉	g	2							
		硝酸钠	g	500							
		磷酸氢二钠（$Na_2HPO_4 \cdot 7H_2O$）	g	500							
		磷酸二氢钾（KH_2PO_4）	g	500							
		硫酸镁（$MgSO_4 \cdot 7H_2O$）	g	500							
		氯化钾	g	500							
		酵母浸膏	g	500							
		水解酪素	g	250							
		羧甲基纤维素钠（CMC-Na）	g	500							
80335	血红蛋白提取及分离试剂	试剂	套	1		*					

续表

编号	名称	规格 / 功能	单位	数量	配备要求				执行标准代号	备注	分类与代码
					必修	选修 1	选修 2	选修 3			
		交联葡萄糖（Sephadex G-75）	g	100							
		丙烯酰胺	g	250							
		N, *N*-甲叉双丙烯酰胺	g	100							
		十二烷基磺酸钠（SDS）	g	250							
		过硫酸铵	g	500							
		三羟甲基氨基甲烷（Tris）	g	100							
		四甲基乙二胺（TEMED）	ml	100							
	试剂盒										
80341	植物组织培养基试剂盒	MS 培养基，附适用于月季或菊花生根和发芽的相关激素	套	2		*		*		每套含一个班适用量，和培养基成套试剂 80331 互选	
80342	牛肉膏蛋白胨培养基		套	2		*				每套含一个班适用量，和培养基成套试剂 80332 互选	
80343	分离及鉴定土壤中能分解尿素的细菌培养基		套	2		*				每套含一个班适用量，和培养基成套试剂 80333 互选	
80344	纤维素分解菌培养及鉴别培养基		套	2		*				每套含一个班适用量，和培养基成套试剂 80334 互选	
80345	血红蛋白提取及分离试剂盒		套	2		*				每套含一个班适用量，和培养基成套试剂 80335 互选	
80346	PCR 扩增实验试剂盒	PCR 全套试剂	套	2		√				每套含一个班适用量	
80347	琼脂糖凝胶电泳实验试剂盒	电泳全套试剂	套	2		√				每套含一个班适用量	
80348	转基因植物 DNA 杂交鉴定试剂盒	大豆或其他植物	套	1～2		*				每套含一个班适用量	

续表

编号	名称	规格 / 功能	单位	数量	配备要求				执行标准代号	备注	分类与代码
					必修	选修1	选修2	选修3			
81	工具										
81001	测电笔	氖泡式	支	1	√				GB/T 8218—1987		J86807
81002	一字螺丝刀	长 150mm	支	1	√						J86806
81003	十字螺丝刀	φ6mm，长 150mm	支	1	√						J86806
81009	木工锤	重 0.25kg	把	1	√				GB/T 13473—2008		J87204
81012	钢手锯		把	1	√						J86607
81013	剥线钳		把	1	√				QB/T 2207—1996		J86802
81014	钢丝钳	250mm	把	1	√				QB/T 2442.1—2007		J86801
81020	活扳手	长 250mm	把	1	√				GB/T 4440—2008		J86403
82	安全防护用具										
82001	工作服	防酸碱	件	55	√						F99001
82002	护目镜	侧面完全遮挡，耐酸碱，抗冲击	个	55	√						J30041
82008	乳胶手套		副	5	√						J30044
82009	洗眼器		套	1	√						
82014	急救包		个	1	√						

注：* 表示有条件的学校可以自行配备

附录 3　新增仪器设备图例

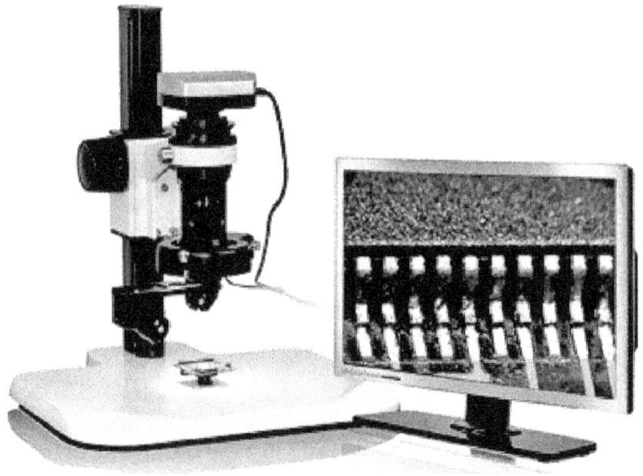

附图 3.1　数码显微镜

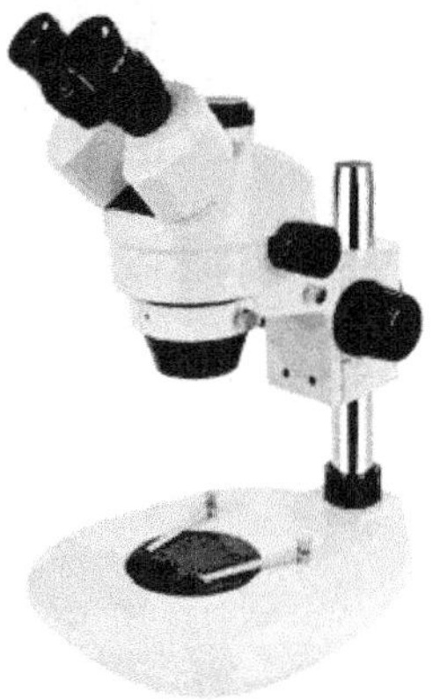

附图 3.2　双目立体显微镜

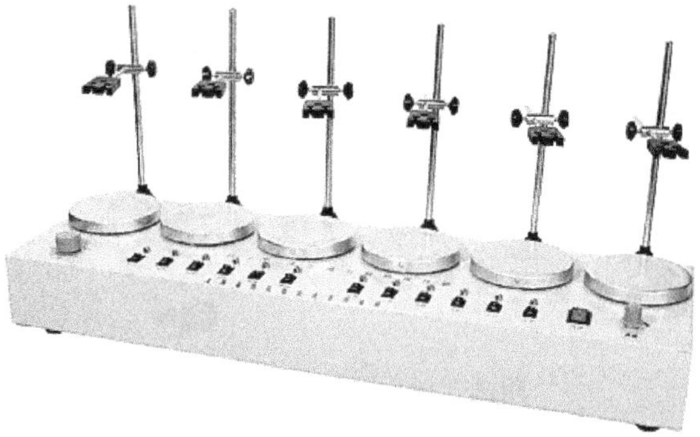

附图 3.3　磁力加热搅拌器

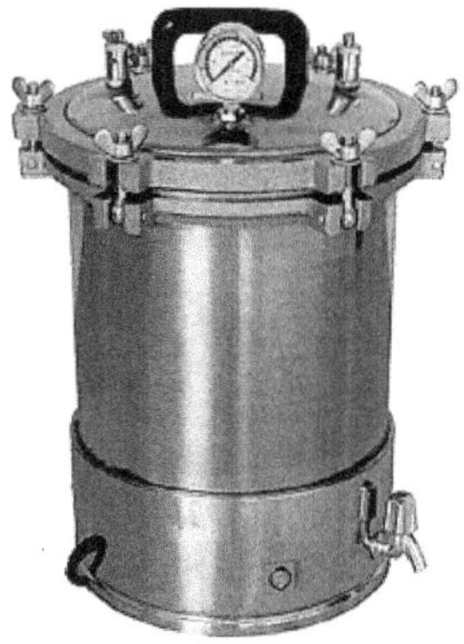

附图 3.4　高压蒸汽灭菌锅

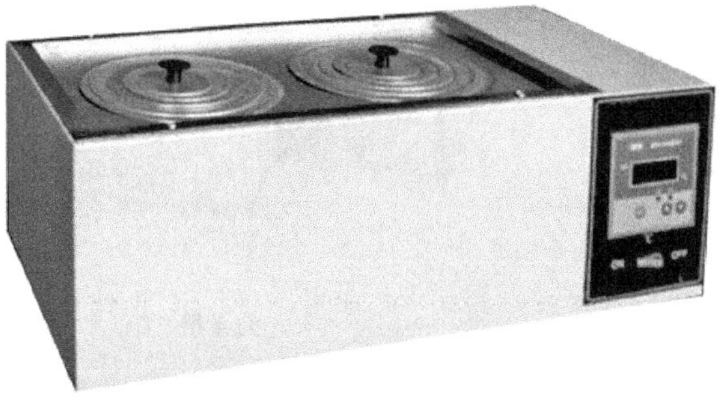

附图 3.5　恒温水浴锅

附图 3.6　烘干箱

附图 3.7　恒温培养箱

附图 3.8　光照培养箱

附图 3.9　超净工作台

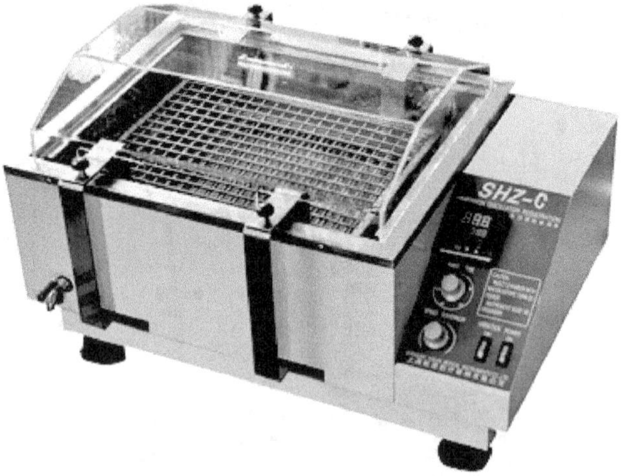

附图 3.10　恒温振荡器

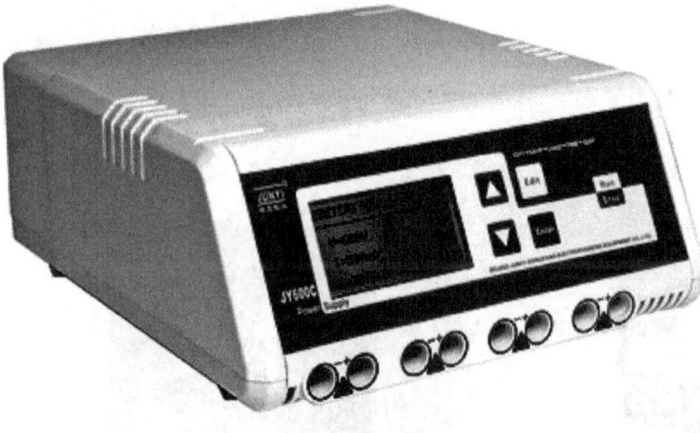

电泳仪

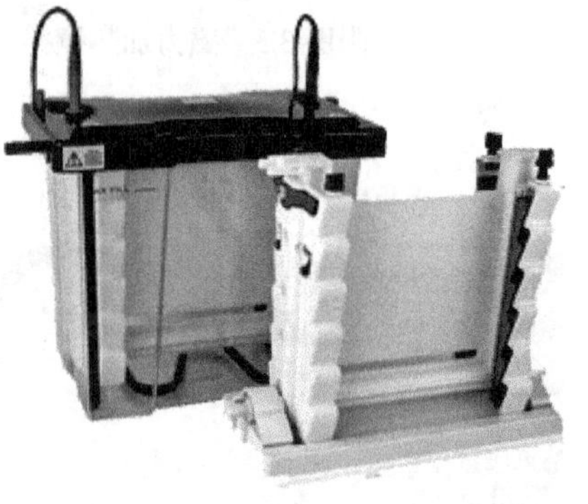

电泳槽

附图 3.11　电泳仪及电泳槽

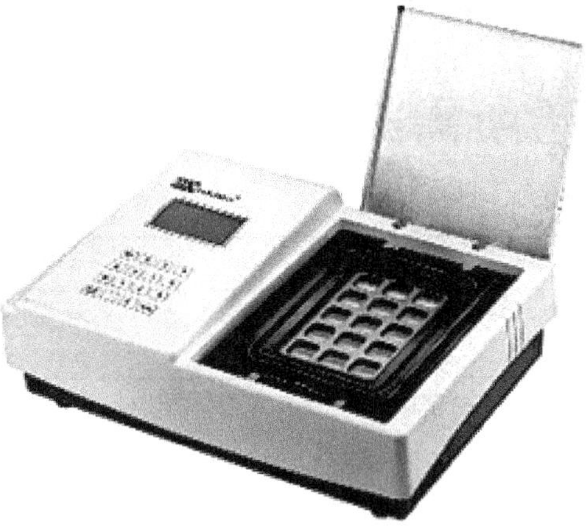

附图 3.12　DNA 快速杂交仪

附图 3.13　DNA 图谱观察仪

附录4　初中生物学实验所需实验器材

七年级生物实验内容					
册	实验类型	序号	实验内容	所在章节	实验器材
七年级上册	分组实验	1	光对鼠妇的影响	第一单元第二章第二节	铁盘（或塑料盒、纸盒）、纸板、玻璃板
		2	植物对空气湿度的影响	第一单元第二章第三节	干湿计
		3	练习使用显微镜	第二单元第一章第一节	显微镜、玻片、动植物玻片标本、擦镜纸、纱布
		4	观察植物细胞	第二单元第一章第二节	显微镜、培养皿、载玻片、盖玻片、吸水纸、纱布、滴管、刀片、镊子
		5	观察人的口腔上皮细胞	第二单元第一章第三节	显微镜、载玻片、盖玻片、吸水纸、纱布、滴管、镊子、消毒牙签
		6	观察人体的基本组织	第二单元第三章第一节	显微镜、人体4种基本组织的永久切片
		7	观察草履虫	第二单元第三章第三节	显微镜、放大镜、载玻片、盖玻片、滴管
		8	观察种子的结构	第三单元第一章第二节	放大镜、刀片、滴管、碘液、镊子
		9	种子萌发的环境条件	第三单元第二章第一节	完全相同的能够盖紧的罐头瓶（或矿泉水瓶、可乐瓶等）、温度计、小勺、餐巾纸、标签纸、胶水
		10	测定种子的发芽率	第三单元第二章第一节	培养皿、温度计、滤纸（或纱布）
		11	根的什么部位生长最快	第三单元第二章第二节	培养皿（或剪掉上半截的矿泉水瓶、可乐瓶等）、镊子、钢笔、坐标纸（或毫米刻度尺）
		12	观察叶片的结构	第三单元第三章第三节	显微镜、双面刀片、镊子、载玻片、盖玻片、叶片的永久切片、盛有清水的培养皿、滴管、吸水纸、碘液、纱布、毛笔、小木板
		13	绿叶在光下制造有机物	第三单元第四章第一节	大小烧杯、培养皿、酒精灯、三脚架、石棉网、镊子、火柴、曲别针、黑纸片、清水、乙醇、碘液
	演示实验	1	种子萌发释放能量	第三单元第四章第二节	暖水瓶、温度计
		2	种子萌发放出二氧化碳	第三单元第四章第二节	广口瓶（或矿泉水瓶、可乐瓶等）、橡皮塞、试管、细玻璃管、胶皮管、止水夹、漏斗、烧杯、棉花
		3	种子萌发吸收氧气	第三单元第四章第二节	广口瓶（或矿泉水瓶、可乐瓶等）、橡皮塞、燃烧匙、蜡烛、天平
		4	光合作用产生氧气	第三单元第五章第一节	大烧杯（或剪掉上半截的大矿泉水瓶、可乐瓶等）、试管、漏斗、卫生香（或牙签）、火柴
七年级下册	分组实验	1	晚育的意义	第四单元第一章第四节	计算器、笔记本、笔
		2	测定某种食物中的能量	第四单元第二章第一节	天平、锥形瓶、温度计、试管夹、探针、剪刀、火柴、易拉罐（或其他轻便的金属盒）
		3	进一步比较不同蔬菜和水果中维生素C的含量	第四单元第二章第一节	研钵（或榨汁机）、小烧杯、小试管、吸水纸、滴管

续表

七年级生物实验内容					
册	实验类型	序号	实验内容	所在章节	实验器材
七年级下册	分组实验	4	馒头在口腔中的变化	第四单元第二章第二节	试管、大小烧杯、酒精灯、三脚架、石棉网、温度计、量筒、滴管、镊子、小刀、小木板、脱脂棉、碘液
		5	观察家畜小肠的内部结构	第四单元第二章第二节	剪刀、放大镜
		6	测量胸围差	第四单元第三章第二节	软尺、小直尺
		7	采集和测算空气中的尘埃粒子	第四单元第三章第三节	显微镜、载玻片、凡士林、透明胶带、缝衣针
		8	用显微镜观察人血的永久涂片	第四单元第四章第一节	显微镜、人血的永久涂片
		9	观察小鱼尾鳍内血液的流动	第四单元第四章第二节	显微镜、培养皿、滴管、棉絮
		10	膝跳反射	第四单元第六章第三节	带橡皮头的小木槌、椅子
		11	测定反应速度	第四单元第六章第三节	直尺、笔、记录本
		12	酸雨对生物的影响	第四单元第七章第二节	小烧杯、量筒、玻璃棒、大培养皿、pH 试纸、纱布
		13	废电池对生物的影响	第四单元第七章第二节	5 号废电池、钳子、小锤子、清水、烧杯、量筒、玻璃棒、大培养皿、纱布

八年级生物实验内容					
册	实验类型	序号	实验内容	所在章节	实验器材
八年级上册	分组实验	1	探究鱼鳍在游泳中的作用	第五单元第一章第一节	玻璃水槽、吸管、气球、塑料板、剪刀、橡皮筋、细线、透明胶、钢尺、天平、滴管
		2	饲养和观察蚯蚓	第五单元第一章第二节	玻璃板、糙纸、棉球、放大镜、制作饲养蚯蚓装置的材料用具
		3	探究鸟适于飞行的特点	第五单元第一章第三节	鸟的标本和图片、鸟的骨骼标本和羽毛标本
		4	菜青虫的取食行为	第五单元第二章第二节	培养皿（或敞口白色玻璃瓶）、滤纸、硬纸板、榨汁机
		5	探究动物的绕道取食行为	第五单元第二章第二节	绳子、小木棍若干、障碍物
		6	蚂蚁的通讯行为	第五单元第二章第三节	鱼缸（或其他容器）、适合蚂蚁的食物、大小不同的纸片
		7	检测不同环境中的细菌和真菌	第五单元第四章第一节	牛肉培养基（已经高温灭菌）、无菌棉棒、透明胶带、标签纸、放大镜
	演示实验	1	观察鱼的呼吸	第五单元第一章第一节	
		2	观察家兔	第五单元第二章第一节	
		3	观察运动系统的组成	第五单元第二章第一节	
		4	发酵现象	第五单元第五章第二节	矿泉水瓶、可乐瓶、烧杯、气球、糖等
	制作	1	肌肉牵引骨运动的模型	第五单元第二章第一节	
		2	制作孢子印	第五单元第四章第三节	
		3	制作甜酒	第五单元第五章第二节	

续表

八年级生物实验内容					
册	实验类型	序号	实验内容	所在章节	实验器材
八年级下册	分组实验	1	扦插材料的处理	第七单元第一章第一节	插器、基质、剪刀、标牌
		2	花生果实大小的变异	第七单元第二章第五节	刻度尺、坐标纸
		3	模拟保护色的形成过程	第七单元第三章第三节	面积为 0.8m×0.8m 的彩色布料（颜色要单一，大小可依实验桌大小而定）、100 张各色小纸片
		4	酒精或烟草浸出液对水蚤心率的影响	第八单元第三章第二节	吸管、滴管、载玻片、盖玻片、量筒、显微镜、计时器、镊子、脱脂棉、蒸馏水、乙醇
	演示实验	1	观察椒草和马铃薯的无性繁殖	第七单元第一章第一节	
		2	观察家蚕生殖发育过程	第七单元第一章第二节	
		3	观察鸡卵的结构	第七单元第一章第四节	
		4	观察生物的性状	第七单元第二章第一节	
		5	观察人体细胞内染色体	第七单元第二章第二节	
		6	观察人体（男、女）细胞染色体的排序	第七单元第二章第四节	

附录5 高中生物学实验所需实验器材

教材	章次	序号	实验所属章节	页码	实验题目和内容	实验器材	备注
必修1	第1章 走近细胞	1	第2节 细胞的多样性和统一性	7	使用高倍显微镜观察几种细胞	显微镜、载玻片、盖玻片、镊子、滴管	观察类
	第2章 组成细胞的分子	2	第1节 细胞中的元素和化合物	18	检测生物组织中的糖类、脂肪和蛋白质	双面刀片、刻度试管、试管架、试管夹、大小烧杯、小量筒、滴管、酒精灯、三脚架、石棉网、火柴、载玻片、盖玻片、毛笔、吸水纸、显微镜	观察类
		3	第3节 遗传信息的携带者——核酸	27	观　察 DNA 和 RNA 在细胞中的分布	大小烧杯、温度计、滴管、消毒牙签、载玻片、盖玻片、铁架台、石棉网、火柴、酒精灯、吸水纸、显微镜	观察类
	第3章 细胞的基本结构	4	第1节 细胞膜——系统的边界	40	体验制备细胞膜的方法	滴管、吸水纸、载玻片、盖玻片、显微镜	探究类
		5	第2节 细胞器——系统内的分工合作	47	用高倍显微镜观察叶绿体和线粒体	显微镜、载玻片、盖玻片、镊子、滴管、消毒牙签	观察类
		6	第3节 细胞核系统的控制中心	54	尝试制作真核细胞的三维结构模型	自选材料用具	调查类
	第4章 细胞的物质运输和输出	7	第1节 物质跨膜运输的实例	60	通过模拟实验探究膜的透性	大烧杯、长颈漏斗、橡皮筋	探究类
		8		61	探究植物细胞的吸水和失水	刀片、镊子、滴管、载玻片、盖玻片、吸水纸、显微镜	探究类
		9	第2节 生物膜的流动镶嵌模型	69	课外制作：利用废旧物品制作生物膜模型	自选材料用具	调查类
	第5章 细胞的能量供应和利用	10	第1节 降低化学反应活化能的酶	78	比较过氧化氢在不同条件下的分解	量筒、试管、滴管、试管架、卫生香、火柴、酒精灯、试管夹、大烧杯、三脚架、石棉网、温度计	探究类
		11		83	影响酶活性的条件	量筒、试管、滴管、试管夹、三脚架、火柴、酒精灯、小烧杯、大烧杯、石棉网、温度计、pH 试纸	探究类
		12	第3节 ATP 的主要来源——细胞呼吸	91	探究酵母菌细胞呼吸的方式	锥形瓶、橡皮球、烧杯、试管等	探究类
		13	第4节 能量之源——光和光合作用	97	绿叶中色素的提取和分离	干燥的定性滤纸、试管、棉塞、试管架、研钵、玻璃漏斗、尼龙布、毛细吸管、剪刀、药匙、量筒（10ml）、天平	观察类
		14		104	探究环境因素对光合作用强度的影响	打孔器、注射器、40W 台灯、烧杯	探究类

续表

教材	章次	序号	实验所属章节	页码	实验题目和内容	实验器材	备注
必修1	第6章 细胞的生命历程	15	第1节 细胞的增殖	110	细胞大小与物质运输的关系	塑料餐刀、防护手套、毫米尺、塑料勺、纸巾、烧杯	探究类
		16		115	观察根尖分生组织细胞的有丝分裂	显微镜、载玻片、盖玻片、玻璃皿、剪子、镊子、滴管	观察类
必修2	第1章 遗传因子的发现	17	第1节 孟德尔的豌豆杂交实验（一）	6	性状分离比的模拟	小桶2个，分别标记甲、乙；两种不同颜色的彩球各20个，一种彩球标记D，另一种彩球标记d；记录用的笔和纸	探究类
	第2章 基因和染色体的关系	18	第1节 减数分裂和受精作用	21	观察蝗虫精母细胞减数分裂固定装片	蝗虫精母细胞减数分裂固定装片、显微镜	观察类
		19		23	模型建构：建立减数分裂中的染色体变化的模型	自选材料用具	调查类
	第3章 基因的本质	20	第2节 DNA分子的结构	50	模型建构：制作DNA双螺旋结构模型	曲别针、泡沫塑料、纸片、牙签、橡皮泥等自选材料	调查类
		21	第4节 基因是有遗传效应的DNA片段	57	探究脱氧核苷酸序列与遗传信息的多样性	自选材料用具	探究类
	第5章 基因突变及其他变异	22	第2节 染色体变异	88	低温诱导植物染色体数目的变化	冰箱、显微镜、载玻片、盖玻片、培养皿、剪刀、镊子、滤纸、滴管、烧杯、纱布	观察类
		23	第3节 人类遗传病	91	调查人群中的遗传病	自选材料用具	调查类
	第6章 从杂交育种到基因工程	24	第2节 基因工程及其应用	107	调查转基因食品的发展现状	自选材料用具	调查类
	第7章 现代生物进化理论	25	第2节 现代生物进化理论的主要内容	116	探究自然选择对种群基因频率变化的影响	自选材料用具	探究类
必修3	第1章 人体的内环境与稳态	26	第2节 内环境稳态的重要性	7	调查体温的日变化规律	体温计	调查类
		27		9	生物体维持pH稳定的机制	4副防护手套、50ml烧杯1个、50ml量筒1个、彩色铅笔、pH计或万能pH试纸、镊子、自来水	探究类
	第2章 动物和人体生命活动的调节	28	第2节 通过激素的调节	26	模型建构：建立血糖调节的模型	自选材料用具	其他
	第3章 植物的激素调节	29	第2节 生长素的生理作用	51	探究生长素类似物促进插条生根的最适浓度	烧杯、量筒、玻璃棒、容量瓶、滴管、试剂瓶、矿泉水瓶、天平	探究类
	第4章 种群和群落	30	第1节 种群的特征	61	探究用样方法调查草地中某种双子叶植物的种群密度	自选材料用具	探究类
		31	第2节 种群数量的变化	68	探究培养液中酵母菌种群数量的变化	试管、棉塞、恒温培养箱、显微镜、无菌滴管、无菌移液管、小烧杯或小试管、血细胞计数器（2mm×2mm）、纱布、滤纸、镊子、盖玻片	探究类

续表

教材	章次	序号	实验所属章节	页码	实验题目和内容	实验器材	备注
必修3	第4章 种群和群落	32	第3节 群落的结构	75	土壤中小动物类群丰富度的研究	放大镜、镊子、花铲、塑料袋、纱布、取样器、诱虫器、吸虫器、实体镜	探究类
	第5章 生态系统及其稳定性	33	第2节 生态系统的能量流动	97	调查当地农田生态系统中的能量流动情况	自选材料用具	调查类
		34	第3节 生态系统的物质循环	102	探究土壤微生物的分解作用	大小烧杯、试管、试管夹、酒精灯、滴管、火柴	探究类
		35	第5节 生态系统的稳定性	112	设计并制作生态缸，观察其稳定性	玻璃板（4～5m^2）、粘胶足量	其他
选修1	专题1 传统发酵技术的应用	36	课题1 果酒、果醋的制作	2	果酒、果醋的制作	榨汁机、发酵罐、纱布	
		37	课题3 制作泡菜并检测亚硝酸盐含量	9	制作泡菜并检测亚硝酸盐含量	移液管、比色管	
	专题2 微生物的培养与应用	38	课题1 微生物的实验室培养	14	微生物的实验室培养	培养皿、试管、试管架、锥形瓶、量筒、烧杯（100ml）、酒精灯、石棉网、高压蒸汽灭菌锅、移液管、胶头滴管、托盘天平（或电子秤）、接种环、涂布器、恒温箱、干热灭菌箱、玻璃棒、称量纸、棉花、牛皮纸（或旧报纸）、橡皮筋	
		39	课题2 土壤中分解尿素的细菌的分离与计数	21	土壤中分解尿素的细菌的分离与计数	灭菌锅、恒温培养箱、超净台、酒精灯、温度计、接种环、棉球、电子天平、药匙、称量纸、锥形瓶、培养皿、试管架、移液管	
		40	课题3 分解纤维素的微生物的分离	27	分解纤维素的微生物的分离	滤纸、接种环、培养皿	
	专题3 植物的组织培养技术	41	课题1 菊花的组织培养	32	菊花的组织培养	高压蒸汽灭菌锅、超净台、酒精灯、解剖刀、镊子、培养架、天平、pH试纸、量筒、锥形瓶、漏斗、玻璃棒、吸水纸、铁架台、封口膜、橡皮圈、药匙	
		42	课题2 月季的花药培养	37	月季的花药培养	显微镜、载玻片、盖玻片、酒精灯、容量瓶、吸水纸、培养瓶、接种环	
	专题4 酶的研究与应用	43	课题1 果胶酶在果汁生产中的作用	42	果胶酶在果汁生产中的作用	榨汁机、量筒、大烧杯、酒精灯、温度计、试管、移液管、铁架台、天平、量筒、pH试纸、铁架台、漏斗、玻璃棒、水浴锅、滤纸、药匙	

续表

教材	章次	序号	实验所属章节	页码	实验题目和内容	实验器材	备注
选修1	专题4 酶的研究与应用	44	课题2 探讨加酶洗衣粉的洗涤效果	46	探讨加酶洗衣粉的洗涤效果	烧杯、玻璃棒	
		45	课题3 酵母细胞的固定化	49	酵母细胞的固定化	酒精灯、烧杯、三脚架、玻璃棒、锥形瓶、固定柱、注射器、石棉网	
	专题5 DNA和蛋白质技术	46	课题1 DNA的粗提取与鉴定	54	DNA的粗提取与鉴定	玻璃棒、烧杯、恒温水浴箱、酒精灯、三脚架、石棉网、试管、试管夹	
		47	课题2 多聚酶链式反应扩增DNA片段	58	多聚酶链式反应扩增DNA片段	PCR仪、移液枪、微量离心管	
		48	课题3 血红蛋白的提取和分离	64	血红蛋白的提取和分离	离心机、色谱柱、铁架台、烧杯、试管架和试管、滴管、洗瓶、滤纸、透析袋、透析袋夹、漏斗、天平、分液漏斗、电泳仪、一次性手套、培养皿、烧杯、吸水纸、玻璃棒、剪刀	
	专题6 植物有效成分的提取	49	课题1 植物芳香油的提取	72	植物芳香油的提取	温度计、石棉网、酒精灯、冷凝管、锥形瓶、分液漏斗	
		50	课题2 胡萝卜素的提取	77	胡萝卜素的提取	干燥箱、恒温水浴锅、萃取回流装置、蒸馏浓缩装置、一次性手套、吸水纸、研钵、量筒、烧杯、漏斗、大培养皿	